KB235489

스캔들에 갇힌 영혼들

스캔들에 갇힌 영혼들

ⓒ2002, 인물과사상사

초판1쇄	2002. 1. 18.
지은이	김환표 외
편 집	홍석봉/박상문
마케팅	이태준
펴낸이	강준우
관 리	정현주/박진영
디자인	김한태한
펴낸곳	인물과사상사

등 록	1998. 3. 11(가제17-204호)
주 소	서울시 강동구 성내동 434-10 광명빌딩 3층
전 화	02) 471 - 4439
팩 스	02) 474 - 1413
우 편	134 - 600 서울 강동우체국 사서함 164호
E-mail	personak@orgio.net
홈페이지	http://inmul.co.kr

값 9,000원

ISBN 89 - 88410 - 54 - 8 04300
　　　89 - 88410 - 17 - 3 (세트)
파손된 책은 교환하여 드립니다.

스캔들에 갇힌 영혼들

김환표 외 지음

인물과 사상사

머리말: 스캔들에 갇힌 영혼들

지난 시기의 인류 역사가 적잖은 '재미'와 '흥미거리'를 제공한 크고 작은 추문(醜聞)들로 얼룩졌다는 것은 익히 알려진 사실이다. 아니 추문은 인류 역사와 함께 시작되었다고 해도 크게 틀린 말은 아니다. 아담과 이브가 금기였던 선악과를 먹고 에덴 동산에서 추방당했다는 인류사 최초의 추문은, 어찌 보면 인류가 추문으로부터 자유로울 수 없음을 말해주는 것인지도 모른다. 길고 오래된 추문의 역사에서 미루어 짐작할 수 있듯 추문의 영역도 끊임없이 그 폭이 확장되어 왔다. 그리고 오늘날 추문은 인간의 불명예스러운 행동이 분만한 산물이라는 면에서 사회의 모든 영역에서 발생한다고 해도 과언이 아니다.

이 중 스캔들(Scandal)과 게이트(Gate)는 추문의 역사에서 가장 우뚝 솟아 있는, 곧 추문 가운데 가장 위력적인 파괴력을 수반하며 인류 역사에 지울 수 없는 흔적을 남긴 쌍두 마차이다. 사실, 스캔들과 게이트는 동의어나 다름없다. 이 둘이 모두 한국어로 추문으로 번역되고 있다는 사실은 이를 잘 보여준다. 그러나 이 둘이 양 손바닥처럼 꼭 포개지는 것은 아니다. 마찬가지로, 그렇다고 해서 스캔들과 게이트의 경계가 명확하게 구분되는 것도 아니다. 스캔들과 게이트는 사전적으로 미세한 차이를 나타내는데 『영한대사전』(시사영어사, 1991)은 그것에 대해 이렇게 설명한다.

> Scandal – 창피스러운(신용을 실추시킬 만한) 행위, 추행(醜行), 추문(醜聞), / (추행, 추문에 대한 세상 사람들의) 분격, 물의(物議), 반감(Offense).
>
> Gate – Watergate에서 따온 말로서 '추문', '스캔들'의 뜻: 정부나 실업계에서 저지른 범죄나 부정 사실이 명백한 것을 은폐하려고 한 것에서 생겨난 스캔들을 꼬집으려고 만들어 낸 신문 조어(造語).

그러니까 게이트가 공인이 공적 활동을 수행하는 과정에서 저지른 명백한 부정부패나 범죄 등 주로 권력과 관련된 문제를 은폐하려고 한 것에서 비롯된 추문의 성격이 강한 데 반해, 스캔들은 지극히 개인적인 사생활에까지 그 영역이 확장된다. 그것은 곧 스캔들이 게이트의 영역을 포함하고 있는 추문의 광범위한 개념이라는 것을 의미한다. 말하자면, 게이트 대신 스캔들을 사용해도 문제가 발생하지는 않지만 스캔들이라고 해야 할 추문에 게이트가 사용되었다면, 그것은 영 어색한 일이 되고 마는 것이다. 그러나 사실, 이런 미세한 차이는 별로 중요한 것이 아닌지도 모른다.

이런 차이에도 불구하고 지난 시기에 발생했던 스캔들과 게이트, 곧 추문은 공통점을 향유하고 있기 때문이다. 그것은 이 둘 모두 정도의 차이는 있을 망정 공중(公衆)의 깊은 분노를 유발시켰다는 것에서 비롯된다. 그리고 흔하지는 않지만, 때로 이 공중의 분노는 한 국가의 물줄기를 돌릴 만큼의 막강한 위세를 떨치기도 했다. 리처드 닉슨의 하야를 불러온 워터게이트 사건은 이런 대표적인 사례이다. 그렇다면, 공중의 분노는 추문을 추문답게 만드는 연료였다고 할 수도 있겠다.

한편으로 추문은 썩 괜찮은 볼거리이기도 하다. 그것은 추문이 인간 내면의 깊은 곳에 웅크리고 있는 숨겨진 욕망, 곧 관음증을 자양분으로 삼고 있다는 사실에서 비롯된다. 인간 세상에서 타인, 특히 유명인의 사생활이나 권력을 쥔 자들의 음모를 파헤치는 것만큼 매력을 지닌 흥미진진한 볼거리가 어디에 있겠는가. 추문을 낳은 주인공의 유명세가 높을수록 추문의 파급력이 커진다는 것은 이를 잘 말해준다. 그러나 추문의 이런 속성에도 불구하고, 지난 시기 발생했던 추문은 볼거리로써의 기능을 제대로 수행하지 못한 것 또한 사실이다. 그리고 이것은 전부는 아닐 망정 시·공간의 제약에서 비롯되었을 개연성이 크다.

그런 점에서 영상매체의 비약적인 발달과 전 세계를 거미줄처럼 촘촘하게 연결시켜 준 인터넷의 광범위한 보급은 억압과 금기의 사슬에 묶여 있던 욕망을 해방시켜 준 견인차라고 할 만하다. 이로 인해 시·공간의 장벽이 허물어졌을 뿐만 아니라 다람쥐 쳇바퀴 돌 듯, 지루하게 반복되는 현실 속에서 고독과 치열한 전쟁을 벌이고 있는 현대인들이 볼거리의 바다에서 자유롭게 항해할 수 있는 여건이 마련되었다. 이것은 곧 볼거리 가운데서 가장 앞자리를 차지하고 있지는 못할 망정 볼거리로써는 썩 훌륭한 매력을 지니고 있는 추문의 본격적인 스펙터클화가 가능해지기 시작했다는 것을 이야기한다.

이런 징후는 지난 세기 말엽에 포착되었다. 이른바 '지퍼게이트'가 그것이다. 스캔들의 진원지인 미국은 물론이고 '지퍼게이트'는 세계화 시대에 지구 변방에 삶의 터전을 마련한 사람들의 이목까지 사로잡았다. 돌이켜보건대, 미국 대통령 클린턴과 백악관 인턴 사원이었던 모니카 르윈스키와의 섹스 스캔들에 대한 관심은 거의 유사(類似)종교적 수준이었다. 그러니까 전 세계를 공습하는 데 성공한 '지퍼게이트'는 화려한 스펙터클로 가공할 만한 위세를 보여주며 추문의 역사에 한 획을 긋는 이정표가 되었다.

새삼스러운 이야기는 아니지만, 추문이 볼거리 상품으로 소비되기 시작했다는 사실은 한편으로 우울하다. 스펙터클로 무장한 이 시대의 추문에 대해 일반 공중의 관심은 점점 약화되고 있으며, 그러한 추문들이 비일비재하게 터져나왔기 때문이다. 그러나 대중에게 쏠쏠한 재미를 드라마틱하게 제공해주는 추문의 스펙터클화가, 추문의 한 축이었던 공분(公憤)을 집어삼켜 버렸다는 것이 보다 더 큰 이유일 것이다. 그로 인해 이제 일반 대중은 추문 그 자체에만 열광할 뿐 추문의 고갱이와 그 속살에 대해 눈을 뜨고 귀를 기울이지 않게 되었다.

어찌되었건, 이제 화끈한 볼거리를 제공하지 못하면 추문은 여타의 강력한 볼거리들에 밀릴 공산이 커졌다. 그리고 앞으로 이런 현상이 더욱 가속화할 것이 분명하다. 만일 그렇게 된다면 가장 큰 이득을 보는 사람들은, 추문을 얄팍한 상혼의 수단으로 이용하는 언론을 제외한다면, 추문의 주인공이 될 것이다. 이것은 이들이 추문으로부터 이전보다 훨씬 더 자유로워졌다는 것을 의미하기 때문이다.

그뿐 아니다. 우리에겐 아직 익숙하지 않지만, 외국에선 자신의 인기를 올리기 위해 추문을 적극 활용하는 경우도 낯설지 않게 발견된다. 섹스 심벌 파멜라 앤더슨 리가 대표적이다. 남편과의 섹스 비디오가 인터넷에서 공개된 이후 파멜라 앤더슨 리는 남편과 헤어질 때까지 비디오와 관련된 비하인드 스토리를 끊임없이 제공하며 글래머 스타로 전 세계적인 명성을 획득하는 놀라운 재능을 보여주기도 했다. '섹스 스캔들'이 이제 마케팅 수단으로까지 활용되고 있다는 사실은, 과거에 비해서 '섹스 스캔들'에 대해 대중이 너그러운 마음을 가지게 되었다는 것을 말해주는 것이리라. 그리고 '섹스 스캔들'에 대한 그런 인식 전환은 한편으로 바람직한 현상이기도 하다. 그것이 지극히 프라이버시와 관련되어 있다는 점에서도 특히 그렇다.

어찌되었건, 추문이 지금처럼 소비되기 이전에 일어났던 추문의 주인공들은 스펙터클을 동반하는 추문의 주인공들에 견주어 불행한 사람들이었다고 볼 수 있지 않을까? 그것은 추문의 스펙터클화가 이뤄지기 전에 발생한 추문의 주인공들이 창살 없는 감옥에 갇힌 인생을 살았다고 할 수 있기 때문이다.

이 책은 이런 문제의식에서 비롯되었다. 이 책에 등장하는 인물들은 모두 자의든 타의든 그들과 관련된 추문, 곧 '스캔들'이나 '게이트'로부터 한 순간도 자유롭지 못했다. 뿐만 아니라 이들은 그들의 인생을 포박한 추문과 비슷한 추문이 터져 나오면 끊임없이 리바이벌 되는, 운명의 주인공이 되고 말았다. 물론 부패와 음모가 개입된 '게이트' 주인공들이 공중의 분노를 동반한 추문에 갇히게 된 것은 일면 지극히 타당하고 정당한 면이 있다. 그런데 문제는 '게이트'의 희생양이 된 사람들까지도 추문에 갇혀 있다는 사실이다. 그렇다면 추문의 피해자이면서 동시에 추문에 갇혀 있는 이들의 억울함은 풀어주어야 하지 않을까?

대략적으로 이 책에 실린 추문은 크게 보아 네 가지로 나눌 수 있다.

추문의 양대 산맥을 이루고 있는 '섹스 스캔들'과 권력의 부정부패와 음모가 개입된 '권력게이트', 그리고 권력의 음모와 섹스가 혼숙하고 있는 추문, 마지막으로 추문을 직접 만들어내고 나아가 확대 재생산하는 언론의 얄팍한 상혼이 불러온 추문이 바로 그것이다. 물론 이 네 가지의 추문을 가르는 경계는 명확하지 않다. 왜냐하면 이 네 가지의 추문이 '만수산 드렁칡'처럼 서로 얽히고 설켜 있는 경우가 다반사이기 때문이다.

이 네 가지 추문을 대표하는 인물들을 간단하게 소개하자면 다음과 같다.

'지퍼게이트'는 전 미국 대통령 클린턴과 미모의 백악관 여직원 모니카 르윈스키와의 불륜이 만들어 낸 섹스 스캔들이다. 사실, 세계를 쥐락펴락하는 미국 대통령이 '부적절한' 관계의 주인공이라는 것만큼 화끈한 뉴스거리가 어디 있겠는가. '지퍼게이트'는 돈벌기에 혈안이 된 언론과 지루한 일상에 지친 대중이 손을 잡고 만든 대작 영화, 그러니까 한편의 블록버스터 영화 같은 노릇을 톡톡히 수행했다.

O. J. 심슨은 미궁 속에 빠진 잔혹한 살인 사건의 범인으로 지목된 미식축구계가 낳은 스타다. 사람들은 심슨의 재판을 '세기의 재판'이라며 호들갑을 떨어댔는데, 그것은 심슨이 유력한 범인으로 지목받게 되는 과정에서 발생한 여러 가지 복합적인 요소들이 스며들어 있기 때문이다. 이 중 흑인이었던 심슨의 백인 아내가 정부(情夫)와 함께 처참하게 살해

당했다는 사실은 이 살해 사건이 지닌 무게가 만만치 않음을 말해준다. 그것은 '심슨 재판'이 미국 내 인종 문제와 겹쳐지는 무척 민감한 문제이기 때문이다.

정인숙의 죽음은 아직도 수수께끼다. 어쩌면 정인숙의 죽음을 둘러싼 미스터리는 영원히 풀리지 않을지도 모른다. 이것은 정인숙이 낳은 아들 정성일의 아버지가 누구인지 밝혀지기 힘들다는 것을 말하는 것이기도 하다. 정성일과 정인숙의 죽음을 분리해 생각하기 힘들기 때문이다. 분명한 것은 정인숙이 권력과 깊숙이 관련을 맺고 있었던 여인이라는 사실이다. 정인숙이 정치적 희생양인지, 아닌지는 알 수 없다. 그렇지만 그녀의 죽음은 현대사에 깊은 상처를 새긴 박정희 시대의 '요정정치'가 낳은 산물일 가능성이 크다.

'카사노바'라는 단어가 공기의 파장을 타고 귀에 들릴 때 우리는 반사적으로 농밀한 성애와 관능적 쾌락의 이미지를 연상할 만큼 그는 호색한의 대명사다. 그러나 그는 폭넓은 교양과 지식으로 무장한 채 당대의 시대 정신을 실어 날랐던 지식인기도 하다. 그럼에도 그가 호색한 가운데 맨 앞자리를 차지하게 된 것은 그가 혼란과 모순으로 가득찼던 격동의 18세기 서유럽에서 '개인의 자유'를 이상으로 삼아 자유롭게 항해하며 살았기 때문이다. 그렇다면 자유로운 삶을 위해 누구보다 충실했던 그를 바람둥이로만 해석하는 것은 너무 가혹하고 억울한 일이 아닐까?

엘리아 카잔은 할리우드 역사에서 위대한 시네아스트로 평가받는 영화작가이지만, 한편으로 '밀고자' 혹은 '변절자'라는 오명의 그림자를 짊어지고 살아가는 사람이기도 하다. 1950년대 미국 전역에 불어닥친 매카시즘 광풍은 그에 대한 평가를 엇갈리게 만드는 결정적인 분수령이었다. 빨갱이 사냥 앞에서 찰리 채플린을 비롯한 수많은 영화인들이 신념을 지키기 위해 할리우드를 떠난 것과 달리 카잔은 자신의 생존을 위해 동료 영화인들의 이름을 팔아먹었던 것이다. 1999년 아카데미영화제에서 평생공로상 수상 여부를 두고 발생했던 논란은, 그를 둘러싼 논쟁이 현재 진행형임을 말해준다.

다이애나의 죽음은 언론과 파파라치, 그리고 유명인사의 사생활을 게걸스럽게 소비하는 대중의 관음증이 만들어낸 합작품이었다. 물론 이 중에서 가장 큰 재미를 본 것은 역시 언론이다. 그러니까 에이브라함 링컨의 저 유명한 말을 조금 비틀어 표현하자면, 다이애나는 "언론의, 언론에 의한, 언론을 위한" 삶을 살다간 비운의 인물이었던 셈이다.

마타 하리는 희대미문(稀代未聞)의 팜므 파탈로, 그녀를 주인공으로 삼은 여러 편의 영화와 소설이 등장했을 만큼 '매혹적인 스파이'로 알려져 있다. 그러나 마타 하리는 단지 영욕의 화신이었을 뿐이라는 평가가 나오기도 한다. 스파이로서는 그리 대단한 능력을 발휘하지 못했다는 것이다. 어느 것이 사실인지는 확실하지 않다. 다만 우리가 말할 수 있는 한 가지는 마타 하리가 정치적 희생양일 가능성이 높다는 점이다. 그녀의 행적과 마지막 최후를 둘러싼 비하인드 스토리는 이를 잘 보여주고 있다.

리처드 닉슨은 '워터게이트'라는 미국 정치사 최대의 스캔들을 분만한 장본인이다. 미국 정치사에서 찾아보기 힘들 만큼 화려한 정치 이력을 자랑하는 한편 냉전 시기 데탕트를 주도한 대통령이었던 그는, 자신의 정적을 제거하기 위해 꾸민 워터게이트 사건을 만나 도리어 정치적 생명을 끊는 무모함을 자행했다. 워터게이트 사건 이후 그는 비열한 모사꾼과 협잡꾼을 상징하는 인물이 되고 만 것이다. 그렇지만 워터게이트 사건을 둘러싼 추문은 사실 미국 내 권력 집단들의 파워 게임에서 비롯된 측면이 적지 않다.

분명한 것은 인류라는 생물학적 종(種)이 멸종되지 않는 한, 추문은 앞으로도 끊임없이 탄생되고 또 윤색되면서 그 질긴 생명력을 지켜갈 것이다.

2002년 1월 2일
인물과 사상 편집부 올림

스캔들에 갇힌 영혼들

가상을 능가하는 현실의 '블록버스터' / 고훈우

"Wag the dog" Premieres······Monica Lewinsky / Not in Attendance
'지퍼게이트' 라는 블록버스터
스타 시스템과 대통령이라는 초특급 슈퍼스타
출연료는 얼마씩 받게 될까?
성적 매카시즘과 모럴 테러리즘
클린턴 VS 케네스 스타
지퍼게이트는 계속되어야 한다, 쭈 ~ 욱

미궁 속의 살해 사건 / 이휘현

마침표가 찍히지 않은 살해 사건
심슨이 의심받는 이유
흑인 스포츠 영웅의 탄생
은퇴 이후
세기의 재판, 無罪 혹은 有罪
심슨은 살해범이 아니다?
크리스티 프라디의 진술
진실은 과연 밝혀질까?

영원한 퍼스트 레이디 '재키' / 최을영

권력(權力)과 부(富)의 아내
재키의 성장과정
JFK의 그늘로
우아한 퍼스트 레이디
인기스타
명예와 부(富)의 결합
JFK 옆에 잠들다
이미지 메이킹의 천재

요정정치의 희생자 / 최을영

한밤의 총성
누가 그녀를 죽였는가
풀리지 않는 의혹들
화류계의 꽃과 부나비
정성일, 그는 누구의 아들인가
요정의 나라

박 동 선  263

한국적인 너무나 한국적인 로비스트 / 최을영

리처드 닉슨(Richard M. Nixon)  285

'욕망의 늪'에 빠진 대통령 / 김환표

클린턴과 르윈스키의 '섹스 스캔들'은 '지퍼게이트'가 아니라 그야말로

'프레스게이트'였다.……적어도 '지퍼게이트'가 상영되는 내내 언론사들

은 기본적인 상도덕도 지킬 생각이 없는 더러운 장사치에 불과했다.

지퍼게이트

가상을 능가하는 현실의 '블록버스터'

지퍼게이트*(Zipper Gate)*
가상을 능가하는 현실의 '블록버스트'

고 훈 우

"Wag the dog" Premieres······Monica Lewinsky / Not in Attendance

『왝 더 독』이라는 영화 개봉 당시 인터넷에 올라왔던 이 영화의 광고 카피이다. 이 말을 우리말로 옮기면 '『왝 더 독』 개봉하다······모니카 르윈스키는 나오지 않음' 정도 될 것이다. '왝 더 독(Wag the dog)'은 관용적(慣用的)으로 쓰이는 말로 정치적으로 진실을 감추기 위해 국민의 관심을 다른 곳으로 돌리는 위해 연막을 치는 것을 의미한다고 한다. 과연 어떤 내용이길래 모니카 르윈스키가 출연하지 않는다고 하며 주위를 끌려는 것일까? 잘 알다시피 전직 백악관 인턴 사원이었던 모니카 르윈스키는 클린턴과의 '섹스 스캔들'로 1998년 미국 전역뿐만 아니라 전 세계를 떠들썩하게 했던 여자다.

　　로버트 드 니로, 더스틴 호프만과 같은 연기파 배우들이 출연한 이 영화의 내용을 살펴보자면 다음과 같다.

　　대통령 선거 D-12. 백악관을 초긴장 상태로 몰아넣는 사건이 발생한다. 대통령이 백악관에 견학 온 걸 스카우트 학생을 성추행한 사실이 언론에 공개된 것이다. 재선이 불가능한 상황에 직면하자 백악관 참모진들과 정치 해결사 '브린(로버트 드 니로)'이 이미지 조작을 통해 이를 해결하려 한다. 『굿 모닝 베트남』, 『레인 맨』으로 우리에게 친숙한 베리 래빈슨 감독은 이 영화를 통해 미국의 낡아빠진 정치체제와 매스컴을 통한 여론 조작을 재미있게 보여줬다.

　　어렴풋하지만 제작할 때만 해도 이 영화가 클린턴과 모니카 르윈스키의 섹스 스캔들인 '지퍼게이트'를 빗대어 만든다는 사실이 화제가 되었던 걸로 기억한다. 그러나 이 영화는 정작 흥행에서는 별 재미를 보지 못했다. 흥행 실패에는 물론 여러 가지 이유가 있을 수 있겠다. 그것까지 따질 생각은 없고, 다만 영화를 본 내 생각에는 이 영화에 관객이 들지 않은 것은 '18세 이하 관람불가'라는 딱지가 붙지 않았던 게 가장 큰 이유처럼 여겨진다.

　　신문만 들춰봐도 '지퍼게이트'에 관한 포르노 수준의 기사가 즐비한데 뭐 하러 돈 들여 '섹스' 장면도 없는 영화를 보러 가겠는가. 게다가 가상의 시나리오가 따라 올 수 없는 현실이 펼쳐지고 있는데 말이다. 실제로 당시 언론에 중계되다시피 한 '지퍼게이트'는 영화 속의 '섹스 스캔들'보다 훨씬 스릴감 있게 느껴졌다.

　　이러한 사실은 '지퍼게이트'와 유사하게 만들었다는 『왝 더 독』이라는 영화가 실제로 전혀 다른 내용을 담고 있다는 것을 증명하는 것이기도 하다. 이 영화의 주 내용은 정치권이 주도하는 상징 조작인데 반해, '지퍼게이트'에서 핵심은 돈벌이에 미친 언론사들의 황색 저널리즘(Yellow Journalism)과 여론 조작이었고 이에 맞장구를 친 대중들이었다.

　대통령과 미모의 백악관 여직원과의 불륜(솔직히 이만큼 화끈한 뉴스 거리가 어디 있겠는가!). 언론은 이른바 대목을 만난 것이었다. 사실 확인을 이중 삼중으로 해 가며 조심스럽게 보도하던 '워터게이트' 사건 때와는 달리 기자들은 출처가 의심스러운 제보조차 지면과 방송을 통해 마구 보도했다. 그러다 보니 기사가 선정적이고 자극적이 될 수밖에 없었다. 신이 난 것은 이를 바라보는 대중들도 마찬가지였다. 고독한 대중들은 현실이 덧입혀진 스펙터클에 정신없이 빠져들었다. 어떤 의미에서 '지퍼게이트'는 돈벌기에 혈안이 된 언론과 지루한 일상에 지친 대중이 손을 잡고 만든 대작 영화, 그러니까 한 편의 '블록버스터' 영화였다.

'지퍼게이트' 라는 블록버스터

　1998년 찌는 듯한 더위가 기승을 부리던 여름날, 빌 클린턴 미국 대통령은 휴가지의 한 교회에서 어눌한 말로 백악관 인턴 사원이었던 모니카 르윈스키와 '부적절한 관계'를 가졌던 사실을 시인했다. 클린턴 집권 2기에 불거져 나온, 이른바 '지퍼게이트'로 불린 이 섹스 스캔들은 미국뿐만 아니라 전 세계의 이목을 집중시켰다. 그리고 마치 한 편의 거대한 블록버스터 영화를 방불케 했던 이 스캔들을 둘러싸고 벌어진 한바탕의 소동은 클린턴을 탄핵 위기까지 몰고 갔다.

　대작(大作) 흥행 영화를 뜻하는 '블록버스터(Block Buster)'란 단어는 원래 제2차 세계대전 중에 쓰이던 폭탄의 이름이었다. 그 당시 영국 공군은 독일 폭격 때 4.5톤짜리 폭탄을 썼는데, 그 위력이 한 구역(Block)을 송두리째 날려 버릴(Bust) 정도라 해서 그 이름을 '블록버스터'라고 불렀다. 대자본을 들여 만든 대작 영화에 '블록버스터'라는 딱지가 따라다니는 것은 그 규모와 위세(威勢)가 앞서 폭탄의 경우와 상사(相似)하기 때문이다. '흥행'을 목적으로 엄청난 제작비와 마케팅 비용을 들여 만드는 블록버스터 영화들은 대개가 스타급 배우들이 출연해서 액션과 특수 효과와 같은 화려한 볼거리 위주의 내용으로 관객몰이를 하는 점이 특징이다. 인터넷의 가장 영향력 있는 영화 사이트인 '인터넷 무비 데이터 베이스'에서는 블록버스터를 '큰 흥행 성공을 거둔 영화로 일반적으로 북미 지역에서의 흥행 수입이 1억 달러 이상인 영화'로 정의하고 있다.[1]

클린턴과 르윈스키의 섹스 스캔들은 미국 언론이 '대통령'이라는 초특급 스타를 주인공으로 내세워 만든 일종의 블록버스터 영화 한 편이었다고 해도 과언이 아니다. 백악관을 배경으로 반전과 반전이 거듭되는 가운데 대통령 부인 힐러리 여사, 케네스 스타 특별 검사, 그 동안 클린턴을 스쳐간 숱한 여인들과 쟁쟁한 전·현직 백악관 참모들이 등장했다. 걸프전(戰) 당시, 전쟁을 그야말로 신나고 '스펙터클'한 오락 게임처럼 전달해서 주가를 올렸던 CNN은 이 섹스 스캔들을 '드라마틱한 정치 스릴러'처럼 보도해 많은 재미를 봤다. ABC 등 공중파 방송들도 이에 뒤질세라 연속극도 중단하고 부랴부랴 특별 뉴스 생방송을 편성했을 뿐만 아니라 백악관 브리핑을 생중계 했다. 문제는 이들 언론이 장사에 미쳐 선정적인 보도를 일삼고 심지어는 오보를 마구 양산했다는 사실이다. 별다른 확인 없이 익명의 제보로만 보도하는 경우도 허다했다.[2]

당시 이러한 언론의 행태에 대해 미국인들이 보인 이중적인 모습은 꽤 흥미롭다. 미국인들은 신문·방송들이 너무 지나치게 이 문제에 시간을 할당하고 있다고 비난하면서도 열성적으로 신문을 보고 TV를 시청했다. 그들 대부분은 '욕을 하면서 즐겼다'. 이런 영화야 내용이 뻔하지, 하고 말하면서도 많은 사람들이 할리우드 블록버스터를 보는 심리가 이런 게 아닐까? 한편, 미국인들 대부분 섹스 스캔들과 관련하여 클린턴을

---

1) http://www.cineseoul.com/magazine/magazine.html?magazine_id=227
2) 홍은택, 〈클린턴 스캔들은 '언론들의 호들갑 잔치'〉, 『뉴스플러스』, 1998년 2월 12일, 44-45쪽.

믿지 못하겠다고 하면서도 대통령으로서 클린턴은 신뢰하는 또 다른 이 중성을 보였다. 이는 미국인들이 '지퍼게이트'를 한 사람의 국민이자 유권자가 아닌 영화를 관람하는 '관객의 시선'으로 바라봤기 때문이 아닌가 하는 생각이 든다. 대중 문화 연구자인 윌리엄 터너는 영화를 보는 '관객의 시선(혹은 심리)'을 다음과 같이 기술한 바 있다.

"그것의 고도로 기술적인 성격에도 불구하고 영화가 제공하는 쾌락은 거의 원초적이다. 관객이 영화와 동일시 하는 과정에는 분명히 우리의 가장 기본적인 욕구에서 출발하는 측면이 있다. 프로이트가 인간 섹슈얼리티의 구성 요소를 논하면서 말한 '시선'의 여러 범주들은 우리가 영화에서 얻는 쾌락의 여러 측면들에 대응한다. 이것에는 나르시시즘적인 것(스크린에 투영된 자신의 모습을 봄), 관음증적인 것(스크린 속의 타인의 이미지를 즐김), 페티시틱한 것(어떤 물질이나 사람에 대한 두려움을 제거하기 위해 그 사소한 물건이나 사람을 과장시킴)이 있다. 이 모든 것은 인간 섹슈얼리티의 표현이거나 혹은 그 욕구의 전치(轉置)이다. 또 영화와 관객 사이에 동일시를 가능하게 하는 수단을 제공한다고 말하여진다."[3]

공교롭게도 섹스 스캔들을 대하는 미국인들의 심리는 이와 상당히 닮아 보인다. '지퍼게이트'에 관한 보도를 바라보면서 미국인들은 영화를 보는 관객 마냥 욕구의 대리 만족을 경험했던 것이다. 그것은 어두컴컴한 객석에서가 아닌, 밝은 태양 아래서 누구의 눈치도 볼 필요 없이 TV 전원 버튼을 누르거나 『뉴욕타임스』, 『USA 투데이』, 『워싱턴 포스트』 등을 펼치기만 하면 경험할 수 있는 것이었다. 하긴, 최고 권력자인 대통령과 관련된 '삐리리'한 섹스 이야기를 당당하게 보고 듣고 제법 근엄한 표정으로 입방아를 찧을 수 있는 그 쾌감을 마다할 사람이 누가 있겠는가? 이렇듯 '지퍼게이트'라는 제목의 이 블록버스터는 엄청난 관객몰이

---

3) 그레엄 터너, 임재철 외 역, 『대중 영화의 이해』(한나래, 1994), 166쪽.

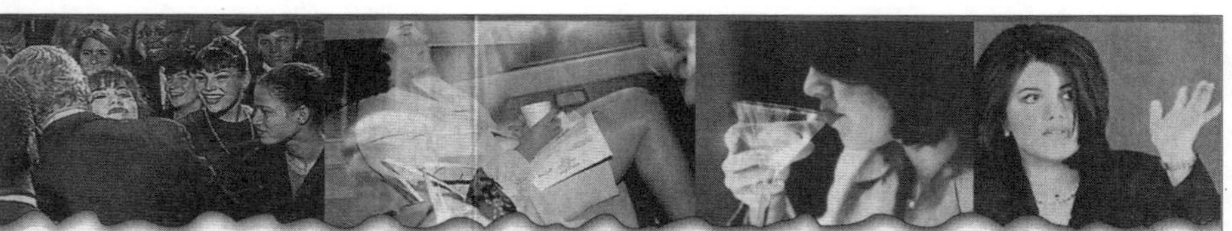

섹스 스캔들 속의 르윈스키. 1년여를 끌어온 클린턴 탄핵재판이 금주 끝나게 됨에 따라 르윈스키 역시 사람들의 기억속에 사라질 것이다. ①96년 10월 민주당 모금파티에서 빌 클린턴 대통령과 포옹하는 장면 ②연방대배심 증언을 며칠 앞둔 98년 7월 28일 워싱턴에 있는 변호사 사무실을 떠나는 모습 ③98년 12월 로스앤젤레스에 칩거할 당시 한 레스토랑에서 파파라치에 찍힌 모습 ④6일 공개된 상원 탄핵소추팀 앞에서의 증언 모습.

"모든 쇼는 끝났다"

美상원 르윈스키 증언비디오 美전역 공개

르윈스키 "대통령 아닌 남자로 생각했다"

새사실 없어 11·12일께 최종표결 종지부

클린턴 탄핵재판의 「마지막 쇼」가 끝났다. 빌 클린턴 대통령에 대한 탄핵재판을 진행중인 미상원은 6일 이번 사건의 주인공인 전 백악관 인턴 모니카 르윈스키의 증언 비디오를 공개했다. 미 전역에 TV로 동시중계된 가운데 모습을 드러낸 르윈스키는 대중의 호기심을 끌기에는 충분했다. 미 국민들은 처음으로 르윈스키의 공개적인 모습과 목소리를 들었다. 상원은 4일 르윈스키를 소환, 직접증언을 청취해야 한다는 하원 소추팀의 요구를 거부하고 대신 증언내용을 녹화방영키로 결정한 바 있다.

르윈스키는 그러나 탄핵재판의 방향을 바꾸어놓지는 못했다. 르윈스키의 입을 통해 새로운 사실이 드러나지 않음에 따라 탄핵재판은 파장 분위기가 역력하다. 상원은 8일 하원소추팀과 백악관 변호인단에게 각각 마지막 소명기회를 주고 이어 상원의원들의 비공개 토론을 가진 후 11일 또는 12일에 탄핵여부에 대한 최종표결을 할 예정이다. 탄핵은 부결이 확실하다. 이와 별도로 민주당의 다이안 파인스타인, 공화당의 로버트 베넷 의원은 이날 공동으로 견책결의안을 제기했다. 양당이 견책에 합의하면 탄핵 표결이 이뤄지지 않는다. 표결로 가든, 견책으로 가든 1년여를 끌어 온 클린턴 섹스 스캔들은 막을 내린다.

상원 본회의장에 마련된 네 개의 대형 TV 스크린을 통해 비친 르윈스키의 모습은 밝아보였다. 1일 워싱턴의 메이플라워 호텔에서 있은 증언에서 검은 드레스에 진주목걸이를 한 「단정한 차림」의 르윈스키는 하원소추팀의 질문에 또렷한 목소리로 답했다. 르윈스키는 이미 연방대배심때 말했던 것처럼 「나는 그를 대통령으로 보다는 남자로 생각했고 그에 따라 행동했다」고 말했다. 또 「클린턴은 나에게 폴라 존스 성추문 재판에서 거짓말을 하라고 한 적이 없었으며 우리 관계의 성격상 부인해야할 것으로 알았다」고 클린턴의 위증교사 혐의를 부인했다. /워싱턴=신재민특파원
jmnews@hankookilbo.co.kr

백악관, 르윈스키 '스토커' 묘사 파문

백악관 보좌관은 발뺌 출입기자 "직접 들었다" 반박

「백악관은 결코 모니카 르윈스키를 스토커(stalker)로 몰지 않았다. 그런 말을 들은 기자가 있으면 한번 앞으로 나서보라」

시드니 블루멘털 백악관보좌관은 6일 공개된 비디오 증언에서 이처럼 호기있게 떵떵거렸다. 하지만 문제는 다음. 블루멘털이 르윈스키를 스토커로 묘사한 것을 수차례나 직접 들었다고 밝힌 기자가 나온 것이다.

영국출신의 프리랜서 기자인 크리스토퍼 허치슨은 이날 「블루멘털이 분명히 스토커라는 용어를 사용하며 말했다」고 폭로했다.

허친슨은 「당시 블루멘털은 정신이 불안정한 상태에서 대통령이 섹스를 요구하는 한 젊은 여자에 희생되고 있다」면서 「스토커」라는 단어를 수차례 썼다고 말했다. 「언론에 「르윈스키는 스토커」라는 얘기가 확산된 데 대해 나는 아무 책임도 없다」고 증언한 블루멘털로서는 당장 위증 혐의에 걸려들 처지.

하원 법사위 공화당의원들로 구성된 검사팀도 한껏 벼르고 있다. 당장 클린턴이 르윈스키를 스토커로 매도하는 소문을 관계를 은폐하는 수단으로 이용했는 지의 여부를 조사하겠다고 밝혔다. /워싱턴=신재민특파원
jmnews@hankookilbo.co.kr

(『한국일보』, 1998년 2월 8일)

언론의 행태에 대해 미국인들이 보인 이중적인 모습은 꽤 흥미롭다. 신문·방송들이 너무 지나치게 이 문제에 시간을 할당하고 있다고 비난하면서도 열성적으로 신문을 보고 TV를 시청했다.

에 성공했고, 덕분에 미국 언론들은 할리우드를 능가하는 흥행 수익을 챙길 수 있었다.

스타 시스템과 대통령이라는 초특급 슈퍼스타

블록버스터 영화들이 철저하게 스타 시스템을 기반으로 만들어지듯이, 지난 '지퍼게이트'라는 블록버스터 역시 이와 마찬가지였다.

영화 제작자들이 물량이 대거 투입된 블록버스터 영화에 스타를 기용하는 것은 손실의 리스크(危險)를 줄이고, 일정 정도 수요의 안정성을 확보하기 위해서이다. 그들은 많은 사람들이 스타를, 혹은 스타의 이미지를 소비하기 위해 극장을 찾는다는 것을 잘 알고 있다.[4] 지퍼게이트의 경우, '대통령'이라는 초특급 슈퍼스타가 출연한다는 것 자체가 이미

'대박'을 담보하는 것이었다. 그리고 주인공인 대통령은 다름 아닌 이미지 정치(이미지 메이킹에 집착하는 정치)의 귀재인 빌 클린턴이 아닌가?

클린턴은 지난 1999년 퇴임을 일 년 앞둔 시점에서 백악관을 나간 후에는 영화배우가 되고 싶다는 생각을 밝혀 눈길을 끈 적이 있다.[5] 이 바람이 그의 진심이었는지는 알 수 없지만 적어도 그가 배우가 될 자질이 충분하다는 것은 두 번의 대선을 승리로 이끄는 과정에서 확인된 사실이다. 물론 클린턴이 이미지 관리를 잘한 것 하나만으로 대통령이 된 것은 아니었다.[6] 하지만 아무리 다른 후보보다 유리한 조건을 갖고 있더라도 이미지 관리가 서툴면 대통령으로 당선되기 힘들 만큼 이미지 정치가 발달한 나라가 바로 미국이라는 것을 잊어서는 안 된다.

이런 의미에서 클린턴과 르윈스키의 섹스 스캔들은 일종의 스펙터클한 대작 영화처럼 전개될 만한 충분한 조건을 갖추고 있었던 셈이다. TV와 신문, 잡지, 출판 등 너나할것없이 막대한 자금을 투자해서 대중의 욕망을 만족시킬 흥미진진하고 화려한 볼거리를 만들려고 애쓰는 모습은 할리우드 영화 제작현장을 연상케 했다. 언론은 '지퍼게이트'가 그 동안 클린턴 대통령이 빈번히 말썽을 일으킨 '에로 영화' 장르의 결정판인 양 호들갑을 떨었다. 이러는 과정에서 언론은 다음과 같이 클린턴의 과거 여성 편력을 다시 한 번 망라해서 소개를 해주기도 했다.

"뉴욕의 타블로이드 신문인 『뉴욕 포스트』는 이 경쟁에서 초반 기선을 완전히 제압했다. 1월 26일자 1면 톱기사의 제목이 〈Hundres of Women〉. 클린턴의 스캔들을 한 건 두 건 뒤지기보다 클린턴이 '섭렵'한 여자가 통틀어 수백 명에 이른다고 빵때림을 함으로써 상상력이 '빈곤'한 경쟁지들을 압도했다.……이 중에서 지금까지 법정 기록 등을 통

---

4) 김호석, 『스타 시스템』(삼인, 1998), 27쪽.
5) 김태윤, 〈백악관 나간 후 영화배우 되고 싶다〉, 『동아일보』, 1999년 10월 6일, A17면.
6) 이에 관해 좀더 자세하게 알고 싶은 독자분들은 다음의 책을 참고하시기 바란다. 강준만, 〈클린턴이 성공한 이유〉, 『TV와 이미지 정치』(공간미디어, 1995), 113-115쪽.

해 이름이 공개된 여성은 14명. 이들의 면면을 보면 클린턴이야말로 ‘진정한 박애주의자’라는 말을 들을 만하다. 그는 인종이나 노소는 물론, 심지어 유부녀나 미망인도 가리지 않았다. 흑인, 백인, 딸 첼시양만큼 어린 처녀, 이혼녀, 창녀, 카바레 가수, 변호사, 미스 아메리카, 기자, 공무원, 친구 누구의 부인에 이르기까지 골고루 상대했다.”[7]

그러나 모니카 르윈스키라는 백악관 인턴 사원과의 ‘불륜’은 이전과 달리 클린턴을 탄핵 위기라는 벼랑까지 몰고 갔다. 클린턴에게 씌워진 혐의는 우선 ‘위증(僞證)’ 죄였다. 클린턴이 르윈스키와 성관계를 가졌음에도 불구하고 갖지 않았다고 거짓 증언했다는 것이다. 이 사건을 조사했던 특별검사 케네스 스타는 르윈스키가 백악관에 인턴으로 들어간 직후인 1995년 11월부터 1997년 5월까지 약 18개월간 클린턴과 관계를 가졌다고 주장했다. 덧붙여 스타 검사는 클린턴이 르윈스키와의 관계가 발각될 조짐이 보이자, 그녀를 은밀히 불러 자신과의 관계를 전면 부인하도록 위증을 교사한 혐의가 있다고 말했다.

‘지퍼게이트’의 진상 조사에 앞장섰던 케네스 스타 검사는 클린턴과 대결 구도를 형성함으로써 이 블록버스터급 스캔들에 색다른 재미를 더했다. 각기 미국 내 상반된 문화를 대표하는 이 두 사람의 첨예한 대립과 그로 인한 갈등은 대중의 흥미를 끌고도 남았다. 1998년 9월 9일에 공개된 스타 보고서는 어떠했나? 지난 4년 동안 국가 예산 4천만 달러를 써가면서 만든 보고서는 본문만 5백여 쪽에 이르는 방대한 분량이었으며 증거물 등을 포함해 총 분량은 36상자가량 되었다. 하지만 그건 1995년 11월부터 1997년 3월까지 클린턴과 르윈스키가 10번의 오럴 섹스와 15번의 폰섹스를 했다는 줄거리를 중심으로 구성된 거대한 포르노 보고서에 다름 아니었다. 그러나 음란한 용어가 5천 자나 포함된 이 보고서는 미

---

7) 홍은택, 〈흑인/소녀/친구부인 클린턴의 여인 수백 명〉, 『뉴스플러스』 1998년 2월 12일, 44-45쪽.

국뿐만 아니라 전 세계 언론을 열광시켰다. 세계 각 나라의 언론들은 경쟁적으로 이 보고서의 내용을 그대로 보도했다. 한국의 언론도 마찬가지여서 한 편의 '저질 르포'를 버젓이 국제면을 통해 보도할 수 있는 기회를 맞아 장삿속을 마음껏 채웠다.

지난 2000년 이 '지퍼게이트'와 관련된 여러 가지 사실들에 허구의 이야기를 뒤섞은 『미국 광시곡(American Rhapsody)』이란 책이 미국에서 출판돼 화제가 된 적이 있다. 『원초적 본능』, 『쇼걸』 등의 각본을 쓴 할리우드 시나리오 작가 조 에스테르해즈가 쓴 이 책에 이렇다하게 할 말은 없다. 아무튼 이 책의 출간은 몇 년이 지난 뒤에도 여전히 장사 밑천으로 쓰일 만큼, '지퍼게이트'가 당시에 미친 사회적 파장이 컸다는 사실을 방증(傍證)하는 셈이 됐다.[8]

출연료는 얼마씩 받게 될까?

그러나 저러나 클린턴은 1998년 11월 3일 치러진 중간 선거에서 승리함으로써 탄핵의 벼랑에서 비껴남과 동시에 결과적으로 클린턴의 판정승으로 이 사건은 일단락 됐다. 하지만 클린턴으로서는 대통령 체면에 민망하고 남우세스러운 일을 다 떤 꼴이 되고 말았다. 자신과 르윈스키가 '삐리리' 했던 일을 적나라하게 적은 스타 보고서가 인터넷 전산망을 통해서 만천하에 공개되어 대통령으로서의 체면이 이만저만 아니게 되었다.

실제로 인터넷에 올라 있는 '스타보고서'를 보기 위한 사람들로 각국의 인터넷 전산망은 북새통을 이뤘다. 미국의 경우 CNN이 설치한 사이트에는 분당 최고 34만 건의 접속이 폭주해 1998년 8월 31일 뉴욕 증시

---

8) 〈'원초적 본능' 작가 에스테르해즈: 클린턴 성추문 소설책 펴내〉, 『한겨레』, 2000년 7월 27일, 8면.

폭락시의 최대 접속 건수를 경신하며 사상 최고의 접속률을 기록했다. 이는 1분(分)에 미국 전체 성인 인구의 12%에 해당되는 무려 2천만 명이 스타 보고서를 읽기 위해 인터넷에 접속을 시도한 것을 의미한다. 이것은 단일 문건을 읽기 위해 접속한 수치로는 사상 최고치였다.[9]

그 해 9월 21일 클린턴의 증언을 담은 비디오 테이프 공개 역시 또 하나의 상업적 이벤트라 할 만했다. 미국 TV 방송사들은 이 보고서가 공개되기 하루 전날인 20일부터 토크쇼 등을 통해 하루 종일 증언의 내용과 여파를 전망하고 거의 매시간 대대적인 예고방송을 내보냈다. 이뿐만 아니었다. 1999년 3월 3일 ABC 방송 『20/20』이라는 프로그램에서 방영된 모니카 르윈스키의 인터뷰 시청자수는 뉴스 프로그램 사상 가장 많은 7천만 명을 기록했다. 덕분에 ABC 방송은 이날 3천만 달러의 광고 수입을 챙겼다.

외신에 따르면, 1998년 '지퍼게이트' 관련 보도로 TV 방송사들은 8천만 달러를 벌어 들였으며, 인쇄 매체는 2천만 달러의 수입을 올렸다. 클린턴과 르윈스키의 얼굴을 풍자한 장신구도 3천5백만 달러어치나 팔렸다. 이러한 이 세계적인 섹스 스캔들 특수(特需)를 노리고 마구 쏟아져 나온 책과 영화의 수입까지 합쳐 '지퍼게이트' 가 낳은 부가가치는 1999년 초, 2억 9천만 달러에 이르렀다.

이쯤 되면 한 편의 블록버스터가 아니라 아예 하나의 산업이라 할 만하다. 하긴 할리우드 블록버스터를 대표하는 스필버그의 『쥬라기 공원』의 경우, 1993년 한 해에만 우리 나라에서 자동차 1백50만 대를 수출하여 벌어들이는 수익과 맞먹는 흥행 수입을 올렸으니 블록버스터나 산업이나 같다 해도 무리가 없겠다.

어쨌든 이제 궁금한 것은 이렇듯 엄청난 인기몰이를 한 이 블록버스

---

9) 임춘웅, 〈백악관 포르노〉, 『서울신문』, 1998년 9월 24일, 7면.

터에 출연한 주인공들이 과연 얼마만큼의 '출연료(?)'를 받았고, 받을 수 있는가 하는 점일 것이다. 그때까지 클린턴의 섹스 스캔들과 관련한 인물들은 대개가 돈방석에 올라앉았다. 그들은 언론이 연출한 한 편의 거대한 섹스 스캔들에 출연해서 좀더 화려한 볼거리를 제공해 주는 대가로 많은 돈을 벌 수 있었다.

제니퍼 플라워즈의 경우, 1992년 1월 클린턴과의 관계를 언론에 알린 이후 『펜트하우스』에 누드 사진을 게재해 25만 달러를 벌었다. 뿐만 아니라 스타 TV에 클린턴과의 관계를 주제로 한 인터뷰로 15만 달러, 그리고 『정열과 배신』이라는 책을 내 15만 달러의 수입을 챙겼다. 합의하에 클린턴과 성관계를 가졌다고 말한 미스 아메리카 출신의 엘리자베스 워드 그리에슨도 『플레이 보이』에 누드 사진을 실어 10만 달러를 벌었다. 또, 미스 아칸소 주 출신인 샐리 퍼듀는 클리턴과의 정사를 『펜트하우스』에 알려 준 대가로 5만 달러를 주머니에 찔러 넣었다.[10]

그렇다면 '지퍼게이트'의 헤로인(Heroine)인 '모니카 르윈스키'는 얼마의 출연료를 받았을까? 정확한 액수는 알 수 없지만, 최근까지 그는 다이어트 광고 모델, 영국의 TV 쇼 리포터, 그리고 기업인으로 변신을 거듭하며 수천만 달러 이상의 수입을 벌어들이고 있다고 한다. 또한 최근에는 이 '지퍼게이트'를 학문적 연구 대상으로 삼은 책이 출간돼 화제를 모았다. 시카고대 영문과의 로렌 벌랜트 교수와 뉴욕대 미국학과의 리사 더건 교수가 편집한 『우리의 모니카, 우리 자신: 클린턴 사건과 전국적 흥미』라는 제목의 책이 바로 그것이다. 『뉴욕타임스』을 비롯한 미국 주요 언론은 서평(書評)을 통해 이 책을 자세히 다뤘다.[11] 그러니까 '지퍼게이트'라는 블록버스터는 아직 상영이 끝난 게 아니다. 재탕되고

---

10) 배국남, 〈클린턴과 섹스 스캔들 입방아 오르면 돈방석〉, 『한국일보』, 1998년 4월 14일, 12면.
11) http://www.nytimes.com/2001/08/05/weekinreview/05WORD.html

르윈스키와
TV회견 본 미국인

지난 13개월 동안 세계를 떠들썩하게 했던 전 백악관 인턴 모니카 르윈스키는 그가 사랑했던 빌 클린턴 대통령과 똑같은 사람이었다.

르윈스키는 3월3일 밤 9시(미 동부시간)부터 두시간 동안 ABC방송에서 앵커우먼 바버라 월터스와의 회견이 방송된 것을 기화로 대대적인 이미지 만회작전에 들어갔다. 이튿날에는 다이애나비의 전기를 써서 유명해진 전기작가 앤드루 모튼이 대필한 자서전 '모니카 이야기'가 미 전역의 서점에서 발매됐다. ABC방송 회견은 무려 4900만명이 시청한 것으로 집계됐다.

클린턴 대통령이 그에게 선물했던 책이라면서 월트 휘트먼의 시집 '풀잎'에 잠시 카메라가 비춰진 것만으로도 인터넷서점 아마존 책판매에서 이 시집의 순위가 불과 몇시간만에 411위에서 280위로 껑충 뛸 만큼 성공적인 인터뷰였다. 초판 45만부를 찍은 세인트 마틴사는 벌써 2판을 찍기 시작했다.

입 열수록, 자서전 읽을수록 '동정'서 '질타'로

르윈스키는 지난 13개월 동안 자신이 억울하게 잘못 묘사돼 왔다면서 '모니카 르윈스키'라는 이름 뒤에 숨어 있던 진짜 자신은 '사랑스럽고 사람에게 충실하며 지적인 젊은 여성'이라고 주장했다. 책의 폭발적인 주문쇄도와 기록적인 시청자수는 이같은 주장이 먹혀들어갔다는 뜻일까.

지금까지 나온 미 언론들의 반응은 그렇지 않다. 르윈스키의 고백은 지금까지 언론을 통해 알려진 내용과 별반 다를 바 없다는 반응이 지배적이다. 비록 국민과 힐러리 여사, 첼시양에게 사과한다는 말은 했지만 책임을 전가하려 하고 이기적이며 자기도취에 빠져 있으며 도덕적 불감증에 걸린 누군가를 닮았다는 것.

그는 월터스와의 회견에서 "나는 클린턴이 영혼의 반려자인 줄 알았지만 그는 경솔하고 무모한 자기도취주의자였다"고 클린턴 대통령을 비난했다. 하지만 이같은 비난은 그가 입을 열면 열수록, 그리고 자서전을 읽어가면 갈수록 고스란히 그 자신에게 돌아가는 것이었다.

그는 회견에서 "나처럼 매우 정열적이고 사랑스런 여자를 보면 종종 (위험한) 선에 근접하게 마련"이라고 했다. 클린턴 대통령은 지난해 스캔들이 터진 직후 백악관 보좌관인 시드니 블루멘털에게 "르윈스키는 스토커(쫓아

(『뉴스플러스』, 1999년 3월 18일)

클린턴의 섹스 스캔들과 관련한 인물들은 대개가 돈방석에 올라앉았다. 그들은 언론이 연출한 한 편의 거대한 섹스 스캔들의 화려한 볼거리를 제공해 주는 대가로 많은 돈을 벌 수 있었다.

윤색해 또 다른 버전을 만들어내고, 재편집되면서 계속 세인들의 관심을 끌고 있다. 그리고 이러면 이럴수록 '지퍼게이트'의 여주인공이었던 르윈스키의 주머니가 두둑해지는 것은 당연한 일이겠다.[12]

성적 매카시즘과 모럴 테러리즘

그러나 호들갑스러운 황색 저널리즘이 제작한 이 한 편의 블록버스터가 사람들의 욕망을 해소하는 기능만 담당했던 것은 아니다. 아무리 내용이 뻔한 할리우드 액션 영화도, 아니 오히려 그렇게 반복적인 구조를 지님으로써 거기에는 사회의 지배적인 담론을 보듬고 있는 법이다.[13] 마찬가지로 '지퍼게이트'라는 '블록버스터'에서도 우리는 이것에 갈마들어 있는 사회적 신화와 만날 수 있다.

최내현 씨는 그것을 다음과 같이 갈파했다.

"클린턴의 섹스 스캔들은, 미국인들의 관음증적 엿보기 취향의 산물이라기보다는 페미니즘의 극단적 형태로서의 '성적 매카시즘'으로 불려야 마땅하다.……이번 클린턴 성추문 사건은 단순히 대중의 호기심과 옐로 저널리즘의 결과가 아니라 섹스에 관련된 것까지 감시의 대상이 되는, 푸코식으로 이야기하자면 새로운 양식의 판옵티콘(원형 감옥)으로 사회가 작동하기 때문이다.……나는 여기서 페미니즘이 사회를 각박하게 몰아간다고 비난하는 것은 아니다.……다만 진보적 시각을 가지고 사회 변혁을 외쳐 온 대표적인 세력인 미국 여성계의 목소리가 어떻게 사회 통제의 원리로, 전통적 가치의 강화로, 그리고 보수적인 공화당에게 유리한 형태로 전개되어 가는지 그 한 측면을 이야기하고 싶었다. 미국인들에게 클린턴의 섹스 추문이, 단순히 또 하나의 '볼거리'로써 제공되는 것은 아니다. 그 사회적, 이념적 의미를 이해하지 않고서는, 상업적 자본주의의 한 측면으로만 이해하게 된다. 이야말로 상업자본주의에 물든 언론이 원하는 바가 아닐까?"[14]

---

12) 영화의 흥행에 따라 출연료를 받는 것을 말한다.
13) 마동훈, 〈텍스트 해석론〉, 강준만·권혁남·김승수·김응숙·마동훈·신호창, 『대중매체와 사회』(세계사, 1998), 301-304쪽.
14) 강준만, 〈빌 클린턴: 이미지 정치와 '섹스 스캔들'〉, 송기도 외, 『권력과 리더십 1』(인물과사상사, 1999), 284-285쪽에서 재인용.

연세대 마광수 교수는 『자유에의 용기』(해냄, 1998)라는 책에서 섹스에 대해 도덕을 앞세워 사회적으로 '마녀 사냥'을 하는 이러한 풍토를 가르켜 '모럴 테러리즘(Moral Terrorism)'이라고 말한다. 이 책에서 마광수 교수는 버트런드 러셀의 "부패하고 음란한 사회일수록 금욕주의를 내세운다"라는 말을 인용하며 성윤리에 있어 극단적인 이중구조에 대해 비판한다. 그리고 그는 모럴 테러리즘의 탄환인 도덕주의가 어떻게 불온한 사회 통제원리 및 인습적 가치체계와 결탁해 왔는지를 한국의 경우를 들어 다음과 같이 설명하고 있다.

"해방 이후 역대 정권 중 도덕을 강조하지 않은 정권은 하나도 없다. 폭력적인 방법으로 부도덕하게 권력을 잡은 군사정권 때도 여전히 도덕은 강조되었다. 그래서 5·16 후엔 '재건국민운동본부'가 차려져 국민들을 옥죄고, 5·18 후에는 '삼청교육대'가 생겨 사회악 일소와 도덕 확립을 부르짖으며 억울한 피해자들을 많이 낳았다.

현재 우리 사회에서 '도덕적 위선'을 변명 또는 포장하기 위해 가장 빈번하게 이용되는 명분은 역시 '건강한 성윤리'이다.……도덕이나 관습이니 하는 고상한 논리로 성을 터부시 하면서도 매춘이나 인신매매와 같은 성도덕의 타락을 잉태해 내는 사회의 이중구조에 대해서는 너무나도 관대한 사회 문화적 풍토!"[15]

'지퍼게이트'가 불거졌을 때 미국 여성운동 진영이 난감해 했던 것도 바로 이 때문이었다. 그들은 정책적으로 클린턴과 민주당을 지지했기 때문에 이 섹스 스캔들에 대한 자신들의 입장을 정리하기가 난처했던 것이다. 여성운동 진영 내부적으로 이견들끼리 마찰이 있긴 했지만 대세는 '그래도 클린턴'이었다. 1998년 9월 24일 미국 내 15개 여성·인권 단체들은 공동성명서를 통해 케네스 스타의 성추문 수사를 '위선적 관음증

---

15) 마광수, 〈지킬 박사와 하이드 씨 강요하는 우리 사회의 이중구조〉, 『자유에의 용기』(해냄, 1998), 89쪽.

만약 탄핵이라도 당하면 사정은 더 심각해진다. 탄핵논의는 적어도 4, 5개월간 미국을 국정 난맥상태에 빠뜨릴 것이기 때문이다. 미국이 힘의 공백상태에 빠질 경우 미국의 의지를 시험해보려는 국가들이 생기는 것은 필지의 사실. 이라크나 한반도에서 돌발적인 충돌이 일어날 가능성도 배제할 수 없다.

그러나 이른바 「지퍼게이트」로 일컬어지는 이번 스캔들을 다뤄나가는 미국민의 자세와 태도도 인상적이다. 스캔들에도 불구하고 클린턴에 대한 미국민의 지지도는 크게 떨어지지 않고 있다. 유에스에이 투데이지와 CNN, 갤럽이 1월28일 조사한 바에 따르면 클린턴을 좋아한다고 한 사람은 63%로, 특별검사인 스타의 20%보다 월등히 높았다. 클린턴에 대한 지지도는 여전히 50%대를 유지하는 추세다.

르윈스키의 옷에 묻은 클린턴의 정액에 대해 유전자 감식이 실시되리란 보도가 나도는 가운데 행해졌던 1월27일 클린턴의 연두교서 발표에도 국민은 뜨거운 호응을 보냈다.

이 대목이 불가사의다. 대통령의 불륜에 대해 미국민은 적어도 아직까지는 관대하다. 왜 그럴까. 경제가 좋기 때문일 수도 있다. 7년째 계속되고 있는 호황, 근래에 보기드문 낮은 실업률, 확대되는 교육기회 등은 클린턴에게 여전히 튼튼한 지지기반이다.

그러나 보다 중요한 요인은 미국사회의 탄력성과 선별성이다. 통치자의 도덕성이 문제가 되더라도 그것은 그 「불륜자체」일 뿐 사회 전체는 평상시와 조금도 다름없이 굴러갈 수 있는 탄력성이 사안의 과장을 최소화할 수 있는 원동력이다.

언론의 보도태도도 좋은 예다. 언론은 클린턴의 성관계 자체와 위증 부분을 엄정하게 구분해서 본다. 놀라울 정도다. 『합의에 의한 성관계였다면, 다시 말해 클린턴이 대통령으로서의 영향력을 이용해 성관계를 강요한게 아니라면 무슨 문제냐」는 내용의 칼럼도 적지 않다.

협의점에 대해서는 집요하게 파고들면서도 클린턴에 대한 여론의 높은 지지도를 동시에 거의 같은 비중으로 보도하고 있는 것도 주목

지도력-도덕성 별개문제? 르윈스키양과의 섹스 스캔들이 한창이던 지난 1월27일 연두교서를 발표하는 클린턴 대통령. 이 교서에 대한 국민의 호응은 대단히 뜨거웠다.

할 만하다. 뉴욕타임스를 비롯한 신문들은 클린턴의 연두교서에 많은 지면을 할애했고 그가 연설 도중 상하원 의원들로부터 시종 뜨거운 기립박수를 받았음을 있는 그대로 전했다. 반대당의 정치공세도 상당히 조심스럽다. 공화당의원들은 오히려 입조심을 하는 모습

미국 여성들 "그래도 클린턴이 좋다"

남자들보다 관대… "사임반대" 70%-"보수주의자들 음모" 50%

르윈스키 스캔들에 대한 미국인들의 반응은 남녀별로 차이가 크다. 남자들보다 여자들이 더 관대하다. 1월말 실시된 갤럽 여론조사에 따르면 남자들의 50%가 스캔들에 대한 1차적인 책임이 클린턴에게 있다고 답한 반면, 여자들은 40%가 클린턴의 책임이라고 답했다.

「이 스캔들이 공화당을 비롯한 보수주의자들의 클린턴 죽이기 음모냐」는 질문에도 남자들은 38%가, 여자들은 50%가 각각 「그렇다」고 답했다. 또 여자들의 3분의 2가 사임에 반대하는 것으로 나타났다.

클린턴이 여자들에게 인기가 좋은 것은 사실이다. 92년 대선은 물론이고 96년 대선 때도 클린턴은 투표에 참여한 여성 유권자중 56%의 지지를 얻었다. 경쟁자인 공화당의 보브 돌은 38%였다. 그는 적어도 여자들에게는 과거 레이건이나 부시가 가지지 못했던 젊음과 활력을 가지고 있는 것으로 비쳐진다.

남성으로서의 매력만이 인기의 비결은 아니다. 공화당의 여론조사 전문가인 린다 디볼은 클린턴이 여성들의 관심사항들(예를 들어 산후휴가, 맞벌이 부부를 위한 어린이 보호문제 등)에 대해 직접 관심을 갖고 있다는 인식을 심어주는 데에 성공했기 때문이라고 지적한다. 희대의 바람둥이로 불리는 그가 여성의 처지를 가장 잘 이해하는 대통령으로 인식되고 있는 것은 아이러니다.

이다. 자칫하면 「보수주의자들의 음모」라고 역공을 당할 수도 있기 때문이다. 클린턴의 부인 힐러리는 이미 음모론을 제기하고 나섰다.

공화당으로선 클린턴을 사임시키는 것이 반드시 이로운 처지도 아니다. 대통령직을 승계할 앨 고어 부통령도 만만치 않기 때문이다. 차라리 클린턴을 만신창이로 만들어 11월 중간선거, 그리고 2000년 대선까지 끌고가는 것이 더 나은 전략일 수 있다. 그러나 그런 정치적 계산보다 공화당내 컨센서스는 「법의 판단에 맡겨놓는 것이 최선」이라는 쪽이다.

이런 분위기 속에서 사건은 조금씩 진실을 향해 접근해가는 양상이다. 냄비처럼 끓는게 아니다. 일상의 한부분으로서 분석되고 음미되고 평가된다. 냉정하고 객관적인 내밀화의 과정을 거쳐 누구나 수긍할 수 있는 결론을 향해 나아간다. 그래서 나온 결론이기에 그것이 설사 현직 대통령에게 사약에 해당하는 탄핵이라 해도 충격없이 흡수될 것으로 보인다.

클린턴의 성추문을 통해 다시 한번 확인하는 대목이 바로 이같은 「미국적 강점」이다. ✚

이재호/동아일보 워싱턴 특파원

(『뉴스플러스』, 1998년 2월 12일)

미국 여성운동 진영은 내부적으로 이견들이 마찰하는 가운데 '그래도 클린턴이 좋다' 라는 입장을 발표했다. 그들은 적어도 정치적으로는 현명한 판단을 내린 셈이다.

(觀淫症)' 이라고 규탄하고 클린턴을 지지했다. 미국 여성운동 진영은, 적어도 정치적으로는 현명한 판단을 내린 셈이다.

클린턴 VS 케네스 스타

당시 미국 내에서 클린턴이 가지는 이념적 위상은 토마스 제퍼슨 이래 남부 지역에서 다시 움트기 시작한 '자유주의'를 대표하는 것이었다. 이에 반해 텍사스에서 태어난 스타는 남부의 오랜 전통의 적자(赤子)로서 견결한 기독교 우익을 대변하는 인물이었다. 그러니까 두 사람은 미국 내에서 끊임없이 첨예한 갈등 관계 있는 진보와 보수, 두 진영의 수장(首長)급 인사라 할 수 있었다. '지퍼게이트'와 관련하여 미국 내에 존재하는 두 문화의 충돌이라고 말하는 사람이 많은 것은 바로 이 때문이다.

곤혹스러운 가운데서도 미국 여성운동 진영을 비롯한 여러 시민단체가 결국 클린턴 편에 선 데에는 정치적, 이념적 배경이 자리하고 있는 것이다. 흑인들 대다수가 전과 다름없이 클린턴을 지지하고 나선 것도 같은 이유에서였다. 노벨문학상을 수상한 흑인 작가 토니 모리슨이 "미국 최초의 흑인 대통령"[16]이라는 말을 할 정도로 클린턴에 대한 믿음이 공고했던 흑인들은 주저 없이 클린턴의 손을 들어주었다. 심지어 흑인들은 스타와 클린턴의 관계를 흑인들에게 몹쓸 짓을 많이 한 전(前) 연방수사국 국장 에드가 후버와 암살된 마틴 루터 킹 목사의 관계에 비유하기도 했다.

사실, 기질면에서나 이력면에서 이 두 사람이 상당히 대조적인 모습을 보이는 것은 사실이다. 엄격한 가정 환경에서 케네스 스타는 영국의 사립 기숙 학생들처럼 늘 넥타이를 단정하게 매고 학교를 다녔던 전형적인 '범생(範生)'이었다. 깔끔한 입성에 어울리게 그는 1960년대 미국 사회에 몰아쳤던 히피 문화를 염오(厭惡)했다. 뿐만 아니라 그는 젊은 공화당원으로서 '반전시위'에 참가한, 자신과 같은 젊은이들을 강하게 비판

---

16) 〈르윈스키는 유대인 스파이?〉, 『동아일보』, 2001년 8월 17일, A23면.

하고 다녔다. 반면, 클린턴은 이러한 스타와는 대척점에 위치하는 사람이라 할 수 있었다. 유년 시절 알콜중독자였던 의붓아버지 슬하에서 자란 클린턴은 나서기 좋아하는, 머리 좋은 날라리에 속했다. 백악관에 들어가서도 청바지와 스포츠 반바지를 즐겨 입을 만큼 클린턴은 자유스럽고 느슨한 분위기를 좋아하는 사람이다. 클린턴이 이끄는 행정부도 이런 그의 스타일과 닮아 있다. 그래서 미국의 보수적인 언론은 종종 다음과 같이 이를 비아냥댈 정도다.

"미국 언론은 요즈음 젊은 대통령과 젊은 참모진들이 설치는 백악관을 두고 『홈 얼론(Home Alone, 나홀로 집에)』 3탄'이라고 꼬집고 있다. 말하자면 집(백악관)에 애들만 있다는 이야기다. 백악관 비서실 차장의 책상에조차 이곳에 때때로 나타나는 할리우드 스타들을 놓칠세라 비디오 카메라가 항상 놓여 있으며, 혈기왕성한 참모들은 피자를 시켜 먹으면서 걸핏하면 밤을 새고 끝없는 자유 토론을 갖는 모습이 마치 대학 기숙사 분위기 같다는 것이다."[17]

이런 클린턴을 스타가 좋아할 리가 없다. 이렇다 보니 이런 두 사람의 대결은 각기 대표하는 진영 간의 문화 투쟁이기도 한 것이다. 그러니까 이 둘의 대립은 법(法)의 관장 아래 벌어진 상반되는 라이프 스타일의 갈등이었다고 볼 수도 있는 것이다. 그만큼 이 두 사람의 문화적 배경은 서로 이해할 수 없을 정도로 다른 것이었다.

매우 보수적인 신앙관을 견지하고 있던 목사의 아들로 태어난 스타는 모든 욕망을 죄로 치부해 증오하며 성장했던 사람이었다. 이런 스타에게 클린턴은 '섹스'에 중독된 혐오스러운 인간에 다름 아니게 여겨졌을 것이다. 그렇다면 여느 도색(桃色)소설 못지 않은 내용을 담고 있는 스타의 보고서를 우리는 어떻게 이해해야 할까? 섹스를 지나치게 도외시하려는

---

17) 서영진, 〈백악관의 '홈 얼론'〉, 『국민일보』, 1993년 5월 16일, 5면.

것이 되려 그것에 집착한 결과를 낳았던 것은 아닐까.

지퍼게이트는 계속되어야 한다, 쭈 ～ 욱

'지퍼게이트' 라는 블록버스터가 그토록 폭발적인 인기를 누릴 수 있었던 데는 이러한 대결 구도가 한몫 단단히 했다. 그들 각자의 행보(行步)는 쫓고 쫓기는 그야말로 숨막히는 추격전을 연상케 했고, 언론의 지면을 통해 이뤄진 둘 사이의 공방은 피 튀기는 총격전에 다름 아니었다. 그만큼 이 사건을 다루는 미국 언론의 태도는 선정적이었고, 자극적이었다. 그리고 이를 이용해 여론을 유리하게 이끌고 가려는 사람들로 인해 신문과 방송은 난장판이 되었다. 그러니까 클린턴과 르윈스키의 '섹스 스캔들' 은 '지퍼게이트' 가 아니라 그야말로 '프레스(Press)게이트' 였다.

부연하는 말이지만, 1998년에 있었던 '지퍼게이트' 블록버스터에서 정작 주인공은 클린턴과 르윈스키가 아니었다. 자의는 아니었는지 몰라도 애초에 직접적으로 스토리를 제공한 것은 이들이었다. 그리고 자기들 뜻대로 되지 않자 정보 유출로 여론을 유리하게 이끌려고 수작을 부린 것도 사실이다. 그러나 이 판을 뻥튀기해서 키운 것은 언론과 대중이었다. 장사에 미친 언론과 의식 없는 대중이 짜고 치는 고스톱판에서 이들은 그저 '봉' 에 불과했다. 물론 이들 또한 옆에서 '광' 도 팔고 '개평' 도 뜯어가며 어느 정도 자기 주머니를 채운 것은 사실이다. 하지만 앞서 살펴보았듯이 이 일로 가장 재미를 본 것은 언론사들이었다.

말하자면, 클린턴과 르윈스키의 섹스 스캔들은 아이로니컬하게도 미국 언론의 추악한 면모를 여실히 드러나게 한 계기가 됐다. 적어도 '지퍼게이트' 가 상영되는 내내 언론사들은 기본적인 상도덕도 지킬 생각이 없는 더러운 장사치에 불과했다. 그런데 현재, 이 미국 언론사들이 한국에서 행해지는 언론사 세무조사에 대해 감 놔라, 배 놔라 하는 모양이다.

웃기지 않은가. 하지만 더 우스꽝스러운 것은 또 그걸 무슨 신주단지 모시듯 하는 몇몇 수구보수 언론의 작태다.

이미 80년 전, 미국의 칼럼니스트 월터 리프만은 "서구 민주주의의 위기는 저널리즘의 위기"라고 한 바 있다. 그렇다면 현재 미국의 민주주의는 위태로운 지경에 놓여 있다고 봐도 좋을 듯하다. 그러나 리프만의 선언으로부터 80년간 미국의 민주주의는 줄타기를 잘 해왔고 어쩌면 앞으로도 아슬아슬할 망정 잘 해 나갈지도 모르겠다. 장하다고 박수라고 쳐줘야 할까? 하지만 그 잘난 민주주의는 한 편의 질 낮은 블록버스터 영화처럼 허황된 것인지도 모른다. 지퍼게이트가 이를 뜻하지 않게 증명한 꼴이 된 것이다.

어쨌든 이들 언론사들은 여전히 '지퍼게이트'를 연장 상영해 돈을 벌려고 혈안이 되었다. 르윈스키의 시시콜콜한 것까지 보도를 해야 직성이 풀리는 것마냥 미 언론사들은 그녀의 일거수 일투족을 따라다니며 중계하듯 기사를 쓰고 있다. 물론 한국 언론들은 친절히도 그것들을 일일이 외신면을 통해 소개해주고 있다.[18] 문제는 이 '지퍼게이트'가 아직도 '돈'이 된다는 사실이다. 그만큼 이 사건에 대한 대중들의 관심 역시 꾸준하다는 걸 의미하기도 한다. 언론과 대중은 혹 이렇게 말하고 싶은 게 아닐까? 지퍼게이트는 계속되어야 한다, 쭈 ~ 욱.

---

18) 올해 한국 언론에 실린 외신을 제목만 소개하자면 다음과 같다. 〈르윈스키 "성추문 완전 공개" 미 케이블TV 다큐 출연키로〉, 〈르윈스키 "정액 묻은 드레스 돌려줘"〉, 〈르윈스키, 드레스 돌려받아〉, 〈'르윈스키' 호칭 성희롱에 해당〉, 〈르윈스키는 유대인 스파이?: '스캔들' 책으로 나와〉

시간은 그날로부터 7년여 세월의 강물을 흘려 보냈고, 사람들의 기억

속에서 '그날'은 서서히 퇴색되어 가고 있다. 다만 심슨이라는 한 시절

을 풍미했던 흑인 영웅은 '그는 살인자다, 아니다 그는 살인자가 아니

라 이 살해 사건의 또 다른 피해자일 뿐이다'라는 말만 존재할 뿐이다.

O. J. 심슨

미궁 속의 살해 사건

O. J. 심슨 *(Orenthal James Simpson)*
미궁 속의 살해 사건

이 휘 현

마침표가 찍히지 않은 살해 사건

우리는 이제 곧 미국에서 있었던 하나의 살해 사건과 대면하게 된다. 그런데 이 사건의 진실은 미궁의 심연 속에 웅크리고 있다. 잔인하게 자행된 살해 사건이었고, 살해된 사람은 세간에 널리 알려진 인물이었다. 그래서 사건이 발생했을 때 미국이라는 나라는 시끄러웠고 어수선했다. 사람들은 '누가 범인이다, 아니다 진짜 범인은 따로 있다' 라며 이러쿵저러쿵 떠도는 풍문들 속에다가 자신들의 어수선한 마음들을 표출시키고는 했다. 그리고 상당한 시간이 흘렀다. 미국을 떠들썩하게 한 재판이 있었고 이런저런 말들이 많이 오갔지만, 이 글을 쓰고 있는 2001년 가을의 끝 무렵까지 이 사건에 종지부가 찍혔다는 소식은 그 어느 곳에서도 전해지지 않고 있다. 어쩌면 이 살해 사건은 앞으로도 한동안 진실이 드러나지 않은 채 사람들 사이의 여러 풍문들 속에서만 떠돌아다닐지도 모르겠다.

이제 이 글을 통해 이야기해 나갈 사건 속에서, 살해당한 사람은 두 사람이라는 것을 먼저 밝힌다. 니콜 브라운이라는 이름의 백인 여자와 로널드 골드먼이라는 이름의 백인 남자. 이 두 사람이 '누군가' 혹은 '누군가들'에 의해 잔인하게 난자당한 채 생의 마지막 거친 숨을 몰아쉰 때는 1994년 6월 14일 새벽이었고, 장소는 니콜 브라운이 살고 있던 비버리힐스의 콘도 앞이었다. 그리고 이 사건의 목격자는 아무도 없었다. 그날도 여느 날처럼 즐겁게 맞이해야 할 상쾌한 아침이 찾아왔지만, 선혈이 낭자한 채 바닥에 웅크리고 고통스럽게 죽어간 두 주검의 소식으로 인해 미국이라는 나라의 아침은 일순간 뒤숭숭한 아침이 되어버렸다. 간밤에 꾸었던 악몽의 여운이 채 가시지 않은 듯 많은 사람들은 미간을 찌푸리고 있었다.

그리고 니콜 브라운과 로널드 골드먼이 살해당했다는 소식이 세간에 급속히 퍼져나가던 그때, 강한 의심의 시선에 노출된 사람이 딱 한 명 있었다. 그리고 사람들은 그가 범인라는 게 마치 '명백한 것'인 양 이야기하고 다녔다. 그렇듯 명백한 범인으로 의심받은 그 단 한 사람이란 바로 'O. J. 심슨'을 말한다. 미국 프로 풋볼의 전설적인 흑인 영웅이자, 영화배우로도 이름을 날리고 있던 심슨. 살해당한 니콜 브라운은 심슨의 전처(前妻)였고, 로널드 골드먼은 니콜 브라운의 정부(情夫)였다.

심슨이 의심받는 이유

애정이 지나치면 집착이 되고 집착이 과도해지면 상처 받는다. 하지만 집착이란 반드시 애정에만 뿌리를 대고 있는 것은 아니다. 소유욕. 이 소유욕 또한 집착의 기반이 되기 마련이다. 아니 어쩌면 애정보다도 더

강인한 집착의 뿌리로 작용하는지도 모른다.

사람들이 니콜 브라운과 그녀의 멋지고 젊은 남자 친구를 살해한 자로 심슨을 강력하게 지목하는 이유는, 사건 당시 이미 이혼한 지 2년이나 흐른 상태였음에도 불구하고, 심슨이 니콜 브라운에게 보였던 과도한 집착 때문이었다. 사람들은 그 집착의 근원을 애증(愛憎)이라는 심슨의 양가적인 심리 속에서 찾았다. 그렇다면 심슨이 니콜에게 애증을 느꼈다는 근거는 어디서 찾아낼 수 있을까. 다음에 서술될 내용들이 그 기반이 되어준다.

1989년에 심슨은 법정에 서게 된다. 그 이유는 당시 자신의 아내였던 니콜을 구타한 혐의에서 비롯되었다. 법정에서 심슨은 자신이 아내인 니콜을 구타한 혐의를 시인했고, 그래서 심슨과 니콜은 법적인 결별의 절차를 밟아나가게 되었다. 그러나 심슨은 니콜과의 재결합을 원했다. 그 이유가 아직 식지 않은 애정 때문이었든 혹은 단순한 집착 때문이었든, 심슨이 니콜과의 재결합을 갈구해 왔던 것은 분명하다. 그러나 니콜은 심슨의 재결합 요구를 단호하게 거부했다. 심슨과는 달리 니콜은 심슨에 대하여 더 이상의 애정도 집착도 없었기 때문이다. 니콜은 심슨의 열망에 부응하기는커녕, 오히려 젊고 잘 생긴 모델 지망생 로널드 골드먼과 열애에 빠졌다.

앞에서 서술된 사실들 속에서 뽑아낼 수 있는 어떤 묘한 메커니즘이 많은 사람들로 하여금 니콜과 로널드 살해 사건의 강력한 용의자로 심슨을 지목하게 만든 원천이었다. 그 묘한 메커니즘이란 말하자면 이런 것이다. 검은 피부와 하얀 피부 혹은 유색인종과 백인종의 경계를 통해 규정지어진 미국 사회 내의 보이지 않는 신분질서. 이렇듯 피부색을 통한 신분질서의 메커니즘은 심슨을 니콜과 로널드 살해 사건의 가해자로 설정하는 데에 비교적 탄탄한 토대를 제공해 주고 있었던 것이다. 그것도 흑인 남성과 백인 여성의 만남 그리고 파경이라는 드라마틱한 스토리가 곁들여져 있었다는 것을 염두에 두면 말이다.

미국 사회에서 흑인 남성과 백인 여성의 사랑이란, 여전히 자연스러운 일로 취급받지는 못한다. 여전히 피부색에 대한 편견과 왜곡된 심리가 미국 사회의 저변에 흐르고 있기 때문이다. 그런데 편견의 그 두터운 빙벽(氷壁)을 깨고 심슨이라는 흑인 남성이 니콜 브라운이라는 매혹적인 백인 여성을 쟁취했다! 그것도 지금보다 더욱 검은 피부색에 대한 거부감이 팽배했던 1970년대 말에 말이다. 이는 '흑:백=열등:우월'이라는 오만한 도식을 내면화시키고 있던 많은 백인 남성들에게는 꽤나 치욕스러운 일이었고, 같은 피부색을 가진 흑인 남성들에게는 선망과 질시의 감정이 교차하게 하는 일이었다. 심슨 본인 또한 검은 피부의 '태생적 한계'를 극복하고 흰 피부의 배우자를 얻게 된 것에 상당한 자부심을 느끼고 있었다.

검은 피부를 가진 사람들의 백인 배우자를 얻고자 하는 욕망. 그것은 검은 피부를 가진 자들에게는 백인 주류사회에서 피부색으로 인해 부여받게 된 자신의 '태생적 굴레'를 극복하기 위한 하나의 주요 방편이라 할 수 있었다. 이는 이미 알제리의 혁명이론가 프란츠 파농이 자신의 저서 『검은 피부, 하얀 가면』에서 이렇게 밝힌 바 있는데, 꽤 설득력이 있는 듯하여 인용해 본다.

"백인이 되고 싶다는 욕망. 그 욕망이 내 마음을 사로잡는 얼룩말을 지나 내 영혼의 가장 어두운 심연이 펼쳐져 있는 곳, 그곳으로부터 불현듯 솟아난다. 나는 흑인이 아닌 백인으로 인정받고 싶은 것이다. 그렇다면 백인 여자가 아닌 그 누가 과연 나의 이런 욕망을 실현시켜 줄 수 있겠는가? 이 점은 아마 헤겔도 상상하지 못했으리라. 나를 사랑해 주는 백인 여성을 통해서만 나는 백인화될 수 있는 것이다. 백인 남성처럼 사랑받을 수 있다는 것이다. 나는 백인이다."[1]

그렇게 '반 쪽짜리' 백인이 될 수 있었던 심슨. 그런 그는 백인 주류사

(『월간중앙』, 1999년 10월호)

풋볼의 영웅이자 흑인의 영웅으로 추앙 받기 시작했던 심슨. 그러나 두 주검이 세상에 보여진 순간, 끝도 없는 나락으로 추락하게 된다.

회인 미국 땅에서 흑인으로 태어나 무수한 검은 눈동자들로부터 선망의 자리에 올랐으나, 어느 날 잔인하게 난자당해 버린 두 주검의 모습이 세상에 보여진 순간, 끝도 없는 나락 밑으로 추락한 비운의 화신이 되어버린 것이다.

---

1) 프란츠 파농, 이석호 옮김, 〈유색인 남성과 백인 여성〉, 『검은 피부, 하얀 가면』(인간사랑, 1998), 83쪽.

흑인 스포츠 영웅의 탄생

O. J. 심슨은 1947년 7월 9일 캘리포니아 주 샌프란시스코에서 태어났다. 그가 이니셜로 축약한 'O. J'란 '오렌탈 제임스(Orenthal James)'였다. 미국에서 나고 자란 여느 흑인들의 유년 시절이 그러했지만, 심슨의 유년 시절 또한 '풍족함'이나 '행복'이라는 단어와는 다소 거리가 멀었던 듯하다. 그는 가난과 싸워야 했고, 가족을 내팽개친 아버지에 대한 원망을 마음 속에 새겨 넣어야 했기 때문이다. 그래서 한때는 갱단 조직에 몸을 담기도 했었다. 이렇듯 암울했던 성장 시절을 보낸 심슨의 삶에 먹구름이 걷히고 햇빛이 서서히 비치기 시작한 것은 언제부터였을까? 이는 풋볼과 맺게된 인연으로부터 시작된다.

심슨 스스로가 어느 인터뷰 자리에서 "나는 학교에 가거나 공부하는 것에는 도통 흥미를 느끼지 못했다"라고 술회한 것처럼, 그의 고교 성적은 턱없이 낮아 고등학교를 졸업하고 제때에 대학에 들어가기란 거의 불가능해 보일 정도였다.[2] 그런 그에게도 빛을 발하는 재능이 하나 있었는데, 그것은 바로 '달리기'였다. 고교 시절에 육상 팀에서 활동할 만큼 달리기에 관한 한 뛰어난 재능을 갖고 있었던 그는 덕분에 고교 풋볼 팀에서 하프백으로 활약할 수 있었다. 그리고 그의 탁월한 달리기 실력은 그가 샌프란시스코 시립대학교에 들어가는 데에 발판이 되어주었다.

이곳에서 대학 풋볼 선수로서의 재능을 맘껏 과시했던 심슨은 1967년 남가주대학(University of Southern California)에 3학년으로 편입을 하게 되었다. 비록 전공은 사회학이었지만, 그것은 말 그대로 껍데기뿐인 전공이었고, 이 대학에서도 그의 '진정한 전공'은 풋볼이었다. 심슨의 선수 생활은 탄탄대로를 달려나갔다. 남가주대학에 편입한 해에 포지션

---

2) 『Current Biography』(1983).

을 하프백에서 러닝백으로 바꾼 심슨은, 당시 대학 랭킹 1위였던 UCLA
를 꺾고 남가주대학이 우승트로피를 안게 되는 데에 일등 공신이었다.
특히 그 해 시즌의 최대 분수령이기도 했던 UCLA와의 경기에서, 심슨
은 경기 종료 직전 64야드를 질주하여 터치다운에 성공, '21-20'이라는
극적인 승리를 이끌어내어 영화 스토리와도 같은 스포츠 경기를 관람객
들에게 선사하였다. 이렇게 해서 심슨은 풋볼의 영웅으로, 아울러 흑인
의 영웅으로 추앙 받기 시작했던 것이다.[3]

그 이듬해인 대학 4학년 때에도 심슨의 명성은 날개를 단 듯 더욱 높
이 올라만 가고 있었다. 그는 이 해에 스물두 개의 터치다운을 성공시키
는 등 각종 기록을 갱신하였다. 덕분에 AP, UPI 등에서는 심슨을 '올해
의 선수'로 선정하기도 했다. 그러나 뭐니뭐니해도 심슨 개인에게 이 해
에 주어진 최고의 영광은 대학 풋볼의 최고 영예라 할 수 있는 '하이즈만
트로피'를 받았던 것에 있을 것이다. 또한 이 해에는 그의 첫째 부인 마
거릿과의 사이에 첫째 딸 아렌 심슨이 태어나기도 했다. 이래저래 심슨
에게 1968년은 생애 최고의 해로 기록될 만했다.[4]

다시 한 해가 흐르고, 대학 풋볼의 역사를 새로 써나가던 심슨은 대학
졸업을 앞두게 되었다. 졸업 후의 그의 진로가 프로 풋볼 팀으로의 입단
이라는 것은 누구나 짐작할 수 있는 예정된 수순이었다. 그렇게 예정된
수순처럼 심슨이 입단하게 된 프로 풋볼 팀은 버펄로 빌스였다. 그러나
버펄로 빌스는 당시 프로 풋볼 팀 중 최하위 팀에 속했다. 하지만 이러한
팀에 대학 풋볼의 최고 선수였던 심슨이 입단하게 되었던 배경에는 다
이유가 있었다. 당시 미국 프로 풋볼은 신인 드래프트 과정에서 신인 선
발 1순위를 최하위 팀에게 배정하고 있었던 것이다. 그 덕에 버펄로 빌스

---

3) 『Current Biography』(1983). 이 해에 그가 세운 기록은 13개의 터치다운과 1천5백43
   야드의 러싱야드였다.
4) 그의 첫째 딸은 어린 나이에 익사하고 말았다. 이로 인해 받은 충격은 무척이나 큰 것이
   었다고 심슨은 훗날 회고했다.

는 최고의 신인인 심슨을 얻었고, 심슨은 최하위 팀인 버펄로 빌스에 울
며 겨자 먹기로 입단해야 했다. 대신 그는 연봉 십만 달러라는, 당시에는
파격적인 신인 대접을 받는 것으로 만족해야 했다.[5]

은퇴 이후

풋볼 선수로서의 삶에 마침표를 찍은 이후에 심슨이 구가한 사회 생
활은 여전히 계속되는 성공의 탄탄대로라고 표현할 만했다. 'WASP
(White Anglo-Saxon Protestant)'로 대표되는 미국의 상류사회에 진입
하기 위해 그는 백인 주류사회와의 끊임없는 악수를 시도하였기 때문이
다. 그의 노력은 효과가 있었고, 영화배우로서, TV 해설자로서, 광고 모
델로서의 성공을 만끽해 나갈 수 있었다. 그의 백인 사회 진출기를 대략
살펴보면 이렇다.

심슨은 은퇴 전인 1977년에 배우 엘리자베스 몽고메리와 영화 『황홀
한 정사』에 출연하여 영화배우로서의 경력을 쌓은 바 있었는데, 그 뒤에
도 『카산드라 크로스』, 『타워링』, 『뿌리』, 『총알탄 사나이』와 같은 영화
들에 출연하며 풋볼 선수가 아닌 연예인으로서의 심슨이라는 이름을 새
롭게 대중들에게 각인 시켜 나갔다.[6] 특히 그가 백인 사회에 자신의 둥
지를 탄탄하게 튼 데에는 렌트카 회사인 'Hertz'의 TV 광고 출연이 큰
보탬이 되어주었다. 심슨이 'Hertz'의 광고 모델로 출연하면서 이 회사
의 이익은 급증하였고, 덕분에 그의 입지는 더욱 탄탄해질 수 있었던 것
이다. 게다가 고교 동창으로 만나 화촉을 밝혔던 첫째 부인 마거릿과 이
혼하고 1978년 백인인 니콜 브라운과 결혼하게 되었을 때, 그의 백인 사

---

5) 『Current Biography』(1983).
6) 적어도 한국에서 심슨의 얼굴이 알려지게 된 것은 영화 『총알탄 사나이』 시리즈를 통해
   서라고 할 수 있을 것이다.

회 진출기는 절정에 다다르고 있었다. '금발에 하얀 피부를 가진 미녀'
와의 사랑 그리고 결혼. 이를 통해 심슨의 백인 사회로의 진입은 더욱 용
이해질 수 있었던 것이다.[7]

물론 심슨의 니콜을 향한 순수한 의미에서의 연정을 우리가 전혀 외
면할 수는 없다. 그렇다해도 프란츠 파농의 논의를 통해 이미 이야기된
바 있듯, 흑인으로서의 자신의 정체성과 그로 인한 열등의식을 은폐시키
기 위하여, 심슨이 백인 배우자를 통한 '하얀 가면 쓰기'의 방편으로 매
혹적인 백인 여성 니콜 브라운을 얻었다는 추측은 어느 정도의 설득력을
확보할 수 있다. 그러나 이렇듯 왜곡된 인정(認定)에의 욕구는 반드시 부
작용이 따르기 마련이다. 그 부작용의 한 단면은 니콜과의 애증 관계를
통해 잘 드러난다고 볼 수 있다. 『월간중앙』에 실린 그와 관련된 글의
일부를 인용해 보자.

"심슨은 12세 연하인 니콜이 열여덟 살 때 처음 만났다. 니콜은 당시
'골빈 파티걸'이라는 평을 들을 정도로 이미 남성 편력이 심한 편이었던
것으로 전한다. 그래도 이들 커플은 80년대 중반까지 1남 1녀를 두고 적
어도 남들이 보기에는 행복하게 살아가는 듯했다. 그러나 심슨의 여성
편력과 니콜의 바람기가 맞물려 둘의 관계는 악화되기 시작했다. 심슨은
질투의 화신이 되어 니콜에게 무자비한 폭력을 휘둘렀고 결국 1992년
이혼에 이르게 됐다. 심슨은 니콜과 이혼한 후에도 니콜의 남성 편력에
대해 질투하고 그를 감시해 왔던 것으로 알려졌다."[8]

이러한 심슨의 인정 혹은 정복 욕구와 이로 인해 파생된 니콜과의 애
증 관계는 니콜의 몸에 날카로운 칼날자국들이 남겨진 이후, 쉽게 지울
수 없는 살인의 짙은 혐의가 되어버리고 말았던 것이다. 그럼 이제 이야

---

7) 문민석, 〈세상살이도 스포츠처럼 투명했으면 좋겠습니다〉, 『월간중앙』, 1999년 10월호,
   312쪽.
8) 문민석, 위의 글, 312쪽.

다. 1년4개월뒤 열린 민사재판에서 심슨에게 살인자의 낙인과 천문학적 액수의 배상금이 떨어짐으로써 드라마는 4단구조가 아니라 '발단—전개—위기—절정—결말'의 5단구조였음이 드러났다. 형사재판은 정작 '절정'인 민사재판에 앞선 '위기'에 불과했던 것이다.

심슨 드라마의 하이라이트인 민사재판은 형사재판이 시작되기도 전인 94년 7월20일부터 준비됐다. 심슨의 전처 니콜 브라운과 함께 살해된 로널드 골드만의 모친 샤론 루포가 일찌감치 민사소송을 제기한 것이다. 이어 루포의 전남편, 즉 로널드 골드만의 아버지인 프레드 골드만이 95년 5월4일에, 살해된 브라운의 가족들이 95년 6월12일에 각각 별개의 민사소송을 제기했다. 소송의 요지는 '심슨이 두 사람의 죽음에 책임이 있으므로 이로 인한 물질적 정신적 피해에 대해 배상해야 한다'는 것이다.

세 소송은 동일사건에 대한 단일재판원칙에 따라 통합실시됐다. 미국변호사협회 통계에 따르면 살인사건 가운데 심슨사건처럼 민사소송이 별도로 제기되는 비율은 11%정도에 불과하다. 금전적 배상을 받는다는 보장이 확실하지 않은 상태에서 엄청난 변호사비용을 대가며 소송을 제기하기가 쉽지 않고 심슨과 달리 대부분 범인들은 배상금을 줄 능력이 없는 경우가 많기때문이다.

손해배상에 징벌배상금 합쳐 290억원

민사재판은 심판부터 심슨에게 결정적으로 불리했다. 형사재판이 흑구장이나 다름없는 흑인동네인 로스앤젤레스 카운티에서 열린 반면 민사재판은 적진인 백인동네 산타모니카에서 열렸다. 때문에 지역주민들 가운데 선출되는 12명의 배심원중 9명이 백인이었다.

그러나 이같은 인종변수를 떠나 기본적으로 금전적 배상만을 다루는 민사재판은 인신구속을 다루는 형사재판에 비해 증거인정 기준이 훨씬 포괄적이다. 형사재판에서는 원고인 검찰이 피고의 유

김준형·국제부 기자

스타, 미인, 인종, 돈, 애증 …, 세인의 흥미를 끌만한 요소를 골고루 갖춘 드라마 '세기의 재판'이 2년반만에 종영을 앞두게 됐다. 전처와 그의 애인을 살해한 혐의를 받은 미식축구 스타 O·J 심슨 주연의 이 법정드라마는 95년 10월 그가 형사재판에서 무죄평결을 받으면서 '발단—전개—절정—결말' 4단구조상의 '절정'에 달한 듯했다.

그러나 드라마는 결말로 곧바로 이어지지 않았

(『주간한국』, 1997년 2월 27일)

형사재판에서 무죄를 선고 받은 그가 민사재판에서 유죄를 선고 받았다?

기를 다시 잔인한 살해 사건이 일어났던 1994년 6월 12일 이후로 돌려보자.

세기의 재판, 無罪 혹은 有罪

잔인한 살해 사건이 벌어지고 세상이 떠들썩해지면서, '가장 유력한 살해 용의자'로 지목된 심슨이 법정에 서게 되었다. 사람들은 이를 두고 '세기의 재판'이라고 명명하고는 했는데, 그 이유는 이 살해 사건을 바

라보는 시각에 여러 가지 요소들이 복합적으로 스며들어가 있었기 때문이다. 이는 이미 앞에서도 잠시 언급한 바 있지만, 우선은 심슨이라는 왕년의 풋볼 스타가 연루되었다는 점, 그리고 흑인 남편과 백인 아내라는 인종의 문제, 그것도 흑인이 아닌 백인이 사망했다는 사실이 이 재판에 대한 시선을 더욱 뜨겁게 달구었기 때문이었다.

이 살해 사건에 대한 심판은 형사재판과 민사재판이 동시에 진행되었다. 그리고 결론부터 말하자면, 형사재판에서 심슨은 '무죄'를 선고 받았고, 민사재판에서는 '유죄'를 선고 받았다. 심슨은 형사재판을 통해 철창행은 모면할 수 있었지만, 민사재판을 통해서는 엄청난 벌금형을 짊어지게 되었던 것이다.

형사재판을 통해 심슨이 무죄를 인정받은 것은 살해 사건이 발생한 지 1년 6개월이 지난 1995년 10월에 와서의 일이었다. 그러나 형사재판이 진행되기도 전인 1994년 7월에는 이미 로널드 골드먼의 모친 샤론 루포에 의해 이 살해 사건에 관한 민사재판이 진행 중이었다. 1995년 5월에는 로널드 골드먼의 아버지 프레드 골드먼이 민사소송을 제기했다.[9] 그리고 1996년 6월에는 니콜 브라운의 가족들이 민사소송을 제기하기에 이르렀다. 이렇게 해서 1997년 2월에 이루어진 민사재판의 결과는 유죄였다![10]

형사재판에서 무죄를 선고 받은 그가 민사재판에서 유죄를 선고 받았다? 선뜻 이해할 수 없는 그 이유를 자세히 들여다보면 이렇다. 우선 미국의 민사재판은 형사재판에 비해 증거 인정의 기준이 훨씬 포괄적이다. 또한 민사재판은 12명의 배심원 전원만장일치제도를 택하고 있는 형사재판과 달리, 12명 중 9명만 찬성하면 유죄를 선고 받는 제도를 택하고

---

9) 로널드 골드먼의 어머니 샤론 루포와 아버지 프레드 골드먼은 이혼한 상태였기 때문에, 각자 자신들의 아들이 살해된 사건에 관한 민사소송을 제기했던 것이다.
10) 김준형, 〈OJ 심슨 알거지 될판, 민사재판서 유죄평결〉, 『주간한국』, 1997년 2월 27일, 66면.

있다. 더군다나, 형사재판이 흑인 동네인 로스앤젤레스 카운티에서 열린 것과는 반대로 민사재판이 백인 동네인 산타모니카에서 열리게 된 것 또한 심슨에게는 불운이라면 불운이었다고 할 수 있다. 결국 민사재판에서 유죄평결을 받은 심슨은 3천3백50만 달러라는 어마어마한 배상금을 갚아야 하는 처지에 놓이게 되었다. 제 아무리 당대 최고의 풋볼 선수였고 백인 사회에서 나름대로 성공을 구가한 흑인 영웅이라지만, 그가 감당해야 할 배상금은 당장이라도 그를 쪽박 차게 만들 만큼 실로 엄청난 액수였다. 더군다나 그는 형사재판에서 무죄를 이끌어내기 위해 일명 '드림팀' 변호사를 꾸리느라 6백만 달러를 소모한 상태였기 때문에 더욱 그랬다.[11]

심슨은 곧장 자신이 지불해야 할 손해배상금이 과다하다며 항소를 제기했다. 하지만, 2001년 1월 26일에 열린 캘리포니아 주 제2항소법원 3인 재판부는 판결문을 통해 심슨의 살인혐의가 인정된다며 항소를 기각했다.[12] 심슨이 이를 인정하지 못하고 주 대법원에 상고했는지 그렇지 않았는지의 여부는 아직 미지수이지만, 적어도 현재까지 심슨은 '무죄이면서 또한 유죄'인 상태로 살아가고 있는 것만은 확실하다. 그렇다면 지금까지 진행된 과정 속에서 과연 세상의 많은 사람들은 심슨에 대해 어떤 생각을 하고 있을까? 이는 곧 인용할 심슨의 말 속에 대충 정답이 들어 있는 것 같다.

"……사람들은 나를 니콜을 죽인 살인자, 죽여 놓고도 시치미 떼는 거짓말쟁이라고 해요. 그런데 희한한 것은 내가 안 죽였다고 하면 거짓말쟁이라고 하며 전혀 믿으려 하지 않으면서 내가 죽였다고 하면 속속들이 믿어버릴 것이라는 사실입니다. 세상에 그런 불공평이 어디 있습니까."[13]

---

11) 김준형, 〈OJ 심슨 알거지 될판, 민사재판서 유죄평결〉, 『주간한국』, 1997년 2월 27일, 67면.
12) 〈캘리포니아 대법원 OJ 심슨 상고 기각〉, 『스포츠서울』, 2001년 4월 27일, 34면.

심슨은 살해범이 아니다?

하지만 세상 사람들이 다 심슨을 살인자로 미리 규정짓고 의심하는 것은 아닌 듯하다. 적어도 2000년 10월 4일에 방송 전파를 탄 BBC 방송 다큐멘터리 〈OJ-못 다한 얘기〉를 보면 말이다. 그렇다면 이 다큐멘터리는 무슨 내용을 담고 있는 것일까. 그 내용을 잠시 살펴보자.

〈OJ-못 다한 얘기〉는 심슨이 궁극적으로 이 살인 사건의 또 다른 피해자라는 점을 부각시키고 있다. 그는 살인자가 아니었음에도 불구하고 유력할 살인 혐의자로서의 위치에 놓여야 했는데, 이러한 과정에는 몇몇 불순한 의도가 개입되어 있다는 것이 〈OJ-못 다한 얘기〉 제작진의 주장인 것이다. 그렇다면 그들의 주장은 얼마만큼의 설득력을 가지고 있는 것일까. 그들이 심슨은 무죄라고 주장하며 내세운 근거들을 나열해 보면 이렇다.

첫째, 이 사건을 담당한 수사관이 인종차별 전력이 있다는 사실에 촉수를 들이대고 있다. 물론 담당수사관이 인종차별 전력이 있다는 이유 하나만으로 무조건 심슨에게 살인 혐의를 씌웠다고 보는 것은 무리다. 하지만 그 외의 다른 정황증거가 있다. 무슨 말이냐 하면, 〈OJ-못 다한 얘기〉 제작진이 담당수사관에게 인종차별 전력이 있었다는 사실을 그저 허투루 넘기지 않는 이유는 사건 당시 혈액 채취 검사 과정에서 보여준 여러 의문점들 때문에 그렇다는 것이다. 그래서 담당수사관을 향하여 의혹은 눈길을 보내게 되었던 것이다. 그렇다면 좀더 자세한 내용을 살펴보자.[14]

니콜과 로널드가 살해된 현장에서 채취한 다섯 개의 혈액 샘플은

---

13) 문민석, 〈세상살이도 스포츠처럼 투명했으면 좋겠습니다〉, 『월간중앙』, 1999년 10월호, 309쪽.
14) 이은희, 〈니콜 죽인 청부살인자 따로 있다〉, 『일요신문』, 2000년 10월 15일, 59면.

DNA 타입이 모두 심슨의 것과 일치했고, 심슨의 자동차 콘솔에서 채취한 혈액 샘플의 경우는 DNA 타입이 심슨과 니콜의 피가 섞인 것으로 판명되었다. 이 혈액 샘플들은 수사가 진행되던 당시에 심슨에게 살인혐의를 적용시키는 데에 결정적인 단서가 되어 주었다. 그러나 〈OJ-못 다한 얘기〉 제작진은 이 부분에 대해 강한 의문을 제시하는데, 이 소식을 상세히 전달하고 있는 『일요신문』의 내용을 잠시 인용해 보면 이렇다.

"……방송은 당시 증거로 제출된 혈액에서는 EDTA라는 보존제가 검출되었다는 점을 폭로했다. EDTA는 인체에서는 자연 발생되지 않는 것으로, 수사관들이 주로 증거를 보존하기 위해 사용하는 것이다. 그런데 이것이 당시 사건 현장에서 채취한 혈액에서 발견되었다는 것은 곧 이 혈액이 사건 이전에 채취되었다는 것을 의미한다. 또 추적 당시 심슨이 타고 있던 자동차에서 검출했다는 혈흔 역시 심슨이 아닌 제3자가 묻혀 둔 것으로 추정하고 있다. 콘솔의 혈액 역시 처음에는 심슨의 피라고만 발표했다가, 3개월만에 니콜과 심슨의 것이 섞여 있다고 재발표한 것 역시 의심점. 사건 후 피를 섞어 바를 수 있는 사람은 경찰밖에는 없다는 점이다.……"15)

여기서 의혹이 증폭되었던 부분은, 사건이 발생한 직후 책임수사관인 마크 퍼먼이라는 인물이 심슨으로부터 혈액을 채취했으며, 퍼먼은 모든 절차를 무시한 채 로스앤젤레스 검시소로부터 살해당했던 니콜과 로널드의 혈액 샘플을 받아갔다는 사실이었다. 이 문제는 재판 과정에서도 거론되었고 조작의 혐의가 추궁되었으나, 결국 다큐멘터리 제작진은 담당수사관인 마크 퍼먼이 보여준 사건 발생 직후의 미심쩍은 몇 가지 행동과 그에게 인종차별 행위의 전력이 있었다는 사실을 적용시키면서 '심슨은 살해범이 아니라 오히려 그 사건의 또 다른 피해자'는 주장을 폈던

---

15) 이은희, 〈니콜 죽인 청부살인자 따로 있다〉, 『일요신문』, 2000년 10월 15일, 59면.

것이다.

그리고 다큐멘터리 제작진이 시청자들에게 던진 두 번째 의혹은 ‘빌 와즈’라는 어느 인물의 노트로부터 시작된다. 빌 와즈는 심슨과 니콜 등에게 코카인을 제공했던 마약 상인이었다. 그는 사건이 발생하기 6개월 전, 심슨의 친구로부터 니콜의 사생활을 감시하라는 부탁을 받은 바 있다는 혐의를 받고 있었다. 와즈는 심슨의 친구로부터 부탁을 받은 후 니콜의 동정을 자신의 노트에 상세하게 적고는 했는데, 니콜과 로널드가 만나는 사진을 건넨 후 10일이 지나서는 또 동일인물로부터 1만5천 달러를 받는 대가로 니콜을 살해해 달라는 부탁을 받았다는 것이다. 그런데 살해 사건이 발생한 직후, 경찰은 빌 와즈가 부탁 받았다는 니콜의 사생활 감시 부분이나 청부살인 부분에 대하여 전혀 조사를 행하지 않았다. 검찰에서 와즈의 모든 진술과 자료가 조작이라는 판명을 내렸기 때문이었다. 그러나 사건이 발생한 지 4년이 지나 재조사에 착수한 경찰은 와즈의 진술이 사실이었으며, 그가 제시한 노트 또한 조작된 것이 아니라는 사실을 인정하게 되었다. 하지만 수사는 더 이상 확대되지 않고 서둘러 덮어져 버렸다. 다큐멘터리 제작진은 이 부분에 대해서도 강한 의혹을 제기하고 있는 것이다.[16]

이제 다큐멘터리 제작진이 제기한 마지막 의혹을 살펴보자. 이 살해 사건에는 방금 거론된 인물들 말고도 ‘또 다른 용의자가 있었다’. 이 사실이 마지막 의혹의 근거가 되어준다. 여기서 또 다른 용의자란 심슨의 첫 번째 부인 마거릿과 심슨 사이에서 태어난 아들 제이슨을 말한다. 제이슨은 사건 당일의 구체적인 알리바이가 성립되지 않았다. 더욱이 그를 의심할 수밖에 없었던 건, 제이슨이 가정 내에서 폭력을 휘두른 전력이 있었다는 사실에 있다. 그런데 경찰은 제이슨을 단 한 번도 용의선상에

---

16) 이은희, 〈니콜 죽인 청부살인자 따로 있다〉, 『일요신문』, 2000년 10월 15일, 59면.

(『일요신문』, 2000년 10월 22일)

프라디의 진술처럼 심슨이 '냉혹한 성격과 광적인 집착의 소유자' 라고 한다면, 사람들의 심증은 더욱더 심슨을 의심스러워하는 쪽으로 기울어 갈 것이다.

올려놓지 않았다. 이 부분에 〈OJ-못 다한 얘기〉 제작진은 또 다른 의혹을 제기하고 있는 것이다.[17]

이렇듯 니콜과 로널드의 살해 사건은 상당한 시간이 흘렀음에도 불구하고, 이리저리 새롭게 불거지는 사실들을 통해 의혹만이 커져가고 있는 실정이다. 하지만 심슨 개인은 2000년 10월에 전파를 탄 BBC 다큐멘터리 〈OJ-못 다한 얘기〉를 통해, 세상의 의심 섞인 눈초리가 부과했던 '살해자' 라는 낙인에 대하여 일종의 한풀이를 할 수 있었지 않았을까 하는 생각을 해보게 된다. 하지만 세상의 일이라는 건 반전(反轉)의 연속인지도 모른다. 곧 이어질 이야기가 그것을 증명하기 때문이다.

17) 이은희, 〈니콜 죽인 청부살인자 따로 있다〉, 『일요신문』, 2000년 10월 15일, 59면.

크리스티 프라디의 진술

적어도 BBC 방송은 심슨에게는 자신의 무죄를 강변할 수 있는 매우 좋은 교두보가 되어주었다. 그러나 사태는 또 한 번의 반전을 맞는다. 크리스티 프라디라고 하는, 심슨의 최근 애인으로 알려진 여인의 폭탄 진술이 그 반전의 진원지였다.[18]

〈OJ-못 다한 얘기〉 이후 상황은 심슨의 살해 가능성보다는 경찰의 사건 조작 가능성이 제기되는 방향으로 치달아 가고 있었다. 그때, 심슨과 얼마 전 결별했던 심슨의 전 애인 크리스티 프라디는 『내셔널 인콰이어러』와의 단독 인터뷰를 통해 '자신도 니콜처럼 당하지 않기 위해 심슨과 결별했으며, 그가 그 살인 사건의 범인인 것이 분명하다' 라는 폭탄과도 같은 진술을 세상에 던져놓았다. 그녀가 당시의 인터뷰에서 "심슨이 범인이다"라며 설파한 니콜과 로널드 살해 사건의 정황은 대충 이런 식이다.

살인 사건이 있던 날 저녁 10시쯤, 개를 데리고 콘도를 나서던 니콜을 미리 숨어 있던 두 명의 남자가 칼로 휘둘러 잔인하게 난자했다. 그 두 사람은 심슨으로부터 니콜의 살인을 부탁받은 사람들이었다. 니콜을 잔인하게 칼로 난자하여 목숨을 끊어놓고 있던 그때, 두 남자의 귀에는 발자국 소리가 들려왔다. 그들은 쓰러진 니콜을 그대로 놔둔 채 곧장 몸을 숨겼다. 발자국 소리의 주인공은 로널드 골드먼이었다. 그는 콘도의 계단 밑에 쓰러져 있던 니콜의 시체를 보고 놀라 정신없이 달려오기 시작했다. 이때 두 살인자가 튀어나와 골드먼과 혈투를 벌였다. 혼자서 두 명의 청부살인자를 상대하기에는 역부족이었던 골드먼도 결국은 니콜과 같은 신세가 되고 말았다.

---

18) 그녀 또한 금발의 백인 미녀이다.

대강 이런 요지의 살인 스토리를 세세하게 묘사한 프라디는, 이 정황을 모두 심슨과 연애에 빠져있던 시절 심슨으로부터 은연 중에 들었노라고 주장했다. 그리고 심슨이 매우 냉혹한 성격의 소유자라는 것을 느끼게 된 후 그와 헤어지게 되었는데, 헤어진 후에도 자신에게 광적인 집착 증세를 드러내는 심슨으로부터 신변의 위협을 느끼게 되었다고 프라디는 진술했다. 결국 이러다가 어느 순간 프라디 자신이 '제2의 니콜'이 될지도 모른다는 두려움이 엄습하자, 경찰에 신변보호까지 요청했다는 것이다.[19]

이러한 프라디의 진술이 얼마만큼의 파급력을 가지게 될지는 여전히 미지수로 남아 있다. 다만 프라디가 말한 것처럼 심슨이 실제로 냉혹한 성격의 소유자이며, 프라디에게까지 광적인 집착을 보여준 것이 사실이었다고 한다면, 사람들의 심증은 더욱더 심슨을 의심스러워하는 쪽으로 기울어 갈 것만은 분명하다.

진실은 과연 밝혀질까?

무성한 소문만이 난무하는 이 살해 사건이 과연 진실의 종착점에 도달할 수 있을까? 현재로써는 이 의문에 아무런 대답도 할 수가 없다. 다만 이제 우리가 말할 수 있는 것은 심슨에 관한 최근의 소식일 것인데, 그 최근의 소식이라는 것도 그가 지불해야 할 손해배상금을 마련하기 위해 무척 애를 쓰고 있다는 종류의 것들뿐이다. 가령 그가 니콜과 로널드의 살인 사건 이후 보이기 시작한 언론기피증세에도 불구하고, 자신이 새로 출범시킨 웹사이트 『애스크OJ닷컴(AskOJ.com)』의 홍보를 위하여 2000년 여름에는 잇따라 TV에 얼굴을 내비쳤다는 정도의 소식이 그 대

---

19) 이은희, 〈아냐! 범인은 OJ야〉, 『일요신문』, 2000년 10월 22일, 39면.

표적인 예가 될 것이다.[20]

그것 말고도 심슨이 포르노에 출연했다는 다소 선정적인 소식도 들려오고 있기는 한데, 이 소식 또한 꼼꼼히 들여다보면 심슨이 돈을 마련할 목적으로 그랬다는 사실을 전하고 있을 뿐이다.

한때는 많은 흑인들로부터 선망의 대상이 되었던 그가, 이제는 자신에게 부과된 손해배상금을 마련하기 위해 삶에 허덕이는 초로의 중년이 되어버린 것이다. 그리고 심슨이라는 인물이 보여준 흑인 영웅에서 죄인 아닌 죄인으로의 드라마틱한 영락(榮落)의 격절은, 그날 1994년 6월 12일의 살인 사건으로부터 시작된 것이었다. 아직도 진실이 규명되지 않은 그날의 살해 사건. 현재까지 알려진 그 살해 사건의 목격자는 그날 '죽인 자(들)'와 '죽임을 당한 자들' 뿐이다. 그러나 죽임을 당한 사람들은 아무런 말도 할 수가 없고, 그들을 죽인 자들은 자신들의 범죄를 묻어둔 채 이 세상 어딘가를 활보하고 있을 것이다.

이미 시간은 그날로부터 7년여 세월을 흘러와 버렸고, 사람들의 기억 속에서 '그날'은 서서히 퇴색되어 가고 있을 뿐이다. 다만 심슨이라는 한 시절을 풍미했던 흑인 영웅은 '그는 살인자다, 아니다 그는 살인자가 아니라 이 살해 사건의 또 다른 피해자일 뿐이다'라는 말잔치 속에서 오늘도 자신이 감당해야 할 손해배상금을 생각하며 짙은 한숨을 내뱉고 있을 것이다.

---

20) 〈OJ 심슨 내주 잇따라 TV인터뷰〉, 『스포츠서울』, 2000년 7월 22일, 31면.

재키는 죽었다. 그러나 존 F. 케네디와 재키의 묘역 앞에서 타오르고

있는 '꺼지지 않는 불꽃'처럼, 여전히 미국인의 가슴 속에 퍼스트 레이

디로 살아 있다.

재클린 오나시스

영원한 퍼스트 레이디 '재키'

재클린 오나시스*(Jacqueline Onassis)*
영원한 퍼스트 레이디 '재키'

최 을 영

권력(權力)과 부(富)의 아내

'재클린 부비에 케네디 오나시스(Jacqueline Bouvier Kennedy Onassis)'. 이는 흔히 우리가 재키(Jackie)라는 애칭으로 부르는 이가 마지막으로 가졌던 이름이다. '재클린 리 부비에' 로 태어나 '재클린 부비에 케네디' 를 거쳐 '재클린 부비에 케네디 오나시스' 로 생을 마감한 재키. 이 나열하기조차 힘든 이름들은 그녀 인생의 한 단면을 보여준다. 권력과 부로 상징되는 인물의 성이 고스란히 그녀의 이름 속에 들어 있는 것이다.

재키의 첫 번째 남편은 의혹으로 가득 찬 암살로 유명(幽明)을 달리했던 '존 F. 케네디' 였다. 그리고 그리스의 선박왕이자 20세기 최고의 디바(Diva) 마리아 칼라스(Maria Callas: 이탈리아의 오페라 가수)를 절망의 나락에 빠뜨렸던, 거부(巨富) '아리스토틀 오나시스'가 재키의 두 번째 남편이었다. 재키는 이른바 최고의 권력과 부로 상징되던, 그리고 바람 둥이로 유명한 인물들을 남편으로 삼았다. 평범한 사람의 인생에서는 쉽사리 찾아볼 수 없는 권력과 부를 그녀는 한 인생에서 모두 섭렵했던 것이다.

재키는 1929년 7월 28일 뉴욕에서 재클린 리 부비에란 이름으로 존 버누 부비에 3세(John Vernou Bouvier Ⅲ)와 쟈넷 리 부비에(Janet Lee Bouvier) 사이에서 맏딸로 태어났다. 존과 쟈넷의 결혼은 정략적인 것이었다. 존은 월가의 증권중개인이었는데 그는 결혼 전부터 방탕한 생활과 바람둥이로 유명했다.[1] 그러나 귀족 가문이었던 부비에 가(家)와 결합을 원했던 쟈넷의 아버지 제임스 리는 방탕한 기질의 존을 사위로 삼았다. 마찬가지로 존은 처가(妻家)가 부자라는 사실에 주목하고 쟈넷과 결혼했다.

재키는 어렸을 때부터 어른스러운 모습을 보였다. 다섯 살 무렵 재키는 유모와 동생 캐롤라인과 함께 센트럴 파크를 산책하던 중 혼자 길을 잃은 적이 있었다. 그때 재키는 자신을 보고 다가온 경찰관에게 "내 보모와 여동생이 길을 잃은 것 같아요"란 말을 했다고 한다.[2] 위기상황에 처한 다섯 살 어린아이가 취한 대응이라고는 믿어지지 않는다. 그런 재키의 어른스러움은 쟈넷으로부터 받은 교육 때문이었다.

쟈넷은 다정다감한 존과는 달리 딸들에게 엄격했고, 이런 어머니의 교육으로 재키는 똑똑하고 직선적이며 승부욕이 강한 아이로 성장했다. 부모의 불화와 그에 따른 이혼도 재키의 성격 형성에 영향을 끼쳤다. 엄격한 쟈넷과 자유분방한 존은 사고방식부터 생활방식에 이르기까지 판

---

1) 흥미로운 것은 '재클린 부비에 케네디 오나시스'라는 재키의 이름 뒤에 붙은 세 개의 남자 성을 가진 인물이 모두 바람둥이였다는 사실이다.
2) 데이빗 헤이만, 유지나 역, 『재키라는 이름의 여자』(한국언론자료간행회, 1992), 22쪽.

이했다. 한 번도 가난한 생활을 해본 적이 없는 쟈넷은 남편의 빈한한 재 정상태를 못 견뎌했다. 거기다 존은 상습적으로 바람을 피워댔다. 부비 에 부부 사이의 말다툼은 점점 심해졌고 이런 상황 속에서 어린 시절을 보 낸 재키는 여간해선 감정표현을 안 하는, 좀 내성적인 아이로 성장했다.

재키의 성장과정

처음부터 삐걱거리는 결혼 생활을 했던 재키의 부모는 1930년대 말 별거를 결정했고 재키가 열한 살이던 1940년 이혼에 합의했다. 재키와 캐롤라인의 양육은 쟈넷에게 맡겨졌다. 부모의 이혼은 재키에게 충격을 주었고, 특히 아버지 존을 더 좋아했던 재키로서는 존과 떨어져 지내야 한다는 사실을 힘들어했다. 비록 주말에는 만날 수 있었지만 말이다. 그 래서 재키는 주말마다 존을 만나는 것을 즐거워했고, 존은 자신의 전공 (?)을 살려 성장하는 딸에게 어떻게 하면 남자의 관심을 끌 수 있는지를 가르쳤다.

"너희들은 자존심을 갖고 좀더 냉정해야 해. 아무도 접근할 수 없을 것같이 불가사의하고 신비스런 미소로 스스로를 가꾸어라. 비밀스러움 은 남자들을 미치게 만들어 너희들에게 꼼짝 못하게 할 거야. 나는 그걸 확실히 깨달았어. 내 말을 믿거라."[3]

아버지를 믿고 따랐던 재키가 이 말을 마음 속에 새겼음은 물론이다. 1942년 무렵, 쟈넷은 부유한 사업가인 휴 오신클로스와 재혼해 워싱턴 으로 이사했다. 한동안 친아버지를 그리워하며 지내던 재키는 곧 새로운 생활에 적응했고 학교 생활에도 재미를 붙여가기 시작했다. 1944년 재 키는 당시까지 다니고 있던 '홀톤 암스(Holton Arms)' 학교에서 '미스

---

3) 잉그리트 옌켈 · 안겔라 보스, 박강 역, 『못된 남자에게 끌리는 여자 사랑에 무책임한 남 자』(명솔출판, 2001), 49쪽.

영원한 퍼스트 레이디 '재클린 오나시스'

포터스 스쿨(Miss Porter's School)'이라는 기숙학교로 전학했다. 학업 성적이 우수했던 재키는 1947년 미스 포터스 스쿨을 졸업하고, 상류층 자녀들이 다니던 바써(Vassar)대학에 진학했다.

18세의 성숙한 숙녀로 성장해 있던 재키는 대학 1학년 때 상류사회에서 정기적으로 열리던 파티에서 일련의 데뷔식을 치르게 된다. 당시 미국에는 상류층의 자녀를 파티를 통해 서로에게 소개하는 풍습이 있었다. 우아함과 아름다움이 돋보인 재키는 이 파티에서 '올해의 데뷔당트 여왕'으로 뽑혔고, 그 명성에 걸맞게 그녀는 매주 남성들과 데이트를 했다.

2학년 시절에 재키는 영국, 프랑스, 스위스, 이탈리아 등지를 2개월 동안 여행하면서 유럽의 매력에 흠뻑 빠져 이듬해 학업을 위해 다시 유럽으로 향했다. 외국연수프로그램에 합격해 프랑스의 소르본느에서 공부하게 되었던 것이다. 재키는 파리에서 보낸 시절을 "생애의 가장 행복하고 절정에 이른, 자유로운 시간이었다"고 회고할 정도로 파리의 매력에 흠뻑 취했다.[4] 파리에서 일 년 정도를 보낸 재키는 미국으로 돌아와 조지워싱턴대학에 편입했고, 이 해에 『보그(Vogue)』지가 개최한 작문대회에서 1등을 해 파리와 뉴욕에서 진행되는 일 년간의 저널리스트 연수과정 대상자로 뽑혔다. 그러나 재키는 어머니와 계부의 반대로 연수를 포기해야 했다. 대신 그녀는 대학을 졸업한 1951년 말 계부인 휴 오신클로스의 소개로 『워싱턴 타임스-헤럴드(Washington Times-Herald)』에서 사진기자로 일할 수 있었다.

JFK의 그늘로

기자로 일할 당시 재키는 이미 약혼한 몸이었다. 상대는 뉴욕의 금융기관에서 일하고 있던 존 허스테드였다. 1951년 만난 재키와 존은 뉴욕과 워싱턴을 오가며 만남을 가졌고 얼마 지나지 않아 약혼을 발표했다. 그러나 재키의 마음에 존 F. 케네디의 그림자가 들어서면서 그들의 관계는 곧 냉각되기 시작했다. 결국 재키는 1952년 3월 중순경 워싱턴으로

---

4) 데이빗 헤이만, 유지나 역, 『재키라는 이름의 여자』(한국언론자료간행회, 1992), 60쪽

자신을 찾아왔던 존에게 약혼 반지를 건넴으로써 사실상 파혼의 뜻을 알렸다.

재키와 케네디가 만난 것은 재키와 케네디의 친구였던 찰스 바틀렛이 주선한 한 사교 모임에서였다. 1951년 5월에 있었던 이 모임에서 재키를 처음 만난 케네디는 그녀에게 관심을 표명했던 것으로 알려졌다. 그러나 그들은 서로에 대한 호감만을 확인한 채 헤어졌고 그들이 가까워진 것은 이듬해 겨울 무렵이었다. 그리고 케네디가 1953년 1월 아이젠하워 대통령 취임 축하 무도회 때 재키를 동반하면서부터 그들의 관계는 급속도로 가까워졌다.

매력적인 매사추세츠 주 상원의원이었던 케네디는 당시 많은 여성과 염문을 뿌리고 다녔다. 재키와 만나던 초창기에는 재키 역시 그들 중 한 명에 불과했다. 재키도 그 사실을 알고 있었다. 그러나 재키는 케네디를 따르는 여러 여자들과는 달리 케네디와의 주도권 싸움에서 승리했다. 그녀는 일부러 약속 시간에 늦게 나타나거나 갑자기 냉정해지는 방법 등으로 케네디를 안달하게 만들었다. 재키가 케네디에게 매여 있는 순종적인 여자가 아니라는 것은 케네디로 하여금 정복욕을 불러일으키게 했다. 케네디는 자신도 모르는 사이 재키에게 점점 빠져들었다.

재키가 결혼을 염두에 두고 있었던 반면 케네디는 재키를 사랑했지만 결혼을 생각하진 않았다. 그러나 케네디는 곧 그녀와 결혼해야 할 처지에 이르렀다. 대통령을 꿈꾸고 있던 그에게 결혼은 필수적이었고, 그 이미지에 맞는 인물로서는 재키가 적임자였다. 더구나 케네디 가(家)의 실권을 쥐고 있던 존의 아버지 조지프 케네디가 배경과 성품이 좋고 자기 집안과 같은 종교(가톨릭)를 가진 재키를 며느릿감으로 점찍어 두고 있었다. 조지프 케네디는 존에게 압력을 가했고 결국 재키와 케네디는 1953년 6월 24일 약혼을 발표했다. 그리고 9월 12일 성 메리 성당에서 그들은 3천여 명의 축하객과 카메라 플래시 세례 속에서 성대한 결혼식을 올렸다. 케네디의 나이 36세, 재키의 나이 24세였다.

행복한 신혼 생활을 누리던 케네디 부부에게 시련이 닥친 것은 1954년 10월이었다. 케네디가 척추 이상으로 병원에 입원했던 것이다. 척추 통증으로 1944년 수술을 받기도 했던 케네디는 척추 통증이 재발해 복잡하고 위험한 수술을 두 번이나 받았다. 위험은 넘겼지만 그는 한동안 요양 생활을 해야 했다. 그 기간 동안 재키는 남편을 헌신적으로 간호했고 당시 책을 집필하던 케네디를 위해 자료를 찾아주기도 했다. 1956년 전기(傳記)부문 퓰리처상을 받은 『용감한 사람들(Profiles in Courage)』(1956)의 서문에서, 케네디는 다음과 같은 말로 재키에 대한 고마움을 표시했다.

"이 책은 처음부터 내 아내 재클린의 격려와 도움, 그리고 비평이 없었다면 만들어지지 못했을 것이다. 재클린은 내가 병상에 있는 동안 나를 도와주었다. 나는 그것을 영원히 갚을 수 없을 것이다."[5]

1955년 여름 무렵 케네디는 건강을 회복했고 본격적인 정치 활동을 시작했다. 1956년 8월에 부통령 후보 지명을 위한 민주당 전당대회가 있었다. 케네디는 부통령 후보 지명전에 나섰고, 임신 중이었던 재키 또한 남편을 위해 전당대회에 참석하는 열의를 보였다. 그러나 케네디는 부통령 후보가 되지 못했고, 재키는 무리한 활동으로 인해 아이를 두 번째로 유산해 깊은 슬픔에 잠겼다.

당시 프랑스 여행 중이었던 케네디는 아내의 슬픔을 외면했다. 재키는 남편의 무관심에 상처입고 이혼하려 했지만 뒤늦게 케네디가 미국으로 돌아오고, 시아버지 조지프 케네디가 발벗고 나서 재키를 설득해 이혼만은 면할 수 있었다. 그리고 1957년 3월 재키가 재임신한 사실이 밝혀지자 케네디와 재키의 관계는 다시금 좋아졌다. 그리고 1957년 11월

---

5) 데이빗 헤이만, 유지나 역, 『재키라는 이름의 여자』(한국언론자료간행회, 1992), 124쪽.

27일 첫딸 캐롤라인 부비에 케네디(Caroline Bouvier Kennedy)가 태어나면서 재키는 유산의 아픔을 말끔히 씻을 수 있었다.

우아한 퍼스트 레이디

1958년 존 F. 케네디는 상원의원 재선에 몰두하고 있었다. 상원의원 재선은 그가 노리던 대선으로 가는 길목에 위치하고 있었기 때문에 반드시 통과해야 했다. 그런데 걸리는 게 있었다. 그것은 바로 재키의 심한 낭비벽이었다. 케네디가 불평을 늘어놓을 정도로 재키는 옷차림과 집치장에 많은 돈을 쏟아 부었다. 그리고 그것은 자칫 케네디의 재선에 걸림돌로 작용할 수 있었다. 또한 재키는 언론을 매우 싫어했다. 자신이 전직 기자였음에도 불구하고 그녀는 자신과 딸 캐롤라인이 언론에 노출되는 것을 꺼려했다. 케네디는 재키의 이런 행동을 고치도록 하고 재키를 정치일선에 끌어들여야 했다.

재키는 원래 정치에 관심이 없었다. 아니 정치 활동을 이해하지 못했다는 것이 정확한 표현일 것이다. 그러나 그녀는 남편을 위해 정치에 관여하기 시작했고 전국을 돌며 벌이던 캠페인에 동참했다. 이 와중에 그녀의 숨겨진 정치적 능력이 발휘되기 시작했다. 재키는 이탈리아어, 스페인어, 프랑스어에 능숙했고 이 능력은 이민자의 나라인 미국에서 커다란 힘을 발휘했다. 이탈리아계가 모여 살던 보스턴의 노스엔드에서 있었던 한 연설회에서 그녀는 자신이 가진 능력을 십분 발휘했다. 당시 민주당 지구당 대표였던 윌리엄 데마르코는 이때의 풍경을 다음과 같이 말했다.

"내 생애 가장 긴장되었던 순간은 재클린 케네디가 남편의 상원의원 선거유세를 위해 8백여 명의 군중 앞에서 연설했을 때였다. 우아한 여성이 군중 앞에 일어났다. 거기에는 그녀가 누구인지도 모르는 노인들과 이태리인들이 참석했었다. 그러나 그녀가 입을 열고, 유창한 이태리어로 '케네디 상원의원의 부인으로서 나는……' 이라고 말했을 때, 한바탕 야 단법석이 일어났다. 모든 사람이 그녀에게 가서 입을 맞추기 시작했고, 나이 든 여자들은 그녀가 마치 노스엔드 출신인 것처럼 그녀에게 말을 걸었다. 내 생각에 그녀의 연설은 실제로 케네디 상원의원과 이태리계 미국인 사이에 관계를 맺어 주었던 것 같다. 그들은 케네디를 단순히 지 역대표로서가 아니라 그들의 대표로 여겼다."[6]

재키의 정치참여로 케네디의 선거캠프는 활기를 띠었고 결국 케네디 는 상원의원에 재선됐다. 이제 그에게 남은 것은 대권에 도전하는 것이 었다. 그러나 백악관으로 가는 길은 멀고도 험난했다. 이는 케네디에게 도 힘든 여정이었지만 재키에게는 더더욱 힘든 것이었다. 정치에 별 관 심이 없던, 그리고 언론에의 노출을 극도로 싫어하던 그녀로서는 선거유 세가 힘들 수밖에 없었다. 더구나 그녀는 임신한 몸이었다. 그녀의 주치 의가 재키에게 무리한 활동을 하면 다시 유산할지도 모른다고 충고했지 만 그녀는 남편의 선거를 도와주지 않을 수 없었다. 재키는 선거 기간 동 안 끊임없이 연단에 올라 남편을 위해 연설을 했고 TV에 출연했으며 사 람들을 만나야 했다. 재키의 이런 노력 덕분이었을까? 케네디는 1960년 11월 대통령에 당선되었고, 11월 25일에 아들 존 피츠제럴드 케네디 주 니어(John Fitzgerald Kennedy Jr.)가 태어나 기쁨은 배가 되었다.

1961년 1월 20일 케네디는 43세의 나이로 미합중국 역사상 최연소 대 통령이 되었고, 재키 역시 31세라는 젊은 나이에 퍼스트 레이디가 되었 다. 백악관에 들어갈 당시부터 재키는 백악관을 치장하는 데 관심을 갖 고 있었다. 케네디가 대통령에 당선된 후 전 대통령 부인인 마미에 아이 젠하워의 안내로 백악관을 둘러본 적이 있던 재키는, 백악관의 시설이

---

6) 데이빗 헤이만, 유지나 역, 『재키라는 이름의 여자』(한국언론자료간행회, 1992), 143쪽.

나는 재키와 케네디가 서로 공통점이 많아 잘 어울리는 커플이었다고 생각한다. 그들은 둘 다 순탄치 못한 외로운 어린 시절을 보냈으며 자기 이미지를 스스로 창조해낼 수밖에 없었다.

재키가 외부세계에 보여준 모습이 당시 미국의 분위기에 딱 맞아떨어졌다는 걸 본인도 짐작했는지는 잘 모르겠다. 선거유세 때 그녀를 담당했던 사람들은 그녀가 보통사람들과 워낙 달라 보이므로 유권자들에게 너무 많이 노출되면 안 되겠다고 생각할 정도였다.

그러나 말수가 적고 내실에서 느지막이 나타나고 흐트러진 모습을 절대로 남에게 보이지 않는 등 그녀 특유의 스타일이 백악관에서 먹혀들어가자 그것은 美國 대통령 부인으로서 그녀의 이미지로 굳어졌다. 스타일이라는 것은 원래 변하게 마련이나 재키의 스타일은 영원히 변치 않을 것이다.

도리스 컨스 굿윈
『피츠제럴드家와 케네디家』의 저자

매우 낙후되어 있음을 알았다. 그래서 그녀는 백악관에 들어가자마자 일명 '백악관 복원작업'이라 불렸던 계획에 착수했다. 취임 후 처음 한 달 동안 재키는 5만 달러의 예산을 백악관 내부수리에 투자했다. 그리고 그녀는 백악관을 문화공간으로 만들었다. 유명 예술가들의 공연을 백악관에서 개최했고, 유서 깊은 그림과 조각을 수집했다. 1962년까지 계속된 백악관 복원작업은 백악관에 배당된 예산으로는 어림없는 막대한 비용을 필요로 하는 것이었다. 이 와중에 재키는 부족한 비용을 충당하기 위해 백악관을 찾는 이들에게 기념품을 팔았고 백악관 가이드북을 출간했다. 재키

재키의 사진은 언제나 근사했다. 그가 1964년에 잡은 재키의 보기드물게 장난기어린 표정(맨 위 왼쪽). 그녀는 언제나 우아함과 세련미의 화신이었다. 세계인이 지켜보는 가운데 1961년 대통령 취임 무도회에 참석하기 위해 백악관을 걸어나오며(위).
사적인 순간에도 그녀는 항상 쾌활한 기질을 보였다. 1959년 히야니스 포트 별장에서 딸 캐롤라인에게 책을 읽어주는 재키(오른쪽). 1957년 출장길에 나서는 젊은 상원의원 케네디와 작별인사를 하며(왼쪽).

(『뉴스위크 한국판』, 1994년 6월 1일)

정치에 관심이 없었던 재키는 남편을 위해 정치에 관여하기 시작했고 전국을 돌며 정치 활동을 하게 된다. 재키의 이런 노력 덕분이었을까? 케네디는 1960년 11월 대통령에 당선된다.

의 백악관 복원사업은 백악관을 고상한 공간으로 만들었을 뿐만 아니라 재키의 고상하고 우아한 이미지를 한층 강화시켰다.

인기스타

31세의 젊고 아름답고 우아한 퍼스트 레이디는 미국에서 뿐만 아니라 세계적인 인기스타였다. 재키의 인기는 남편 케네디로부터 시작된 것이었다. 젊은 대통령 케네디의 인기는 임기 내내 50% 밑으로 떨어지지 않는 지지율에서 확인되듯 대단한 것이었다. 재키는 남편 케네디 덕분에 주목받을 수 있었으나 나중에는 남편보다 더 인기 있는 스타가 되었다. 재키가 케네디와 함께 프랑스 파리를 공식 방문했을 때 파리 시민이 보여준 열화와 같은 환영은 그녀의 인기를 실감케 하는 것이었다. 비행기에서 내리자마자 재키는 "비브 쟈키(재키 만세)"를 연호하는 파리 시민들의 함성을 들을 수 있었다. 케네디는 이런 부인을 자랑스러워했으며 파리 시민 앞에서 자신을 소개할 때 "나는 재클린 케네디를 수행해서 파리에 온 사람입니다"[7]라고 말하기도 했다. 그녀의 인기는 미국을 저급한 문화의 나라로 치부하던 유럽의 고정관념을 일신하는 데도 한몫 했다. 특히 재키는 유창한 프랑스어 실력과 프랑스의 역사와 문화에 대한 뛰어난 식견으로 드골에게 깊은 인상을 심어주었다. 드골이 케네디에게 "이제 저는 당신의 나라에 대해 더욱 확신을 가질 수 있게 되었습니다"라는 말을 할 정도였다.[8]

그러나 재키에게는 근심거리가 있었다. 그것은 케네디의 계속되는 혼외정사였다. 케네디는 끊임없이 여자를 찾았다. 그러나 재키는 이혼만은 하지 않겠다는 생각과 퍼스트 레이디란 신분상의 제약 때문에 케네디와 헤어지지 않았다. 또한 재키는 이미 퍼스트 레이디가 갖고 있는 이점을 충분히 즐기고 있었다. 그러나 재키로서는 케네디의 혼외정사를 묵시할 수만은 없었고 나름의 방법(비꼬거나 화를 내거나 아예 무시하거나)으로

---

7) Evan Thomas, 〈재키는 미국인의 영원한 우상〉, 『뉴스위크 한국판』, 1994년 6월 1일, 26면.
8) 로렌스 리머, 정영문 역, 『케네디 가(家)의 신화』(창작시대사, 1995), 298쪽.

케네디를 힐난했다.[9]

1963년 초 재키는 임신을 했고 건강한 아이를 낳기 위해 공식 행사에 참여하지 않는 등 건강에 주의를 기울였다. 그러나 8월 7일, 조산으로 태어난 아이는 태어난 지 3일만에 숨을 거뒀다. 재키가 큰 충격에 빠진 것은 당연했다. 훗날, 결혼하게 된 선박왕 아리스토틀 오나시스를 만난 것은 이 즈음이었다. 오나시스와 친했던 재키의 동생 캐롤라인이 재키의 슬픔을 달래기 위해 오나시스와 상의해 재키를, 오나시스의 호화 요트 '크리스티나'에 초청한 것이다.

그러나 케네디는 재키가 오나시스의 초청을 받아들여 여행을 떠난다는 사실에 반대했다. 오나시스의 평판이 무척이나 좋지 않았기 때문이다. 당시 오나시스는 미국 법무부로부터 몇 차례나 조사를 받은 적이 있었고 사기혐의로 기소된 적도 있었다. 이런 오나시스와 미국의 퍼스트 레이디가 같이 여행을 한다는 것은 재키의 이미지뿐만 아니라 일 년 앞으로 다가온 선거에서 재선을 노리는 케네디의 이미지조차 실추시킬 우려가 있었다. 그러나 재키는 결국, '크리스티나'에 승선했다. 오나시스는 미국의 퍼스트 레이디를 극진히 모셨고, 재키는 이 여행에서 즐거움과 활력을 되찾았다. 그러나 이때까지만 해도 둘 사이에는 아무 일도 없었다.

여행에서 활력을 되찾은 재키는 1963년 11월 21일 정치적 이유 때문에 텍사스를 방문했다. 당시 텍사스는 민주당원들이 진보파와 온건파로 나뉘어 격렬하게 다투고 있었고, 케네디는 대선 이전에 이들을 하나로 규합해야 할 필요가 있었다. 케네디는 인기스타인 재키를 동반하는 게

---

9) 그러나 케네디의 바람에 대해 재키도 맞바람으로 대응했을 것이라는 추측도 나오고 있다. 「케네디 부부의 러브스토리」의 저자 에드워드 클라인은, 재키가 케네디와의 결혼 생활 중 적어도 한 사람의 연인을 두고 있었을 것이라는 추측을 하고 있다. 라우라 샤피로, 〈재키의 혼전 섹스가 새 이야기〉, 「뉴스위크 한국판」, 1996년 8월 28일, 78면.

자신에게 유리할 것이라 생각했다. 그래서 케네디 부부는 텍사스로 향했고 이튿날인 11월 22일, 댈러스에서 시가행진을 하던 케네디는 어느 곳에선가 날아온 총탄에 저격 당했고 수많은 의혹만을 남긴 채 사망했다.

저격 당한 케네디를 태운 차량이 병원에 도착할 동안 재키는 케네디를 안고 있었다. 케네디의 피가 재키의 옷을 적셨으나 그녀는 그것에 개의치 않았고, 의사가 케네디의 죽음을 알릴 때까지 옷을 갈아입지 않았다. 심지어 그녀는 케네디의 유해가 베데스다 해군병원에 도착할 때까지, 또 유해가 백악관으로 옮겨졌을 때까지 저격 당시의 옷을 그대로 입고 있었다. 누군가 그 사실을 지적하자 그녀는 다음과 같은 말로 케네디를 죽인 암살범에 대한 증오를 나타냈다.

"국민들에게 나의 불행을 이야기해야 한다. 나는 암살조직들이 어떤 야만적인 짓을 했는지 국민들이 꼭 보길 바란다."[10]

케네디의 장례식이 있던 1963년 11월 25일, 상복을 곱게 차려입은 재키는 침착하게 장례식을 주관해 케네디의 마지막 길을 조용히 배웅했다. 사람들은 재키의 의연한 모습에 감동했다. "케네디 암살 후 단 나흘만으로 그녀는 역사 속에 영원히 살아 남았다"는 말이 있을 정도로 그녀가 장례식장에서 보여준 침착한 태도는 미국인들의 가슴에 깊게 각인 되었다.[11]

백악관을 떠난 후 재키는 한동안 워싱턴에 머물다가 뉴욕으로 이주했다. 그곳에서 그녀는 아이들 교육에만 신경 쓰며 지냈다. 언론에의 노출을 극도로 싫어한 그녀는 자신은 물론 자식들까지 언론 지면에 등장하는 것을 허락하지 않았다. 사생활을 보호받고 싶었던 것이다. 그 동안 재키는 오나시스와 친밀한 관계로 발전했다. 언론은 이를 주목했고 급기야는 재키와 오나시스가 함께 있는 사진이 신문에 실렸다. 그런데 이 소식을

---

10) 데이빗 헤이만, 유지나 역, 『재키라는 이름의 여자』(한국언론자료간행회, 1992), 299쪽.
11) 〈재키의 타계(他界)〉, 『중앙일보』, 1994년 5월 22일, 2면.

재키와 템플스먼은 서로 아끼는 老夫婦였다

결혼 안한 동거였지만 상대방한테서 잔잔한 즐거움 찾아

지난 주 재클린 케네디 오나시스의 장례식에서 그녀의 자녀들 곁에 서 있던 모리스 템플스먼(64). 그는 사생활 노출을 몹시 꺼리는 스타일이었지만 재키가 좋아하던 詩 「이타카」(C. P. 카바피作)를 낭송하면서 자기 일생 일대의 사랑을 잃었노라고 온 세상에 알린 셈이 됐다. 『이제 여행은 끝났다. 너무나, 너무나 짧은 여행이었도다.』그 詩 구절 다음에 그는 몇 마디 보탰다. 『그 여행은 모험과 지혜, 웃음과 사랑, 용기와 기품으로 가득했다. 이제 안녕, 안녕.』

그는 품위와 우아함의 상징이던 한 여인의 동반자로선 별로 어울리지 않아 보였다. 뉴욕 5번가 아파트에서 재키와 동거하면서도 40년 이상 결혼생활을 해 온 아내와는 이혼하지 않았다. 재키는 과연 뚱뚱한 이 대머리 다이아몬드商의 어디가 좋았던 것일까. 그는 존 F. 케네디 같은 바람둥이의 매력도 없었고, 재산이 상당하다곤 하지만 오나시스에 비할 바도 아니었다. 그럼에도 불구하고 재키를 아는 사람들은 어쩌면 템플스먼이야말로 그녀가 진정으로 마음이 통한다고 느낀 첫 남자였을 것이라고 이해하게 됐다.

그는 재키와 마찬가지로 미술과 골동품 애호가였고 佛語에 능숙했다. 그녀가 오나시스한테서 물려받은 유산 2천6백만 달러를 4배로 늘린 것은 그의 현명한 조언 덕택이라는 소문이다. 그리고 그녀가 그토록 소중히 여기던 사생활이 침해되지 않도록 그는 사명감을 갖고 최대한 배려했다. 지극히 비밀스런 다이아몬드 업계의 큰손인 그는 愼重이란 것이 어떤 것인지 잘 알고 있었던 것이다.

가장 중요한 것은 자기에게는 오직 재키뿐이라는 인상을 그녀에게 준 점이라고 친구들은 말했다. 『케네디는 정치가였고 몹시 바빴다. 더 이상 이야기할 필요가 없지 않은가. 그리고 오나시스에게 그녀는 트로피 같은 존재였다. 템플스먼은 그녀를 트로피로 생각하지 않았다.』케네디 집안을 잘 아는 한 변호사의 말이다.

15년에 걸친 그들의 로맨스는 타블로이드 紙(선정적인 대중지)의 단골 메뉴였다. 그러나 친구들은 70년대 후반부터 시작된 그들의 관계에 사적으론 특별한 흥미거리가 없었다고 말한다. 지난 여름 템플스먼의 요트 렐리마號에 클린턴 부부를 초대한 것처럼 눈에 두드러지는 행사를 가끔 열기는 했다. 5번가 아파트에선 작은 디너파티도 여전히 열렸다. 여름은 마사스 비녀드에 있는 해변 별장에서 보냈다. 그러나 전체적으론 점점 사람들을 멀리하는 것 같았다.

『그들은 영락없는 노부부였다. 상대방한테서 잔잔한 즐거움을 찾았다』고 한 친구는 말했다. 그녀가 죽기 전 며칠간은 그가 사실상 24시간 그녀를 돌봤다. 항상 곁에 있기 위해 업무도 5번가 아파트에서 처리하고, 센트럴 파크에서 그녀를 데리고 사실상 마지막이 되고 만 산책을 시켰다. 『모리스는 가족이나 다름없었다』고 템플스먼의 한 동료는 말했다.

그러나 재키의 그늘에 가려진 그의 인생은 나름대로 수수께끼처럼 얽히고 설켜 있었다. 템플스먼은 필요하다 생각되면 어디서나 친구를 사귀는 비상한 재주를 지니고

90년 보스턴을 방문한 재키에게 우산을 씌워주는 템플스먼.

(『뉴스위크 한국판』, 1994년 6월 8일)

재키는 케네디가 암살당한 후, 오나시스와 결혼하지만 불행한 결말을 맺는다. 그후 재키는 뉴욕의 다이아몬드 상인 템플스먼과 오랜 시간을 견뎌낸 노부부처럼 지냈다.

접한 사람들은 별다른 반응을 보이지 않았다. 재키와 오나시스의 결합이 불가능해 보였기 때문이었다.

그러나 재키는 오나시스와 재혼할 마음을 가지고 있었다. 그런데 1968년 3월 존 F. 케네디의 동생인 로버트 케네디가 대선 출마를 선언하고 나서면서 재키는 잠시 고민에 빠졌다. 형수 재키가 오나시스와의 결혼을 발표하면, 자신의 이미지가 나빠질 것이라고 생각했던 케네디가 오

나시스와의 결혼을 미뤄달라고 요청하고 나선 것이다. 재키가 이런 로버트 케네디의 요청을 받아들였음은 물론이다.

명예와 부(富)의 결합

1968년 6월 6일 로버트 케네디가 암살당하자, 재키는 남편과 시동생을 죽인 미국이라는 나라에 회의를 느끼게 된다. 재키는 로버트 케네디의 장례식 후 친구에게 이런 말을 했다고 한다.

"나는 이 나라가 싫다. 나는 미국을 경멸하고 내 자식들이 더 이상 이곳에 사는 것을 원치 않는다. 케네디 가(家)가 암살 대상이라면 내 자식들이 첫 번째 목표물이다. 이곳을 벗어나고 싶다.[12]

미국을 벗어나고 싶어하던 마음이 간절했기 때문일까. 재키는 로버트 케네디가 암살당한 후 얼마 지나지 않아 서둘러 아리스토틀 오나시스와 결혼해 버렸다. 1968년 10월 20일의 일이었다. 이때 오나시스의 나이 62세, 재키의 나이 39세이었다. 재키와 오나시스의 결합은 서로의 필요에 의한 것이었다. 우선 오나시스는 자신의 나쁜 평판을 쇄신시킬 수 있는 여자를 찾았고, 그에 적합한 인물은 세계적으로 인기 있고 명망 높은 재키였다. 재키 또한 당시 재정적인 압박에 시달리고 있었다. 사치벽이 심한 그녀로서는 미국 정부에서 나오는 연금과 케네디 가에서 주는 돈으로 생활을 꾸려갈 수 없었다. 이런 문제를 해결할 수 있는 사람은 오나시스밖에 없었다.

이 같은 사실은 오나시스와 재키가 결혼하기 이전에 체결한 혼전계약에 잘 나타난다. 재키가 자신의 변호사를 시켜 오나시스와 협상한 계약서에는, 오나시스는 결혼과 동시에 재키에게 3백만 달러를 일시불로 지

---

12) Evan Thomas, 〈재키는 미국인의 영원한 우상〉, 『뉴스위크 한국판』, 1994년 6월 1일, 27면.

급하고, 재키의 자녀가 21세 때 찾을 수 있도록 1백만 달러를 별도로 예금시킬 것이며, 오나시스가 죽거나 재키와 이혼할 경우 재키에게 평생 매년 20만 달러씩을 지급해야 한다는 조항이 명시되어 있다. 대신 오나시스는 자신이 사망할 경우 재키는 상속권을 포기해야 한다는 조건을 내걸었다.[13]

오나시스와의 결혼은 재키의 이미지를 실추시켰다. 많은 미국인들이 그녀의 재혼과 재혼 상대자에 대해 분노와 실망을 표했다. 인기 있는 '퍼스트 레이디'에서 사기꾼이라 불리던 '갑부의 아내'로 변신한 재키의 모습에서 대중은 배신감을 느낀 것이다. 재키와 오나시스의 결혼 생활은 처음부터 삐걱거리기 시작하더니 1970년을 고비로 몰락의 길을 걷기 시작했다. 직접적인 원인은 오나시스와 일정한 거리를 유지한 재키에게 있었다.

재키는 오나시스와의 결혼 생활 중에도 미국에서 열리는 케네디 관련 행사에 계속 참여했으며 오나시스가 질투를 느낄 정도로 케네디에 관한 이야기를 많이 했다고 한다. 재키에게 오나시스는 고려 대상이 아니었다. 오나시스도 곧 재키가 자신을 배려하지 않는다는 사실을 깨달았다. 나이 많은 노인이었던 오나시스는 아내에게 위로와 격려, 보살핌을 원했다. 또 한편으로 항상 여자를 굴복시키고, 여자를 우습게 알았던 바람둥이 오나시스는 재키가 자신을 무시하는 것에 자존심이 상했다. 재키의 낭비벽도 억만장자 오나시스를 괴롭혔다.

당시 재키는 오나시스에게 한 달 생활비로 3만 달러를 받았다. 거기다 그녀는 결혼하며 일시불로 받은 3백만 달러의 이자까지 받고 있었다. 그런데 이 돈조차 재키의 낭비를 막을 수 없었다. 이런 문제로 인해 재키와 오나시스 사이는 점점 멀어졌고 오나시스는 자신의 전 애인 마리아

---

13) 데이빗 헤이만, 유지나 역, 『재키라는 이름의 여자』(한국언론자료간행회, 1992), 324쪽.

칼라스를 다시 만나기 시작했다.

둘의 소원한 관계는 1973년 1월, 오나시스의 아들 알렉산더 오나시스가 비행기 사고로 사망하자 파국으로 치닫게 된다. 아들을 무척이나 아꼈던 오나시스는 큰 충격을 받았고, 건강까지 악화되었다. 그러나 재키는 오나시스에게 여전히 무관심했고, 오나시스는 냉랭한 재키에게 복수를 꿈꾸게 된다. 1973년 무렵 오나시스는 비행기 안에서 유서를 쓰는데 그 유서에서 오나시스는 다음과 같은 말로 재키에게 복수를 한다.

"이미 나의 부인 재클린 부비에와는 미국에서 공증까지 받은 합의서를 교환했기 때문에 재키는 상속권을 포기하게 돼 있다. 나는 그녀와 그녀의 아이들이 차지할 몫을 제한한다. 만일 재키가 상속문제로 소송을 걸 경우 오나시스 가계 구성원들이 모두 나서서 엄청난 비용을 물더라도 법정투쟁으로 맞서야 한다."[14]

재키와 오나시스 사이에 말다툼은 점점 늘어갔고 재키의 낭비벽도 심해졌다. 현금을 마련하기 위해 오나시스의 카드로 구입한 물건을 재활용 시장에 되팔아 치울 정도였다. 오나시스는 결국 이혼을 결심했으나 그것은 1975년 3월 15일 그가 사망함으로써 실행되진 못했다. 그리고 오나시스가 계획했던 재키에 대한 복수극도 제대로 진행되지 않았다. 재키가 오나시스의 딸 크리스티나와 벌인 장장 18개월에 걸친 소송으로 2천6백만 달러를 손에 넣을 수 있었기 때문이다.

JFK 옆에 잠들다

두 번째 남편과도 사별한 재키의 행보는 사람들의 이목을 집중시켰다. 재키를 지켜보고 있던 사람들과 언론은 그녀가 어떤 행동을 취할지

---

14) 데이빗 헤이만, 유지나 역, 『재키라는 이름의 여자』(한국언론자료간행회, 1992), 362쪽.

궁금해했다. 권력과 부를 나눠가졌던 그녀였기에 대중의 호기심은 '재키가 이번에는 무엇과 결합할 것인가'에 쏠려 있었다. 그러나 재키는 대중의 호기심과는 달리 '바이킹 프레스'란 출판사에 취직했다. 이른바 커리어 우먼이 된 것이었다. 재키가 원했든 그렇지 않았든 재키가 직업을 가졌다는 사실은 사람들의 예상을 완전히 뒤집는 것이었다.

그러나 언론은 두 번의 결혼과 두 번의 사별 경험이 있는 그녀의 특이한(?) 남성 편력에 집중했다. 그녀가 만나고 다니는 여러 남자들과 재키를 어떻게든 연결시키려 노력했던 것이다. 재키가 누구누구와 결혼할 것이라는 추측 기사가 난무했지만, 그녀는 오나시스와의 사별 이후 결혼하지 않았고 언론과 거리를 유지했다. 재키는 케네디 사후 25년 동안 언론의 인터뷰 요청을 완전히 거절했다. 언론의 지대한 관심에도 불구하고 그녀는 자신과 자식들의 사생활을 지키기 위해 노력했다. 『레드북』지의 편집인 엘렌 리바인은 그런 재키에 대해 다음과 같이 말했다.

"그녀는 미국판 다이애나 공주였다. 그녀와 인터뷰를 할 수만 있다면 살인이라도 서슴지 않았을 것이다. 그러나 결국은 그녀가 인터뷰를 허락하지 않았으므로 그녀를 더욱 존경하게 됐다."[15]

언론과의 '거리 두기'로 인해 재키에 대한 평판은 다시금 좋아졌다. 세간의 입방아에 오르지도 않으면서, 커리어 우먼으로 열심히 일하고 자식들의 교육에 신경 쓰는 그녀의 모습을 보며 미국인들은 케네디 대통령 시절의 재키를 다시 떠올리게 되었다. 1980년대에 재키는 그 어느 때보다 편안한 생활을 영위할 수 있었다. 케네디 가와 관련된 행사에 참석하며 그녀는 자신의 실추된 명예를 회복하고 있었다. 이미 50줄에 들어선 나이였지만, 그녀는 할 일이 있었고 사랑하는 사람이 있었으며 훌륭하게 장성한 딸과 아들이 있었다. 재키가 1980년대 초부터 관계를 맺었던 사

---

15) Evan Thomas, 〈재키는 미국인의 영원한 우상〉, 『뉴스위크 한국판』, 1994년 6월 1일, 28면.

람은 뉴욕의 다이아몬드 상인 모리스 템플스먼이었다. 당시 부인과 별거 상태에 있던 모리스는, 뉴욕시 5번가에 있는 방 열다섯 개짜리의 호화아 파트에서 재키와 동거한 것으로 알려졌다. 모리스는 재키에게 매우 헌신 적이었다고 한다. 그는 재키의 자식과 손자를 재키만큼 아끼고 사랑했으 며 재키를 편안하게 대해 주었다. 재키의 주위 사람들은 모리스와 재키 가 오랜 시간을 견뎌낸 노부부처럼 지냈다고 말한다.[16]

행복한 생활을 영위하던 재키는 1993년, 감기증상으로 뉴욕 맨해튼의 한 병원에 입원했다. 그런데 검사 결과, 그녀가 비(非)호킨스 임파선 종 양이라는 일종의 암에 걸려 있다는 것이 밝혀졌다. 치료하기에는 암세포 가 이미 널리 퍼져 있었고 살아날 가망성은 50%에 불과했다. 결국 재키 는 일 년여의 투병 생활 끝에 1994년 5월 19일, 65세의 나이로 조용히 숨을 거뒀다. 그녀의 임종을 지켜본 이는 딸 캐롤라인과 JFK 2세, 그리 고 모리스 템플스먼이었다.

재키의 사망 소식이 전해지자, 재키가 생전에 거주하던 뉴욕시 5번가 에 위치한 아파트에는 추모 행렬이 줄을 이었고 많은 이들이 그녀의 죽 음을 애도했다. 재키의 장례식은 비교적 단출하게 치러졌다. 가족과 친 지들만이 참석한 장례식은 가톨릭식으로 엄숙하게 거행되었다. 그리고 그녀는 알링턴 국립묘지에 안장되어 있는 존 F. 케네디 옆에 묻혔다.

이미지 메이킹의 천재

재키는 죽었다. 그러나 존 F. 케네디와 재키의 묘역 앞에서 타오르고 있는 '꺼지지 않는 불꽃' 처럼, 여전히 미국인의 가슴 속에 퍼스트 레이 디로 살아 있다. 무슨 이유 때문일까? 그것은 재키가 이미지 메이킹의

---

16) 〈재키와 템플스먼은 서로 아끼는 노부부였다〉, 『뉴스위크 한국판』, 1994년 6월 8일, 30면.

(『뉴스위크 한국판』, 1994년 6월 1일)

재키는 죽었지만 많은 미국인들의 가슴 속에 그녀의 이미지는 고스란히 남아 있다. 사진은 1963년 우주비행사 고든 쿠퍼에게 아들을 소개시키고 있는 재키의 모습이다.

천재였기 때문이다. 재키는 자신의 상품성을 누구보다 잘 알고 있었다. 재키는 특히 할리우드의 전설적인 여우(女優) 그레타 가르보 못지 않게 신비화 전략을 구사하는 주도면밀함을 보였다. 죽기 전 유언으로 두 자녀에게 자신의 사생활을 공개하지 말라고 신신당부한 것은 그런 재키의 신비주의 전략을 단적으로 보여준다고 할 것이다.[17]

재키는 언론플레이에도 능수능란했다. 최대한 언론과의 접촉을 피하

---

17) 〈재클린 "생전의 사생활 공개 말라" 유언〉, 『세계일보』, 1994년 6월 3일, 4면.

려 했지만, 어쩔 수 없을 경우에 재키는 자신의 우아하고 고상한 이미지를 최대한 부각시켰다. 『슈퍼스타』의 저자 김은영의 말을 들어보자.

"그녀는 백악관 시절에도 반드시 필요한 자리가 아니면 참석하지 않았는데 홍보를 전담하는 공보비서관에게 면담 또는 행사참여 요청을 '거절하되 세상에서 가장 정중한 방법으로' 하도록 지시했다. 그녀가 끊임없이 카메라의 초점이 되면서도 정치인의 아내로서 부정적인 가십거리를 제공하지 않았던 것은 이런 조신한 행동 때문이었다. 또 거절할 때 거절하더라도 일단 행사에 나타나기로 결정하면 우아한 모습과 기품 있는 행동으로 관중들을 사로잡았는데, 그녀의 인기는 가히 남편인 케네디의 인기를 압도할 정도였다. 그녀가 대중 앞에 서기를 꺼리면 꺼릴수록 국민들은 그녀를 더욱더 보고 싶어했던 것이다."[18]

이미지 메이킹에서 빼놓을 수 없는 것이 패션이다. 실제 재키의 패션감각은 남달랐던 모양이다. 이미 백악관의 안주인이 되기 전부터 재키의 옷차림을 따라하는 사람들이 생겨날 정도로 그녀의 패션감각은 도드라졌다. 재키는 죽었지만, 그녀의 패션 스타일은 여전히 크게 빛을 발한다. 미국의 유명 여성패션 전문지 『위민스 웨어 데일리』가 2001년에 선정한 '20세기 여성 패션을 선도해온 유명인사 10명' 중에서 재키를 맨 앞자리에 앉힌 것은 그런 흐름을 여실히 보여준다 할 것이다.[19] 그녀의 이름에서 비롯된 재키룩(The Jackie Look)은 '20세기 최고의 독창적인 의상'이라는 평가를 받기도 했는데, 아마도 이런 평가는 스타일의 파격에서 비롯된 것이 아닌가 싶다. 당시 활동했던 한 패션 비평가의 논평은 이를 잘 보여준다.

"재키의 스타일이 기존 패션을 변화시켰다. 보석으로 치장하거나 무릎 위까지 오는 스커트를 입고 밍크코트를 입는 것을 잘못된 것으로 여

---

18) 김은영, 『슈퍼스타』(김영사, 1993), 152-153쪽.
19) 〈20세기 여성의 스타일 선도해온 10인〉, 『뉴스위크 한국판』, 2001년 7월 25일, 14면.

기는 미국적인 청교도식의 관습을 깨는 데 그녀는 공헌했다.”[20]

　패션을 통한 이미지 메이킹과 관련해서 압권은 아마도 케네디 장례식 때 입고 나갈 옷을 준비하면서 보여줬던, 재키의 철저한 사전준비일 것이다. 긴말 할 것 없이 재키의 상복을 디자인했던 디자이너 위베르 드 지방시의 말을 들어보자.

　　대통령이 서거했을 때 그녀는 내게 즉시 상복을 만들어달라고 요청했다. 그녀는 이미 시장에 나와 있던 초록색의 수수한 옷을 골랐고 우리는 그 옷을 검은 색으로 만들어줬다. 재클린은 상복 깃에 자신의 진주 목걸이를 고정시켜줄 수 있느냐고 물었다. “내가 관에 키스할 때 진주목걸이가 흔들려 관에 부딪히지 않게 하기 위해서”라고 그 이유를 밝혔다. 누가 그런 세심한 데까지 마음 쓸 수 있겠는가. 그런 어려운 순간에도 재클린은 모든 것이 완벽하기를 원했다.[21]

　그 때문인가? 재키는 죽었지만, 아직도 많은 미국인들은 재키의 이미지를 고스란히 가슴 속에 간직하고 있는 것이다.

---

20) 데이빗 헤이만, 유지나 역, 『재키라는 이름의 여자』(한국언론자료간행회, 1992), 185쪽.
21) 〈“재키의 패션 감각은 남달랐다”〉, 『뉴스위크 한국판』, 2001년 6월 20일, 71면.

정인숙이 정치적 희생양이라는 것도 하나의 추측에 지나지 않는다.······그러나 이것

하나만은 분명하다. 정인숙 살인 사건이 일파만파 퍼진 이유는 박정희 정권의 요정

정치가 있었기 때문이라는 사실 말이다. 이런 면에서 정인숙은 어쩌면 요정정치의

희생자일지도 모른다.

정인숙

요정정치의 희생자

정인숙
요정정치의 희생자

최 을 영

한밤의 총성

때늦은 눈발까지 날리며 꽃샘추위가 한창이던 1970년 3월 17일 밤 11시경. 한강을 끼고 있는 서울 마포구 합정동 부근의 강변 3로에 운전석 문이 열린 채 검정색 코로나 승용차가 멈춰 서 있었다. 겉으로 보기엔 멀쩡해 보이는 승용차였지만 그 안에는 권총에 넓적다리를 관통 당해 신음하고 있는 한 사내와, 머리와 가슴에 총을 맞아 이미 절명한 묘령의 여인이 타고 있었다. 이 차를 발견한 사람은 11시 5분경, 마침 그 길을 지나던 택시 운전사 노삼룡이었다. 부상당한 사내를 목격한 노삼룡은 그 길을 지나던 또 다른 택시 운전사에게 경찰에 신고해줄 것을 부탁했고, 신음하는 사내를 자기 차에 태워 세브란스 병원으로 옮겼다.

경찰 조사로 두 사람의 신원은 밝혀졌다. 부상당한 사내는 정종욱(당시 34세), 절명한 여인은 정인숙(당시 26세)이었다. 남매관계로 알려진 두 사람의 신원을 확인한 경찰은 이 사건을 단순강도살인이라고 추정하고 노고산동 파출소에 임시 수사본부를 설치했다. 그런데 초동수사가 엉망이었다. 사건 발생 두 시간도 지나지 않았을 무렵, 경찰은 코로나 승용차를 노고산동 파출소로 옮겼고 보존도 제대로 하지 않았다. 순경과 방범대원들이 차를 마음대로 만질 수 있도록 방치해두었던 것이다. 또 현장보존조차 제대로 하지 않았다.[1] 첫 단추부터 제대로 꿰지 못했던 것이다.

그럼에도 불구하고 피살자의 신원을 확인한 경찰은 활발히 수사를 벌인다. 3월 18일 새벽 3시, 정인숙의 집을 찾은 경찰은 정인숙의 소지품을 검사했다. 그런데 놀라운 것들이 쏟아져 나왔다. 정인숙의 커다란 화장백을 조사하던 경찰은 그 안에서 미화 2천 달러와 5백여만 원이 들어있는 저금통장 등을 발견한 것이다. 일정한 직업이 없다고 알려진 20대 중반의 여인이 갖고 있기에는 너무 큰돈이었다. 또 고위층만이 사용할 수 있었던 회수여권(현재는 복수여권으로 불린다)도 발견되었다. 그런데 더 놀라운 것은 그 안에 들어있던 33장의 명함이었다. 일본인 명함 4장, 미국인 명함 3장을 포함해 국내 정관계 고위층의 명함이 26장이나 발견된 것이었다. 정인숙의 소지품을 검사하던 형사들은 놀랄 수밖에 없었고 곧 상부에 이를 보고했다. 이때부터 수사는 까닭 없이 지지부진해졌고 수사관들은 정보공개를 꺼려했다. 그리고 3월 18일 아침부터 노고산동 파출소에 차려진 수사본부는 활기를 잃어갔고, 19일에 이르러서는 사실상 해체되었다. 언론의 취재열기가 한층 가열되기 시작한 것은 바로 이 시점부터였다.

언론은 베일에 싸여 있는 정인숙의 생활을 파헤치기 시작했다. 가족

---

1) 〈현장보존조차 엉망〉, 『한국일보』, 1970년 3월 19일, 6면.

의 증언과 주변 사람들의 증언을 토대로 언론은 정인숙에게 숨겨진 아이가 하나 있고, 정인숙이 집안 경제를 책임지고 있었다는 사실을 알아냈다. 또 해외여행을 자주 다녔고 국내에 있을 때 호텔을 자주 드나들었다는 사실 또한 알려졌다. 그리고 그녀가 당시 유명한 요정이던 '선운각' 등을 전전하던 고급 콜걸이었다는 사실과 집안 사람들이 평소 이웃에게 자신들이 고위층과 친하다는 자랑을 늘어놓았다는 사실도 밝혀냈다. 수사진들의 무관심 속에서 언론은 정인숙의 주변을 낱낱이 조사했던 것이다.

누가 그녀를 죽였는가

정인숙의 소지품에서 26장의 정관계 고위층의 명함이 발견된 것은 또 하나의 사건을 예견케 하는 것이었다. 그러나 경찰은 그 부분에 관해서는 함구했다. 대신 경찰은 정인숙을 죽인 범인이 누구인가에 집중하기 시작했다. 처음에 경찰은 정종욱의 진술을 토대로 제3자에 의한 강도살인으로 수사방향을 잡았다. 당시 정종욱이 진술한 내용을 『한국일보』는 이렇게 보도했다.

"정씨는 이날 밤 인숙 양을 태우고 집으로 가던 길이었는데 강변도로에서 합정동 인터체인지 입구인 절두산 앞을 코로나가 달릴 무렵 갑자기 3m 앞쪽에 40세 가량의 검은 코트 차림의 남자가 길을 가로막아 차를 길옆으로 세웠다고 경찰에서 진술했다. 차를 멈추자 괴한은 오른쪽 앞문을 열면서 느닷없이 권총 3발을 발사, 인숙 양은 그 자리에서 쓰러졌고 정씨는 오른쪽 다리가 따끔한 것을 느끼며 쓰러졌다고 한다. 정씨가 정신을 차렸을 때는 범인이 달아난 후였다는 것."[2]

---

2) 〈자가용 탄 처녀 피살〉, 『한국일보』, 1970년 3월 19일, 7면.

그러나 유일한 목격자 정종욱의 진술은 20일 국립과학수사연구소의 결과가 나오자 의심받기 시작한다. 정종욱의 상의, 특히 오른쪽 소매 끝에서 다량의 화약 성분이 검출됐기 때문이었다. 곧 정종욱은 살인혐의를 받기 시작했다. 정종욱은 범행 사실을 완강히 부인했지만 수사관들은 그를 범인으로 단정지었다. 그리고 21일에 그를 살인혐의로 입건했고 이 사건은 검찰로 넘어가게 된다. 그런데 이상한 점은 서울지검 공안부가 이 사건을 전담했다는 점이다. 대공(對共)업무를 주로 맡아 처리하던 공안부가, 강력부가 맡아야 할 일개 살인사건을 담당한 것은 정녕 이례적인 일이었다.

사건이 검찰로 넘어간 직후인 23일, 살인혐의를 강력히 부인하던 정종욱은 갑자기 범행사실을 시인했다. 당시 수사를 지휘했던 최대현 부장검사는 사건 전모를 다음과 같이 발표했다.

"사건 당일인 17일 밤 10시 55분경 서울시내 타워호텔에서 정씨는 정인숙을 태우고 충무로-서울 시청 앞-신촌 로터리-동교동 로터리를 거쳐 그녀의 집에서 30m가량 떨어진 옆 골목으로 빠져 시속 40km로 서행했다. 이어 정씨는 서교동 391번지 앞에 이르러 정인숙의 앞가슴에 1발, 왼쪽 귀밑에 1발을 쏘아 누이가 죽은 것을 확인, 누이의 로렉스 팔목시계를 벗겨 앞좌석 방석 밑에 감춰두고, 다이아반지는 자기 시계주머니 속에 넣은 후 자기도 자살하려 했으나 탄알이 장전되지 않자 그 순간 살아야겠다는 심경의 변화를 일으켰다. 정씨는 다시 차를 몰아 사건현장에서 제2한강교 인터체인지를 지나 당인리 화력발전소 전방 15m 지점에 이르러 자기의 오른쪽 다리에 총을 쏴 관통상을 입힌 후 차를 돌려 자기집 쪽으로 다시 10m가량 가다 권총을 발전소 철책 너머로 던져버리고 강도를 당한 것처럼 사건을 위장했다. 정종욱은 어릴 때부터 여덟 살 아래인 동생 정인숙을 매우 귀여워했다. 누이가 대구 신명여고를 졸업, 서울로 올라온 뒤부터 행실이 나빠져 남자관계가 매우 복잡해졌고 사건 가까운 시기에는 2개월간 운전사 노릇을 하면서 충고를 해도 듣지 않고 오히려 반발, 자기에게 심한 욕설까지 퍼부어 하는 수 없이 아버지에게 이 사실을 알려 주었다. 그러자 정인숙은 오히려 더 방탕하기 시작해서 가문을 위해 누이동생을 죽이기로 결심했다.”[3]

정종욱의 자백으로 정인숙 살인 사건은 종결되어지는 듯싶었다. 비록 확실한 물증인 권총이 끝내 발견되진 않았지만, 정종욱은 기소 당했고 그 해 9월 무기징역을 선고 받았다.

정인숙 살인 사건에 대한 수사는 사실상 종결되었다. 그러나 정재계 인사들과 모종의 관계를 맺고 있었다는 의심을 받았던 정인숙에 대한 세인의 호기심은 가라앉지 않았다. 특히 그녀가 요정에 드나드는 고급 콜걸이었고 그녀에게 아버지가 누군지 모르는 아들이 있다는 소문이 돌자 정인숙의 숨겨진 사생활에 대한 관심은 더해 갔다. 그리고 급기야는 그녀가 박정희와 모종의 관계를 맺고 있었다는 이야기가 퍼져나가면서 박정희의 심기를 불편하게 하는 사태가 일어나기도 했다. 당시 박정희는 중앙정보부장이었던 김계원에게 이런 말을 했다고 한다.

“항간에 정 여인이 남긴 세 살배기 사내애가 ‘대통령의 씨’로 소문나고 있으나 사실이 아니다. 더 이상 추측보도나 의혹을 부추기는 소문이 나지 않도록 하라.”[4]

박정희의 이런 지시로 인해 중앙정보부는 우선 언론에 보도통제부터 가하기 시작했다. 그 결과 사건 발생 10일 이후 정인숙과 관련된 기사는 언론 지상에서 완전히 사라졌다.[5] 그러나 국민의 입에서 입으로 전해지

---

3) 여영무, 〈추적 정인숙 미스터리〉, 『신동아』, 1983년 9월호, 166-167쪽.
4) 김충식, 『남산의 부장들 1』(동아일보사, 1992), 188쪽.
5) 1960-70년대 『워싱턴 포스트』의 도쿄지국장으로 한국을 취재했던 셀리그 해리슨은 박정희 정권이 정인숙 사건과 관련된 외신보도를 적극적으로 막았다고 회고했다. 셀리그 해리슨은 정인숙 사건을 취재하고 본사에 보낸 자신의 기사가 어떤 통제를 받았는지를 다음과 같이 말한다. “당시 국외로 나가던 모든 언론을 감시하고 있던 박정권은 이 사건을 보도하는 것이 1971년 4월로 예정된 대통령 선거에서 박정희의 전망을 위태롭게 함

는 소문과 풍문은 막을 수 없었다. 당시 국민들 사이에는 "강변3로, 오빠 조심, 명함조심"[6]이란 유행어와 "정인숙의 수첩에 오르지 못하면 유명인 사가 아니다"란 말이 떠돌았다.[7] 또 국민들은 당시 유행하던 나훈아의 『사랑은 눈물의 씨앗』이란 노래 가사를 바꿔 정인숙과 권력층의 관계를 풍자해 노래를 부르기도 했다.

아빠가 누구냐고 물으신다면/청와대 미스터 정이라고 말하겠어요/만약에 그대가 나를 죽이지 않았다면/영원히 우리만이 알았을 걸/죽고 보니 억울한 마음 한이 없소(1절).
성일이가 누구냐고 물으신다면/고관의 씨앗이라고 말하겠어요/그대가 나를 죽이지 않았다면/그렇게 모두가 믿지는 않았을 걸/죽고 나니 억울한 마음 한이 없소(2절).[8]

세간에 퍼져 있던 이 노래에 나오는 '미스터 정'이라는 인물은, 당시 정인숙과 부적절한(?) 관계를 맺고 있었다고 알려진 국무총리 정일권을 빗댄 것이었다. 정인숙의 아들 정성일이 정일권의 아이라는 풍문은 당시 널리 퍼져 있었고, 정일권이 이 일로 박정희에게 혼쭐이 났다는 루머도 퍼졌다.[9]

으로써 한국 정치에 간섭하는 행위라며 『워싱턴 포스트』의 한 편집간부를 설득했다. 그렇게 해서 이 기사는 정일권이 선거 전 내각 개편에 따라, 부분적으로는 추문 때문에 총리직에서 물러난 뒤인 1971년 2월까지 보류됐다." 셀리그 해리슨, 〈박정권 외신보도 통제 안간힘〉, 『한겨레신문』, 1996년 1월 15일, 5면.

6) 박갑수, 〈창간 이후 유행어로 본 세태 47년〉, 『경향신문』, 1993년 10월 6일, 30면.
7) 임은순, 〈오빠 정종욱 씨가 밝힌 '정인숙 사건' 진상〉, 『경향신문』, 1991년 1월 16일, 14면.
8) 이정식, 〈정인숙 사건〉, 『권력과 여인』(돋움, 2000), 267쪽.
9) 실제 박정희 대통령은 정일권을 불러 '정인숙과 무슨 관계냐'고 추궁했다고 한다. 현 한나라당 국회의원인 박근혜는 1988년 한 여성지와의 인터뷰에서 당시 상황을 다음과 같이 밝혔다. "아버지와 어머니는 그때 정 여인과 관련된 당사자를 알고 있었다. 물론 상당한 고위층이었다. 그 사람은 사표를 가지고 아버지에게 찾아와 '제가 관계했던 여자지만

성급히 종결지은 듯한 인상을 풍겼던 정인숙 살인 사건에 대한 수사
는 국민들에게 의혹만을 안겨주었다. 정종욱이 사용했다던 권총이 발견
되지 않았음에도 불구하고 정종욱의 자백만으로 무기징역을 선고한 점
이 그랬고, 정인숙과 권력층과의 관계에 대해 철저히 함구했던 검찰의
자세가 그랬다. 국민들은 정종욱이 범인이라는 검찰의 발표에 쉽사리 수
긍하지 못했고 분명 뭔가가 더 있을 것이라 생각했다.

풀리지 않는 의혹들

정인숙 사건은 베일에 싸여 있었다. 겉으로는 범인을 잡아 끝난 것처
럼 보였지만 이 사건의 파장은 국회에까지 이르렀다. 1970년 5월 열린
임시국회는 정인숙 사건과 33명의 목숨을 앗아간 와우아파트 붕괴사건
으로 소란스러웠다. 야당 국회의원들은 대정부 발언을 통해 정인숙 사건
과 관련된 의혹을 밝히라고 촉구했다. 그 첫 출발은 당시 법무장관이던
이호가 정인숙 사건을 자진해서 보고한 국정보고에서 시작됐다.

5월 12일 열린 첫 본회의에서 법무장관 이호는 정인숙 사건을 자세하
고 비중 있게 취급해 보고를 했다. 국회 속기록에 남겨진 기록을 보면 정
인숙 관련 기록이 4쪽인 것에 비해 와우아파트와 관련 기록은 3쪽에 불
과하다는 사실을 알 수 있다. 이호 장관이 이렇게 자세하게 정인숙 사건
을 국회 본회의장에서 다룬 것은, 정인숙 사건을 자신의 발언 선에서 마
무리 짓자는 일종의 호소였다. 정인숙 사건을 야당이 더 이상 키우지 않
기를 바랐던 것이다. 그러나 유진산 당시 신민당 총재는 다음날 대정부
질문을 통해 정인숙 사건에 대한 정부의 민감한 대처방식을 통렬하게 비

결코 살인은 하지 않았다' 고 울면서 사죄했다. 아버지는 그때 당사자를 문책하게 되면
살인자로 비쳐질 것을 우려했기 때문에 아무런 조치를 취하지 않은 것 같다." 하준, 〈정
인숙 여인 살해 사건〉, 『세계일보』, 1995년 10월 9일, 5면.

꼬았다.[10]

　"어제 이호 법무가 올라 오길래 무슨 법무 행정의 주요 문젠가 했더니 느닷없이 웬 강변3로 여자 살인 사건이란 말야(웃음소리). 대통령이 여자 살인 사건을 갖고서 모처럼 안 하던 결심을 해 갖고서 전 각료들을 국회에 내보내 자진 보고케 하라고(웃음소리). 질문이나 하면 그때 가서 거짓말을 하든지 말든지(웃음소리). 무슨 놈의 오빠가 여동생의 난륜(亂倫)을 분개해 가지고 권총을 쏘았다고. 도대체 무슨 까닭으로 그 문제를 참 지나칠 정도로 상세히 보고하느냔 말야(웃음). 미인사건이라니까 여러분은 흥미가 있을지 모르겠지만 그런 친절은 없어도 좋지 않느냐 이거요. 국회의원의 질문이 나올 텐데 대통령 지시로 나온 분께서 하필 그 정인숙이라는 괴미인 살인 사건을 장시간 보고하니까 새로운 의문이 생긴다 이겁니다(웃음)."[11]

　유진산 당수를 시작으로 조윤형, 김상현 등의 야당 의원들은 정인숙 사건과 관련된 소문을 전달하고 그 의혹을 추궁했다. 조윤형 의원은 5월 15일 정일권과 정인숙의 관계에 대한 소문을 본회의장에서 공개했고, 대정부 질문을 통해 정인숙 수사에서 불거진 의혹을 밝히라고 요구했다. 『신동아』에 〈추적 정인숙 미스터리〉란 글을 기고했던 여영무는, 당시 조윤형 의원이 제기한 의혹 내용을 다음과 같이 밝히고 있다.

　"조 의원은 이어 경찰이 정 여인 주변에 대해서는 수사하지 않는 이유가 무엇인가 묻고, 경찰은 오빠 정씨가 정 여인의 재산을 노리고 열등감에서 살해했다고 하지만 재산 자체가 정 여인 명의로 돼 있어 상속할 수

---

10) 대사(大蛇), 즉 큰뱀으로 불렸던 유진산은 권모술수와 밀실정치에 뛰어났다. 당시 김계원 중앙정보부장은 유진산과 일부 야당인사들에게 접근해 정인숙 사건을 쟁점화하지 말라고 신신당부했다고 한다. 그러나 유진산은 이를 쟁점화했고 뒤이어 다른 야당인사들도 대정부 질문을 통해 정인숙 사건을 쟁점화시켰다. 김충식, 『남산의 부장들 1』(동아일보사, 1992), 196-197쪽.
11) 김충식, 위의 책, 199-200쪽.

도 없다는 의문을 제기했다. 조 의원은 또 이 사건에 청부살인의 혐의가 없는가, 검찰이 3월 22일 밤까지 철야 신문하면서 복도에 바리케이드를 치고 변호사를 접근조차 못하게 해서 정씨를 범인으로 자백케 한 것은 아닌가, 정씨가 병원에서 이 사건에 대해서는 다른 사람에게 얘기할 수 없고 모 인사를 불러 달라고 한 것은 이상하지 않은가고 물었다."[12]

조윤형 의원에 이어 신민당의 김상현 의원은 박정희 대통령과 정인숙이 관계했을지도 모른다는 다음과 같은 발언을 하기도 했다.

"정 여인에 관계된 사람이 26명이나 된다고 하고 총리가 관계되었다, 대통령이 관계되었다, 이렇게까지 얘기가 돌아다닙니다.……정 여인 사건은 계획된 각본에 의한 타살이요, 청부살인 의혹이 있습니다."[13]

김상현의 발언은 즉각 본회의장을 아수라장으로 만들었다. 공화당 차지철 의원을 필두로 고함과 욕설이 튀어나왔고, 이에 맞서 신민당 의원들도 고함을 지르며 공화당 의원들과 맞섰다. 한 여인의 의문에 찬 죽음이 국회 본회의장을 쑥대밭으로 만들었던 것이다. 그러나 야당 의원들의 질문 공세에도 불구하고 의혹은 밝혀지지 않았다. 오히려 국민들의 호기심만 부채질했을 뿐이었다. 특히 6월에 『사상계』가 폐간되는 사건이 발생하자 정인숙과 관련된 의혹은 눈덩이처럼 불어나게 된다.

1970년 『사상계』 5월호에 김지하의 저 유명한 풍자시 〈오적〉이 실렸다. 재벌, 국회의원, 고급공무원, 장성, 장차관 등을 나라를 망치는 오적(五賊)으로 상정하고 그들의 행태를 풍자적으로 묘사한 〈오적〉에는 정인숙과 관련된 내용도 나온다.

혁명이닷, 구악은 신악으로! 개조닷, 부정축재는 축재부정으
로!

---

12) 여영무, 〈추적 정인숙 미스터리〉, 『신동아』, 1983년 9월호, 171쪽.
13) 이정식, 〈정인숙 사건〉, 『권력과 여인』(돋움, 2000), 267-268쪽.

근대화닷, 부정선거는 선거부정으로! 중농이닷, 빈농은 이농으
로!

건설이닷, 모든 집은 와우식으로! 사회정화닷, 정인숙을, 정인
숙을 철두철미 본받아랏![14]

〈오적〉이 『사상계』에 실렸을 당시 정부는 시중에 퍼져 있는 『사상계』
를 수거하기만 했을 뿐 별다른 제재를 가하지 않았다. 건드려봤자 별 이
득이 없다는 생각 때문이었다. 그러나 1970년 6월 1일자 신민당 기관지
『민주전선』 1면에 〈오적〉이 실리자 정부의 대응은 강경 일변도로 돌변했
다. 이튿날 새벽 신민당사로 쳐들어간 중앙정보부 요원들은 『민주전선』
을 압수하는 한편, 김지하와 『사상계』 발행인 부완혁을 체포했다. 그리
고 『사상계』는 폐간되었다. 정부의 대응이 이처럼 180도 바뀐 이유는,
〈오적〉의 반정부 발언 때문이기도 하지만 보다 근본적인 원인은 당시
『민주전선』 2-3면에 걸쳐 실린, 정인숙 사건 관련 기사 때문이었다고 한
다. 이 기사가 정인숙의 아들 정성일이 박정희의 자식일 것이라는 소문
을 그대로 전재했기 때문이라는 것이다.[15] 만약 이 말이 사실이라면 당시
정부가 정인숙 사건에 매우 민감했다는 사실을 알 수 있다. 박정희 정권
이 정인숙 사건에 민감할 수밖에 없었던 이유는 다음해 4월에 있을 대통
령 선거 때문이었다. 정인숙 사건으로 인해 정권에 도덕적 위해가 가해
져 선거에 불리하게 작용하는 것을 우려했던 것이다.

화류계의 꽃과 부나비

정인숙이라는 일개 여인의 죽음은 이렇듯 커다란 파장을 일으켰다.

---

14) 김지하, 〈오적〉, 『김지하 담시전집 오적』(솔, 1993), 29쪽.
15) 양평, 〈광인(狂人)의 광시(狂詩)〉, 『세계일보』, 2000년 6월 2일, 2면.

비록 그 파장이 정부의 통제와 강압으로 인해 단기간에 사라지긴 했지만 말이다. 그렇다면 정인숙은 과연 어떤 삶을 살았을까? 정말 그녀는 고급 콜걸이었을까? 그리고 그녀의 아들 정성일은 정말 정일권의 자식인가?

정인숙은 1945년 2월 13일 대구에서 정금지란 이름으로, 자유당 시절 대구시 부시장을 지낸 바 있는 아버지 정도환과 어머니 전덕조 사이에서 6남매 중 다섯째로 태어났다.[16] 고명딸로 어릴 때부터 귀여움을 받고 자란 정인숙은 대구 신명여고를 다녔다. 예쁘고 천성이 명랑했던 그녀는 붙임성이 좋아 남녀친구가 많았고, 학업성적은 중간 정도였지만 영어실력은 빼어났다고 한다. 1962년 고등학교를 졸업한 정인숙은 서울로 상경, 서울문리사대(현 명지대)에 입학했다.

그녀의 인생이 바뀐 것은 바로 대학 시절, 방송극 작가 장사공을 만나면서부터였다. 장사공과 정인숙의 만남은 1963년에 이루어졌다. 문학공부를 하고자 했던 정인숙은 자신에게 문학을 가르쳐줄 마땅한 사람을 찾아다녔다. 그 와중에 그녀는 장사공을 만났고 그들은 일 년 정도 교제를 했다.[17] 한때 결혼을 생각할 정도로 진지했던 두 사람은, 그러나 무슨 이유 때문인지 곧 헤어졌고, 장사공은 그 이후 정인숙이 패션 모델과 사진 모델을 하다가 요정 '선운각'에 나가고 있다는 소문을 들었다고 한다.[18] 장사공과의 이별 이후 정인숙의 심경에 어떤 변화가 있었는지, 또 그녀에게 어떤 일이 있었는지는 잘 알려져 있지 않다. 다만 우리는 정인숙이 화류계의 꽃이 되는 과정을 몇 가지 정황을 근거로 해서 추측할 수밖에 없을 듯하다.

정인숙은 진작부터 모델이 꿈이었다. 장사공과의 이별 이후 정인숙은

---

16) 정인숙은 1968년에 이름을 '금지'에서 '인숙'으로 바꾼다. 〈'베일' 속의 사치〉, 『한국일보』, 1970년 3월 20일, 7면.
17) 정인숙과 장사공이 동거를 했다는 추측도 있다. 여영무, 〈추적 정인숙 미스터리〉, 『신동아』, 1983년 9월호, 168쪽.
18) 〈그녀가 만난 처음과 마지막 남자〉, 『한국일보』, 1970년 3월 24일, 6면.

모델이 되기 위해 노력했을 것이다. 그런 그녀가 어떤 과정을 거쳐 '요정(料亭)의 꽃'이 되었을까? 『박정희의 유산』의 저자 김재홍의 말에 그 과정을 추측할 수 있는 단서가 들어 있는 것 같아 인용해본다.

"……시중엔 (박정희) 대통령의 술자리에 가고 싶어하는 지원자가 상당히 많았기 때문이었다.……대표적으로 그런 지원자를 골라 보내주는 마담이 장충동에 있던 모 요정의 김 마담으로 알려졌다. 특히 연예계에서 스타가 되기 전 20대 초의 나이 어린 신참들은 김 마담으로부터 은밀히 제의를 받으면 대부분 쾌히 응낙했다. 이들은 그런 자리에 갔다온 경력을 자랑스럽게 여겼으며 그것으로써 연예계의 정상에 다가가고 있는 것으로 착각하기도 했다.……고위층과 술자리를 함께 하는 것을 자랑스럽게 생각하는 연예계 지망생이 가장 무난한 대상이었다."[19]

정인숙은 당시 고위층의 술자리에 데려갈 수 있는, 가장 무난한 대상인 연예계 · 모델 지망생이었던 것은 분명하지만 그녀가 대통령의 술자리에 불려갔다고 단정할 수는 없다. 그러나 정인숙이 요정에 나갔고 꽤 인기가 있었다는 사실만은 분명한 듯 보인다. 당시 서울에는 '대원각', '삼청각', '선운각' 등 정재계 인사들이 주로 찾는 요정이 있었다. 외국인을 영접하는 행사도 이곳 요정에서 치렀다. 빼어난 미모와 유창한 영어실력, 거기다 사교성까지 갖춘 정인숙은 곧 수많은 남자들에 둘러싸일 수밖에 없는 화류계의 꽃이 되었을 것이다. 꽃에는 부나비가 날아드는 법. 정인숙은 이 당시 외국인을 비롯해 정재계 인사들과 관계를 맺었던 것으로 보인다.

한동안 '선운각'의 얼굴마담으로 주가를 높이던 정인숙은 1968년 6월 아들 성일을 낳았다. 그리고 이 해에 그녀는 해외로 나가기 위해 갑자기 수속을 밟는다. 신원조회는 당시 중앙정보부장이었던 김형욱의 비

---

19) 김재홍, 『박정희의 유산』(푸른숲, 1998), 25-26쪽.

서실장인 문학림이 맡았고, 고위층만이 가질 수 있었던 회수여권은 국무총리 정일권의 비서관 신성재가 주선하였다. 여권 발급 날짜는 1968년 12월 30일. 이후 정인숙은 1969년 3월 큰오빠를 만난다는 명분으로 일본에 다녀왔고 10월에는 워싱턴 한인회장 노진환의 안내로 미국에서 3개월 동안 머물다가 1970년 1월 21일 귀국했다.[20] 그리고 귀국한 지 2개월이 채 지나기 전에 피살되었다.

앞에서 언급한 대로 정인숙은 출산 후 한동안 일본과 미국에서 체류했다. 국내에서 잘 살고 있던 그녀가 아이를 낳자마자 해외로 나가게 된 이유는 뭘까? 일각에서는 정인숙이 자신의 아들을 자꾸 박정희의 소생인 것처럼 행세하고 다녔기 때문이라고 말한다.[21] 3대 중앙정보부장을 지낸 바 있는 김재춘의 말을 들어보자.

"정인숙이 아이를 낳은 뒤 자꾸만 고위층(당시 박정희 대통령)의 아들인 것처럼 행세했다. 정 여인은 어쩌면 '박통' 아이가 아니라는 것을 일찍부터 알고 있었을 것이라고 한다. 그런데도 자꾸만 청와대를 귀찮게 하자 경호실장 박종규가 골치가 아파졌다. 여권을 만들어 미국으로 내보냈으나 자꾸만 귀국하겠다고 해서 일본에도 머물게 했다. 그때 일본에서 박종규 실장과 가장 친한 사람이 정건영 씨였다. 마치이로 통하는 이 교포 사업가는 도쿄에서 손꼽히는 '암흑가의 신사'이기도 했다. 바로 정건영 씨에게 정인숙 모자를 돌보아달라고 했던 것이다. 그런데 정건영은 그 대가로 거액의 사업자금을 도쿄의 외환은행에서 빌려 쓸 수 있도록 실력자인 박 실장에게 부탁했다."[22]

정인숙 사건과 관련해 빠지지 않는 인물이 앞에서 언급된 박종규와

---

20) 이정식, 〈정인숙 사건〉, 『권력과 여인』(돋움, 2000), 273-274쪽.
21) 이 때문에 정인숙이 죽임을 당했다는 설도 있다. 대통령 선거가 일 년 앞으로 다가온 당시, 정인숙에게서 퍼져 나오는 소문이 박정희에게 해를 끼칠 우려가 있었기 때문에 박정희 정권이 그녀를 죽였다는 이야기다. 이정식, 위의 글, 297쪽.
22) 김충식, 『남산의 부장들 1』(동아일보사, 1992), 216쪽.

정건영이다.[23] 이 두 인물이 정인숙 사건에 등장하는 것은 박종규와 정건영이, 정인숙을 매개로 모종의 거래를 했다고 알려졌기 때문이다. 모종의 거래란, 정건영이 박종규의 힘을 빌어 한국외환은행 도쿄지국에서 불법대출을 받은 것을 말한다. 관치(官治)금융 시절의 전형적인 외압대출 사례로 평가되는 이 사건은 외환은행에 막대한 손해를 끼쳤다.

'불법 외압대출 사건이 정인숙을 매개로 이뤄졌다' 는 소문은, 박종규가 정건영에게 정인숙의 신변을 부탁하는 일련의 과정 때문에 생긴 것이다. 즉 박종규가 일본에 체류하고 있던 정인숙의 신변을 정건영에게 부탁하자, 정건영이 그 대가로 외환은행에서 대출을 받을 수 있도록 박종규에게 부탁했다는 것이다. 이런 의혹은 정인숙이 아들을 낳은 시기와 외환은행이 정건영에게 돈을 빌려주기 시작한 시기가 미묘하게 맞아떨어졌기 때문에 발생한 것이다.

도쿄의 외환은행이 정건영과 거래를 튼 것은 1968년 7월이었다. 정인숙의 출산 시기인 1968년 6월과 한 달 정도의 간격이 있는 것이다. 이 사이에 박종규와 정건영이 모종의 거래를 했을 가능성도 충분하다. 때문에 세인들은 1977년 부도가 나 외환은행에 3천억 원이라는 손해를 입힌 정건영 외압대출 사건에 정인숙을 매개로 한 박종규의 입김이 있었다고 의심하고 있는 것이다.[24]

---

23) 정인숙 사건이 일어났던 시기, 한때 그녀가 박종규와 관계를 맺었다는 풍문이 돌기도 할 만큼 정인숙과 박종규는 밀접한 관계였던 것처럼 보인다. 이에 대해 『남산의 부장들』의 저자 김충식은, 정인숙 사건 당시 중앙정보부의 고위 간부였고, 1980년대에 국회의원을 한 모 인사가 자신에게 "정 여인을 편력한 이들은 박정희, 박종규, 정일권 씨 등이었다"는 말을 했다고 밝히고 있다. 김충식, 『남산의 부장들 1』(동아일보사, 1992), 191쪽; 또 정종욱은 정인숙 살인혐의가 자기에게 돌아오자 "당시 셋째 넷째 가라면 분해할 정도의 권력을 휘둘렀던 P씨"를 불러줄 것을 요구했다고 한다. 여영무, 〈추적 정인숙 미스터리〉, 『신동아』, 1983년 9월호, 164쪽; P씨가 혹시 박종규를 가리키는 건 아닐까?

24) 이에 대해 『권력과 여인』의 저자 이정식은 정인숙이 일본에 간 시기(1969년)와 정건영

정성일, 그는 누구의 아들인가

박종규와 정건영의 거래 사이에 정인숙이 끼어 있었다는 추측은 잘못된 것일 수도 있다. 그러나 이런 소문이 돌았던 것은 분명한 사실이다. 무엇 때문에 이런 소문이 돌았던 것일까? 그건 아마도 정인숙의 아들에 대한 사람들의 궁금증 때문이었을 것이다. 즉 정인숙의 아들이 권력 상층부 인사의 자식이라는 풍문과 정인숙이 아들과 함께 일본에 체류했다는 사실이 박종규와 정건영 사이의 거래에 정인숙이 끼어 있다는 소문을 낳았던 것이다. 그렇다면 현재 정성일이라는 이름을 가진 정인숙 사건의 베일에 가려졌던 아이는 누구의 자식인가?

1991년 6월 5일 서울 가정법원에 정일권을 상대로 친자 확인소송을 제기한 청년이 있었다. 그 청년은 정인숙 사망 이후 외가에서 살다가 고등학생 때인 1985년 미국으로 건너갔다 1990년 귀국한 정성일이었다. 정성일은 당시 "어릴 때부터 외할머니와 외삼촌으로부터 정일권 씨가 1967년 어머니와 교제해 다음해 나를 낳았다는 얘기를 들었다"며 친자 확인 소송을 제기했다.[25] 그러나 정성일은 6월 27일 외삼촌 정종구의 권유로 소송을 취하하고 다음날 미국으로 출국했다. 그렇지만 아버지를 찾기 위한 정성일의 노력은 계속된다. 1993년 3월 『전 당신의 아들이었습니다』란 책을 낸 정성일은 그 해 5월, 서울 가정법원에 정일권을 상대로 친자 확인소송을 다시 제기했으나, 1994년 1월 정일권이 타계(他界)함으로써 정성일의 노력은 물거품이 되었다.

그렇다면 정성일의 아버지는 정말 정일권일까? 정성일의 아버지라 의

이 외환은행으로부터 첫 대출을 받은 시기(1968년)가 일치하지 않는다는 점과 정인숙이 죽은 후에도 추가 대출이 계속 이루어진 점을 들어, 외환은행에 대한 박종규의 입김은 정건영과의 단순한 친분관계에서 비롯된 것이라는 추측을 하고 있다. 이정식, 〈정인숙 사건〉, 『권력과 여인』(돋움, 2000), 273쪽.

25) 이정식, 위의 글, 285쪽.

심받았던 박정희와 정일권이 세상을 떠난 상태이기 때문에 이에 대해 확언할 수 있는 인물은 이제 얼마 남아 있지 않다. 그리고 관련자 대부분도 이미 유명을 달리한 상태다. 이 상태에서 우리가 할 수 있는 일이라곤 여러 사람의 증언을 듣는 수밖에 없는 듯하다.

정성일은 『전 당신의 아들이었습니다』란 책에서 1991년 11월 미국에서 정일권과 대화를 나눈 상황을 묘사하고 있다. 문을 사이에 두고 한 대화에서 정일권은 정성일에게 "아가야, 나는……나는 지금 가슴이 떨려서……무슨 말을 할 수가 없구나. 내일 아침에 전화를 하고 다시 와주련……?"이란 말을 했다고 한다.[26] 정일권이 정성일을 "아가야"란 호칭으로 불렀다는 것은 그가 정성일의 아버지라는 사실을 암시한다고 볼 수 있다. 그러나 1993년 SBS 『주병진쇼』에 출연한 정성일은 "최근 정씨(정일권)가 나와의 직접 통화에서 '당신은 나의 아들이 아니며 내가 모시던 분의 아들'이라고 밝혔다"고 말해 자신이 박정희의 아들일 수 있음을 시사했다.[27] 전 중앙정보부장이었던 김형욱도 회고록 『혁명과 우상』을 통해 정성일이 박정희의 아들일 것이라고 주장했다.

"그렇다면 초점은 그 아이가 정일권의 아들 정성일이냐, 아니면 박정희의 아들 박성일이냐로 좁아진다.……여기서 놓쳐서는 안 될 결정적인 문제점이 있었다.……자, 문제의 아이 성일군이 정일권의 아들이었다고 치자. 그렇다면 그 아이의 정체를 알 수도 있었을 최대현, 노진환, 문학림이 정일권의 명예를 보호하기 위하여 박정희가 상당한 의혹의 대상이 되는 현실을 감수하면서까지 침묵을 지켰을 것인가? 당시 정일권은 과연 그만한 일을 강행할 만큼 국정에 실권을 장악하고 있었던가? 그 후 정일권은 국회의원 자격도 없는 노진환을 공화당 전국구 의원으로 밀어

---

26) 이정식, 〈정인숙 사건〉, 『권력과 여인』(돋움, 2000), 291쪽.
27) 〈친자 확인소송 정인숙 아들 "박 대통령 핏줄일 수도" 주장〉, 『국민일보』, 1993년 2월 4일, 19면.

넣고 일등공신 최대현을 청와대 사정 보좌관실에서 박정희의 비서로 일하게 할 만큼 정치적으로 강력했던가? 어림도 없는 일이었다. 따라서 이 의문들에 대한 나의 대답은 결단코 '아니다!' 였다. 이렇게 보자면 성일군의 아버지는 누구였는지가 스스로 명백해진다. 또 하나 명백한 것은 성일군의 아버지가 성일군의 어머니인 정인숙 여인을 살해한 장본인이라는 점이다. 이걸 성일군의 입장에서 보자면 아버지가 어머니를 죽인 골육상쟁극(骨肉相爭劇)이었다."[28]

이에 반해 1989년 가석방된 정종욱은 정성일이 정일권의 아들이 틀림없다고 말한다.[29]

"(정일권이) 한 달에 한 번꼴로 서교동 집으로 찾아왔지요. 그리고 동생이 그이가 아들 하나만 낳아달라고 한다며 상의를 해 처음엔 가족들이 극구 반대를 했지요. 출산 후에는 일 주일에 한 번꼴로 찾아와 성일이를 안고 즐거워했으며 늘그막에 아들을 얻어 소원을 이뤘다는 뜻에서 성일이란 이름까지 직접 지어왔어요. 성일이도 자기 아빠가 TV에 비치면 '아빠' 라고 소리치며 좋아했지요."[30]

전 대통령 비서관이었던 선우련도 정성일이 정일권의 아들이라고 주장한다. 그는 "정일권 씨가 1971년 봄, 형님인 선우휘 씨를 찾아와 '이동원 외무장관과 술을 마시는 자리에서 정 여인을 알게 되었으며 내 아들을 낳았으나 공개할 수가 없다' 고 털어놓았다"고 말했다.[31] 그러나 선우

---

28) 이정식, 〈정인숙 사건〉, 『권력과 여인』(돋움, 2000), 279-280쪽.
29) 모범수로 1989년 가석방된 정종욱은 1991년 『아직도 최후의 심판은 남아 있다』는 책을 내 자기가 정인숙을 죽이지 않았다고 주장했다. 그는 자신을 범인으로 몬 것은 모두 조작이었다고 주장하고 자신이 자백을 한 것은 "사건 직후 아버지가 면회 와서 '성일이 아버지가 뒤를 돌봐주기로 했으므로 일단 네가 동생을 쐈다고 진술해 파문을 진정시켜라' 고 종용했"기 때문이라고 밝혔다. 하준, 〈정인숙 여인 살해 사건〉, 『세계일보』, 1995년 10월 9일, 5면.
30) 임은순, 〈오빠 정종욱 씨가 밝힌 '정인숙 사건' 진상〉, 『경향신문』, 1991년 1월 16일, 14면.
31) 〈"정성일이는 내아들 정일권 씨 71년 고백"〉, 『경향신문』, 1993년 2월 20일, 23면.

휘가 정일권을 만난 1971년과 같은 해에, 정일권을 만난 재미언론인 문명자는 정일권에게 "문 기자, 나는 정인숙과 딱 한 번 같이 잤는데 그 아이가 내 아들일 리가 없소. 나는 이미 불임수술을 해서 아이를 낳을 수가 없는 몸이오"란 말을 들었다고 한다.[32] 과연 누구의 말이 옳은 것일까? 정성일은 과연 누구의 아들일까?

요정의 나라

화류계의 꽃이라 불리며 요정에서 권력층과 관계를 맺었던 정인숙. 그녀의 짧은 인생과 죽음은 박정희 시대에 횡행했던 요정정치(料亭政治)의 일면을 적나라하게 보여준다. 만일 대통령이 궁정동 안가에서 여자를 불러다 술자리를 벌이지 않았다면, 또 고위 관료가 요정에 드나들지 않았다면, 정인숙이라는 일개 여인의 죽음에 세인의 관심이 이처럼 많이 쏠리지는 않았을 것이다. 또 국가의 주요 현안을 요정에서 결정하고 외국 귀빈 및 외국 기자들의 접대를 위해 요정에서 기생파티를 열었던, 박정희 정권 시절의 행태가 없었던들 정인숙의 죽음에 그처럼 많은 의심의 눈길이 쏠리지도 않았을 터였다.

어쩌면 이런 행태는 박정희의 여성 편력 때문에 가능했을지도 모른다.[33] 10·26을 일으킨 장본인 김재규는 1980년 1월 15일 박정희의 여성 편력에 대해 이렇게 말한 적이 있다.

"궁정동 안가를 다녀간 연예인은 백 명 정도 된다. 임신해서 낙태한

---

32) 문명자, 〈문명자 회고록: 내가 본 박정희와 김대중(2)〉, 『대한매일』, 1999년 10월 6일, 6면. 그러나 정일권이 불임수술을 한 상태였는지는 확실치 않다. 1977년 재혼한 부인 사이에 2남매가 출생했기 때문이다. 문명자는 이 글에서 정일권에게 어떻게 된 거냐고 물어보고 싶었지만 정일권이 먼저 불임수술을 풀었다고 말해 그만두었다고 밝히고 있다.

33) 『남산의 부장들』의 저자 김충식은 박정희가 "섹스에 관한 한 자신에게나 부하에게나 매우 관대했다"고 말한다. 김충식, 『남산의 부장들 1』(동아일보사, 1992), 226쪽.

사람도 있고…….징징 울고 불응하겠다고 해서 배우 K모, H모 양은 오지 않은 일도 있었지만 간호여성이 임신해서 애먹기도 하고…….”[34]

또 박정희의 채홍사(採紅使)[35] 노릇을 했던 중앙정보부 의전과장 박선호는 1979년 “저기 걸린 달력에 나온 미녀 모두가 안가를 다녀갔다”고 진술하기도 했다.[36] 『박정희의 유산』의 저자 김재홍은 박정희가 궁정동 안가에서 벌인 행사에 대해 다음과 같이 말한다.

“대통령과 국가 공직자들이 외부와는 일체 차단된 안가에서 주연을 벌이는 자리에 주흥을 돋우고 술시중을 들게 하기 위해 젊은 여자들을 불러들인 것이다. 이런 술자리 행사가 한 달에 열 번, 그러니까 사흘 걸러 한 번씩 벌어졌다. 그 자리에 한 번씩 왔다간 여자들은 지금도 이름만 대면 누구나 알 만한 TV 탤런트와 가수 등 연예계의 일류 스타들이라는 증언이 나왔다. 또 대통령의 술판은 소행사와 대행사로 구분됐다. 소행사는 대통령 혼자서 즐길 때이고 대행사는 측근 권력자 3-4명이 함께 하는 것을 뜻했다.”[37]

‘윗물이 맑아야 아랫물이 맑다’ 는 말이 있다. 박정희 정권 시절 윗물은 앞에서 언급한 것처럼 결코 맑지 않았고 더 나아가 아랫물까지 흐려놓았다. 박정희 시대에 횡행했던 요정정치와 여성을 술시중 혹은 몸시중 상대로 전락시킨 행위는 이 나라를 요정(料亭)의 나라, 기생의 나라로 만들고 말았다. 아니 국가권력이 적극적으로 온 나라를 요정과 기생이 횡행하는 곳으로 만들어갔다. 그 과정을 여성운동가 민경자의 입을 빌어

---

34) 김충식, 『남산의 부장들 1』(동아일보사, 1992), 227쪽.
35) 채홍사는 원래 채홍준사(採紅駿使)에서 ‘준(駿)’ 자가 빠진 말이다. 여기서 홍(紅)은 여자를 뜻하고, 준(駿)은 말을 뜻한다. 조선시대 연산군이 즉위하면서 만든 직책으로 미녀와 좋은 말을 구하기 위하여 파견하던 신하를 일컫는 말이다. 오늘날 이 말은 윗사람에게 여자를 소개시켜주는 일을 하는 사람을 지칭하는 뜻으로 쓰인다. 신기철 · 신용철 편저, 『새 우리말 큰사전』(삼성출판사, 1989), 3221쪽.
36) 김충식, 위의 책, 232쪽.
37) 김재홍, 『박정희의 유산』(푸른숲, 1998), 17-18쪽.

알아보자.

"외국자본에 의존적인 경제구조는 외화를 절대적으로 필요로 하게 했고 기술이나 자본의 투자 없이 쉽게 달러를 벌 수 있는 방법으로 정부는 관광산업을 장려했다. 정부는 '윤락행위등방지법'(이하 방지법)에 명시된 처벌주의와는 모순되게 섹스관광을 육성하기 위해 법적·제도적 장치를 마련했다. 해외관광객을 적극적으로 유치하기 위해 관광산업진흥법을 제정하고(1961) 국제관광공사를 설립하였으며(1962) 교통부에 관광국을 신설하고(1963) 국무총리 직속으로 관광정책 심의위원회를 구성하여 관광사업에 관한 주요 종합정책을 심의, 결정하고 관광진흥을 위한 관계부처 간의 업무조정을 기하도록 하였다(1965).

이러한 관광정책은 1960년대의 노동집약적 경공업 위주의 수출 지향적 고도성장 정책이 1970년대 초 세계 불황의 여파로 수출부진, 외자관련기업 부실 등을 겪으면서 난항에 부딪히자 외환위기 극복방안으로 더욱더 적극적으로 추진되었다. 이미 1962년부터 특정지역 내의 성매매나 특수 관광호텔에서의 외국인 상대 매춘여성은 원칙적으로 방지법의 적용을 보류했었다. 1973년부터는 관광기생들에게 허가증을 주어 호텔출입을 자유롭게 했고 통행금지에 관계없이 영업을 할 수 있도록 했다. 또한 이들에게 국가경제, 안보교육 그리고 자신들이 국가경제를 위해 얼마나 중요한 일을 하는가에 대한 교양교육을 실시하여 외국인에게 최대한 서비스를 하도록 독려했다. 교육 내용은 일제 시대 정신대를 독려하였던 독려사와 너무 흡사하여 '신판 정신대 결단식' 같았다."[38]

'신판 정신대 결단식'은 결코 과장된 표현이 아니다. 앞에서 언급한 것처럼 박정희 정권은 당시 기생관광을 위해 물적·법적 지원을 아끼지 않았고, 외화획득·경제성장을 위해 성매매를 묵인하고 통제했다. 그 덕

---

38) 민경자, 〈한국 매춘여성운동사: '성 사고 팔기'의 정치사〉, 한국여성의전화연합 엮음, 『한국여성인권운동사』(한울 아카데미, 1999), 245쪽.

에 성매매는 산업화되고 확산되었으며, 그와 함께 여성의 인권은 가차없이 무시되고 유린되었다. 그 수많은 여성 중에 정인숙이 있다. 정인숙도 (비록 잠시나마 권세와 부를 누리기도 했지만) 기생관광에 동원된 수많은 매춘여성들과 같은, 박정희 시대의 아픈 일면이다.

정인숙의 죽음은 아직도 수수께끼다. 영원히 풀리지 않을지도 모른다. 정인숙이 정치적 희생양이라는 것도 하나의 추측에 지나지 않는다. 현재로서는 그렇다. 무엇이 진실인지는 아직 밝혀지지 않았다. 그러나 이것 하나만은 분명하다. 정인숙 살인 사건이 일파만파 퍼진 이유는 박정희 정권의 요정정치가 있었기 때문이라는 사실 말이다. 이런 면에서 정인숙은 어쩌면 요정정치의 희생자일지도 모른다.

카사노바는 우리가 잘 알고 있는 희대(稀代)의 난봉꾼만은 아니었다. 귀족사회가 무

능과 퇴폐로 인해 서서히 조락(凋落)의 길로 들어서고, 반면 부르주아 계급이 상승

하던 시기에 그는 온몸으로 18세기를 체현(體現)해 내며 살았던 사람이었다.

지아코모 카사노바

바람둥이만으로는

억울한 사내

지아코모 카사노바*(Giacomo Casanova)*
바람둥이만으로는 억울한 사내

고 훈 우

카사노바에 대한 일반적인 정의

한 영영(英英)사전은 '카사노바(Casanova)'라는 단어에 대해 이렇게 정의하고 있다.

Casanova: *n infml, often derog* a man who has(or claims to have) a lot of female lovers(from Giacomo Casanova(1725-1798), an Italian man famous because he claimed to have had sex with very many women)[1]

우리말로 바꾸자면, "바람둥이-수많은 여자와 섹스를 했다고 밝혀 유명한 이탈리아 사람 지아코모 카사노바에서 유래" 정도가 되겠다. 이

---

1) 『Dictionary of English Language and Culture』(Longman Dictionaries, 1992), p.184.

처럼 카사노바는 일반적으로 바람둥이의 대명사격인 사람으로 알려져 있다.

카사노바라는 단어가 공기의 파장을 타고 귀에 들릴 때 우리는 반사적으로 농밀한 성애와 관능적 쾌락의 이미지를 연상한다. 그것이 잘못됐다는 말을 하려는 게 아니다. 분명 카사노바는 셀 수 없을 정도로 많은 여인들을 탐닉하면서 생을 보낸 호색한(好色漢)이었다. 그러나 이러한 면모가 그의 전부는 아니다. 그는 18세기라는 혼란의 시대에 태어나 숱한 스캔들을 뿌려가며 그 누구보다 향락적인 삶을 살았던 바람둥이였는가 하면, 폭넓은 교양과 지식으로 한 시대를 풍미했던 지식인이기도 했다. 18세기 서유럽이 지니는 양면성을 그 자신이 평생 지니고 산 모순된 존재이면서, 그렇기 때문에 그 시대의 증인이기도 했던 자가 바로 카사노바다. 『한국일보』 편집위원인 고종석은 카사노바의 다채로웠던 삶을 다음과 같이 간략하고, 깔끔하게 정리한 바 있다.

> 엽색가(獵色家)라는 말은 국어 사전에 올라 있지 않다. 그러나 1798년 6월 4일 73세로 죽은 지오바니 지아코모 카사노바라는 이탈리아 사나이에게 이보다 더 어울리는 말은 없다.
>
> 베네치아에서 태어난 카사노바의 삶의 궤적은 전 유럽에 걸쳐 있었고 그의 교제 범위는 볼테르, 루소 등의 지식인들에서부터 프로이센의 프리드리히 2세와 러시아의 예카테리나 2세 등 군주들을 거쳐 예술가, 배우, 귀부인, 천민, 사기꾼, 방랑아 등 전계층에 걸쳐 있었다.
>
> 그는 또 사제, 외교관, 재무관, 스파이, 연금술사, 배우, 군인 등 여러 직업을 전전하며 틈틈이 감옥을 들락거렸다. 카사노바는 보헤미아의 둑스 성에서 발트슈타인 백작의 사서로 쓸쓸히 죽었지만, 그가 이 성에서 파적 삼아 집필한 『내 삶의 이야기』는 그의

이름을 불멸화했다. '카사노바 회상록'으로 더 잘 알려진 『내 삶의 이야기』는 한 자유분방한 개인의 엽색의 기록이면서 18세기 유럽의 사회와 풍속에 대한 예리하고 섬세한 보고서이기도 하다.

카사노바라는 이름이 엽색의 대명사가 된 것은 부당한 일이 아니다. 자칭 '여성들의 시혜자(施惠者)'로서, 그는 모든 계층의 무수한 여성들에게 '헌신'했다. 친딸 레오닐다와 동침한 뒤, "아비가 되어가지고 딸하고 한 번 자보지도 않고 어떻게 그 딸을 사랑한다고 말할 수 있는지 나는 이해할 수가 없다"고 그는 썼다. 그 동침의 결과로 레오닐다는 수태를 했고, 그래서 카사노바는 자기 외손자의 아버지가 되었다. 물론 이 사생아는 카사노바에게 특별한 아이가 아니었다. 그 자신도 모르는 그의 자식들이 유럽 전역에 무수히 흩어져 있었기 때문이다. 그러나 카사노바가 두 마음을 갖고 있었던 것은 아니다. 그는 함께 잔 모든 여자를 진정으로 사랑했다. 다만 열정이 순식간에 식었을 뿐이다.[2]

무엇이 한 인간의 운명을 들쑤셔 이토록 파란만장한 생(生)을 살게 한 것일까? 가늠할 수 없을 만큼의 열정과 광기 사이를 오가게 만들고, 마침내는 삶 전체를 불살라 버리게 만든 것일까? 이를 알기 위해선 먼저 그의 출생을 기록한 다음과 같은 문장을 꼼꼼하게 살펴볼 필요가 있다.

지아코모 지롤라모 카사노바는 1725년 베네치아(Venice의 이태리어 이름)에서 희극배우였던 아버지 자에타노 지우세페 카사노바와 어머니 자네타 사이의 6남매 중 장남으로 태어났다.

---

2) 고종석, 〈오늘 속으로: 카사노바〉, 『한국일보』, 2001년 6월 4일, 5면.

1725년 베네치아, 로코코의 18세기

이태리어로 '베네치아'(Venezia)라 불리는 베니스는 '아드리아 해(海)의 진주'라 불리는 곳이다. 건물과 건물 사이로 아스팔트 도로 대신 물이 흐르고, 그 위를 등판에 번호가 새겨져 있는 '바뽀렛또(Vaporetto)'라 불리는 작은 배들이 버스 대신 사람들을 실어 나르는 '물 속의 도시' 베니스. 지중해의 강렬한 햇살이 물길을 따라 즐비하게 늘어선 고옥(古屋)들의 발코니 창에 부서지고, 떨어진 빛의 조각들은 미풍에 떠밀려 뒤채이는 물결 위를 눈부시게 수놓는다. 곤돌라(Gondola)는 갈매기와 앞서거니 뒤서거니 하며 베를 가르듯 지나간다. 시인 최영미는 베니스를 보고 "사람을 홀린다. 위험하다.……숨막히도록 아름다워서 고통스러울 정도"였다고 술회(述懷)한 바가 있다.[3] 그러고 보니 베니스는 한 소년에 대한 노(老)작가의 치명적인 사랑을 그린 토마스 만의 중편소설[4]의 배경이 된 곳이기도 하다. 불세출(不世出)의 바람둥이인 카사노바의 고향으로서 베니스는 적격인 조건을 갖추고 있는 셈이다.

그 옛날 베네치아는 해상 무역을 기반으로 수백 년 동안 알렉산드리아 콘스탄티노플과 함께 많은 부를 축척하고 군사·경제면에서도 막강한 위상을 갖고 있었던 도시 국가였다. 시오노 나나미의 말대로 15세기까지만 하더라도 베네치아는 "오리엔트와 북이탈리아에 광대한 속령(屬領)을 가졌고 경제력에서는 유럽 제일"이었고, "힘뿐 아니라 사려까지 갖고 있던" 강국이었다.[5] 하지만 '1725년 베네치아'는 지난날의 모습은 간데없이 겨우 공화정의 형태만을 유지하고 있을 뿐이었다. 그렇지만 이

---

3) 최영미, 『최영미의 유럽 일기: 시대의 우울』(창작과비평사, 1997), 176-177쪽.
4) 토마스 만, 안삼환 역, 〈베니스에서의 죽음〉, 『토니와 크뢰거·트리스탄』(민음사, 1998), 417-530쪽.
5) 시오노 나나미, 오정환 역, 『나의 친구 마키아벨리』(한길사, 1997), 269쪽.

러한 조락(凋落)에도 불구하고, 18세기 베네치아는 유럽 귀족문화의 종말에 해당하는 로코코 문화의 중심지로 쾌락과 부패가 만연해 있었다. 7개나 되는 극장은 늘 만원이었고, 반 년 동안 카니발 행사가 진행될 정도로 유희적인 도시였다.

하긴, 베네치아만 그랬던 것은 아니었다. 18세기 유럽은 루소와 볼테르로 대변되는 '계몽의 시대'이기도 했지만, 또한 로코코 양식의 유행에서 알 수 있듯이 '유희와 관능의 시대'이기도 했다.

대중적인 미술사가(史家)로 유명한 캐럴 스트릭랜드(Carol Stricland)는 로코코 양식의 특징에 대해 다음과 같이 설명하고 있다.

P. 론기가 그린 카사노바 초상화, 18세기 작품.

"로코코 양식이란 말 그대로 장식적인 예술로써 곡선적이고 우아한 장신구들을 진열해 놓은 공간에 사용되는 용어이다. 그러한 저택의 마루는 나무판 위에 복잡하고 섬세한 문양들을 상감하였고, 가구들은 주로 곡선형으로 최고급 고브랭산 소파 천을 씌우거나 상아와 귀갑으로 장식했다. 옷이나 은제 식기들, 도자기도 꽃무늬와 조가비, 나뭇잎 같은 소용돌이 무늬를 주로 사용하고 있다.

심지어는 마차까지도 직선이 아닌 소용돌이 장식이 달린 곡선으로 디자인 하였는데 말에는 깃털과 보석으로 장식한 마구를 달았다. 로코코 예술은 장식적이었으나 당시의 무능한 귀족 계급만큼이나 비실용적이었다."[6]

자유와 평등을 추구하는 계몽주의 철학이 맹위(猛威)를 떨치는 한편 귀족들의 속물적인 향락과 가당치 않은 신비주의에 대한 맹신(盲信)이 팽배했던 것이 18세기 유럽의 모습이었다. 그러니까 카사노바가 '1725년에 베네치아'에서 태어났다는 것은 그가 바로 이러한 격변과 혼란의 시기를 살았던 사람 중에 하나임을 의미한다.

희극배우 부부의 아들

사실, 카사노바는 단순히 '호색한'만은 아니었다. 명민했던 카사노바는 일찍이 16세라는 나이에 베네치아 인근의 파두아 대학에서 법학박사 학위를 받았다. 그는 히브리어와 라틴어에 능통했을 뿐만 아니라 대단한 독서가로 당대의 서적만 아니라 고전(古典)에도 정통했다. 그리고 그는 음악과 미술에도 남다른 재능을 소유했으며 의학 및 자연과학 분야에도 해박했다. 하지만 무엇보다 카사노바는 이러한 방대한 지식과 다양한 재능을 '말(言)'로 엮어 낼 줄 아는 사람이었다. 탁월한 언어 감각에 기초한 능변(能辯)으로 인해 그는 일정한 작위 없이도 베네치아 귀족사회의 살롱에 출입할 수 있었다. 그의 화려한 언변에는 배우였던 아버지와 어머니로부터 물려받은 기질이 한몫 단단히 했다.

하지만 신분의 위계(位階)가 엄격한 사회에서 부모가 배우라는 사실은 카사노바에게 평생 짐이 됐다. 누추한 출신인데 비해 카사노바가 가진

---

6) 캐럴 스트릭랜드, 김호경 역, 『클릭, 서양 미술사: 동굴벽화에서 비디오 아트까지』(예경, 2001), 144쪽.

재능은 지나치리만큼 분에 넘치는 것이었다. 카사노바는 말년(末年)에 이르러 쓴 저서 『사랑도 싫고 여자도 싫다(Ne amori Ne donne)』(1783)에서조차 자신의 아버지를 베네치아의 귀족 미켈레 그리마니라고 거짓말을 할 정도로 출생 환경에 대한 피해 의식이 상당했다.[7] 그가 자신의 출생에 대해 불만을 갖고 있었다는 것은 18세기 계몽주의 철학자 볼테르에 대한 비난에서도 확인된다. 그는 볼테르를 공격하는 글에서 "볼테르가 본명(프랑수아 마리 아루에) 대신 필명인 '드 볼테르'를 사용함으로써 은근히 그가 귀족 출신임을 나타내려 한다"고 힐난했다. '드'라는 말은 귀족의 이름 앞에 붙는 단어이다.[8]

어쨌든, 그의 유년 시절은 대체로 불행한 편이었다. 나중에 셀 수 없이 많은 여인들과 지치지 않는 사랑을 나누었던 그였지만, 배우였던 부모의 잦은 해외공연으로 외가에 맡겨졌던 카사노바는 병약한 아이에 불과했다. 그의 외조모는 어린 손자의 병(病) 치료를 위해서는 주술(呪術)의 사용도 마다하지 않을 정도로 정성껏 양육했다. 덕분에 그는 건강하게 성장할 수 있었다. 이런 할머니가 돌아가시자 실의에 빠진 그는 가출을 일삼았다. 동정(童貞)이었던 카사노바가 '첫경험'을 한 것도 이즈음이었다. 17세 때, 그는 한 자매를 유혹해 동시에 잠자리를 갖는다. 이후 우리가 잘 알다시피 그는 자신의 내부에서 솟아오르는 육체적 본능과 욕망이 이끌리는 대로 살아간다.

이런 그의 첫 직업이 금욕과 절제를 미덕(美德)으로 삼는 성직(聖職)이었다는 사실은 흥미롭다. 카사노바는 베네치아 귀족인 알비세 마리피에로의 도움으로 1740년 2월 14일 15세의 나이로 성직에 입문했다. 이듬해 비잔틴 성당에서 첫 신학강의를 했고 하위 품직을 받은 뒤 추기경의

---

7) 김준목, 〈불우한 천재서 '욕망의 순례자'로〉, 『동아일보』, 2001년 5월 21일, C8면.
8) 김준목, 〈자유-평등 갈망한 상류사회의 아웃사이더〉, 『동아일보』, 2001년 7월 23일, C6면.

비서로까지 일을 했다. 그러나 꼭 뒷날에 있을 그의 여성 편력을 운운하지 않더라도, 그가 단순히 신앙심만으로 성직자 생활을 결심했다고 보기는 어렵다.

18세기 중·후반, 카사노바와 같이 하층민 출신의 젊은 엘리트들이 출세하기 위해서는 스탕달이 살았던 19세기 전반과 마찬가지로 '적(赤)' 아니면, '흑(黑)'을 선택할 수밖에 없었다. '적'과 '흑'은 특정 직업의 복색(服色)을 나타내는 것으로, 여기서 '적'이란 성직자를 '흑'은 군인을 의미한다.[9] 그러니까 카사노바가 성직자의 길을 선택한 것은 『적과 흑』의 작품 속 주인공인 쥘리앙 소렐처럼, 그가 신앙심 외에도 신분상승의 야망을 마음에 품었기 때문이 아니었나 짐작된다.

물론 죽는 순간까지 자신을 크리스천으로 자처할 만큼 그가 신앙심이 강한 인물이었던 것은 사실이다. 그러나 한편으로 카사노바는 일평생 상류사회에 편입되기 위해서 자신의 모든 지식을 동원해 부단히 애를 썼던 사람이기도 했다.

어쨌든, 첫경험으로 인해 향락적이고 관능적인 성애(性愛)에 눈을 뜬 그는 성직을 그만 두고 여러 직업을 전전한다. 그러면서 그는 숱한 여자들과 사랑하고 이별하는 일을 반복하며 그야말로 '드라마틱'한 생을 산다. 사회학자 엄창현은 이런 카사노바의 삶에 대해 다음과 같이 말한다.

"그가 극적인 삶을 살 수밖에 없었던 이유 중의 하나는 재기 넘치는 그를 묶어놓을 만한 매력적인 직업이 그 시대에 존재하지 않았다는 사실이다. 영혼이 자유로운 사람에게는 요즈음이라 해서 나을 것도 없겠지만, 어쨌든 그는 당시의 의사나 변호사라는 직업에는 만족치 못했다. 1740년에는 신부가 되기 위해 수도원에 들어갔다. 그러나 우리가 알고 있다시피 그는 교회를 뛰쳐나왔고, 장교로서 군에 입대하기도 한다. 절

---

9) '1830년의 연대기'라는 부제(副題)가 붙은 스탕달의 『적과 흑』은 쥘리앙 소렐이라는 이름의 한 젊은이의 야망과 좌절을 그린 소설이다.

자유-평등 갈망한 상류사회의 아웃사이더

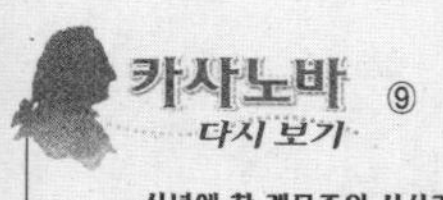

프 랑스 파리의 센 강변, 노트르담 사원이 바라보이는 곳에 위치한 고서점 '셰익스피어 앤드 컴퍼니'는 세계 각지에서 온 사람들이 고서의 매력에 빠져 떠날 줄 모르는 장소다. 50여년의 세월을 고서와 함께 지내온 이 서점의 주인 휘트먼. 그는 특별한 손님이 오면 세계의 대문호들과 찍은 사진을 진열해 놓은 방으로 안내한다.

카사노바를 알기 위해 한국에서 왔다며 그에게 명함을 내밀자 내게도 이같은 '특별 배려'를 해줬다

"카사노바는 재미있는 인물이지요. 그는 계몽주의 사상가 볼테르를 반박하는 저서를 남길 만큼 자신의 철학을 가진 사람이었습니다."

백발의 그는 카사노바에 대해 자못 진지한 이야기를 시작했다. 그 앞에 나는 책을 한 권 꺼내 놓았다. 카사노바가 1779년 쓴 볼테르 비평서의 영인본. 카사노바가 말년을 보냈던 체코의 아름다운 도시 프라하에서 내가 구입한 책이었다.

이 책에서 카사노바는 볼테르의 철학과 사상, 특히 종교관을 신랄하게 비판하고 있다. 볼테르는 18세기 계몽주의를 주도했던 당대 최고의 철학자. 그런 볼테르를 신랄하게 비판하고 있는 카사노바가 바로 우리가 알아왔던 희대의 바람둥이와 동일인이란 말인가? 우리는 법학박사이자 이탈리아 계몽주의 사상가로서의 카사노바에 관해 많은 이야기를 나누었다.

18세기 유럽에서는 계몽주의 사상이 확산되고 있었다. 프로이센의 프리드리히 대왕을 비롯한 당대의 많은 사람들은 "새로운 시대의 문을 두드린다"는 볼테르의 의회에 심취했다. 당시 유럽의 지성인들에게 볼테르를 만나는 것은 철학자로 혹은 계몽주의자로 인정받기 위한 필수적인 과정이었다.

**자신만의 철학 구축 볼테르에 당당히 맞서
왕정치하 귀족사회 비판 프랑스 혁명 예견**

시는 것을 약속해 주십시오.
▽카사노바=물론입니다. 그렇게 하겠다고 약속 드리죠. 약속을 지키지 못할 바에는 차라리 죽겠습니다.

두 사람의 대화는 겉으로는 매우 우아했으나 속에는 가시가 들어 있었다. 왜 볼테르가 그렇게 신랄하게 말했는지 알 수 없지만 이후 카사노바는 볼테르를 공격하는 글을 썼다. 카사노바는 "볼테르가 본명(프

노바의 자유 의지에 대한 신념 속에 신과 종교가 들어있었던 것이다.

카사노바는 문화를 포함한 모든 형태의 삶과 이성이 종교적 영향 하에 있다고 생각했다. 그의 이러한 종교관은 당시 다른 계몽주의 철학자들과 구분되는 중요한 특징이다.

그는 자서전 머리에서 이렇게 말했다.

"인간은 자유롭다. 인간은 자신이 자유롭다는 것을 의심할 때 자유를 상실한다. 운

파리 센 강변의 고서점 '셰익스피어 앤드 컴퍼니'. 세계의 카사노바 연구가들과 문인 예술가들이 즐겨 찾는 유럽 최고의 고서점이다. / 사진제공 김은옥씨

카사노바가 말년을 보냈던 체코 프라하의 야경. 필자는 이곳의 한 고서점에서 카사노바 관련 서적을 구하는 행운을 얻었다.

(『동아일보』, 2001년 7월 23일)

카사노바는 죽는 순간까지 자신을 크리스천으로 자처할 만큼 신앙심이 강한 인물이었고, 상류사회에 편입되기 위해서 자신의 모든 지식을 동원했던 사람이었다.

제된 삶이 싫어서 신부도 장교도 마다한 그가 새롭게 택한 직업은 도박사였다. 주머니 사정이 악화되자 그는 극장의 악단에서 바이올린을 연주하고 일당을 받아 생활하기도 했다."[10]

새옹지마(塞翁之馬)

이렇듯 곤궁한 생활에 허덕이던 그에게 뜻밖의 행운이 찾아왔다. 생계를 위해 극장의 바이올린 연주자로 일하던 1746년 어느 날 베네치아

---

10) 엄창현, 〈지아코모 카사노바: 로코코 시대의 바람둥이〉, 『사회평론 길』, 1996년 8월호, 193-194쪽.

귀족 브라딘과 만난 것이다. 그의 나이 21세 때였다. 카사노바는 길거리에서 심장 발작으로 심하게 고통받던 그를 구해 주었다. 이게 인연이 되어 카사노바는 그의 양자(養子)가 되었으며 많은 용돈을 받아 화려한 생활을 할 수 있었다. 수려한 외모의 카사노바는 상당한 지적 능력과 유창한 말솜씨로 베네치아 귀족사회를 단박에 사로잡으며 화제의 중심에 서게 되었다.

그러나 카사노바의 자유분방한 사생활과 그에 따른 잇따른 추문은 베니스 정부 관리들의 눈 밖에 나기에 충분한 것이었다. 급기야 1755년 여름, 카사노바는 종교재판에 회부되어 감옥에 갇히는 불행을 맞게 된다. 그가 수감된 '피온비' 감옥은 두칼레궁 안에 있는 것으로 당시로써는 유럽에서 제일 견고한 감옥으로 꼽히던 곳이었다. 수감자가 무거운 납판에 눌린 듯이 꼼짝할 수 없다고 하여 '유럽의 연판 지붕', '납감옥' 이라는 별호(別號)를 지닌 감옥이기도 했다. 그러니 아무리 눈 밖에 났다고 해도 그렇지 그를 이곳에 투옥시킨 것은 문란한 사생활에 대한 징벌치고는 지나친 것이라 할 수 있겠다.

그렇다면 혹, 또 다른 이유가 있는 것은 아닐까? 체포 당시 카사노바는 유럽의 지식인층이 중심이 되어 계몽주의 사상을 전파하던 '프리메이슨' 이라는 비밀 결사단체의 일원이었다. 프리메이슨은 18세기 초 영국에서 시작된 세계시민주의적, 인도주의적 우애단체로서 유럽 전역을 자유로이 여행할 수 있던 석공(石工) 조합을 모체로 결성된 단체였다. 18세기 중반에는 유럽의 각국과 미국 각지에 퍼져 나갔으며 대상층도 지식인, 중산층 등으로 확대되었다. 계몽주의 사조에 호응하여 자유주의, 개인주의, 합리주의적 입장을 취했으며 종교적으로 관용을 중시했다. 이때문에 가톨릭 교회와 가톨릭 옹호 정부로부터 탄압을 받게 되어 비밀 결사적인 단체가 되었다. 프랑스 혁명이나 19세기 여러 정치 사건과 연루되긴 했지만 과장된 부분이 많고 20세기에 와서는 정치와의 연관성이 희박해지고 사회봉사 단체의 성격으로 활동하고 있다. 카사노바도 1750년 프리메이슨 단원이 됨으로써 매우 귀중한 인적(人的) 네트워크를 갖게 되었다. 말년에 그를 돌봐준 발트슈타인 백작도 프리메이슨 단원이었다. 말하자면, 카사노바가 일단 들어가면 살아 나올 수 없다는 '피온비' 감옥에 갇힌 것은 단순히 복잡한 여자관계로 인한 것이라기보다는 가톨릭에 반하는 그의 정치적 성향이 문제가 됐기 때문이라고 판단된다.

어쨌든, 그는 악명 높은 '피온비' 감옥을 일 년 반만에 탈출해 파리로 피신한다. 이 사건은 카사노바를 하루 아침에 전설적인 존재로 만들기에 충분한 것이었다. 그러나 그는 이를 계기로 평생 고향을 떠나 사는 낭인(浪人) 신세가 됐다. 1756년 탈옥하면서 카사노바는 호기롭게도, 꼭 영화 『007』에나 나올 법한 다음과 같은 메시지를 남겨 놓았다.

"당신들이 나를 이곳에 가둘 때 나의 동의를 구하지 않았듯이 이제 나도 자유를 찾아 떠나며 당신들의 동의를 구하지 않겠소."[11]

이렇게 멋들어진 말을 남기고 '피온비' 감옥에서 탈출한 카사노바는 파리로 와서 베니스에서 알고 지내던 '베르니스'라는 프랑스 외교관을 만났다. 그는 카사노바에게 새로운 일자리와 프랑스 사교계를 소개했다. 로코코의 화려함이 가득했던 파리는 카사노바에게 새로운 활력을 불어넣어 주었다. 파리는 카사노바의 제2의 고향이었다.

제2의 고향, 파리에서의 성공과 실패

프랑스 외교관 베르니스 공사 소개로 파리의 사교계에 자연스럽게 데뷔한 카사노바는 탈옥에 얽힌 무용담(武勇談)과 해박한 지식으로 순식간에 파리 귀부인들로부터 주목을 받았다. 뿐만 아니라 카사노바는 루이

---

11) 강여규, 〈바람둥이? 페미니스트?〉, 『뉴스플러스』, 1998년 6월 11일, 62면.

M.M.도 '수중'에 넣는다. 여자에 관한 한 그에게 불가능은 없는 듯했다.

그는 몇몇 유부녀와도 사건을 만들었다. 심령술과 문학적 재능이 밑천이 되었다. 그의 행동이 왠지 모르게 불안해지자 가까운 친구들이 자숙할 것을 충고하기도 했으나 그는 무시했다. 그가 가끔씩 발표했던 이런 저런 잡문들에도 정도에 지나친 문장들이 포함되었다.

'연판지붕' 아래서

1755년 7월 25일과 26일 사이의 밤에 그는 체포되었다. 그의 책, 원고 그리고 편지들 모두가 압수되었다. 불분명한 이유로 그는 5년형을 언도받았다. 어쨌거나 사회불안을 조성했다는 것이었다.

그는 그곳에서 온갖 잡놈들과 교류했다. 그는 자신이 지녔던 돈으로 다른 죄수들보다는 나은 감옥 생활을 할 수 있었다. 그러니까 사식도 자주 먹었고, 간수들을 매수하여 비교적 자유로운 활동도 누릴 수 있었다. 그러나 "육체적 자유를 박탈"당하는 것이 바로 인간의 존엄성이 훼손되는 것이라는 깨달음에 이르자 그는 탈옥을 결심하게 된다. 하루 반시간 정도씩 허용된 산보시간을 이용해서 그는 쓸 만한 쇳조각을 마련했고 그것으로 감방의 바닥을 파내려간다는 계획을 세운다.

그가 수감되었던 베니스의 감옥은 무거운 납판에 눌린 듯이 꼼짝할 수 없다는 뜻에서 '연판 지붕'이라 불리던, 당시로서는 유럽에서 제일 견고한 감옥으로 꼽히던 곳이었다.

탈옥

사순절 첫째 월요일부터 그는 작업을 시작했다. 그러나 갑자기 그는 다른 감방으로 옮겨졌다. 그의 탈출 기도는 발각되었다. 오랜 기간 준비했던 모든 기구와 준비물은 압수당하고 말았다. 그러나 용케도 비수 한자루는 빼앗기지 않았다.

얼마후 다른 죄수와 책을 교환해 보는 것 정도는 다시 허용되었다. 그는 이웃 감방에 수감된 어떤 수도승과 통방했다. 그들은 이번에는 천정에 구멍을 내고, 그리고 지붕을 통해 탈출하는 계획을 공동으로 세웠다.

수도승은 곧바로 작업을 시작했다. 밤이 되면 구멍이 커지고 있는 천정에는 낮에는 수십장의 성화가 붙어 있었다. 카사노바는 그에게 필요한 공구를 제공했다. 그는 성경책 속이나 마카로니 국수그릇 속에 필요한 공구들을 담아 옆방의 동료에게 주는 선물인 양해서 간수를 시켜 수도승에게 그것들을 건넸다.

10월 16일에 작업이 끝났다. 침대 시트를 찢어서 밧줄을 만들었다. 우리가 영화 속에서나 보았던 '탈옥'의 원조가 카사노바인 모양이다. 어쨌거나 지붕으로 탈옥하던 카사노바는 떨어져서 기절한 채로 3시간 반을 의식 불명인 상태에 빠져 있기도 했다. 그러나 같이 탈출하던 수도승이 그를 버려두고 혼자 가지는 않았다. 그들은 탈출에 성공한다. 그날은 1756년 11월 1일이었다.

▲▲꽁트 드 리옹(1715~1794). 카사노바와 한때 관계를 맺었던 수녀 M.M.의 연인이었던 프랑스인 추기경. 카사노바는 이 사람을 이용해서 파리에 정착했다.

▲볼테르(1694~1778). 프랑스 계몽주의의 대표적 사상가. 카사노바에게 많은 영향을 끼쳤다.

(『사회평론 길』, 1996년 8월호)

피온비 감옥을 탈옥한 카사노바에게는 부와 권력 언저리에서 활약하던 프랑스 시절이 가장 행복했던 순간이었을 것이다.

15세의 정부(情婦)인 퐁파두르 부인에게도 인정을 받게 되고, 그녀는 기꺼이 카사노바의 재정적 후견인이 되어 주었다. 화려한 생활을 추구한 카사노바였지만 사실, 그의 주머니는 비어 있을 때가 훨씬 많았다. 상류 사회 출신이 아닌 데다가 여러 직업을 전전한 그는 귀족 부인의 후원에 의존할 수밖에 없었다. 어쩌면 그의 숱한 '연인'들 중 일부는 그로서는 놓칠 수 없는 후견인들이었을 수 있다. 그러나 그에게 뛰어난 재기(才器)와 남다른 정열이 없었다면 어느 누가 그의 뒤를 봐줬겠는가?

1757년 카사노바는 퐁파두르 부인의 덕분에 프랑스 왕 루이 15세를 알현하게 된다. 그는 그 자리에서 재정난에 허덕이던 파리시의 곤궁을 해결하기 위해 골몰하고 있던 왕에게 복권 제도를 건의했다. 이 제안은 곧 받아들여졌고 카사노바는 복권 사업을 관장하는 책임자로 임명됐다. 카사노바는 자신의 기지와 명석함을 십분 발휘하여 첫 번째 사업에서 2백만 프랑의 매출을 올려 파리시에 60만 프랑의 수익을 남겨 주었다. 개인적으로도 복권 사업소 다섯 곳을 운영하다가 처분하여 1만 프랑의 소득을 올리기도 했다.

수완과 재능을 인정받은 그는 1758년에는 프랑스 외무부 특사 자격으로 네덜란드에 파견되었다. 그는 그때까지만 하더라도 난항(難航)을 거듭하던 프랑스 채권 판매협상을 성공리에 해결하고 돌아왔다. 그의 역량이 대단했음을 알 수 있는 이력(履歷)이다. 늘 상류사회를 동경했던 카사노바에게 부와 권력 언저리에서 활약하던 이때만큼 행복했던 시절은 없었을 것으로 보인다.

1759년 카사노바는 복권 사업을 통해 모은 돈으로 염직물 사업을 시작했다. 당시 파리의 부유층들 사이에서는 로코코의 영향으로 인해 휘황찬란한 무늬의 옷감으로 만든 화려한 옷이 큰 인기를 끌었다. 귀족들은 벨벳 공단, 금은 장식, 리본, 견직모자, 깃털 장식, 가면, 손수건, 우아한 레이스 등 갈수록 사치를 부렸다. 신분이 낮은 사람들도 돈을 모아 어느 정도 부자가 되면 이런 귀족들의 흉내를 내려고 안달이었다. 관능과 자시과시를 위해서는 엄청난 경비가 드는 것도 마다하지 않았다.[12] 그러나 중산층 이하의 사람들이 입기에는 이러한 옷들은 너무도 비쌌다. 그래서 이들은 인도산 사라사 옷감 같은 값싼 옷감을 사용해 옷을 해서 입었다. 프랑스 정부는 자국의 방직산업을 보호, 육성하기 위해서 인도산 사라사 옷감의 사용을 여러 차례 금지했으나 별다른 소용이 없었다.

---

12) 막스 폰 뵌, 천미수 역, 『패션의 역사 2』(한길아트, 2000), 143쪽.

카사노바는 미리 이런 정황을 꿰뚫어 보고 염직물 사업에 돈을 투자한 것이다. 18세기에 도래한 산업혁명이 방직산업을 중심으로 전개된 경제체제의 전환이고 보면, 시류(時流)를 보는 그의 안목이 제법 정확했음을 알 수 있다. 패션의 역사는 카사노바를 이 시기 염직 공장을 크게 한 사업가로 기록하고 있다.[13]

정작 위기는 내부에서 비롯되었다. 믿고 있던 종업원 한 명이 공장의 설비를 몽땅 훔쳐 달아난 것이다. 동업자와 후원자들은 저간의 사정을 들어보지도 않고 그를 의심해 고발했다. 결국 야심차게 출발한 그의 사업은 실패로 돌아갔다. 그는 빚쟁이들에게 시달리고 쫓기기를 반복하다, 1759년 결국 채무관계로 인해 프랑스 경찰 당국에 의해 체포된다. 그렇지만 다행히도 얼마 후 그는, 자서전에 마담 드페라는 이름으로 기록한 어느 귀부인의 도움으로 석방되었다. 이렇게 맺게된 스무 살 연상인 마담 드페와의 인연은 그러나 악연(惡緣)으로 끝을 맺는다.

몰락, 그리고 뒤이은 유랑

카사노바가 저지르는 온갖 스캔들에 대해 관대했던 프랑스의 귀족사회도 마담 드페와 관련해서 그가 저지른 사건에 대해서 만큼은 격노(激怒)했다. 전후 상황을 고려해보면 비록 발단은 마담 드페로부터 비롯되었다고 하더라도, 카사노바가 자신의 재능을 미끼로 상대를 속여 부당한 이익을 취한 게 분명하다. 물론 카사노바는 자서전에다 자신도 모르는 사이에 이 사건에 휘말리게 되었다고 발뺌을 했지만 말이다.[14]

1757년에 처음 만난 파리의 부호(富豪)였던 마담 드페는 신비주의자

---

13) 김준목, 〈그의 옷은 열정의 또 다른 표현이었다〉, 「동아일보」, 2001년 7월 2일, C6면.
14) 엄창현, 〈지아코모 카사노바: 로코코 시대의 바람둥이〉, 「사회평론 길」, 1996년 8월호, 197쪽.

로서 연금술에 많은 관심을 가진 사람이었다. 마담은 그때까지 그야말로 시설이 완벽한 실험실을 갖추고는 15년째 쇠를 금으로 바꾸기 위해 노력하고 있었다. 말하자면 마담 자신이 오랜 동안 스스로 연금술을 행해왔던 셈이다. 하지만 정작 그녀의 욕망은 전혀 다른 데 있었다. 연금술이야 한때 세계를 휩쓸었던 유행이었으므로 그렇다 하더라도 남자로 다시 태어나고 싶다는 바람은 그녀만의 독특한 것이었다.

이런 그녀의 모델이 바로 카사노바였다. 그녀는 남자로 태어나고 싶었고, 카사노바를 닮고 싶었다. 마담은 이 성전환 수술을 카사노바에게 부탁했고, 그는 황당하기 짝이 없는 실험과도 같은 이 일을 맡아 시술하는 과정에서 그녀의 죽음을 방조했을 뿐만 아니라 그녀의 재산 일부를 가로채기까지 했다는 혐의를 받았다. 유가족의 고발로 인해 한때 심각한 곤란을 겪기도 했지만, 이번에도 누군가의 도움으로 그는 몸을 빼낼 수 있었다.

그러나 이 사건은 카사노바가 몰락하는 결정적인 계기가 되었다. 사위스러운 죽음과 치졸한 재산 갈취 혐의는 카사노바의 화려한 명성에 지울 수 없는 흠집을 남겼다. 정부 일을 다시 맡아보려고 백방으로 알아봤지만 뜻대로 되지 않았다. 카사노바는 짧은 기간이나마 상류사회의 꿈을 실현시켜준, 제2의 고향인 파리를 떠나야 했다.

1760년 그는 독일 쾰른으로 향했다. 아주 짧은 체류였음에도 카사노바는 스캔들과 말썽을 일으키고 다녔다. 상대는 오스트리아 대사관에서 근무하는 무관의 부인이었다. 이들은 대담하게 교회 안에서 밀회(密會)를 즐겨 물의를 빚었다. 슈투트가르트에서는 노름빚으로 인해 잠시 동안이나마 또 한 번의 감옥살이를 경험해야 했다. 카사노바는 뒤이어 취리히, 아비뇽, 니스, 제노바, 런던 등 전 유럽을 전전하며 새로운 벌이를 찾아 나섰다. 1763년 런던에서 있었던 일이다. 벌이도 처세도 마음대로 되지 않고 새로운 사랑도 만나지 못하자 카사노바는 매춘부를 찾았다. 그런데 그만 샤필론이라는 매춘부에게 사기를 당해, 가지고 있던 재산 전부를 몽땅 털리고 말았다. 여자라면 산전수전 다 겪은 카사노바가 말이다.

이런 유랑의 세월이 그저 무의미했던 것만은 아니었다. 로마에서는 교황 클레멘스 12세로부터 교황청 기사 작위를 받았고, 이를 꽤 유용하게 써먹기도 했다. 1764년에는 자신의 능력에 맞는 자리를 하나 마련해 달라고 부탁할 요량으로 변덕이 심하기로 유명한 프로이센의 프리드리히 대왕을 만나기도 했다. 하지만 카사노바는 대왕의 직설적인 태도에 압도되어 청탁은커녕 질문에 대해서조차 변변한 대답도 하지 못한 채 물러 나와야 했다. 러시아의 예카테리나 여제를 만나 그레고리력(曆) 사용을 권하기도 했고, 폴란드의 보니아토브스키 왕과는 정치, 경제 등에 관한 깊이 있는 토론을 벌이기도 했다. 18세기의 유명한 계몽 철학자 볼테르를 만난 것도 이 시기였다.

그는 마지막 여행지였던 빈을 떠나 파리로 돌아왔다. 그러나 파리는 그를 받아들이지 않았다. 사법기관은 그에 관한 좋지 않은 평판을 문제 삼아 48시간 이내에 파리를 떠나라고, 그리고 3주 안에 프랑스 국경을 넘으라고 으름장을 놓았다.

대개는 그가 이렇듯 유럽의 국경을 넘나들며 사는 것을 즐겼다고 보지만 실은 그렇지가 않다. 그는 자신의 재능에 걸맞는 괜찮은 자리를 마련하기 위해 필사적으로 노력했다. 프랑스를 떠나 스페인으로 간 카사노바는 당시, 스페인이 점령하고 있던 어느 식민지의 총독이 되려고 무던히 애를 썼다. 그렇지만 그의 재능을 사주는 이는 아무도 없었다.[15] 하지만 그의 정력만은 여전했던지, 스페인 황태자 정부와 또 한바탕의 스캔들을 만들었다. 황태자로부터 노여움을 산 카사노바는 또다시 쫓기는 신

---

15) 엄창현, 〈지아코모 카사노바: 로코코 시대의 바람둥이〉, 『사회평론 길』, 1996년 8월호, 198쪽.

세가 되었고, 결국은 불법무기 소지죄로 체포되어 지하 감옥에 감금되었지만 24일이 지난 후 용케 석방되었다. 스페인을 떠나 더 이상 오갈 데가 없어진 그는 고향 베니스에 자신의 사면과 복권을 청원했으나, 돈만 들었을 뿐 소기의 목적을 달성하지는 못했다. 그는 유럽 이곳 저곳을 떠돌아다니다 1785년 발트슈타인 백작의 개인도서관 사서로 정착하게 된다. 카사노바는 1785년부터 1798년 타계할 때까지 이곳에서 약 13년 동안 사서 일을 하는 한편, 하루 10시간씩 글을 썼다.

카사노바의 인생 이야기

프리메이슨 단원이었던 발트슈타인 백작은 카사노바의 저술 활동을 위해 여러 편의를 제공했다. 백작의 배려로 카사노바는 죽을 때까지 13년 동안 오로지 저술에 전념할 수 있었다. 카사노바는 프랑스어로 공상소설과 정치논문 등을 쓰며 틈틈이 회고록을 집필했다.

카사노바가 백작의 둑스 성에서 쓴 『제이코사메론(Jcosameron)』(1788)은 일종의 공상과학 소설로 바다를 항해하던 배가 폭풍에 난파되어 침몰한 후 지하 깊은 곳에 있는 문명국가로 가게 된다는 이야기를 담고 있다. 카사노바는 이 작품이 상업적으로 성공해 자신의 빈 주머니를 조금이나마 채워주길 원했으나 뜻대로 되지 않았다. 소설 이외에도 카사노바는 논문, 풍자집, 학문서를 썼고 아울러 고전을 번역한 책도 여러 권 냈다. 이탈리아 사람들이 호메로스의 작품을 모국어로 읽게 된 것이 카사노바 덕택이라고 하니, 놀랍지 않은가?

그럼에도 그가 바람둥이, 호색한의 대명사가 된 것은 『나의 인생 이야기』라는 회고록 때문이다. 65세 때인 1790년에 집필을 시작해 1792년에 초고를 완성하고, 세상을 떠나던 해인 1798년 조카에게 건네준 이 회고록은 너무나 솔직해서 말썽을 빚었다. 카사노바는 이 책에 1백22명의 여자와 가진 자신의 연애담을 수록했다. 서장(序章)에 "자유인으로서 나의 의지로 살아 왔다"는 유명한 고백이 들어 있는 이 작품은 성애에 대한 묘사가 너무 노골적이어서 출간 당시 엄청난 반향을 일으켰다.[16]

이 회고록을 둘러싼 설왕설래(說往說來)는 지금도 계속되고 있다. 하지만 현재에 이르러서는 적어도 이 회고록이 18세기 유럽의 사회 풍속을 적확히 기술했다는 데는 이의가 없는 듯하다. 이미 몇몇 사소한 대목의 연대기적 오류를 제외하고서는 이 회고록에 실린 사건들 거의 대부분이 역사적인 사실로 확인됐다. 카사노바의 회고록에 실린 18세기 사회 풍속에 대한 기술은 그 넓이와 생생함에 있어 거의 유례를 찾아보기 힘든 독보적인 사회사 문헌으로 꼽힌다.[17]

카사노바의 말년(末年)은 우울했다. 죽음을 지척에 둔 세월의 쓸쓸함이야 누구라고 다를까마는 그래도 유럽을 누비며 화려하게 살았던 카사노바이고 보면 남다른 소회(所懷)를 느꼈을 법하다. 오갈 데 없이 타인에게 의탁한 삶이라 처연함은 더했을 것이다. 화려함이란 한 번 시들기 시작하면 걷잡을 수 없이 황폐해지기 마련이니까 말이다. 이 시간을 견디려는 듯 십여 년 동안 그는 쉴 틈 없이 계속해서 썼다. 자기가 경험한 사건의 보고서, 체류했었던 지역의 역사, 비판서, 번역서 등등. 그의 기록은 물리학, 수학, 천문학 그리고 기술학에까지 이르렀다. 인간의 영생을 주제로 한 다섯 권짜리 소설도 썼지만 이 또한 세인의 주목을 받지 못했다.

이 무렵에 쓰여진 그의 글들에는 정치적이고 철학적인, 혹은 사회발전에 관한 인식이나 주관이 담겨 있다. 이러한 그의 생각을 관류하고 있는 주제는 다음과 같은 그의 말에서 알 수 있듯이 개인의 자유와 주체성이었다.

"내가 가진 커다란 재산은 아무에게도 의존하지 않고 부당함에 굴하

---

16) 김준목, 〈장르 넘나드는 창작열…저술만 40여편〉, 『동아일보』, 2001년 5월 28일, C8면.
17) 강여규, 〈바람둥이? 페미니스트?〉, 『뉴스플러스』, 1996년 6월 11일, 62면.

지 않는 내 자신의 주인이라는 점이요."[18]

이런 그가 1789년 프랑스 혁명 소식을 듣고 다음과 같은 글을 남겼다는 것은 여러 모로 아쉽다.

"내 사랑하는 프랑스여! 이게 무슨 변인가! 민중이 주인이 되다니. ……공화정은 흉칙한 정부 형태다. 현대의 주민들에게는 맞지 않는 제도다.……오래 가지 않을 것이다."[19]

그의 예상대로 공화정은 오래 가지 않았다. 하지만 그처럼 파격적인 삶을 산 사람이 '프랑스 혁명'에 대해 이렇게 말한 것은 모순처럼 보여진다. '프랑스 혁명'이 선(善)이라는 말하고 있는 것이 아니다. 이런 말이 도무지 그의 삶과 사상의 궤적과는 맞지 않는다는 것을 지적하고 싶을 뿐이다. 어쩌면 카사노바와 같은 인물조차 받아들이기 힘들 정도로 당시로서는 공화정체(共和政體)가 그야말로 '혁명적인' 정치체제였는지도 모르겠다.

전형적인 18세기 사내, 카사노바

서유럽 역사에 있어 18세기는 좀 묘한 시기다. 앞서 언급했듯이 자유와 평등을 추구하는 계몽주의 철학이 평민들 가슴에 불길로 번져간 동시에 속물적이고 향락적인 귀족들의 문화가 팽배해 있던 혼란의 시대가 바로 18세기였다. 1725년 베네치아에서 미천한 배우의 아들로 태어난 카사노바가 살았던 시기이기도 하다.

자신의 신분에 어울리지도 않게 너무도 많은 재능을 타고 난 카사노바는 우리가 잘 알고 있는 희대(稀代)의 난봉꾼만은 아니었다. 귀족사회

---

18) 〈해외출판: 카사노바는 SF작가였다〉, 『문화일보』, 1997년 11월 27일, 38면.
19) 엄창현, 〈지아코모 카사노바: 로코코 시대의 바람둥이〉, 『사회평론 길』, 1996년 8월호, 199쪽.

바람둥이? 페미니스트?

카사노바 사망 200주년 … 유럽에서 재평가 작업 활발

서양에서 호색한 또는 사기적인 방탕아의 대명사로 불리는 조반니 자코모 카사노바(1725~98)가 올해로 사망 200주년을 맞았다. 이와 함께 그에 대한 재평가 작업이 유럽에서 한창이다.

최근 출간된 카사노바 관련서적들은 단순히 「사후 200년」을 이용하겠다는 장삿속으로 볼 수 없는 공통점을 보인다. 즉, 세간에 알려진 카사노바의 이미지가 편견 또는 오류라고 지적하면서 그를 18세기 앙시앵 레짐 시대의 가장 신뢰할 만한 시대적 증인의 한사람으로 격상시키고 있는 것이다.

카사노바는 이탈리아의 베네치아에서 태어나 현재의 체코 뵈메지방의 둑스에서 73세를 일기로 사망했다. 부모는 당시 베네치아의 유명한 연극배우였다. 총명했던 카사노바는 일찍이 16세에 파두아 대학에서 법학박사 학위를 받았을 뿐 아니라 그리스어와 라틴어에 능통해 고전들을 줄줄 외울 정도였다. 또 대단한 독서가로 당대 서적들에 정통했고, 바이올린 주자로 활동하기도 했으며, 의학과 자연과학 분야에도 해박한 지식을 갖고 있었다. 그가 일정한 작위 없이도 베네치아 귀족사회의 살롱에 출입할 수 있었던 것은 천재적 언변과 부모로부터 물려받은 뛰어난 연극적 소질 덕분이었다.

베네치아는 당시 유럽 귀족문화의 종말에 해당하는 로코코 문화의 중심지로 7개나 되는 극장은 늘 만원이었고, 반년 동안 카니발 행사가 진행될 정도로 유회적인 도시였다. 심심풀이를 찾기에 혈안이던 귀족사회에서 카사노바는 재치, 총명함, 다양한 재주로 「꼭 필요한 존재」로서의 위치를 굳혀갔다.

귀족들의 연인 카사노바의 생애를 보여주는 옛 동판화들. 위로부터 1756년 베네치아 감옥의 탈출, 귀부인들 앞에서 콘돔의 안전성을 시험하는 모습, 파리에서 한 귀부인에게 복권제도를 설명하는 모습 등.

추종자가 많으면 질투하는 사람도 많은 법. 30세되던 해 그는 정치적 음모에 말려 재판도 없이 구금된다. 그러나 그는 악명높은 베네치아 감옥을 일년반만에 탈출해 파리로 피신한다. 이 사건은 카사노바를 하루아침에 전설적인 존재로 만들기에 충분했다.

1757년 파리에 도착한 카사노바는 재정적자에 허덕이던 프랑스를 위해 복권제도를 만들고 해당관서의 책임자가 된 뒤 그 자신 백만장자가 된다. 이 시절 그는, 카사노바를 연금술의 핵심요소인 「지혜의 돌」을 찾을 수 있는 유일한 인물로 오해한 어느 남작부인으로부터 10년 동안 100만프랑 이상을 받아내는데, 결국 그녀의 조카에 의해 사기행각이 발각나 1767년 파리에서 추방된다. 이 시기는 그의 생애중 가장 화려했던 시절이었다.

"18세기 앙시앵 레짐 시대적 증인"

그의 재력, 지력, 그리고 대화술 앞에 귀족사회의 모든 문이 활짝 열렸다. 그는 프로이센의 프리드리히 대왕, 러시아의 카타리나 여제와 만나며, 볼테르와 며칠씩 토론을 벌이고, 유럽 곳곳에서 여성들과 열렬히 사랑을 나눈다. 그는 또 모험심과 투기심으로 인해 의심스런 사업에 종종 말려들어 런던에서는 교수대에서 사라질 위기에 봉착하기도 했다. 그러나 이 「삶의 천재」는 늘 행운의 여신의 비호를 받으며 위기를 모면한다.

그의 삶의 원칙은 「감각적 쾌락」으로, 이보다 더 중요한 것은 없다고 스스로 고백하곤 했다. 곡예에 가깝게 합법과 비합법의 경계에서 이뤄지는 사업으로 돈을 번 뒤 이를 쾌락에 아낌없이 쏟아붓곤 했던 것이다. 끝없는 여행과 낭비와 쾌락의 생활을 보낸 뒤 1774년 다시 베네치아로 돌아왔을 때 그의 수중에는 재산이 거의 남아 있지 않았다.

작가로서, 극장장으로, 종교재판의 첩보원

(「뉴스플러스」, 1998년 6월 11일)

격변의 시기를 온몸으로 자유를 표현하는 삶을 살았던 카사노바를 18세기의 시대적, 사회적 맥락에서 떼어내 그의 염문만을 부각시키는 것은 온당치 못한 일이다.

가 무능과 퇴폐로 인해 서서히 조락(凋落)의 길로 들어서고, 반면 부르주아 계급이 상승하던 시기에 그는 온몸으로 18세기를 체현(體現)해 내며 살았던 사람이었다.

그는 상류사회에 편입되기를 누구보다 바랐고, 자신의 타고난 재능으로 이에 도달하기 원했다. 그는 자신의 재주를 다해 사람들의 이목을 끌었지, 귀족처럼 놀고먹지도 그렇다고 부르주아지처럼 직업의 전문성에 얽매여 살지도 않았다. 그렇지만 그는 그 어떤 귀족보다 낭비적이고 향락적인 생활을 하고 살았다. 각국의 왕들과도 돈독한 친분관계를 가진 그는 신분만 아닐 뿐이지 로코코 문화로 대표되는 당시 귀족문화를 상징하는 인물이라 할 수 있다.

한편으로 그는 루소와 볼테르로 대변되는 당대 사상적 흐름에 깊은 관심을 가졌고, 내로라하는 지성들과도 당당히 지적인 교류에도 적극 나섰다. 뿐만 아니라 이재(理財)에도 밝아 사업가로서도 성공한 바 있다. 40권이 넘는 많은 저작을 통해 다방면에 걸쳐 기억될 만한 성과를 남긴 지식인이기도 했다. 또한 그는 일개 배우의 아들로서 신분상승을 하기 위해 끊임없이 노력했던 야심만만한 사람이기도 했다.

이렇듯 각기 다른 카사노바의 면면이 18세기의 혼란스러움과 무척이나 닮아 있다고 말한다면 과장일까? 카사노바가 동시대 여러 사람 중 특별히 구별되어 오로지 '지아코모 카사노바'로 살 수 있었던 것은 이러한 격변의 시기를 온몸으로 자유를 표현하는 삶을 살았기 때문이다. 때문에 그를 18세기의 시대적, 사회적 맥락에서 떼어내 그의 염문만을 부각시키는 것은 온당치 못한 일이다.

1798년 7월 4일 카사노바는 현재의 체코 비메 지방에 있는 둑스 성에서 73세를 일기로 사망했다. 사인은 방광질환이었다. 성병이 아닌 그저 노환이었던 모양이다. 그는 사는 동안 지극히 '개인적인 자유로움'만이 인간이 추구해야 할 이상이라고 생각했다. 세계를 움직일 만한 그럴싸한 이념도 아니지만 세계를 파괴하는 무시무시한 이념도 아니다. 서유럽의 역사가 중세에서 근세로 넘어가는 전환기의 격변 속에서 카사노바는 시대의 혼란을 자신의 삶에 오롯이 섭새겨 놓았다. 그래서 그의 삶은 그대로 그 시대의 거울이며, 그가 남긴 기록은 더없이 소중한 역사의 흔적이다. 그는 난봉꾼이었지만 또한 훌륭한 관찰자였고, 그래서 그의 삶은 동시대 문화사의 등신대 거울이며, 그 자신의 기록은 소중한 역사서일 수 있는 것이다.

이런 그를 바람둥이로만 여기는 한 18세기의 유럽은 여전히 인식의 괄호 안에 있을 수밖에 없다. 섹스에 중독된 탕아(蕩兒)로 여기기엔 아무래도 아쉬운 점이 많은 인물이지 않은가?

엘리아 카잔이라는 존재는 망각의 혜택을 누리지 못하고 있다. 적어도

그로부터 직접 상처를 받았다고 생각하는 사람들이나 또한 상처받은 사

람들의 분노에 동감하는 사람들 사이에서 그는 여전히 용서받지 못한

자로 남아 있는 것이다.

엘리아 카잔

아직도, 용서받지 못한 자

엘리아 카잔(Elia Kazan)
아직도, 용서받지 못한 자

이 휘 현

상처뿐인 영광

미국의 영화예술과학아카데미는 매년 초 아카데미영화제에서 '평생공로상'을 수상할 영화인을 발표한다. 여러 번의 수상을 경험할 수 있는 다른 아카데미영화상(賞)들과는 달리, 평생공로상은 단 한 사람에게 단 한 번 수여된다. 그러므로 일평생을 영화에 헌신한 사람에게 주어지는 이 평생공로상은, 수상자에게 그 무엇과도 바꿀 수 없는 영광스러운 징표들 중에서도 상석을 차지할 것이다. 그리고 이 트로피를 받기 위하여 아카데미영화제의 시상식이 거행되는 무대에 오르는 것은, 영화인으로서의 삶에서 가장 감격스러운 순간인 말 그대로 인생의 한 클라이맥스라고도 할 수 있을 것이다.

그래서 평생공로상 수상자가 아카데미영화제 시상식장에서 오스카

트로피를 받아드는 순간, 그를 바라보는 많은 후배 영화인들은 모두 기립하여 그의 영화 인생에 대한 아낌없는 헌정의 박수를 보내게 된다. 그리고 전 세계의 수많은 시청자들은 TV의 전파를 타고 실황 중계되는 이 장면을 바라보며, 한 위대한 장인(匠人)의 삶이 어떻게 가슴 벅찬 영광의 순간을 맞이하게 되는가를 확인하게 되는 것이다.

1999년 1월, 영화예술과학아카데미는 여느 해와 마찬가지로 그 해 평생공로상 트로피의 주인공을 발표했다. 하지만 그렇게 수상자의 이름이 바깥에 알려졌을 때, 할리우드에는 미묘한 파장이 일기 시작했다. 그리고 그 파장은 미국의 영화계뿐만 아니라 문화계 전반, 더 나아가서는 미국 사회 전체를 술렁이게 만들었다. 곧이어 이곳 저곳에서 많은 말(言)들이 터져 나왔다. 그 말들이 만들어낸 소용돌이의 핵에는 당연하게도 그 해에 아카데미영화제 평생공로상을 받기로 되어 있던 수상자의 이름이 자리잡고 있었다. 하지만 소용돌이의 주인공은 조용했다. 아니 자신의 이름이 불러일으킨 그 소용돌이에 무심한 듯 그는 오히려 담담하기까지 했다.

엘리아 카잔. 1백 년 할리우드의 역사를 통틀어 손꼽히는 위대한 '시네아스트(Cineaste)'로 평가받는 영화작가. 그럼에도 불구하고 위대한 시네아스트라는 명성의 뒤편에 짙게 드리워진 '밀고자' 혹은 '변절자'라는 오명의 그림자를 짊어지고 살아가야 하는 비운의 영화감독. 그의 이름은 바로 '엘리아 카잔'이다.

시네아스트와 밀고자 사이에서

1999년 아카데미영화제의 평생공로상 수상자로 엘리아 카잔이라는 이름이 거명되었을 때, 이 사실을 받아들이는 영화인들의 반응은 둘로 나뉘었다. 한쪽은 카잔의 아카데미영화상 평생공로상 수상은 있을 수 없는 일이라는 것이었고, 또 한쪽은 영화인으로서의 카잔의 공로를 인정해야 마땅하다는 것이었다. 우리가 주지하다시피, 전자는 주로 매카시즘 당시 '고난의 리스트'에 올라 곤욕을 치루었던 영화작가들이 대부분이었다. 그러한 영화작가들 중 버나드 고든이라는 작가는 카잔의 평생공로상 수상을 비판하기 위해 시상식 당일의 시위를 계획했으며, 또한 매카시즘 당시 '블랙리스트'에 올라 프랑스에서 망명 생활을 해야 했던 노마 버즈먼이라는 작가도 "불명예스러운 인간에게 상을 주는 것에 반대한다면 박수를 보내지 않는 게 옳다"라는 말과 함께 시상식 참여자들에게 박수를 치지 말라고 당부하기도 했다.[1]

　하지만 카잔의 수상에 대해 호의적인 의견을 가진 사람들도 있었다. 가령, 스티븐 스필버그의 경우 "당시 카잔의 결정에 동의할 수는 없지만 그렇다고 적어도 내게는 그의 영화까지 잘못된 것으로 보이지는 않는다"고 자신의 입장을 피력했고, 매카시즘의 피해자이기도 했던 극작가 아서 밀러 또한 사람들의 예상과는 달리 카잔의 수상을 이렇게 옹호했다.

　"나는 카잔에게 동정심과 동시에 두려움도 느낀다.……그러나 공로상은 그의 작품에 주어진 것이지 정치성에 주어진 것이 아니다."[2]

　그렇게 어지러운 언쟁의 외중에, 1999년 3월 21일 아카데미영화제 수상식 날은 성큼 다가왔다. 기네스 펠트로가 주연을 맡아 아카데미 여우주연상까지 거머쥔 『셰익스피어 인 러브』가 이 해 아카데미영화제에서는 최다 수상작이 되었다. 그리고 남우주연상과 최우수외국어영화상을 거머쥔 로베르트 베니니 감독·주연의 『인생은 아름다워』 또한 잔칫날의 여흥을 돋구었다. 바로 그 즈음, 평생공로상 시상식이 거행되었다. 곧 엘리아 카잔이라는 이름이 호명되었고, 무대 위로 올라간 노년의 카잔에게 배우 로버트 드 니로와 감독 마틴 스콜세지가 뜨거운 포옹과 함께 그

---

1) 이은주, 〈예술가 삶과 작품은 일치해야?〉, 『중앙일보』, 1999년 3월 22일, 41면.
2) 이은주, 위의 글, 41면.

'밀고자에겐 상 못준다'

美 영화계 거목 엘리아 카잔 감독 '평생 업적상' 제외

미국의 영화배우 더스틴 호프만(60)은 지난 19일 '골든 글로브' 상 시상식에서 '평생 업적상'을 받았다. 그러나 미국 영화사에 지대한 영향을 미친 한 원로감독은 정작 이러한 영예를 누리지 못하고 있다.

〈에덴의 동쪽〉〈워터 프론트〉〈아메리카, 아메리카〉 등 불멸의 명화를 남긴 미국 영화계의 거목 엘리아 카잔(87)이 바로 그런 경우이다. 상업주의 영화의 총본산으로 불리는 할리우드에서는 최근 카잔의 과거행적을 둘러싼 '사상논쟁'이 일고 있다.

은퇴한 노감독을 다시 여론의 초점에 올려놓은 것은 LA영화비평가협회가 올해 초 영화예술에 공헌한 원로들에게 수여하는 '평생 업적상' 수상자 대상에서 카잔을 제외시켰기 때문이다.

평론가들은 카잔이 지난 52년 4월 10일 미 하원의 한 위원회에 출석해 동료 영화예술인 8명이 공산당 당원이었다는 사실을 폭로한 전력을 다시 문제삼았다. '비(非) 미국적 행동에 관한 위원회'라는, 이름도 생소한 이 위원회는 광신적 반공주의 바람을 몰고 왔던 매카시 선풍의 전위에 섰던 모임. 그가 고발한 동료들이 미국사회에서 매장됐음은 물론이다. 카잔의 증언은 할리우드의 진보적인 인사들로부터 성공을 위해 친구를 팔아먹은 기회주의적인 행태라는 비난을 받아왔다.

LA비평가협회의 조셉 맥브라이드 부회장은 당시 카잔의 증언내용을 다시 공개하며 "한 사람의 평생에 걸친 업적에 대해 경의를 표하기 위해서는 그가 보여준 총체적인 모습을 평가해야 한다"고 말했다. 그는 또 "영화감독으로 이름이 알려지지 않았던 카잔이 대중적으로 인기를 끈 것은 공교롭게도 증언을 한 이후였다"면서 "동료들의 희생을 토대로 성공을 이룬 그에게 영예를 안겨 주는 것은 심각한 도덕적인 문제를 야기시킨다"고 주장했다. 이 협회는 결국 카잔 대신 로저 콜먼 감독을 수상자로 선정했다. 선정과정에서는 물론 적지 않은 논란이 있었던 것으로 전해진다. 한 평론가는 "카잔이 친구를 팔아먹었건 말건 그가 영화에 기여한 공적만을 주목해야 한다"면서 "미국 영화계는 이미 사적으로 치명적인 결함을 갖고 있는 인사들에게 평생업적상을 수여한 바 있다"고 카잔을 옹호했다.

그는 부인을 학대했던 오손 웰스와 여성차별론자였던 알프레드 히치코크 감독 등을 예로 들면서 "정치적인 논란을 빚고 있는 카잔에게만 상을 주지 않는 것은 부당하다"고 말했다.

카잔 옹호론자들, '암울한 시대 소산일 뿐'

〈버라이어티〉지의 수석평론가 토드 맥카시도 "카잔은 정치적으로 잘못된 것이 아니라 시대 흐름에 따라 정치적으로 용납받지 못했을 뿐"이라며 옹호론을 펼쳤다. 일각에서는 당시는 매카시 선풍에 고무된 할리우드 영화사들이 소속 감독과 배우들에게 하원 위원회에 출석해 협조할 것을 강요했던 시기라며 카잔의 증언은 동료 고발이 전염병처럼 퍼져나갔던 암울했던 시대의 소산이라는 주장도 나왔다. 이제 지난 40여년간 씌워져 왔던 배반자의 '멍에'를 벗길 때가 됐다는 말이다.

이러한 논란에 대해 뉴욕에서 조용한 말년을 보내고 있는 카잔은 담담한 반응을 보이고 있다. 그러나 '소신'만은 굽히지 않았다. 그는 "모든 사람에게 어려운 시기였다"고 당시를 회고하면서도 "하지만 나는 내 생각을 말했을 뿐이며 그럴 권리도 있다"고 말했다. 오스카상을 두번 수상한 바 있는 카잔은 이어 "나는 일생을 통해 이미 충분한 영예를 누렸다. 더 이상의 상은 필요없다. 나는 이대로 행복하다"고 했다.

카잔의 이러한 태도는 새로운 것이 아니다. 그는 의회 증언 다음 날자 〈뉴욕타임스〉에 전면광고를 내고 "공산주의는 위험한 모략"이라며 "자유주의자들은 목소리를 높여야 한다"고 반공입장을 명확히 했다. 88년 출간한 자서전 〈어떤 인생〉에서도 "당시 나는 공산당의 비밀과 연루된 모든 사람의 이름을 밝히고 싶었다"고 술회한 바 있다.

제임스 딘과 마론 브란도를 데뷔시키고 스티븐 스필버그를 비롯한 수많은 미국 감독들에게 영향을 끼친 그의 영화사적 공로는 비판론자들도 수긍하는 부분. 그는 또 브란도를 비롯해 워렌 비티·커크 더글라스 등 할리우드의 진보주의자를 대표했던 배우들과 영화작업을 함께 해 이념적인 편견을 영화에까지 끌어들이지는 않았다. 〈인터내셔널 헤럴드 트리뷴〉지는 그러나 이번 논란은 카잔의 행적이 여전히 많은 사람들에게 생생한 생채기로 남아 있다는 사실의 반증이라고 평했다.◎

|김진호〈국제부 기자〉|

골든글로브상 시상식에서 '평생업적상' 수상자 대상서 제외돼 할리우드에서 '사상논쟁'을 일으킨 엘리아 카잔 감독.

(『뉴스메이커』, 1997년 2월 6일)

시네아스트 카잔은 '밀고자' 혹은 '변절자'라는 오명을 짊어지고 살아야만 했다. 그는 1997년 '골든 글로브' 상의 '평생업적상' 수상자 대상에서 제외되었다.

의 수상을 축하해 주었다. 하지만 장내에 앉아 있던 조디 포스터, 에드 해리스, 닉 놀테 등 객석을 차지하고 있던 영화인들의 열 명 중 예닐곱 명 정도는 그의 평생공로상 수상에 냉소만을 보냈다.[3]

---

3) 〈말많은 평생공로상〉, 『한국일보』, 1999년 3월 23일, 35면.

그러나, 카잔은 이러한 상처뿐인 영광의 와중에도 사뭇 당당하게 평생공로상 트로피를 받아 들었다. 그리고 평생공로상 수상자로서의 수상 소감을 이렇게 피력했다.

"정말 감사하다. 아카데미의 용기와 관용에 감사하기를 원해 왔다. 이제 조용히 떠날 수 있을 것 같다."[4]

감격스러워야 할 평생공로상 시상과 객석이 내뿜던 싸늘한 냉기가 묘하게 배합되어 연출해 낸 1999년 아카데미영화제 시상식의 이 어색한 풍경. 왜 그랬을까? 평생공로상의 감격스러운 영광은 왜 이렇듯 상처뿐인 영광으로 바뀌어 버렸던 것일까. 아마도 이 질문은, 1950년대 미국 사회를 일종의 광기 속으로 몰아넣었던 매카시즘의 광풍(狂風)과 이 광풍의 한복판에서 어느 날 '밀고자'로 낙인 찍혀 버린 시네아스트 엘리아 카잔을 알게 됨으로써 자연스럽게 풀리게 될 것 같다.

매카시즘이라는 이름의 광풍

요셉 매카시(Joseph Raymond McCarthy)가 '매카시즘'이라는 냉전의 돌연변이를 탄생시킨 것은, 정확한 날짜까지 제시하자면 1950년 2월 9일이다. 1945년에 맞이한 제2차 세계대전의 종식이라는 세계사적 사건은 서구 열강에 의해 주도되었던 제국주의 정책이 죽음으로 끝을 맺었다. 하지만 그 빈자리에는 양대 이념으로서의 자본주의와 사회주의가 둥지를 튼 채 소위 이데올로기 대결이라고 하는 새로운 세계질서를 형성해 가고 있었다. 이러한 전 세계적 냉기류 속에서, 1932년 이후 정권을 잡지 못했던 미국의 공화당은 민주당으로부터 대통령이라는 타이틀을 빼앗기 위해 이데올로기 공세를 준비하고 있었다.

---

4) 이대현, 〈용서받지 못할 자, 용서해서는 안 될 자〉, 『주간한국』, 1999년 4월 8일, 74면.

그때, 공화당의 상원의원 매카시는 선거 유세차 방문했던 웨스트 버지니아 주의 어느 작은 마을에서 곧 미국 사회 전역을 극우반공주의의 공포 속으로 몰아넣을 말(言)폭탄을 하나 터뜨린다. 그 말폭탄 속에는, 미 국무부에는 2백5명에 달하는 공산당원이 암약해 있다는 질 나쁜 화약이 들어 있었다. 또한 자신의 가방 속에는 그 명단이 고스란히 담겨져 있다는 더욱 질 나쁜 화약도 들어 있었다. 물론 요셉 매카시의 말은 훗날 순전히 '뻥'이었던 것으로 밝혀졌다. 그리고 그의 가방 속에는 공산당원의 명단은커녕, 양주가 한 병 달랑 들어 있었을 뿐이라고 전한다.[5]

그러나 적어도 그 시절에, 요셉 매카시라는 상원의원이 유포시킨 그 '뻥'은 실로 엄청난 위력으로 미국 사회에 파장을 일으켰다. 매카시의 세 치 혀를 통해 새어 나온 거짓말은 곧 매스미디어의 강력한 후광에 힘입어 '주위를 유심히 살펴보라. 당신의 바로 옆에 서 있는 친구가 그 무서운 빨갱이일 수도 있다' 라는 류의 전 국민적 캠페인으로 비화되었다. 그리하여 미국 사회를 몰(沒)이성의 사회로 둔갑시키는 블랙코미디가 1950년대의 어느 한 시기 동안 연출되었던 것이다. 말 그대로 한 대담한 사기꾼의 '새빨간' 거짓말이 곧 '새빨간' 이념분자들을 사회로부터 격리시켜야 한다는 광신적 행동까지 부추겼던 진풍경을, 우리는 미국의 역사 어느 한 페이지에서 오늘날 새삼스럽게 목격하게 된다.[6]

살아 남은 자의 슬픔

이 시기의 할리우드도 또한 매카시즘의 광풍으로부터 자유롭지 못했

---

5) 장호순, 〈알콜중독자의 엉터리 발언에 놀아난 미국〉, 『월간 말』, 1998년 12월호, 86-87쪽.
6) 이 매카시즘을 문학화한 작품으로는, 미국 사회 초창기의 '마녀사냥' 이라는 알레고리를 통해 매카시즘의 광기를 우회적으로 풀어낸 아서 밀러의 극작품 『크루서블』이 있다(한국에서는 민음사를 통해 『세일럼의 마녀들』이라는 번역본으로 출간되었다. 다만 위노나 라이더와 다니엘 데이 루이스가 주연을 맡았던 영화버전은 그대로 『크루서블』이라는 이름으로 한국에 소개되어 있다).

다. 아니 오히려 할리우드에서는 매카시즘의 광풍이 몰아치기 이전부터, 반공주의의 망령이 횡행하고 있었다. 그 내막은 이렇다.

제2차 세계대전 당시, 소련은 같은 적을 대상으로 놓고 싸우는 미국의 연합 세력이었다. 이런 소련에게 호의적일 수밖에 없었던 루스벨트 정부의 시선은 할리우드에도 반영되어 소련에 대해 비교적 호의적인 영화들이 탄생하기도 했었다. 그러나 제2차 세계대전의 종식과 함께 소련이 더 이상 연합 세력이 아닌 적이 되자, 미국 정부는 반공이라는 이데올로기의 전위로 영화를 이용하려 했다. 결국 여기에 할리우드가 반공이라는 이데올로기의 포로로 사로잡혀 버렸던 것이다. 곧 미국의 자본주의 질서와 배치되는 영화는 제작이 금기시되다시피 했다. 이와 아울러 1947년에는 할리우드 내에서의 '레드 헌트'가 시작되었다. 이 과정에서 미 의회 청문회에 호출당한 영화인들 중 청문회에 협조적이었던 사람은 살아 남았고, 자신의 양심과 신념을 위해 침묵을 지킨 사람은 소위 '취업금지자명단(Black List)'에 올라 할리우드를 떠나야 했다.[7]

그리고 이렇듯 불어닥쳤던 할리우드 내에서의 반공의 물결은, 1950년대가 시작하면서 휘몰아친 매카시즘으로 인해 그 절정의 순간에 달했던 것이다. 이 과정에서 찰리 채플린이나 쥘 다생 등이 망명의 길에 올랐다. 그리고 앨바 베시, 허버트 비버먼, 레스터 콜 등과 같은 열 명의 영화인들은 감옥행을 감내해야 했다.[8]

하지만, 이 광풍의 와중에 엘리아 카잔이라는 한 굵직한 사회파 감독은 '살아 남았다'. 그는 '자신의 영화를 위해', 그리고 '미국을 위해'라는 명목으로 자신의 동료 여덟 명의 이름을 반미행위조사위원회에서 밝

---

7) 구회영, 〈50년대, 냉전시대의 광기: 매카시즘과 할리우드〉, 『영화에 대하여 알고 싶은 두세 가지 것들』(한울, 1991), 42쪽.
8) 안정숙, 〈50년 전 10월, 할리우드 '빨갱이 사냥'은 시작됐다〉, 『한겨레』, 1997년 10월 3일, 11면.

50년전 10월, 할리우드

'빨갱이 사냥'은 시작됐다

미 하원 반미활동위 '활약' 개시
매카시 선풍 전주곡이 울렸다.
채플린·아서 밀러 등 작가·배우
줄줄이 소환되고 감옥 가고…
할리우드 주요단체들
'블랙리스트 잊지말자' 50주년 행사.

미국 영화배우협회와 감독협회 등 할리우드의 주요 단체들은 오는 27일 베벌리힐스의 미국영화아카데미 회관에서 '할리우드 블랙리스트' 50년을 기념하는 행사를 연다고 발표했다. 50년전 그날은 대대적인 공산주의자 색출을 위해 미국 하원의 반미활동위원회가 결성된 날. 50년 2월, 미국 국무부에서 205명의 공산주의자가 활동중이라는 폭탄선언으로 상원의원 조지프 매카시가 미국 전역을 들끓게 만들기도 전의 일이다.

할리우드의 냉전 바람은 그 47년 10월27일 이전에 조성되고 있었다. 미국의 대내외적 국가 이미지를 훼손하고 체제 전복을 획책하는 불순분자의 긴 명단이 작성돼 있었고, 하원 반미활동위원회는 개점하기 무섭게 그 명단에 오른 인물들을 차례차례 소환하기 시작한다. 할리우드 영화에서 혐의사실을 포착하기는 사실 쉽지 않았다. "메시지를 전달하겠다고? 기차화물로 부쳐보시지." 제작자 샘 새뮤얼이 입버릇처럼 되뇌었듯, 제작자들이 영화 제작의 처음부터 끝까지 간섭해들어와 감독과 작가의 활동공간을 제한하던 스튜디오시스템을 생각한다면 당연한 일이었다.

결국 문제 삼게 된 것은 2차 대전중 소련을 연합군에 끌어들이기 위해 구애를 계속하던 루스벨트 정부의 정책이 반영된 영화들, 〈러시아의 노래〉나 〈북대서양 작전〉 따위였다. 전쟁은 끝나고, 연합 대상 소련은 패권을 놓고 다투는 경쟁상대로 바뀌었다. 국가는 새로운 경쟁체제로 돌입하기 위해 새로운 슬로건을 개발해야 했다. 가장 대중적이고 매력적인 사냥감들이 즐비한 할리우드는 새로운 슬로건을 선전하기에 적절한 장소였다. 우익들은 '친소련적' 영화 뿐 아니라, 차제에 가정과 사회의 기존 도억에 도전하고, 사회적 불의나 부패 따위에 관심을 쏟는 행위조차 막기로 했다. 영화계의 반발은 금세 풍개졌다. 영화제작자들은 11월24일, 월도프 아스토리아 호텔에 모여 "공산주의자나 기타 체제전복을 꾀하는 자들을 고용하지 않겠다"고 결의한다.

공격의 피해자는 시나리오 작가에서 많이 나왔다. 청문회에 소환된 사람의 60%가 시나리오 작가였고, 소환대상자의 20%, 할리우드의 블랙리스트에 오른 사람의 25%가 배우였다. 청문회 조사는 단순했다. 함께 활동한 사람의 이름만 대면 혐의자는 '용서'를 받을 수 있었다. 소환된 사람 가운데 실제 미국 공산당에 입당한 경력이 있었던 사람보다 진보적 자유주의자들이, 따라서 공산주의와 이념에 순교할 필요가 없는 사람들이 더 많았지만 이들은 다른 사람을 고발함으로써 궁지를 벗어나는 건 명예롭지 못한 일이라고 생각했다.

그룹 시어터에서 만난 엘리아 카잔과 아서 밀러가 결별한 지점도 이 부분이었다. 30년대 공산당에 입당했다가 탈당한 경력이 있는 카잔은 영화 이력을 지키기 위해, 또 국가를 위해 증언하겠다고 밝혔고, 밀러는 반대했다. 밀러는 카잔과 달리 할리우드로 돌아가는 대신 연극무대에 남았다. 찰리 채플린, 쥘 다생, 조지프 로지 등의 감독과 배우가 증언 대신 할리우드를 떠났다. 채플린이 영국으로 돌아가서 만든 〈뉴욕의 왕〉은 반미활동위원회에 대한 풍자를 담고 있었다. 반면 뒷날 뉴욕지사를 거쳐 대통령이 될 삼류배우 로널드 레이건은 영화배우협회 대표로 에드거 후버에게 수상한 동료배우들의 정보를 제공하는 일로 정치이력을 시작했다.

그리고 시대는 침묵으로 의회를 모독했다는 혐의로 감옥행을 택한 이른바 '할리우드 10인'을 만들어 냈다. 앨바 베시, 허버트 비버먼, 레스터 콜, 에드워드 드미트릭, 링 라드너 2세, 존 하워드 로슨, 앨머트 멜츠, 새뮤얼 오니츠, 에드리언 스콧, 돌턴 트럼보 등이 그들이다. 대부분 시나리오 작가들이었다.

배우나 감독들과 달리, 작가들은 블랙리스트 시대를 살아남는 방도를 만들어내기도 했다. 우디 앨런이 주연한 코미디 〈프런트〉의 소재도 이런 대명 작가들의 이야기. 밀라드 카우프먼의 대본으로 이름이 나온 〈건 크레이지〉, 아언 헌터 작으로 된 〈로마의 휴일〉, 로버트 리치의 〈용감한 사람〉 등의 실제 작가는 돌턴 트럼보였다. 60년 프레밍거 감독이 〈엑소더스〉의 크레디트에 실명공개를 한 이후 트럼보는 자기 이름을 찾았고, 1975년 56년 작 〈용감한 사람들〉로 뒤늦게 아카데미 상을 수상했다.

매카시의 효용은 50년대 중반에 접어들며 떨어졌고, 블랙리스트에 올랐던 돌턴이나 채플린 같은 인사들의 복권도 차례차례 이루어졌다. 그 시대에 관한 본격적 조명도 빈번해졌다. 지난해 테드 터너의 유선영화채널은 블랙리스트 시대를 조명하는 다큐멘터리와 해당 작가의 작품들을 연속상영했고, 가을 들어 블랙리스트 사건을 파헤친 연속극 〈블랙리스티드〉가 공공 라디오 방송 전파를 타기도 했다. 그 시대를 암유한 아서 밀러의 희곡을 20세기 폭스가 영화화한 〈크루서블〉이 미국에서 개봉된 것은 올 초. "할리우드 스튜디오에서 이 연극을 영화화하다니 참 아이러니"라고 밀러는 〈크루서블〉 제작 회고담에서 밝혔다.

안정숙 기자

레드 헌트의 전선에 섰던 사람들. 쥘 다생, 찰리 채플린, 조지프 로지, 아서 밀러(맨 위 왼쪽부터 시계바늘방향)는 할리우드 대신 양심을, 조지프 매카시와 로널드 레이건, 엘리아 카잔(아래 왼쪽부터)은 몰이꾼의 역할을 선택했다.

(『한겨레』, 1997년 10월 3일)

할리우드에 몰아친 매카시즘은 사회파 감독으로 촉망받던 카잔을 '밀고자'로 만들었다. 밀고자라는 낙인은 그에게 영화보다도 더욱 영화 같은 삶을 살아야 할 의무를 부과했다.

힘으로써 자신의 영화 인생을 지속시킬 수 있었다. 이들 동료들은 그룹 시어터(Group Theater)에서 생사고락을 함께 했던 이들로서, 카잔의 고발과 함께 그들의 예술 인생은 끝장이 났고, 대신 카잔은 살아 남았던 것이다. 이때가 바로 1952년 5월의 일이었다.[9]

그러나 이날 이후, 카잔은 살아 남았어도 살아 남은 자가 아니었는지도 모른다. 그렇게 그는 굴곡진 자신의 삶을 매카시즘이라는 정치적 격랑 속에 소진시켜버린 후, 아주 오랫동안 '살아 남은 자의 슬픔'을 견뎌

---

9) 정수영, 〈'매카시즘의 공범' 카잔 감독 자격 논란〉, 『뉴스플러스』, 1999년 4월 1일, 84면.

내야 했기 때문이다. 물론 그 살아 남은 자의 슬픔은 '양심'이 아닌 타율적인 '낙인'에 의한 것으로써, 우리가 통상적으로 이해하는 살아 남은 자의 슬픔과는 좀 다른 차원의 것이기는 하지만 말이다.[10]

진보적인 정치색이 짙은 영화를 만들며 사회파 감독으로서 작가주의의 반열에 진입하고 있던 한 촉망받던 감독에게 내려진 '밀고자'라는 낙인. 이 낙인은 엘리아 카잔으로 하여금 여느 영화보다도 더욱 영화 같은 삶을 살아야 할 의무를 부과했다.

어느 외톨이 소년의 성공기

엘리아 카잔은 미국에서 크게 성공한 이민 2세라고 할 수 있다. 그는 터키의 수도 이스탄불에서 1909년 9월 7일 그리스인의 자식으로 태어났다. 카잔은 아버지의 사업 때문에 두 살 때 베를린에서 살게 되었다. 그러나 베를린에서 아버지의 사업은 뜻한 바대로 되지 않았던 듯 싶다. 곧 그의 아버지는 기회의 땅 아메리카로 향했고, 이곳 미국에서 아버지의 사업이 어느 정도 성공을 거두게 될 무렵, 카잔의 가족도 미국으로 향하게 되었다. 카잔이 네 살 때인 1913년의 일이었다.

이렇게 해서 미국과 인연을 맺게 된 카잔은 뉴욕의 공립학교에서 초등교육을 마쳤지만, 가족이 시 외곽지역인 뉴 로첼로 옮기게 됨에 따라 그곳에서 고교 시절까지의 성장기를 보내게 된다. 그 시절 카잔은 외톨이였다. 그는 변변한 친구도 없었고 그래서 그저 책읽기에만 몰두했다. 물론 훗날 그의 인생에 전기를 마련할 연극에 대한 관심이 그 시절에 싹트고 있었던 것도 아니다. 다만 학업이 우수한, 그것도 수학과 과학에서 두드러진 실력을 발휘하던 외로운 아이였을 뿐이다.

---

10) 할리우드 내에서의 매카시즘의 광풍을 이해하기 위한 썩 괜찮은 영화로 로버트 드 니로가 주연을 맡았던 『비공개』라는 영화가 있다.

그런 그가 연극이라는 예술 장르에 눈을 뜨게 된 배경은, 윌리엄스 칼리지에 들어간 1926년 이후로부터 시작된다. 접시 닦기나 웨이터 일을 하며 학비를 벌어 대학을 다녔던 그는 여름 방학 동안 뉴욕에 있는 극장에서의 공연으로 시간을 때웠다. 그리고 윌리엄스 칼리지를 졸업한 카잔은 예일대학의 드라마 스쿨에 입학했다. 하지만, 예일대학의 드라마 스쿨에 입학할 당시까지만 해도 카잔의 마음에 연극에 대한 형언할 수 없는 열정이 자리잡고 있었던 것은 아니다. 우선은 공부를 계속하고 싶어서 들어간 곳이 예일대학의 드라마 스쿨이었다고 훗날 카잔은 회고한 적이 있기 때문이다. 그렇다 해도 그의 예일대학 드라마 스쿨 입학은 그의 인생에 몇 가지 획을 긋는 사건을 제공하기는 한 것 같다. 훗날 그가 연극계에서 연출가로 이름을 날리는 데에 대학에서의 전공이 큰 역할을 해 주었고, 그의 나이 스물넷에 함께 웨딩 마치를 울린 신부 몰리 데이 태처는 예일대학에서 함께 공부한 동문이었기 때문이다.[11]

카잔은 예일대학을 졸업하고, 미국의 연극인들에게는 희망의 봉우리로 통하던 뉴욕의 브로드웨이로 직행한다. 예일대학 시절의 그의 스승이 뉴욕의 그룹 시어터에 그를 소개시켜 주었기 때문이다. 하지만, 그는 쉽게 연극세계에 뿌리를 내리지 못했다. 연기자로서의 재능이 영 없어 보였기 때문이다. 그는 곧 상심했다. 그리고 그는 브로드웨이를 떠나려 했다. 하지만 카잔에게 브로드웨이로의 직행표를 선사했던 스승은 그런 카잔의 작심을 만류하면서, 일단 남아서 연기가 아닌 다른 적합한 일을 무대라는 공간 속에서 찾아보라는 충고를 아끼지 않았다. 스승의 충고는 곧 카잔에게는 빛이 되었다.[12]

스승의 애정 어린 격려 탓이었을까. 그의 연기력은 점차 인정을 받기 시작했다. 그리고 언제부터인가 카잔은 점점 연극 연출가로의 꿈을 키워

---

11) 『Current Biography』(1983).
12) 『Current Biography』(1983).

나가기 시작했다. 그러나 그가 연출가로 성장하기까지의 기록이란 그리 순탄한 드라마로 연출되지는 못했다. 하지만 대부분의 해피엔딩의 전제(前提)는 지난했던 고통의 과정을 바탕에 깔기 마련이다. 그래야 해피엔딩이 더욱 극적으로 비칠 수 있기 때문이다. 카잔의 성공기도 예외는 아니었다. 다만 그가 겪은 '고난'의 과정이 그리 길지는 않았다는 것만 빼면 말이다.

1941년에 그가 연출한 『카페 크라운(Cafe Crown)』은 『뉴욕타임스』로부터 호평을 받았다. 그리고 그 이듬해에는 이 작품을 통해 뉴욕 드라마 비평가 협회로부터 최고연출가상을 수상하는 상복(償復)까지 누렸다. 이렇게 해서 '엘리아 카잔'이라는 이름은 재능 있는 연극연출가로서 대중들의 기억 속에 남아 있게 되었다. 그 이후에도 카잔은 『Harriet』(1942년), 『One Touch of Venus』(1943년), 『Jacobowsky and the Colonel』(1944년), 『To Dunnigan's Daughter』(1945년), 『In Deep Are the Roots』(1946년), 『All My Sons』(1947년) 등의 작품들을 통해 착실히 연출가로서의 명성을 쌓아나갔다.[13]

그리고 테네시 윌리엄스라는 걸출한 극작가와의 만남은 브로드웨이에서의 그의 입지를 확고히 하는 데에 결정적인 영향력을 행사했다. 테네시 윌리엄스의 유명한 극작품들인 『욕망이라는 이름의 전차』, 『뜨거운 양철지붕 위의 고양이』 등을 연출하여 흥행에 크게 성공시킨 사람이 바로 엘리아 카잔이었기 때문이다. '외톨이 신세'라는 카잔의 유년 시절은, 어찌 보면 테네시 윌리엄스의 유년 시절과 비슷한 바가 없지 않았다. 곧 엇비슷한 유년 시절의 공유가 그들을 연극이라는 매개체를 통해 결속하게 만들었을지도 모른다는 것이다. 물론 카잔이 유년 시절에 경험했던 외톨이로서의 신세는 테네시 윌리엄스의 그것에 비하자면 '상처'

---

13) 『Current Biography』(1983).

가 덜 배어 있는 듯 보이기는 하지만 말이다.

영화감독으로서의 명성

하지만, 카잔은 연극무대를 통해 발휘된 자신의 예술적 재능를 그저 연극무대에서만 맴돌도록 놓아 두지 않았다. 그는 곧 은막의 세계에도 자신의 예술적 재능을 쏟아붓기 시작했다. 사실 카잔은 연극연출가로서의 명성을 착실히 쌓아가고 있던 시절, 새로운 예술 장르로서 각광을 받고 있던 이 은막의 세계에 지대한 관심을 표명하고 있었다. 그러므로 카잔이 영화라는 장르에까지 손을 뻗친 것은 어찌 보면 이미 예정된 수순이었는지도 모른다.

영화라는 장르에 대한 카잔의 관심은 처음엔 자신의 동료들과 함께 몇몇 전위적인 단편영화를 찍는 것으로 표출되었다. 그리고 그 관심은 1945년 첫 장편영화 『브루클린에서 자라는 나무(A Tree Grows in Brooklyn)』를 연출하는 데에까지 이어졌다. 잠재되어 있던 그의 재능이 일순 폭발한 것일까. 카잔의 연극 연출의 내공은 고스란히 영화 연출의 내공으로 그대로 전이된 듯했고, 엘리아 카잔은 이제 연극계뿐만 아니라 영화계에서도 걸출한 인물이 되었다. 적어도 이 시기만큼, 엘리아 카잔에게 이른바 '화려한 날들'이라 명명될 시기는 그 이전에도 그 이후에도 없었을 것이다. 물론 이 화려한 날들은 카잔이 매카시즘의 광풍에 휩싸이게 되면서, 곧 '화려했었던 날들'이라는 과거완료시제로만 남게 되겠지만 말이다.

이 화려했던 시기에 카잔이 발표한 영화 작품들은 역시 모두 그의 '화려했던 영화들'로 기록되고 있다. 사회성을 담뿍 담은 범죄드라마 『부메랑(Boomerang)』을 1947년에 연출한 카잔은 이 영화로 비평가들로부터 찬사를 받았다. 그러나 평론가들로부터 『부메랑』보다도 더 찬사를 받은 영화가 같은 해에 카잔에 의해 만들어졌다. 영화제목은 『신사협정(Gentleman's Agreement)』. 이 영화는 그 해 열린 아카데미영화제에서 4개 부문을 수상하며 명실공히 카잔의 주요 작품 리스트에 오늘날까지도 올라 있는 필름이 되었다. 특히 이 작품 『신사협정』에서는 '반(反)유대주의'라는 민감한 소재를 다룸으로써 '사회파 감독'으로서의 자신의 명성을 대중들에게 확고히 알리는 계기가 되어주었다.[14]

『신사협정』이후, 카잔은 인종문제라는 '뜨거운 감자'를 스크린의 세계로 끌어들여 다시 한 번 '사회파' 감독으로서의 명성을 다졌는데, 1949년 작 『핑키(Pinky)』가 바로 그것이다. 그리고 『부메랑』과 비슷한 '사회성 짙은 범죄드라마'로 분류되는 1950년의 『거리의 혼란(Panic in the Streets)』으로 카잔은 또 한 번 비평가들로부터 높은 점수를 받았다. 그리고 그 이후에 만들어진 작품이 바로 그 유명한 『욕망이라는 이름의 전차(A Streetcar Named Desire)』였다. 물론 '그 유명한'이라는 수사(修辭)는 엘리아 카잔의 지휘하에 은막으로 옮겨진 영화보다는 역시 엘리아 카잔에 의해 연출된 연극에 더 적합한 것이겠지만, 말론 브랜도와 비비안 리가 주연을 맡았던 이 영화가 엘리아 카잔의 주요 영화 목록에서 빠지는 것은 결코 아니다.[15]

'연극보다는 못하다'라는 평가에도 불구하고, 이 영화는 1951년에 열린 아카데미영화제에서 꽤나 후한 점수를 받았다. 미술감독상을 비롯한, 여우주연상(비비안 리), 남우조연상(칼 말덴)과 여우조연상(킴 헌터)이 이 영화 앞으로 전달되었으니 말이다.[16]

---

14) 씨네21 엮음, 『씨네21 영화감독사전』(한겨레신문사, 1999), 360쪽.
15) 씨네21 엮음, 위의 책, 360쪽.
16) 『욕망이라는 이름의 전차』가 영화화된 것은 1951년의 일이었다. 그러니까 그 이듬해에 있을 매카시즘이라는 정치사회적 광풍이 휘몰아치기 바로 전해에, 카잔은 이 영화를 찍은 것이다. 테네시 윌리엄스의 희곡 『욕망이라는 이름의 전차』를 별다른 각색 없이 그대로 흑백 필름에 옮긴 동명의 이 작품은, 유명했던 만큼 영화로 탄생되기까지 우여곡절도 참 많았다. 연극 『욕망이라는 이름의 전차』는 초연된 1947년 이후 이 년 동안 성

그러나 이렇듯 화려하기만 했던 날들은 곧 사그라진다. 찬사와 열광이라는 화려함 뒷편으로 곧 1952년이라는 어두운 해가 다가오고 있었던 것이다.

전락(轉落) 혹은 소신, 그리고 기억과 상처

글쎄. 이것을 전락(轉落)이라고 할 수 있을까? 사회파 감독으로서 자신의 진보적 성향을 스크린을 통해 맘껏 발산하던 카잔이 1952년을 기점으로 '시네아스트'에서 '밀고자' 신세로 낙인 찍히는 과정을. 아마도 이것은 보는 이의 관점에 따라 현격한 차이를 보여줄 것이다. 하지만 한 가지 분명하게 단언할 수 있는 것은 있다. 무엇이냐 하면, 엘리아 카잔 자신은 1952년의 그날들 이후의 자신의 삶을 결코 전락의 과정으로 보고 있지 않다는 것이다.

"나는 전에 공산당원이었다. 그러나 거기서 일어나는 일들이 마음에 들지 않았다. 몇몇 부분에는 동의했지만 방법이 내게 맞지 않았다."[17]

비교적 최근의 어느 인터뷰에 카잔이 행한 앞의 말처럼, 아주 오랜 시간이 흘렀어도 카잔은 그 따가웠던 정치적 소용돌이 속에서 자신에 행했던 '그날들'의 행동에 대한 어떠한 후회감도 피력한 적이 없다. 다른 이들이 뭐라 평가하건, 카잔 자신에게 그 시절의 자신의 행동은 매우 떳떳한 것이었기 때문이다. 그리고 그 '떳떳함'의 이면에는 카잔이 청년 시절에 공산당원으로 활동하던 어느 날의 깊은 상처가 개입되어 있다. 그

황리에 공연되었으나, 카잔에게 이 작품을 영화로 옮길 생각은 애초부터 없었기 때문이다. 그러나 원작자인 테네시 윌리엄스는 카잔으로 하여금 영화화할 것을 끊임없이 설득했고, 이 설득에 넘어간 카잔이 메가폰을 잡아 원작과 거의 똑같은 영화를 찍어내게 되었던 것이다. 덕분에 이 영화는 카잔의 주요 영화작품 목록에 등극하는 영광과 더불어, 연극의 '붕어빵 영화버전' 정도로 치부되는 수모를 동시에 받은 특이한 작품이 되었다.
17) 안정숙, 〈영화는 좋은 사회를 만드는 언어〉, 『한겨레신문』, 1996년 3월 2일, 10면.

리고 그 상처는 자신의 행위에 대한 정당성을 부여해 주었던 것이다. 그렇다면 그 상처는 어떤 것이었을까. 그 상처는 카잔이 변절자로 낙인 찍히기 시작한 1952년으로부터 17년 전인 1935년의 어느 날로 거슬러 올라간다.

스물여섯의 피끓는 공산당원이었던 카잔은, 어느 날 자신은 잘 알지도 못했던 디트로이트의 어느 자동차 노조위원장으로 인해 '위험스러운 자유주의자'라는 낙인을 부여받게 되었다. 그것은 카잔 자신에게는 무척 황당한 일이었다. 그는 스스로를 공산주의자로 생각했지, 결코 위험스러운 자유주의자로 생각한 적은 없었기 때문이다. 그러나 그렇게 근거 없이 다가온 '위험한 자유주의자'라는 기호(記號)는 카잔에게 곧 날카로운 비수가 되어버렸다. 게다가 카잔 자신을 잘 알고 있는 이들조차 그들을 변호할 생각을 하지 않았다. 이로 인해 카잔은 큰 상처를 받았다. 믿지 않았던 사람들로부터 받은 상처보다는 믿었던 사람들로부터 받는 상처가 몇 배 더 큰 법이다. 카잔의 상처는 곧 신념에 대한 회의로 바뀌었고, 이러한 회의는 훗날 자신이 매카시즘 광풍의 소용돌이 속에서 '떳떳하게' 고발자가 될 수 있었던 하나의 경험적 배경이 되어주었다.[18]

이제 다시 시계 방향을 앞으로 빠르게 돌려, 1952년이라는 시간으로 돌아가보자.

그날 이후, 엘리아 카잔은 스스로를 떳떳한 고발자로 생각했겠지만, 많은 이들은 한때 사회파 감독으로 알려졌던 엘리아 카잔의 이름 위에 '밀고자'라는 딱지를 붙였다. 그리고 그 딱지는 아주 오랫동안 엘리아 카잔이 지닐 수 있었던 시네아스트로서의 명성에 짙은 그늘을 드리웠다. 카잔에게 이것은 무척 억울하게 느껴졌던 것일까. 그는 자신의 정치적 입장을 변명하듯, 이 해인 1952년에 『혁명아 사파타(Viva Zapata!)』,

---

18) 〈현대영화 조류에 불만 신작 '에게해를 넘어' 계획〉, 『한국일보』, 1989년 10월 26일, 10면.

1953년에는 『팽팽한 줄에 매달린 사나이(Man on a Tightrope)』라는 일련의 정치적 색채가 짙은 영화들을 연출해낸다. 『혁명아 사파타』에서 카잔은 혁명이란 결코 전체주의적 방식을 통해서는 이루어질 수 없다는 것을 피력하고 있으며, 『팽팽한 줄에 매달린 사나이』는 전체주의적 속성을 여지없이 드러내던 소련의 스탈린 체제로부터 탈출하는 체코의 서커스단을 그 배경으로 삼고 있다. 아마도 카잔은 자신이 공산당원으로 활동하던 시기에 받았던 상처를 통해 공산주의를 일종의 '전체주의'의 변종으로 받아들인 것으로 보인다.[19]

그리고 이러한 카잔의 정치적 신념의 영화로의 투사(投射)는 1954년의 『워터프런트(On the Waterfront)』를 통해 더욱 정치(精緻)하게 드러난다.

『워터프론트』, 스스로를 위한 변명?

카잔의 『워터프런트』는 이런저런 의미에서, 곧 영화사에 그리고 카잔 개인의 역사에 꽤나 의미 있는 영화로 기록될 만한 작품이었다. 그런데 이 영화 『워터프런트』에는 카잔이 매카시즘의 광풍이 몰아치던 시절에 행한 자신의 행동을 변호하기 위하여 만든 영화라는 딱지가 늘 붙었다. 과연 그럴까. 이 영화의 내용을 잠시 살펴보자.

어느 부두의 노동조합은 조직폭력배를 거느린 채 노동자를 착취하고 있다. 어느 날, 이 노조가 거느린 조직폭력배가 저지른 살인을 주인공인 테리(말론 브랜도)는 목격하게 된다. 이 사실을 경찰에 알려야 할 것인가 말아야 할 것인가에 대한 고민으로 테리는 갈등하고, 살인을 저지른 조직폭력배는 테리가 경찰에 알리는 것을 막기 위해 계속 테리에게 살해위

---

19) 씨네21 엮음, 『씨네21 영화감독사전』(한겨레신문사, 1999), 360쪽 참조.

협을 가한다. 그리고 이 영화의 종장은 테리의 살인 사건에 대한 '용기 있는 폭로'로 마무리된다.

『워터프런트』는 1948년에 실제 있었던 뉴욕 부두의 한 노동자 피살 사건을 배경으로 만든 작품이었다. 이 사건을 폭로한 뉴욕 『선』지의 기자 말콤 존슨의 기사문을 보고 아이디어를 얻어 만든 영화였던 것이다. 말콤 존슨의 기사를 접한 카잔은 곧장 작가 버드 슐버그에게 이 사건을 바탕으로 하여 각본을 써달라고 부탁했고, 이에 슐버그는 일 년여에 걸쳐 이 작품의 시나리오 작업에 매달렸다. 그러나 이렇게 완성된 시나리오는 어느 영화사에서도 반길 기미가 없었다. 노조 혹은 노동자 문제와 같은 민감한 문제를 건드려 봤자, 건질 것은 별로 없고 오히려 화를 입을 가능성이 크다는 게 영화사 쪽의 현실론적 결론이었다. 그러다가 인디펜던트계의 거물급 제작자 샘 스피겔과의 조우를 통해 이 영화는 세상의 빛을 볼 수 있었고, 밀고자라는 낙인으로 인해 자신의 영화 인생에 위기가 찾아왔던 엘리아 카잔은, 적어도 이 영화를 통해 영화연출가로서는 기사회생의 기회를 맞이하게 되었다.[20]

이렇듯 우여곡절의 과정을 통해 탄생한 이 영화 『워터프런트』가 카잔의 자기 변호용으로 만들어졌으리라는 추측은 전혀 억측은 아닌 듯하다. 적어도 이 영화의 주인공 테리가 노조를 고발하는 마지막 장면이, 분명 '밀고'가 아닌 '떳떳한 고발'로 묘사되고 있는 것을 보면 말이다. 아마도 『워터프런트』라는 하나의 알레고리를 통해 그리고 테리라는 주인공을 통해, 카잔은 자신의 밀고가 정치적 신념에 기초한 당당한 고발행위였음을 강변하고 싶어했을 것이다.

---

20) 박홍진, 『시네마, 시네마의 세계』(동지, 1993), 297쪽.

"영화는 좋은사회를 만드는 언어"

냉전시대 비판적 작품활동…"미국영화 돈벌이 급급" 질타

베를린 / 안정숙 기자

"여러번 듣던 질문이다." 노감독은 경쾌한 어조를 바꾸지 않았다. 그건 1952년 1월14일 매카시 선풍에 휩싸인 미국의회의 반미활동청문회에서 증언에 나선 이후 되풀이 되어온, '왜 그랬느냐'는 질문이었다. 평생의 영화활동에 대한 공로로 황금곰상을 수상한 지난 베를린영화제에서 엘리아 카잔은 그때의 행위가 "실수였다고는 생각하지 않는다"고 말했다.

"나는 전에 공산당원이었다. 그러나 거기서 일어나는 일들이 마음에 들지 않았다. 몇몇 부분에는 동의했지만 방법이 내게 맞지 않았다." 증언 대신 침묵을 택한 많은 영화인들은 할리우드를, 또는 미국을 떠났다. 적잖은 이들은 그 시기를 미국영화의 암흑기로 기억한다. 그러나 카잔은 남았다. 역설적인 건 할리우드가 사회비판적 발언을 중단한 그 냉전의 시기에 그는 〈비바 사파타!〉〈워터프런트〉〈아메리카 아메리카〉 등 이민, 노동조합 등 기피되던 주제를 계속 영화로 잡아냈다는 점이다. 한국관객에겐 〈에덴의 동쪽〉이나 〈초원의 빛〉으로 더 친숙하다.

=나는 미국을 좋은 사회로 만들기 위해 공산당에 입당했고, 떠날 때도 그랬다. 영화도 마찬가지다. 주제나 소재는 주의깊게 읽는 신문 기사에서 많이 얻었다.

－가장 좋아하는 당신 작품은?

=〈와일드 리버〉. 다시 만들어보고 싶은 영화는 〈아메리카 아메리카〉다.

그러나 영화를 만들려면 야생동물과 같은 에너지가 필요한데 나도 이제 86살이다. 충분히 늙었다. 그럴 힘이 없다.

－멕시코 혁명을 그린 〈비바 사파타!〉의 감독으로서 요즘 멕시코 사태(농민전쟁)를 어떻게 보는가.

=요즘 상황은 모른다. 터키의 이스탄불에서 그리스인으로 태어났지만 두 나라의 복잡한 국내문제도 내가 언급할 성질은 아니다. 자신의 문제는 자신들이 해결할 뿐이다.

－당신은 제임스 딘(〈에덴의 동쪽〉)을 가장 잘 쓴 감독이다. 배우들을 어떻게 연기시켰나.

=제임스 딘에게는 연기공부를 시켰다. 그리고 내게는 사람에 대한, 캐릭터나 품성에 대한 통찰력이나 추상적 인물을 구체화할 수 있는 힘이 있는 것 같다.

－작가들과 관계는?

=나는 늘 존 스타인벡이나 테네시 윌리엄스 같은 친구들의 능력을 부러워했다. 그러나 대본은 대부분 내가 다시 손질했다. 〈베이비 돌〉도 내가 반은 각색했다.

－영향을 준 감독을 꼽는다면?

=러시아 감독들과 장 비고, 특히 도브첸코를 매우 좋아했다.

－요즘 미국영화는 어떻게 평가하나.

=영화는 기본적으로 매우 중요한 언어인데 요즘 감독들은 돈 버는 일에만 너무 급급한 것 같다. 최근 영화들은 거의 안봤다.

－당신은 그렇다면 영화가 좋은 사회를 만들 수 있다고 여전히 믿는가.

=물론이다. 좋은 예술은 사람들을 좋은 방향으로 변화시키고, 좋은 사회를 만드는 힘이 된다. 그 예술 가운데서도 거듭 말하지만 영화는 현대에 들어 가장 중요한 언어가 되었다. 좋은 영화는 그럴 수 있고, 그래야 한다.

사진 / 정진환 씨네21 기자

(『한겨레신문』, 1996년 3월 2일)

'밀고자' 란 낙인에도 불구하고 사회성 짙은 영화를 만들었던 카잔은 『액터스 스튜디오』을 통해 당대 최고의 스타들을 배출했다. 적어도 당시 그는 '스타메이커' 였던 셈이다

계속되는 명성

밀고자라는 오명이 엘리아 카잔이라는 이름의 존재를 옭아매기 시작한 이후에도, 영화연출가로서의 카잔의 명성은 쉽게 빛이 바래지 않았다. 이미 앞에서 언급한 것처럼, 그의 주요 작품 중에서도 단연 최고로 꼽히는 『워터프런트』는 차치하고라도 그 이후의 작품들인 1955년 『에덴의 동쪽』, 1956년 『베이비 돌』, 1957년 『군중 속의 얼굴』, 그리고 1961년 『초원의 빛』과 같은, 우리의 뇌리 속에서도 쉽게 꺼낼 수 있는 명화들을

카잔은 정력적으로 탄생시켰기 때문이다. 특히 카잔은 이 일련의 영화들을 통하여 할리우드 역사 위에 새겨진 스타들을 탄생시키기도 했다.

가령 『에덴의 동쪽』의 제임스 딘, 『베이비 돌』의 캐롤 베이커, 『군중 속의 얼굴』의 앤디 그리피스, 그리고 『초원의 빛』의 워런 비티와 나탈리 우드가 그 대표적인 배우들이다. 이 걸출한 스타들은 리 스트라스버그에 의해 창안된, 소위 '메소드 연기법'이라 명명되는 연기법을 가르친 『액터스 스튜디오』에서 키워진 배우들이었다. 그리고 이 『액터스 스튜디오』에서 배출한 스타들은 엘리아 카잔이 연출한 영화들을 통해 당대 최고의 스타가 될 수 있었다. 적어도 그 시대 1950년대에 엘리아 카잔은 '스타 메이커'였던 셈이다.[21]

'밀고자'란 낙인에도 불구하고 1950년대 내내 우직하게 자신의 사회성 짙은 영화를 양산해냈던 카잔은, 1960년대에 들어서면서 영화계에서의 입지를 점차 잃어가게 되었다. 이와 함께 카잔 스스로도 사회파 감독이라는 명칭을 거부하려는 듯, 『야성의 강(Wild River)』을 끝으로 사회적인 메시지를 자신의 영화에 담기보다는 개인의 문제에 더욱 초점을 맞추는 영화들을 만들어냈다.

이 시기 1960년대에 만들어진 영화들로는 1963년 『아메리카 아메리카(America America)』가 있고, 1969년 『어레인지먼트(Arrangement)』가 있다. 그리고 3년 후인 1972년에는 자신의 혈통지인 그리스로 가서 16mm영화 『방문자(The Visitors)』를 찍었다. 그러나 이 일련의 작품들은 카잔의 이름에 더 이상 '탁월한'이라는 수사를 부여할 수 없는 범작들로서 영화사에 남게 되었다. 그렇게 카잔의 시대는 퇴색해 있었고, 이러한 상황을 간파한 듯 카잔 스스로도 1976년 『마지막 타이쿤(The Last Tycoon)』을 끝으로 영화 감독으로서의 자신의 활동을 접게 되었다. 그렇

---

21) 말론 브랜도 또한 이곳 『액터스 스튜디오』가 배출한 스타 중 한 사람이다.

게 엘리아 카잔이라는 이름은 대중들의 기억으로부터 망각의 강 저편으로 건너가 버렸다.

그렇게 오랜 침묵의 시간이 흐른 뒤, 카잔은 자신의 인생을 한 권의 책으로 담아낸 『어떤 인생』이라는 회고록을 세상에 내놓기도 했다. 그의 나이가 거의 여든에 이른 1988년의 일이었다. '어떤 인생'이라는 회고록의 제목이 암시하듯, 카잔은 자신의 굴곡 짙던 삶에 많은 회한을 실어 자신이 감내해야 했던 '잔인했던 시절'을 회고하고 싶었을 것이다. 그러나 아흔 살이라는 인생의 황혼기에까지 다다랐어도, 카잔의 짙은 주름에 패였을 삶의 그늘은 쉽사리 걷히지 않았다.

기억과 망각, 그리고 엘리아 카잔이라는 이름의 초상

망각은 가끔 우리의 삶에 유용하다. 망각이 있기 때문에 우리의 상처는 마모된다. 그래서 우리는 제 아무리 큰 상처로 시련을 당했다 해도 저 거대한 시간의 흐름에 우리의 상처를 온전히 내맡기고는 한다. 그러면 우리의 상처는 시간의 풍파에 마모되어, 어느 순간 망각의 심연 속으로 침잠하는 것이다. 그래서 우리는 상처받지만, 또한 생을 포기하지 않고 끊임없이 살아내는 것이다. 그리고 가끔 망각은 용서의 이름으로 다가오기도 한다. 그래서 상처를 준 사람은 상처받은 사람으로부터 용서를 구할 수 있게 된다. 이렇듯 시간의 흐름은, 그리고 그 시간의 흐름으로부터 파생되는 망각은 상처받은 자의 분노를 평안한 자장가로 잠재워주고는 하는 것이다.

그러나, 오랜 세월이 지나도 용서받지 못하는 사람이 있다. 그것은 망각이라는 저 강력한 처방제로도 쉽사리 마모되지 않는 깊은 상흔을 안고 살아가는 사람들의 기억 속에 저장된 분노가, 여전히 살아 꿈틀거리고 있기 때문이다. 바로 엘리아 카잔이라는 존재는 망각의 혜택을 누리지 못하고 있다. 적어도 그로부터 직접 상처를 받았다고 생각하는 사람들이나 또한 상처받은 사람들의 분노에 동감하는 사람들 사이에서는 말이다. 그는 여전히 용서받지 못한 자로 남아 있는 것이다.

그렇다면, 엘리아 카잔은 언제쯤 자신을 꼬리표처럼 끈질기게 따라다니는 '밀고자'라는 낙인으로부터 자유로워질 수 있을까. 그것은 어쩌면 생각보다 쉽게 그리고 빨리 찾아올지도 모른다. 아니면, '영원'이라는 모진 말로써 분노와 상처는 기약 없는 아주 오랜 세월 동안 엘리아 카잔이라는 이름을 따라다닐지도 모른다.   과연 카잔은 앞의 경우와 대면할까 아니면 뒤의 경우와 대면할까. 아직은 알 수 없다. 다만, 현재 우리가 엘리아 카잔에 대해 말할 수 있는 것은 오직 하나다. 그는 여전히 '용서받지 못한 자'로 살아가고 있다는 사실 말이다.

혁명을 통해 정권을 장악한 사회주의 정부가 평화적 자유 선거를 통해

정권을 내놓는 믿지 못할, 경악할 만한 광경이 연출되었다. 선거 패배

를 인정하기 위해 기자회견장에 들어서는 오르테가에게서 부푼 희망을

품고 혁명을 주도하던 날쌔고 힘찬 모습은 찾아볼 수 없었다.

다니엘 오르테가

골리앗 미국에 맞선 다윗

다니엘 오르테가*(Daniel Ortega)*
골리앗 미국에 맞선 다윗

김 환 표

혁명가와 환희의 찬가

다니엘 오르테가는 미소 냉전의 대리전을 상징하는 인물로 로널드 레이건 행정부 시절 미국의 공적(公敵) 제1호로 낙인 찍힌 인물이다. 혁명을 통해 정권을 손에 쥐었던 그는, 그러나 놀랍게도 공산주의 정권으로는 유례가 없는 합법적인 자유 선거를 통해 실각한 주인공이기도 하다.

오르테가가 실각한 지 10년이 넘은 현재, 라틴아메리카라는 울타리 안에 서식하는 대개의 나라들이 그러하듯 니카라과에도 적지 않은 변화가 일어났다. 제국주의와의 끝나지 않을 것 같던 전쟁의 상흔은 혁명 과정에서 뼈를 묻었던 투사들과 함께 잊혀졌고, 군부독재의 포달진 잔인성에 대한 기억도 가물가물해질 만큼 지난 일이 되었다. 대신 그 자리엔 이제 인종과 국민국가의 장벽을 허물어버리고 출렁거리는 세계화의 거친

풍랑이 들어섰다.

세월의 풍화 작용 때문일까? 지금 그에게서 혁명을 위해 불태웠던 10년 전 날렵하고 힘찬 전사의 모습을 발견하기란 어렵다. 여전히 자신이 사회주의자라는 것을 잊지 않고 강조하긴 하지만 현재의 오르테가는 과거에 비해 훨씬 유연해지고 신축적으로 변했다. 한때 그를 무겁게 짓누르고 있던 혁명이라는 외투를 벗어던져 버린 지도 벌써 오래 전의 일이다. 혁명관의 변화를 비롯한 이런 질적 변화는 물론 오르테가가 로널드 레이건 행정부의 장난으로 빼앗긴 권좌를 되찾아오기 위해 내놓은 카드였다.

권토중래(捲土重來)를 꿈꾸며 출사표를 던진 1996년 대통령 선거에서 처음 선보인 오르테가의 이런 승부수는, 그러나 그 해 실시된 대통령 선거에서 별다른 효력을 발휘하지 못했다. 시장경제 체제의 유지를 국민들에게 약속했고 산디니스타 혁명가들이 부르던 당가(黨歌) '인류의 적, 양키와 싸운다'를 베토벤의 '환희의 찬가'로 바꾸는 등 좌익 혁명가의 이미지를 포기한 채 대도박을 감행했지만 국민들은 그를 버렸다.[1]

그리고 10년 가까이 지속해 온 이런 노력에도 불구하고 오르테가는 최근 실시된 니카라과 대통령 선거에서 또다시 미끄러졌다. 1990년과 1996년에 이어 와신상담의 의지로 세 번째로 도전했지만 또다시 미역국을 먹은 것이다. 사실, 선거 레이스가 종반을 향해 치달을 즈음만 하더라도 이번에는 결승선 테이프를 끊을 가능성이 비교적 높아 보인 것이 사실이었다. 하루 생계비가 1달러가 채 되지 않는, 절반이 넘는 니카라과 국민들의 지빈(至貧)한 삶이 오르테가의 이름을 되지피는 불쏘시개로 사용되었기 때문이다.[2] 그러나 예상 외로 선거는 싱겁게 끝나고 말았다.

---

1) 조희제, 〈전 니카라과 대통령 오르테가: 대선 겨냥 게릴라 이미지 탈색 '부드러운 남자' 화려한 변신〉, 『한국일보』, 1996년 10월 9일, 7면.
2) Alan Zarembo, 〈다시 돌아온 사회주의 혁명가 오르테가〉, 『뉴스위크 한국판』, 2001년 8월 8일, 39면.

(『뉴스위크 한국판』, 2001년 8월 8일)

로널드 레이건 행정부 시절 미국의 공적(公敵) 제1호로 낙인 찍혔던 다니엘 오르테가.

선거에 임했던 의지가 남달랐고 대통령이 될 가능성이 높았던 만큼 그가 받았을 충격의 강도 또한 컸으리라 짐작할 따름이다.

그런데 니카라과 국민들은 왜 또다시 그를 버린 것일까. 지레 짐작이긴 하지만, 아마도 오르테가에게서 니카라과 국민들의 오랜 숙원인 풍족한 '일자리'와 '빵'을 기대할 수 없다고 판단한 것이 주된 이유가 아니었나 싶다. 빈곤과 기아가 오르테가의 정치적 생명을 연장시켜 주는 영양분으로 사용되고 있는 것이 분명하지만, 아이러니하게도 바로 그 니카라과 국민들의 극빈한 삶이 그의 발목을 잡고 있는 것이다. 이런 그로테스크한 풍경의 배경에 어른거리고 있는 것이 바로 '제국주의' 미국의 비밀 공작 '이란-콘트라게이트'의 망령(亡靈)이다.

혁명 정신으로 무장한 오르테가

오르테가는 물론이거니와 산디니스타 혁명군과 관련해 빼놓을 수 없는 사람이 있다. 니카라과 혁명의 주춧돌을 놓은 아우구스토 산디노. 그는 산디니스타 혁명군에겐 전설과도 같은 영웅이다. 소모사(Somaza) 독재에 맞서 게릴라 투쟁을 지도했던 산디노는 훗날, 소모사 정권에 의해 암살당하는 비운의 운명을 맞이했지만, 소모사 독재의 광기가 더해 갈수록 산디노 추종자들은 늘어만 갔다. 오르테가의 아버지도 그들 중 한 명이었다. 그는 수인(囚人)의 옷을 입는 것을 두려워하지 않을 만큼 혁명의 열기에 충만해 있었다.

1945년 출생한 오르테가를 비롯한 삼형제는 그런 아버지로부터 사상적 세례를 받으며 정신의 키를 키워나갔다. 후일 산디니스타 혁명정부에서 국방장관을 역임하며 오르테가를 보필했던 동생 움베르토 오르테가는 혁명 과정 중 한쪽 팔을 잃어버렸고, 막내동생 까밀로는 1978년 전투 수행 중 사망할 만큼 이들 삼형제는 모두 견결한 혁명 투사였다. 오르테가는 이미 철들기 전인 15세의 어린 나이에 니카라과 주재 미 대사관에 돌을 던져 옥살이를 경험하기도 했다.

산디노의 죽음으로 구심점을 잃어버린 채 각개약진하던 반소모사 투쟁집단이 1961년 니카라과 혁명의 총본산이라 할 수 있는 산디니스타 민족해방전선(FSLN)을 창설하자 오르테가가 이들에 합류했음은 물론이다. 그리고 22세의 나이에 오르테가는 도시 지역의 투쟁을 담당하는 책임자로 성장하며 혁명가로 단련되어 갔다.

그러나 이 해에 오르테가는 산디니스타의 자금을 확보하기 위해 은행을 습격하다 검거되어 또다시 감옥에 수감되는 불운을 겪어야 했다. 고문에 시달리던 그가 지하 감방을 벗어나 다시 햇빛을 보게 된 것은 그로부터 7년의 세월이 경과한 후였다. 산발적이고 간헐적인 투쟁을 진행했던 산디니스타 민족해방전선이 소모사파의 고위 각료가 주최하는 축하연에 침투하여 인질을 잡고 소모사 정부와 협상을 벌여 붙잡힌 동료들과 교환했는데, 오르테가는 이 과정에서 동생 움베르토 오르테가와 함께 석방되었던 것이다.

이 사건은 산디니스타 혁명군의 실체를 드러낸 반면 산디니스타 민족해방군의 활동을 위축시키는 결과를 초래했다. 소모사의 반격으로 수많은 사람들이 희생됐고 산디니스타 혁명군은 무력화되어 갔다. 이런 상황에서 오르테가는 쿠바행 배에 몸을 실었다. 당시 혁명의 열기로 후끈 달아오르고 있던 쿠바가 혁명에 대한 오르테가의 신념과 의지를 달구는 용광로로 쓰였음은 물론이다.

끝나지 않을 것 같던 소모사 일가의 독재는 1979년 막을 내렸다. 1978년 니카라과 최대의 일간지 『라 프렌사』의 편집장으로 훗날 니카라과 대통령이 된 비올레타 차모로(Violeta Barrios de Chamorro)의 남편, 페드로 차모로의 암살은 혁명의 도화선에 불을 당겼다. 이 사건을 기화로 반소모사 투쟁이 무르익었고, 산디니스타 혁명군은 부르주아 집단을 대변하던 야당 세력과 손을 잡고 광범위한 반소모사 전선을 형성한 것이다. 1979년 6월 임시혁명정부가 수립되었고, 그 다음달인 7월 19일 소모사 일가의 독재를 애도하는 조종(弔鐘)이 니카라과 전역에 울려 퍼졌다.

혁명 성공 직후 산디니스타는 혁명정부 최고기관인 국가재건위원회의 주도권을 장악하며 좌익 색깔을 또렷하게 드러냈다. 풍족한 '일자리'와 '빵'에 대한 기대로 니카라과는 후끈 달아오르고 있었다. 그러나 그런 기쁨은 이후 시작될 산디니스타 혁명정부와 니카라과 국민이 겪어야 할 시련에 비하면 너무나도 짧았던 찰나의 순간에 지나지 않았다. 반소모사 전선에서 일익을 담당했던 비올레타 차모로가 혁명정부의 좌경 색깔에 깜짝 놀라 1980년 4월 19일 '5인 국가재건평의회'의 위원직을 사퇴한 것은 이후 전개될 산디니스타 혁명정부의 시련을 알리는 이정표였다. 비올레타 차모로의 사임 이후 니카라과에 대한 미국의 압력이 가중되기 시작했음은 물론이다.

레이건의 등장

애초 카터 행정부는 혁명을 미연에 방지하기 위해 니카라과에 '소모사 없는 소모사주의'를 계획하고 이를 실행하기 위한 프로젝트에 착수한 상태였다. 니카라과 국민들은 물론이고 부르주아들로부터도 따돌림을 당하고 있던 소모사를 망명시키고 이를 대신할 새로운 부르주아 정부를 수립한다는 계획이 그것이었다. 그러나 미국의 새로운 지배 전략은 황당하게도 자신이 키우고 보살폈던 소모사의 강력한 반발을 사면서 실패하고 말았다. 혁명 성공 후 친미적 인물이었던 비올레타 차모로의 국가재건평의회 합류는 미국에겐 그나마 '불행 중 다행'이었지만, 차모로의 사퇴는 이제 미국의 직접 개입을 부르는 신호와 다름없었다.

1981년 미국에서 출범한 레이건 행정부의 등장은 향후 니카라과의 운명을 가르는 분수령이었다. 두루 알려져 있는 바와 같이, 레이건은 썩은 사과 한 알이 한 궤짝 속의 사과 전체를 썩게 만든다는, '도미노 이론'으로 잘 알려진 '썩은 사과 이론'의 신봉자였다. 쿠바의 혁명 성공에 잔뜩 겁을 집어먹고 있던 레이건이 니카라과가 제2의 쿠바가 되어 미국 본토를 침략할지도 모른다는 두려움에 몸을 떤 것은 물론이다. 그러하기에 레이건은 대통령 취임 직후 곧 라틴아메리카에 대한 소련의 영향력을 전면 봉쇄하는 강력한 드라이브 정책을 실시하면서 라틴아메리카 내부에 자생하는 악성 바이러스를 박멸하기 위한 비밀 프로젝트에 착수했다. 악성 바이러스란 바로 미국이 쳐놓은 그물망을 벗어난 니카라과였다.

일찍이 조지 캐넌은 미국에 대한 가장 큰 위협은 "민중의 낮은 생활수준을 즉각 개선하고 국내적 발전"을 촉구하는 "급진적이고 민족적인 체제의 수립"이며, 이런 체제는 "개인적 투자를 촉진하는 정치, 경제 환경에 대한 요구, 이윤의 적절한 회수, 우리의 자원 보호"등과 갈등을 빚게 마련이라고 갈파했는데,[3] 이 발언은 산디니스타 혁명정부가 스케치하고 있던 니카라과의 미래상과 똑 맞아 떨어지는 것이었다. 이런 케넌 선언이 레이건 정부가 보인 히스테리컬한 반응의 뿌리를 이루고 있음은 물론이다. 아래의 글은 미국 정부의 편집광적인 반응을 잘 보여준다.

국제개발단체인 옥스팸(Oxfam)은 76개 발전도상국에서 일한 경험을 빌려 다음과 같이 그 실질적 이유를 설명했다. "니카라과는……국민들의 생활조건을 개선하고 국가 발전 과정에 국민의 직접적 참여를 권장한다는……공약을 지키는 예외적인 정부이다."……다른 기관들도 이와 비슷한 이야기를 했다. 1980년대 초기에 세계은행은 자신들의 사업이 "몇몇 부문에서 다른 어느 나라와도 비할 수 없을 정도의 눈부신 성공을 니카라과에서 거두었다"고 말했다. 1983년에 인터-아메리칸개발은행(Inter-American Development Bank)도 "니카라과는 사회 부문에서 주목할 만한 발전을 보여 장기적인 사회·경제 발전의 기반을 다지고 있다"고 했다. 산디니스타 개혁의 성공은 미국의 정책 담당자들을 공포에 몰아 넣었다. 그들은 코스타리카 민주주의의 아버지 호세 피구에레스(Jose Figueres)가 말한 대로 "니카라과는 역사상 최초로 국민을 위해 일하는 정부를 갖게 되었다"는 사실을 인식하게 되었다.……산디니스타가 자원을 빈민들에게 나누어 주려고 함에 따라(그리고 나아가 성공까지 거두게 됨에 따라) 일어난 미국의 증오는 참으로 가관이었다. 미국의 모든 정책 입안자들은 하나도 빠

---

3) 노암 촘스키, 오애리 역, 『507년, 정복은 계속된다』(이후, 2000), 66쪽.

짐없이 이 증오를 함께 나누었으며 그 증오는 마침내 사실상 분노에까지 이르렀다. 일찍이 1981년 미 국무부의 한 내부 인사는 미국은 "니카라과를 중앙아메리카의 알바니아로 만들어" 즉, 가난하고 고립된 채로 정치적으로 과격해지도록 만들어 라틴아메리카에 새롭고 더욱 모범적인 정치적 모델을 창조하려는 산디니스타의 꿈을 산산이 깨뜨려 버리겠다고 장담했다. 조지 슐츠(George Shultz)는 산디니스타가 "바로 여기 우리의 대륙에 자라고 있는 암"이라 불렀으며 반드시 제거되어야 한다고 주장했다. 정치적으로는 그의 반대편이던 상원의 온건파 지도자 알란 크랜스톤(Alan Cranston)도 만약 우리가 정 산디니스타를 제거할 수 없다면 그때는 그들을 "자신들 내부에서 곪도록" 만들면 된다고 했다.[4]

이제, 악성 바이러스를 박멸하기 위해 시도한 레이건 행정부의 집요하고도 광범위한 프로젝트를 한 꺼풀씩 벗겨보자.

바이러스 박멸 작전

백악관에 입성한 후 즉시 레이건은 산디니스타 혁명정부 목조르기에 들어갔다. 우선 '인도적인 차원'의 지원이라는 미명 아래 콘트라(Contra)에 대한 막대한 경제적, 군사적 원조가 실시되기 시작했다. 소모사 정부에서 국가경비대에 근무했던 친미 장교들이 주축을 이루었던 콘트라 반군이 니카라과 국민들로부터 지지를 받지 못했음은 물론이다. 이런 콘트라 반군에게 지원된 금액은 1981년부터 1986년까지만 하더라도 무려 2억 3천만 달러에 이르렀다. 콘트라 반군 지원은 물론 1982년

---

4) 노암 촘스키, 김보경 역, 『미국이 진정으로 원하는 것』(한울, 1996), 73-75쪽.

Reagan: "We Have a Right to Help"

Sporting a shamrock in his lapel, Ronald Reagan was about to get his hair cut in the White House basement when he took time to talk to Washington Contributing Editor Hugh Sidey. As the subject turned to Nicaragua, the President's St. Patrick's Day cheer evaporated and he became unusually intense and passionate. Excerpts from the interview:

On the U.S. goal. The cancer that has to be excised is Nicaragua. We can try and help those people who want freedom to bring it about themselves. We have a right to help the people of Nicaragua who are demanding what we think are any people's rights—the rights to determine their own government.

On the Sandinista regime. What happened there was a hijacking. The people of Nicaragua set out to get rid of a, certainly you could not call it a totalitarian government, but an authoritarian government: the Somoza dictatorship. The revolutionaries appealed to the Organization of American States and said, "Would you ask Somoza to step down so we can end the killing?" The OAS asked them, "What are your revolutionary goals?" They told them democracy, pluralistic society, free trade, freedom of religion. But among th was an organization that had existed b the Sandinistas, a Communist organiza they honor, Sandino, he said he was a César Sandino, assassinated in 1934, was nationalist who in fact was not a Com their other allies in the revolution, and t totalitarian Communist regime, the san employed in taking over Cuba.

On what the *contras* could accomplish. to look at one of two choices: the possibi and being totally overthrown, or a choic settlement in which, while they would h nopoly on power they have, at least they to run for office if they could get the peop

On possible U.S. intervention. All of th ing an ambition to send in the troops— would lose us every friend in Latin Am help the *contras*, but not with troops. T tered is a warning that if this revoluti group is allowed to solidify their base, that revolution to other countries. The when their acts—hostile acts—would be a situation then when it wouldn't be goi someone else's government. It would be

On diplomacy. We've made ten attem them. But when have we ever seen a C government voluntarily give up their O.K., we want to have more democracy macy must have behind it strength. The ing to agree to all the things that Contac them unless they feel the pressure of the

On the strength of the *contras*. The Sa before 1984 and the *contras* were doing the Congress shut off our ability to help. *tras* have been shrinking in size.

On Daniel Ortega's comment that Re don't find *him* very rational. Well, he's and that is he is a dyed-in-the-wool beli Marxist government, which he has.

Ortega: "The Threat Is Still There"

Two days after the House of Representatives rejected Reagan's request for aid to the contras, *Nicaraguan President Daniel Ortega forsook his usual morning jog to sit down in a well-appointed sitting room next to his Managua office for an interview with* TIME *Correspondent Laura López. Casually dressed and sporting a black Swatch watch, Ortega was relaxed and open, although half a dozen armed guards lurked just outside the door. Excerpts from his remarks:*

On the House vote. It causes us no happiness. We have no reason to applaud. The threat to Nicaragua is still there. U.S. troops are present in Honduras. The U.S. had a warship 60 miles off of Puerto Corinto. This is threatening.

On U.S. intentions. The U.S. is at war with Nicaragua. It is not formal, but it is open. First, Reagan got $27 million in humanitarian assistance; now he is asking for military advisers on the ground with the mercenaries. [The *contras*] haven't been able to advance with the $27 million, they won't be able to advance with the advice, so the U.S. will have to put combat units with them. When they do so, U.S. troops will die too.

On diplomacy. We will never negoti We are prepared to negotiate and c of the *contras*, Ronald Reagan, a If the U.S. feels that Nicaragua is a in the region, we will look for mech the U.S. feels secure. Nicaragua's int be negotiated.

On Reagan's charges that Nicaragua s drug trafficking, commits atrocities a ple. He is lying to the American peop when he behaves this way.

On his private side. During my clandes room for a personal life. With the trium sibilities for a personal life, but it is alwa gation to the Nicaraguan people.

On what kind of preparation he had fo None [laughs]. I never thought I'd be

On decision making within the Sandi have lively discussions, and we decide b ences in the struggle to overthrow Son our objectives were the same. The fund outsiders try to find do not exist.

On his personal ideology. I admire M thoughts are useful for humanity. But I Sandino. I rejected Somoza and U.S. i with this reality. We were anti-Somoza didn't think there were any good Yanl

On religion. I admire Christ as a fight instrument of liberation. But I didn't r supported Somoza.

On what he would say to Reagan per him to normalize relations with Nicara policy. I would invite him to convert h peace in Latin America and the world. tian, that he believes in God, he could policy. He could be more humble. He relationship with a revolutionary gove that is not a threat to the United State

(「TIME」, MARCH 31, 1986)

미국은 콘트라 반군의 원조, 국제금융기구 동원으로 니카라과 경제를 파산상태에 이르게 한다. 결국 니카라과의 경제적 파산은 오르테가와 산디니스타 혁명정부의 몰락으로 이어졌다.

미의회에서 통과된 "직접 혹은 간접적으로 니카라과에서의 군사 또는 준군사 행동을" 지원하는 행위를 불법으로 규정한 '볼랜드 수정 법안'을 어긴 것이었다.[5]

콘트라 반군의 베이스 캠프는 니카라과와 머리를 맞대고 있는 온두라스에 건설되었다. 미국은 천문학적인 거금을 지원하고도 니카라과 내에 반군 거점을 확보할 수 없었는데, 이 사실은 어느 명민한 평자(評者)의 해석처럼 대단히 주목할 만한 일이었다. 왜냐하면 "세계에서 미국이 콘트라에게 지원한 만큼, 아니 그 반의 반만큼이라도 비슷한 자원을 가졌던 게릴라 부대는 없었기 때문"이다.[6]

---

5) 하워드 진, 이어정 역, 『오만한 제국』(당대, 2001), 391쪽.
6) 노암 촘스키, 김보경 역, 『미국이 진정으로 원하는 것』(한울, 1996), 73쪽.

온두라스에서 니카라과 국경을 넘어 마을을 약탈하고 방화하며 갖은 악행을 저질렀던 콘트라 반군의 공습은 무려 8년간이나 지속되었다. 그리고 그 동안 니카라과 국민 5만 명이 희생되었다. 이는 전체 인구의 7%에 이를 정도로 막대한 숫자였다. 그뿐 아니라 24만 명이 삶의 터전을 잃어버렸고, 전쟁고아만 하더라도 6천 명이 발생했다.

이런 식의 내전을 조장하는 한편 레이건은 직접적인 군사 개입을 시도하기까지 했다. 1983년 7월 미군 5천 명과 항공모함 등 19척의 해군함과 1백40대의 비행기를 동원해 니카라과를 전면 봉쇄한 것은 직접적 무력행사의 일례이다. 군사 개입은 미국내법은 물론이고 명백한 국제법 위반이었다.

그런 악조건 속에서 1984년 11월 실시된 대통령 선거에서 오르테가는 니카라과 국민들의 압도적 지지를 받으며 대통령에 당선되었다. 레이건이 펄펄 뛰고 나선 것은 불을 보듯 뻔한 일이었다. 그리고 기다렸다는 듯 레이건은 1985년 2월 "니카라과 정부가 물러나지 않거나 반혁명세력에 항복하지 않는 한 미국의 정책목표는 니카라과의 현 정부를 제거하는 것"이라고 공개적으로 천명했다.

이 발언이 있은 후 곧바로 세계개발은행(IBRD)과 국제통화기금(IMF)이 동원되었다. 니카라과가 이들로부터 빌릴 수 있었던 신용대출을 금지당했음은 물론이다. 게다가 레이건은 니카라과의 주요 수출품목이었던 커피, 설탕 등에 대해 수출입 금지조치를 발표했으며, 그 해 5월 1일에는 니카라과가 중남미지역에서 침략을 자행했다는 혐의를 씌워 대니카라과 전면금수조치를 취하기까지 했다. 국제사법재판소와 UN 안보리가 레이건의 후안무치한 횡포에 제동을 걸고 나서긴 했지만, 그들에게 되돌아온 것은 레이건의 비웃음이었다.

콘트라 반군의 약탈과 국제금융기구까지 동원된 이런 경제 제재조치로 인해 니카라과 경제는 파산상태에 직면했다. 이 기간 동안 니카라과 국가 수입의 20년분에 해당하는 막대한 금액인 1백50억 달러의 경제적 손실이 초래되었다. 게다가 산디니스타 혁명정부가 전체 예산의 33%를 방위비로 투자했는데, 막대한 군사비 지출로 인해 혁명 성공 직후 미래의 청사진을 놓고 후끈 달구어졌던 니카라과는 쪽박을 차고 말았다.

니카라과의 이런 경제적 파국은 레이건 행정부의 노림수였다. 혁명 정부의 전복이 불가능한 상황에서 악성 바이러스를 퇴치하는 방법은 단 하나였다. 바로 니카라과 내에 "극도의 결핍"[7]을 조장하는 것이었다. 결국 경제 제재가 바이러스의 확산을 막고 니카라과 혁명 정부 자체의 사기를 저하시키는 데 효과적이라는 레이건의 생각은 적중했다. 그리고 이런 니카라과의 경제적 파산은 결국 오르테가와 산디니스타 혁명정부의 몰락으로 이어졌다.

이란 - 콘트라게이트

니카라과 혁명정부 전복을 위한 레이건의 편집광적인 행태를 적나라하게 보여주는 사건은 비밀 공작 '이란-콘트라게이트'였다. 이 비밀 공작의 공식은 물론 새롭게 창안된 것이 아니었다. 이란-콘트라게이트와 관련해 레이건은 시종일관 1954년 3월 15일 열렸던 국가안전보장회의 비망록 'No.5412'에 기록된 비밀 공작의 공식을 그대로 계승했다. 비망록에 기록된 비밀 공작의 정의를 슬쩍 들여다보자.

"권한이 없는 자들에게는 그 행동에 대한 미국 정부의 책임이 분명하게 알려지지 않으며, 만일 탄로날 경우 미국 정부가 그 행동에 대한 어떤 책임도 납득이 가게 부인할 수 있게끔 계획되고 실행된 모든 행동."[8]

1986년 11월 레바논의 주간지 『야쉬 쉬라』의 폭로는 '이란게이트'의

---

7) 노암 촘스키, 오애리 역, 『507년, 정복은 계속된다』(이후, 2000), 71쪽.
8) 하워드 진, 이아정 역, 『오만한 제국』(당대, 2001), 385쪽에서 재인용.

첫막을 열어제쳤다. 레이건 행정부가 그 동안 콘트라 반군을 지원하기 위해 미국이 '불량 국가'로 화인(火印)을 찍은 이란에 탱크와 전투기 등의 부품 및 탄약을 판매해왔다는 사실이 만천하에 공개되었다.

레이건이 이란-콘트라게이트의 총 제작을 맡았다면, 연출은 CIA의 손에 의해 이루어졌다. 콘트라 반군의 홍보담당자로 근무했던 에드거 차모로 대령은 콘트라 반군의 공습이 CIA의 사주를 받아 가난한 니카라과 국민들에게 저지른 테러행위였다고 훗날 증언했다.[9] CIA의 제3세계 비밀 공작은 물론 그리 새삼스러운 일이 아니다.

새로운 사실이 있다면 이란-콘트라게이트가 미국이 행한 기존의 비밀 공작과는 사뭇 다른 양상으로 진행되었다는 점에 있을 것이다. 요컨대, 이란-콘트라게이트는 이전의 비밀 공작보다 훨씬 정치(精緻)하고 광범위하게 진행된 새로운 비밀 공작의 들머리에 자리잡고 있는 것이다. 이와 관련해 김민웅의 해설을 들어보자.

"이란-콘트라 사건은 잘 알려진 듯이 보이지만 그 사건을 받치고 있는 커넥션의 성격은 그다지 분명하게 이해되지 않은 것이 현실이다. 물론 중남미 정책을 결정하는 것은 미국 자본주의의 기본적인 요구이다. 그러나 이를 수행하는 과정에서 그 전략적 구도는 조건에 따라 여러 가지 형태를 취하게 된다. 베트남전쟁 이후 군사력의 직접적인 개입에 대한 미국 내 여론이 반대 분위기로 돌아서고 CIA의 비밀 활동에 대한 의회의 규제가 강화되면서 미국은 '실체가 보이지 않는 그림자 조직'을 가동하였고 이것이 바로 이란-콘트라 커넥션인 것이다.

1980년대 들어서면서 레이건 정권은……환경변화 때문에 드러내 놓고 제3세계 개입을 전면에서 수행하기가 곤란하게 되었다. 따라서 미국은 기본적으로 공식기구를 통하지 않는 이른바 '청부작전'의 형태로 지

---

9) 하워드 진, 이아정 역, 『오만한 제국』(당대, 2001), 390쪽.

배방식의 변화를 꾀하게 되었다. 즉 미국 외에 제3국을 끌어들이는 동시에 이를 CIA 출신 민간그룹들이 맡아 '국가안전보장회의'(NSA: National Security Council)와 연결하는 구도를 마련하였다. 이러한 커넥션이 가능했던 가장 중요한 배경에는 닉슨과 카터를 거치면서 CIA의 비밀 활동부문의 인원이 상당부분 감원되면서 이들이 CIA 밖에서 세력화되어 있었다는 데에 있다. CIA의 전신인 OSS 출신의 윌리엄 케이시의 등장은 전 CIA 요원 민간인들을 제3세계 지배전략에 재흡인하는 계기가 되었고, 이것이 이란-콘트라 커넥션의 뼈대로 기능하였다"[10]

사우디아라비아, 과테말라, 이스라엘, 한국, 브루나이 등이 '청부작전'의 들러리로 참여한 국가들이었다. 이 중 무려 3천만 달러를 내놓은 사우디아라비아를 비롯해 브루나이와 한국은 콘트라 반군 지원을 위한 자금을 갹출하도록 요구받았고 과테말라는 콘트라 반군에 무기를 들여보내는 창구로 이용되었다. 이 청부작전에서 특히 이스라엘은 도드라지는 역할을 수행했는데, 이스라엘은 미국이 이란에 무기를 팔아 그 무기대금을 콘트라 반군에 지원하는 계획을 입안한 장본인으로 지목될 정도로 깊숙이 개입했다. 이 사실은 특히 이란-콘트라게이트가 미국의 중동정책과 동전의 양면처럼 뗄 수 없는 정치적 목적 아래 실행되었다는 것을 의미하는 것으로 눈여겨볼 만하다.

제3국을 끌어들였다는 점은 그렇다 치자. 콘트라 반군에 대한 지원금을 마련하는 과정에서 진행된 CIA의 비밀 공작이 미국 내 유색인종, 특히 흑인들의 희생 위에서 이루어졌다는 사실은 그저 놀랍기만 하다. CIA는 콜롬비아 마약 업자들이 로스앤젤레스 내에서 흑인들에게 마약을 밀매하는 것을 방조해주는 대신 막대한 금전을 손에 넣었던 것이다.[11]

---

10) 김민웅, 『패권시대의 논리』(한겨레신문사, 1996), 163쪽.
11) 김재홍, 〈CIA 마약 판 돈으로 제3세계 정치공작〉, 『뉴스플러스』, 1996년 12월 12일, 62면.

미국 언론의 '레이건 구하기'

이란-콘트라게이트는 레이건 행정부의 부도덕한 '정치적 스캔들'이면서 또한 얄팍한 상흔에 눈이 멀어 진실을 외면해 버린 미국 언론의 보도 행태가 낳은 '저널리즘 스캔들'이었다. 사실 자국 내 문제와 관련해서는 표현의 자유를 내세워 다양한 목소리를 내는 미국 언론이지만, 국익과 관련된 문제에서 이들은 노암 촘스키가 말한 것처럼, '동의의 대량 제조자'이자 행정부의 '선전모형(프로파간다 모델)'을 충실하게 따를 뿐이다.[12] 말하자면 정보와 사상의 자유로운 유통이라는 미국 언론의 신화도 국가 이익과 직결되지 않는 사안에서만 적용되는 것이다. '항구적 자유'라는 미명 아래 현재 진행되고 있는 아프가니스탄 공습 보도에서 드러나는 미국 언론의 행태는 이를 잘 보여준다 할 것이다.

어쨌든 『야쉬 쉬라』의 폭로 기사 이후, 워싱턴 정가에는 이란-콘트라게이트와 관련해 온갖 풍문이 공기의 파장을 타고 퍼져 나갔다. 레이건은 이란에 무기를 팔았다는 사실은 인정했지만, 무기 판매 대금이 콘트라 반군을 지원하는데 사용되었다는 사실에 대해서는 일체 부인으로 일관했다. 그리고 곧바로 물타기 작전에 들어갔다. 레이건은 기자들과 사이가 좋은 인물이었던 마린 피츠워터를 대변인으로 임명하는 한편 온건 보수주의자로 알려진 하워드 베이커를 대통령 비서 실장으로 임명해 사태 수습에 나서는 기민함을 보였다.

이런 상황에서 미국 언론의 '레이건 대통령 구하기'가 시작되었다. 이 당시 미국 언론은 이란-콘트라게이트의 밑절미에는 관심도 없었고 곁가지에만 정신을 팔고 있었다. 이들은 이란-콘트라게이트 사건에 대해 보도는 하되, 문제의 고갱이는 건드리지도 않았다. 이들이 요령부득

---

12) 안병찬, 〈'독수리 샘'과 '동의 제조자'〉, 『시사저널』, 2001년 11월 1일, 96면.

이어서 그런 것이 아니었다. 얄팍한 상흔에 눈이 멀어 실컷 장사를 해먹는 데에만 미쳐 있었던 것이다. 미국 언론이 장사를 위해 진열장에 내놓은 상품은 '애국심'과 '섹스'였다. '애국심'과 '섹스'라는 환상적인 상품이 짝을 이루면서 미국 언론의 '레이건 구하기'가 성공했음은 물론이다.

이란-콘트라게이트의 고갱이에 접근할 수 있는 중요한 증인이었던 올리버 노스 해병 중령의 청문회는 미국 언론에게 돈다발을 안겨준, 가장 불티나게 팔려나간 상품이었다. 이 당시 미국 언론의 얄팍한 상흔을 들여다보자.

"왼쪽 가슴에 온갖 종류의 훈장과 문장으로 빛나는 말끔한 군복을 입고 진지하고 소박한 표정으로 이야기하는 노스에게서 시청자들은 진실성과 솔직함을 읽고 있었다. 텔레비전은 노스의 증언 도중 사랑스러운 눈길로 남편을 지켜보는 부인 베치 노스의 모습을 자주 보여주었으며, 이는 평소 가족적 개인주의 미덕을 중히 여기는 미국민들 일부를 감동시켰다. 텔레비전 시청자들에게 있어서 중요한 것은 노스가 '무엇'을 말하느냐가 아니라 '어떻게' 말하느냐는 것이다. 노스의 텔레비전 증언은 그 시간대에 방송된 인기 텔레비전 드라마 『종합병원(General Hospital)』 시청률을 다섯 배나 앞지르는 놀라운 시청률을 기록하였다.

……얄팍한 상흔과 극우 보수 단체들의 홍보 공세로 노스의 의회 증언은 책과 비디오로 제작되어 팔려 나갔으며, 노스의 얼굴을 새긴 단추와 티셔츠가 전국적으로 판매되었다. '올리버 노스를 대통령으로'라는 자동차 범퍼스티커와 티셔츠마저 등장했다. 노스가 이란-콘트라 관련 서류를 소각한 사건과 관련하여, 전직 모델이었던 노스의 여비서 폰 홀도 그녀의 미모로 하루 아침에 언론의 무분별한 각광을 받기 시작했다. 보도 내용과는 아무런 관련이 없는데도, 수영복을 입은 그녀의 누드 사진이 텔레비전 뉴스와 신문 지상에 일제히 등장했으며, 그녀에겐 텔레비

Point, counterpoint: the two Presidents brace for a showdown

guerrillas. Last week he moved to honor those pledges, restoring civil liberties, disbanding an unpopular ad hoc court system and inviting the rebels for face-to-face negotiations. But the coincidental arrest in Nicaragua of five opposition leaders and hints that tough measures might follow approval of new *contra* aid strengthened suspicions about Ortega's motives. "All the Sandinistas care about now is stopping that aid," says an opposition leader in Nicaragua. "They will withdraw their concessions as soon as they have achieved this."

Certainly, Ortega has used well-timed gestures in the past to sway Congress. Shortly after the Reagan Administration made known its intent last September to seek $270 million in *contra* funding, Ortega went on a public-relations offensive. He announced the reopening of two opposition news outlets, the newspaper *La Prensa* and Radio Católica, and pardoned 16 jailed rebel sympathizers. Sensing defeat, the U.S. Administration scaled back its request to just $30 million. Still, Ortega pressed on. He agreed to indirect talks with the *contras* and designated Miguel Cardinal Obando y Bravo as the mediator. In the end, Congress granted only $14.4 million.

Ortega is not letting up as the Reagan Administration presses its current campaign. His proposal last week for an international commission that would include members of the U.S. political parties was coupled with an offer to permit the *contras* to continue receiving humanitarian aid from the U.S. and other foreign sources. By offering the U.S. a role as both guarantor and benefactor in postwar Nicaragua, Ortega seems to be playing to a pet theme of the President's that Reagan has applied to arms treaties with the Soviets: trust, but verify.

Ortega's shrewd diplomacy has already had considerable impact on the pending aid vote. Just a month ago, the Reagan Administration still planned to request $270 million in *contra* funds, much of it to be designated as military aid. Last week, however, Fitzwater conceded that the "$270 million figure has been overtaken by events." After several days of discussions, the White House decided to ask this week for less than $50 million, with only 10% earmarked for lethal purposes. But Capitol Hill buzzed with proposals to postpone the aid vote. Among those championing a delay was Senate Minority Leader Robert Dole. A strong supporter of Reagan's *contra* policy who once called Ortega a "ringmaster of repression," Dole cautioned last week that there were not enough votes to assure new aid.

The turn of events has left Reagan feeling bruised. Once again, his determined support for the *contras* has produced congressional charges that his real agenda is a military victory at any cost. Pointing to recent Sandinista concessions, a senior White House official said last week, "I'm afraid the Administration has not done a good job in pointing out that we've been in the vanguard of making these proposals and urging these results." As happened during the U.S.-Soviet arms negotiations that led to last December's treaty, the White House is coming out second best on the public-relations front. Like Soviet Leader Mikhail Gorbachev, Ortega has learned to curry international favor by responding to U.S. demands with the answer least expected by the White House: yes.

Also like Gorbachev, Ortega has found that his triumphs abroad can be offset by pressures back home. In Managua, it did not escape notice that Ortega had forsaken once immutable Sandinista positions, most notably a pledge that they would never negotiate with the *contras*, whom they refer to as U.S. puppets. After Ortega announced the talks, *La Prensa's* headline read SANDINISTAS SURRENDER. That theme was echoed in the streets and at the markets. "We have been going backward ever since the Sandinistas came to power," said Rosario Arroliga Quintanilla as she shooed flies from the filets of pork displayed at her small stand at Managua's Oriental market. "Now they are surrendering everything they have always said they would never surrender."

It may be that some members of the nine-member Sandinista directorate feel the same way. Since the five Central American Presidents signed Arias' peace pact last August, every conciliatory gesture made by Ortega in the international arena has been followed quickly by a harsh gesture at home that reminds the internal opposition not to push the limits of reform too fast. And each time the boot came down, rumors flew that the moderate and hard-line *comandantes* were in deep disagreement. Last week brought new evidence of strains. As Ortega decreed an end to the state of emergency, five more opposition

(『TIME』, FEBRUARY 1, 1988)

이란-콘트라게이트는 들통이 났다. 그러나 미국 언론의 보도는 밑절미에는 관심도 없었고 곁가지에만 정신을 파는 얄팍한 상혼에 눈이 멀었다.

전의 각종 인터뷰 프로그램의 제작자들로부터 출연 요청이 쇄도하였다. 그녀를 텔레비전 뉴스 기자로 채용하겠다는 방송국마저 나타났다. '애국'과 '섹스'라는 두 가지 상품에 약한 미국 언론의 추태가 유감없이 발휘된 경우가 아닐 수 없다."[13]

---

13) 강준만, 『정치는 쇼비즈니스다』(인물과사상사, 1998), 178-180쪽.

미국 언론과 노스, 그리고 그의 여비서 폰 홀이 돈방석에 앉았음은 물론이다. 결국 미국 언론의 레이건 구하기 프로젝트의 성공으로 인해 이란–콘트라게이트의 '공식적인 사실'은 드러났지만, '공식적인 진실'은 밝혀지지 않았다.

오르테가의 좌절

10년 넘게 지속된 골리앗 레이건과 다윗 오르테가의 대회전(大會戰)은 1990년 2월 25일에 종지부를 찍었다. 대통령 선거가 실시된 이날, 오르테가는 힘들게 뿌린 혁명의 씨앗이 채 여물지 못하고 역사 속으로 사라져 버리는 참담한 현실과 대면해야 했다. 대통령 선거에서 비올레타 차모로에게 패배한 것이다. 차모로가 54.7%의 득표율을 기록한 데 반해 오르테가는 40.8%를 얻는 데 만족해야 했다. 혁명을 통해 정권을 장악한 사회주의 정부가 평화적 자유 선거를 통해 정권을 내놓는 믿지 못할, 경악할 만한 광경이 연출된 것이다.

선거 패배를 인정하기 위해 기자회견장에 들어서는 오르테가에게서 부푼 희망을 품고 혁명을 주도하던 날쌔고 힘찬 모습은 찾아볼 수 없었다. 침통한 표정이 그 자리를 대신하고 있었다. 오르테가는 애써 미소를 지으며 부인의 손을 잡고 지지자들에게 두 손을 흔들어 보이고 있었지만, 그의 턱은 떨고 있었다. 이윽고 패배를 시인하는 연설을 하면서 오르테가는 참아왔던 눈물을 떨구고 말았다.

"나는 나 자신의 이름을 걸고, 나의 가족의 이름을 걸고, 동료들의 이름을 걸고, 산디니스타 민족해방전선 지도부의 이름을 걸고, 또한 이번 선거에 참가한 영웅적이고 헌신적인 그리고 불굴의 자각적인 사람들의 이름을 걸고 모든 니카라과 국민, 세계 모든 이들에 대해 니카라과 대통령과 정부는 이번 선거투표에서 보여진 국민의 의사를 인정하고 존중할 것임을 표명한다."[14]

사실, 이번 선거는 비올레타 차모로와 오르테가의 싸움이 아니었다. 그건 레이건과 오르테가의 결전이었다. 애초 평화적 선거에 불편한 심정을 드러냈던 레이건은 막상 선거가 시작되자 노골적으로 선거에 개입하기 시작했다. 반(反)산디니스타 세력의 결집체인 우노(UNO)의 대통령 후보로 선출된 차모로에게 레이건은 공식적으로만 9백만 달러 이상의 선거자금을 원조했다. 미국의 '비폭력연구소' 소장 브라이언 길슨이 조사한 바에 따르면 1984년부터 1990년 사이에 미국이 차모로에게 지원한 정치자금은 무려 5천만 달러 가까이 이르는 것으로 나타났다. 놀랍게도 이 액수는 월 평균 임금이 20달러도 채 안 되었던 니카라과 유권자 한 사람 당 28달러가 돌아가는 거금이었다.[15]

그뿐인가. 이런 지원을 하고도 안심을 하지 못했던지, 레이건은 차모로가 승리하면 공정한 선거이고 오르테가가 이기면 불법부정 선거라는 흑색 선전선동을 일삼았다. 선거는 물론 레이건이 내정간섭을 하며 막대한 돈뭉치를 뿌려댄 것을 빼면 공정하게 진행되었다.

대통령 선거가 "미국이 니카라과의 목에 칼을 들이대고 나머지 한 손으로는 달러를 흔드는 가운데 진행되었다"는 한 평자(評者)의 해설은 선거 레이스가 레이건과 오르테가의 구도였음을 잘 보여준다.[16] 그뿐 아니라 『뉴욕타임스』는 선거가 끝난 후 "차모로는 UNO의 후보가 아니라 부시 미대통령의 후보이자 미국무부의 후보이며 결국 미국민의 세금으로 키워낸 대통령"이라고 밝혔다.[17]

오르테가의 선거 패배는 이미 예상된 것이었다. 초강대국 미국이 지

---

14) 박은홍, 〈산디니스타는 재기할 것인가〉, 『사회평론 길』, 1992년 3월호, 94쪽.
15) 권혁범, 〈산디니스타 혁명은 계속되고 있다〉, 『월간 말』, 1990년 4월호, 80쪽.
16) 권혁범, 위의 글, 80쪽.
17) 이춘성, 〈니카라과 새 대통령 차모로: 남편 후광업고 일어선 중미의 코리〉, 『중앙일보』, 1990년 2월 27일.

원하는 반군과의 전쟁, 그리고 국제금융기구의 경제제재조치에 맞서 10년 가까이 버텨냈다는 것 자체가 오히려 더 신기한 일이다. 그렇지만 이 10년 동안의 버티기도 경제난의 무게 앞에서 무너지고 만 것이다. 생각해보라. 역사상 한 번도, 풍족하지는 못할 망정 부족하지 않은 '일자리'와 '빵'을 누려보지 못했던 니카라과 국민들에게 경제 문제보다 앞서는 우선 순위가 어디에 있겠는가. 혁명 성공으로 후끈 달아올랐던 '일자리'와 '빵'에 대한 미래의 청사진은 내전과 경제 고사로 이미 퇴색해 버렸을 뿐만 아니라 니카라과 국민들은 오르테가가 대통령 선거에서 승리했을 경우에 지긋지긋한 내전과 빈곤으로부터 해방될 수 없다는 사실을 피부로 절감하고 있었던 것이다. 선거 패배의 원인에는 물론 혁명정부의 과오를 비롯한 여러 가지 원인이 있겠지만, 여기서 그것까지 이야기할 필요는 없는 듯하다.

오르테가, 과연 재기할 것인가

그런데 오르테가는 다시 재기의 깃발을 휘날릴 수 있을까. 1998년 터져 나온 의붓딸 성추행 스캔들을 비롯해 실각 이후 치룬 두 번의 대통령 선거 과정에서 불거진 당(黨)내 급진파와 온건파의 갈등 등 그 동안 여러 차례 겪은 고비에도 불구하고 오르테가가 부도옹(不倒翁)처럼 버텨내고 있는 것은 눈여겨볼 만하다. 그에게 어떤 특별한 것이 있는 것일까.

짐작건대, 오르테가를 둘러싸고 발생한 스캔들과 당내 내홍(內訌)은 경제난이라는 니카라과 국민들의 최대 관심사 앞에서는 별다른 이슈가 되지 못할지도 모른다. 니카라과 국민들의 숨통을 죄고 있는 경제난의 위세(威勢)가 모든 것을 빨아들이는 블랙홀의 이미지와 겹쳐지기 때문이다. 이것은 물론 억측일 수도 있다. 다만 그만큼 니카라과 국민들이 '일자리'와 '빵'에 목말라 하고 있다는 것을 이야기하고자 할 따름이다.

■■■ 니카라과 사회봉사단체 '레마르' 호세 마리아 가르시아 히롤 총무

동심 삼키는 가난의 늪

거리로 내몰려 매춘·마약에 멍든 아이들 위한 구제사업 벌여

지난해 12월 말 니카라과 수도 마나과의 밤거리, 이미 버스가 끊어졌을 늦은 시각인데도 거리엔 소녀들이 심심찮게 눈에 띈다. 마나과시 중심대로 중 하나인 센트로 아메리카 사거리 버스정류장에서도 대여섯의 여자아이들이 소녀 특유의 재잘거림으로 이야기를 나누며 앉아 있다.

'뭣하는 애들일까. 집엔 어떻게 가려고 저러고 있을까.'

하지만 조금만 자세히 살펴보면 이제 열살이 갓 넘었을 것 같은 그 '아이'들이 무엇 때문에 거리로 나왔는지 곧 드러난다. 바로 매춘이다. 소녀들은 지나가는 자가용에 손을 흔들고, 자가용의 남자가 그중 한 소녀를 태우고 어디론가 사라진다. 아마 모텔로 향하는 길이리라.

버스정류장에서 좀 떨어진 곳의 열살 남짓의 두 소녀에게 말을 걸자 그들은 자신들이 자매라고 소개한다.

(『한겨레21』, 1997년 1월 16일)

니카라과 홍등가에 갓 열 살을 넘긴 소녀들이 장사진을 치고 있다. 또한 희망과 꿈이 없는 이들에게 현실의 고통을 휘발시켜주는 마약과 본드는 그들의 삶을 연명해주는 역할을 한다.

　　기아와 질병에 허덕이는 많은 제3세계 국가가 그러하듯이, 니카라과 수도 마나과를 짓누르고 있는 것은 혁명정부 시절 사라졌던 매매춘이다. 그리고 이 홍등가에 장사진을 치고 손님을 기다리는 매춘부의 대다수는 놀랍게도 이제 갓 열 살을 넘긴 소녀들이다. 이들을 지탱시켜 주는 것은 물론 미래에 대한 희망도 꿈도 아니다. 현실의 고통을 휘발시켜주는 마

약과 본드만이 이들 10대 소녀들의 힘겨운 삶을 연명해주는 주식 역할을 하고 있을 뿐이다. 게다가 하루 채 1달러가 되지 못하는 비용으로 힘겨운 생계를 유지하고 있는 절반이 넘는 국민들의 삶이 나아질 기미를 보이기는커녕 니카라과의 빈부격차는 갈수록 심화되고 있는 형편이다.

그러니 더 두고 지켜볼 일이다. 이번 선거를 통해 대통령 궁에 입성한 엔리케 볼라뇨스가 니카라과 국민의 평생 소원인 먹고사는 문제를 해결하지 못한다면, 오르테가가 5년 후 다시 대통령 선거에 출사표를 던지고 나아가서는 대통령 궁에 재입성하게 될지도 모르기 때문이다. 물론 니카라과 국민들이 니카라과를 배회하는 이란-콘트라게이트 망령(亡靈)이 내뿜는 거센 입김을 넘어서야 하겠지만 말이다.

오늘날 케네디 암살을 오스왈드의 단독범행이라고 믿는 이는 거의 없

다. 또 케네디가 군산복합체에 의해 희생되었다는; 그리고 케네디 암살

에 CIA가 깊이 연루되어 있다는 주장은 그리 낯선 것이 아니다.……그

러나 문제는 이 주장이 모두 확실한 것이 아니라는 사실이다.

존 F. 케네디

6초만에 탄생한 거대한 음모

존 F. 케네디 *(John Fitzgerald Kennedy)*
6초만에 탄생한 거대한 음모

최 을 영

1963년 11월 22일 12시 30분

  1963년 11월 22일 오전 11시 38분. 텍사스 주 댈러스(Dallas) 공항에 대통령 전용기가 착륙했다. 비행기 문이 열리고 한 사내와 여성이 모습을 드러냈다. 미합중국 35대 대통령 존 F. 케네디와 퍼스트 레이디 재클린 케네디였다. 그들은 텍사스 주에서 불거진 민주당 내의 다툼을 중재하고, 떨어진 지지도를 회복하기 위해 텍사스를 방문하고 있었다. 22일은 댈러스 방문 등을 포함한, 꽉 찬 일정을 소화해야 하는 날이었다.

  댈러스에서의 일정은 간단했다. 차를 타고 시내를 돌면서 시민들의 환호에 손을 흔들어 주는 일이 고작이었다. 그들은 타고 있던 리무진의 덮개를 활짝 열어 젖힌 채 군중들의 환호를 웃음과 손짓으로 화답하고 있었다. 시계가 12시 30분을 가리킬 무렵, 그들을 태운 리무진은 엘름가(街)로 향하는 커브 길에 접어들었다. 차는 시속 16km정도로 속력을 낮추었다. 그리고 다시 직선코스로 들어섰을 때 어디선가 총성이 울렸고 군중을 상대로 손을 흔들던 대통령이 쓰러졌다. 영부인 재키는 차에서 도망치기 위해 차 위로 기어올랐고, 차 주변에 있던 시민들도 급히 엎드렸다. 대통령 방문에 환호를 보내던 주위는 순식간에 아수라장이 되었다. 단 6초 동안 벌어진 일이었다.

대통령이 총에 맞은 사실을 확인하자 리무진은 속력을 높여 인근의 파크랜드 병원으로 향했다. 응급실에서 대기하고 있던 의료진들은 대통령을 소생시키기 위해 모든 방법을 동원했지만, 총상으로 머리의 4분의 1정도가 날아간 대통령을 되살리긴 어려웠다. 응급실의 공기는 점점 무거워졌고 의사들의 이마엔 진땀이 흐르고 있었다. 시계가 1시를 가리킬 무렵, 의료진의 바쁘게 움직이던 손이 멈췄다. 그리고 대통령의 얼굴 위로 하얀 천이 덮혔다. 46세의 젊은 대통령이 사망한 것이다.

텍사스 주 법에 따르면 텍사스 주에서 사망한 사람의 부검은 텍사스 안에서 행해져야 했다. 그러나 케네디의 시신은 부검이 이뤄지는 시체 안치소로 향하지 않고 공항으로 이송되었다. 워싱턴으로 가기 위해서였다. 그들은 텍사스 주 검시관이 법에 따를 것을 요청했음에도 불구하고 급히 워싱턴으로 돌아가려 했다. 그리고 그에 따른 일련의 작업이 속속 진행되었다. 2시 4분, 케네디의 시신이 병원을 출발해 2시 18분 비행기에 안치되었다. 2시 31분, 미국 정부는 케네디의 죽음을 공식 발표했다. 2시 39분, 혼잡스런 대통령 전용기 안에서 린든 존슨 부통령은 급히 달려온 사라 휴즈 연방 판사를 앞에 두고 36대 대통령 취임 선서를 했다. 2시 47분, 대통령 전용기는 전(前) 대통령의 시신과 현(現) 대통령을 싣고 워싱턴을 향해 이륙했다. 그리고 잠시 후 그들은 케네디 암살 용의자가 '리 하비 오스왈드' 라는 소식을 들을 수 있었다.

케네디의 시신은 부검을 위해 워싱턴의 베데스다 해군병원으로 이송

되었다. 부검은 형식적이라 할 만큼 신속하게 진행되었고 후에 많은 의혹을 낳았다.[1] 부검이 끝난 후 케네디의 시신은 백악관으로 돌아왔다.

케네디의 시신이 아직 병원에 있을 무렵에 댈러스 경찰과 수를 헤아릴 수 없는 기자들은 대통령 암살현장에서 멀리 떨어진 극장 앞에 포진해 있었다. 경찰관 살인 용의자 리 하비 오스왈드가 극장 안에 있다는 정보가 입수되었던 것이었다. 곧 극장 안으로 쳐들어간 경찰은 한 사내를 끌고 나왔다. 리 하비 오스왈드였다. 그는 처음에 경찰관 살인혐의로 체포되었다. 그런데 그는 2시 50분 무렵 댈러스 경찰을 찾아온 한 FBI 요원의 지목으로 대통령 암살용의자가 되었다. 오스왈드는, 자신은 '희생양'에 불과하다며 무죄를 주장했다.

경찰서로 끌려가 변호사도 입회하지 않은 상태에서 장장 12시간 동안이나 취조를 받은 오스왈드는 자신의 혐의를 강하게 부인했다. 그러나 경찰은 그를 대통령 암살범으로 지목했고, 결국 대통령 암살범으로 기소된 오스왈드는, 11월 24일 유치장으로 향하던 중 댈러스 경찰서 지하실에서, 나이트 클럽 운영자인 잭 루비에 의해 어이없게 살해당했다.[2] 그리고 11월 25일, 케네디는 전 세계의 이목이 집중된 가운데 마지막 길을 떠나야 했다. 미국인들은 미망인 재키의 엄숙하고 침착한 모습과 거수경례로 아버지의 마지막 길을 애도하는 세 살의 존 F. 케네디 2세를 보며, 젊은 나이에 요절한 케네디의 죽음을 슬퍼했다.

---

1) 케네디 사체 부검을 베데스다 해군병원에서 시행했다는 사실도 사람들의 의심을 사기에 충분한 일이었다. 국가 원수가 암살 당한 비상사태였다고는 하나 법을 어기면서까지 사체를 워싱턴으로 옮길 필요가 있었을까? 일부에서는 케네디 사체를 워싱턴으로, 그것도 군병원으로 옮긴 까닭이, 케네디 부검에 보다 확실한 통제를 가하기 위해서였다고 의심하기도 했다. 이런 의심은 사체 부검 당시 군장성들이 부검을 시행하는 의사에게 일련의 압력을 넣어 정확한 부검을 방해했다는 사실이 밝혀지면서 더욱 증폭된다. 짐 개리슨, 이상곤 역, 『JFK 케네디 대통령 암살의 진상』(고려원, 1992), 276-279쪽
2) 잭 루비가 권총을 휴대한 채, 경찰이 득실거리는 경찰서에 버젓이 들어올 수 있었다는 사실은 이해하기 힘든 일이었다. 더구나 당시 그 자리에 운집해 있던 수많은 경찰 중, 그 누구도 그의 행동을 저지하지 않았다는 것도 이해할 수 없는 일이었다.

(『TV저널』, 1991년 12월 20일)

케네디 암살사건은 여러 의혹을 남겼다. 어째서 케네디는 의혹 많은 암살을 당해야 했고, 미국 정부는 그 의혹을 은폐시키려고 했을까?

오스왈드는 '희생양' 이었다?

FBI에 따르면 케네디 암살은 오스왈드의 단독범행이었고 배후도 없었다. 극렬 공산주의자이자 자신의 감정을 잘 제어하지 못하는 오스왈드가 홧김에 케네디 대통령을 암살했다는 것이다. FBI는 오스왈드가 공산주의자였다는 증거를 속속 제시하기 시작했다. 그는 소련에 망명했던 적이 있었고, 댈러스 시내 한복판에서 피델 카스트로를 옹호하는 전단을 나눠준 적도 있었다.[3] 그리고 공공연하게 공산주의를 지지하는 발언을 한 적도 있었다. 사람들은 FBI가 내놓은 오스왈드의 과거 행적을 통해, 그가 단독으로 미국의 최고 권력자를 암살했다고 믿었다.

케네디의 죽음으로 대통령직을 승계(承繼)한 린든 존슨은, 케네디의 뜻을 계속 이어가겠다는 자신의 의지를 천명함과 동시에, 미 고등법원 판사인 얼 워렌을 필두로 한 '워렌위원회'를 조직했다. 워렌위원회가 맡은 임무는 케네디 암살사건을 낱낱이 파헤치는 것이었다.[4] 10개월 동안의 조사 끝에 워렌위원회는 1964년 9월 27일, 케네디 암살 "사건은 오스왈드에 의한 단독범행이며 오스왈드에게서도, 그를 쏜 루비에게서도 어떤 배후관계도 발견하지 못했다"는 내용의 보고서를 제출했다.[5]

그러나 워렌위원회의 공식적인 발표와는 달리 케네디 암살사건에는 풀리지 않는 여러 의혹이 있었다. 먼저 목격자의 진술과 수사결과가 일치하지 않았다. 목격자 대부분은, 총알이 오스왈드가 위치해 있던 텍사스 교과서 창고 쪽이 아닌 글라시노르 언덕에서 날아왔다고 증언했다. 또 어떤 이들은 글라시노르 언덕에서 총성을 들었고 화약 연기를 직접 목격했다고 진술하기도 했다. 그리고 어떤 이들은 범인으로 추정되는 사람을 목격하고 그들을 추적하다 비밀요원들에게 제지를 당했다고 증언했다. 케네디가 저격 당한 장소에서 볼 때 교과서 창고는 5시 방향에 위

---

3) 그런데 이상한 점은 오스왈드가 소련에 망명했다가 다시 미국으로 돌아올 때 아무런 제재를 받지 않았다는 사실이다. 냉전이 가속화되던 시기에 소련에 망명했던 자가 쉽사리 미국에 돌아올 수 있었다는 사실을 어떻게 이해해야 할까? 짐 개리슨은 오스왈드가 CIA 요원이었기 때문에 아무런 저항없이 미국으로 돌아올 수 있었다고 설명한다. 짐 개리슨, 이상곤 역, 『JFK 케네디 대통령 암살의 진상』(고려원, 1992), 73쪽.
4) 당시 워렌위원회는 군 또는 CIA와 밀접한 관계에 있던 이들로 구성되었다. 짐 개리슨, 이상곤 역, 위의 책, 36쪽.
5) 정태원, 〈20C 미스테리 사건 10선〉, 『월간중앙』, 1999년 송년호 특별부록, 『사건과 인물로 본 20세기 명장면 200선』(중앙일보 J&P, 1999), 132쪽.

치해 있고 글라시노르 언덕은 1시 방향에 위치해 있다.[6] 방향이 앞과 뒤로 전혀 다른 것이다. 그러나 워렌위원회는 목격자들의 증언을 무시하고 교과서 창고에 있던 오스왈드를 암살범으로 지목했다.[7]

파크랜드 병원에서 대통령의 죽음을 확인했던 의료진들이 목격한 케네디의 머리 상처와 워렌위원회에서 발표한 그것이 크게 다르다는 사실 또한 의문점이었다. 파크랜드 병원의 의사들은 후두부, 즉 뒤통수에 큰 구멍이 있다고 한 반면, 워렌위원회는 정수리, 즉 머리 앞부분에 큰 구멍이 있다고 발표했다.[8] 보통 총상은, 총알이 날아온 방향을 밝히는 데 매우 중요한 단서가 된다. 총알이 몸 안에 들어갈 때는 조그만 상처를 내지만, 나올 때는 커다란 구멍을 내기 때문이다. 이에 따르면 파크랜드 병원 의사들의 진술은 저격 장소가 전방이라는 사실을 시사하고, 워렌위원회의 발표는 저격 위치가, 암살 당시 오스왈드가 위치해 있던 후방이라는 사실을 보여주는 것이다.[9]

---

6) 사실 글라시노르 언덕은 케네디가 저격 당한 장소 오른편에 넓게 퍼져 있다. 따라서 총알이 날아온 곳을 정확히 말하자면, 글라시노르 언덕 중 1시 방향에 위치해 있는 언덕이라고 할 수 있겠다.

7) 오스왈드를 범인으로 단정하기 어려운 또 하나의 이유는 그가 11월 22일 총을 쏘지 않았다는 사실이었다. 이는 오스왈드가 구속된 후 받은 질산 실험에서 밝혀진 것이다. 질산 실험은 볼에 묻어나는 질산의 유무를 통해 그 사람이 총을 쐈는지를 밝혀내는 실험이다. 이 사실은 암살사건 직후에는 발표되지 않았다. 그러다 10개월이 지나서야 워렌보고서를 통해 밝혀진 것이었다. 그럼에도 불구하고 워렌위원회는 오스왈드를 범인으로 지목했다. 짐 개리슨, 이상곤 역, 『JFK 케네디 대통령 암살의 진상』(고려원, 1992), 118-120쪽.

8) 이에 대해 어떤 이들은 케네디의 머리 부분에 있는 상처를 누군가 조작했다고 주장한다. 즉 사체에 손을 대 후두부의 상처를 꿰매고, 정수리를 벌려놓았다는 것이다. 그리고 어떤 이들은 케네디 사체가 베데스다 해군병원에 실려오는 과정에서 다른 사람의 사체로 '바꿔치기' 당했다고 주장하기도 한다. 요미우리 신문사 엮음, 이종주 역, 〈케네디 암살: 유체에 몇 사람이 손을 댔다〉, 『20세기의 드라마 I』(새로운 사람들, 1996), 262-263쪽.

9) 어느 쪽의 말이 옳은 것일까? 그 해답은 '재프루더 필름'이라 불리는, 에이브라함 재프루더가 케네디 대통령 암살 당시를 찍은 필름 안에 들어 있다. 1991년 올리버 스톤 감독이 내놓은 영화 『JFK』에는 재프루더 필름이 삽입되어 있다. 이 영화에서 짐 개리슨 역을 맡은 케빈 코스트너는 재프루더 필름을 법정에서 공개하며 케네디의 머리가 어느 쪽으로 움직이는지를 반복해서 보여주며 이렇게 말한다. "Left and to the back." 실제

그러나 FBI도, 워렌위원회도 이런 의문점을 묵과(默過)했다. 그들은 리 하비 오스왈드를 범인으로 지목하고 그에게 모든 혐의를 씌웠다. 그러나 과연 오스왈드 혼자 케네디를 암살한 것일까? 앞에서 살펴본 여러 드러나지 않은, 혹은 FBI와 워렌위원회가 무시한 증거를 살펴보면 그가 단독으로 케네디를 암살한 것 같지는 않다. 그러나 워렌위원회와 FBI는 오스왈드를 단독범으로 지목하고, 배후가 없다고 결론 내렸다. 심지어 당시 증인들의 증언이 엇갈렸음에도 불구하고 워렌위원회는 오스왈드를 표적으로 삼은 듯, 그에게 불리한 증언만을 채택하기도 했다. 그리고 사건과 관련된 여러 문서를 비밀문서로 만들어버렸다.[10]

왜 그랬을까? 어째서 케네디는 의혹 많은 암살을 당해야 했고, 미국 정부는 그 의혹을 은폐시키려고 했을까? 왜 워렌 판사는 비밀문서의 공개를 2039년으로 미루었을까? 밝혀져서는 안 될 진상이 그 문서에 기록되어 있는 것은 아닐까? 아니면 밝혀져서는 안 될 배후세력이 존재하고 있기 때문일까? 만약 배후세력이 존재한다면 그들은 왜 케네디를 죽여야 했을까? 이를 알기 위해서는 케네디의 짧은 삶 속으로 들어가 봐야 할 것이다.

케네디의 머리는 왼쪽 후방으로, 즉 대각선으로 움직인다. 이는 케네디를 절명케 한 총알이 1시 또는 2시 방향에서 날아온 것을 시사하며, 글라시노르 언덕에서 총알이 날아왔고 그 쪽에서 화약 연기가 피어오르는 걸 봤다는 목격자의 진술과 일치한다. 재프루더 필름에 의하면 오스왈드는 저격 장소가 후방이기 때문에 범인으로 지목될 수 없다. 또 FBI의 수사결과와 워렌위원회가 제출한 보고서도 그 진실성을 상실하게 된다. 그래서였을까? 재프루더 필름은 암살사건 이후 5년이 지난 1969년에 가서야, 그것도 짐 개리슨이 케네디 암살에 대해 의혹을 제기한 법정 안에서야 비로소 공개되었다.
10) 1978년과 1979년에 걸쳐 열린 하원 암살특별조사위원회의 조사도 1963년 당시 전방의 글라시노르 언덕에서의 총격이 있었지만, 범인은 여전히 오스왈드라는 설득력 없는 결론을 내렸다. 하원 암살특별조사위원회는 음향전문가들을 동원해 글라시노르 언덕에서 총격이 있었음을 밝혀냈다. 그러나 그들은 언덕에서의 총격은 빗나간 것이라 단정하고, 케네디를 절명케 한 총탄은 오스왈드가 발사한 것이라고 주장했다. 결국 그들은 워렌위원회가 내린 것과 별 다를 바 없는 결론을 내린 것이었다. 짐 개리슨, 이상곤 역, 『JFK 케네디 대통령 암살의 진상』(고려원, 1992), 304쪽.

케네디 가(家)의 둘째 아들

존 F. 케네디는 1917년 5월 29일 매사추세츠 주 브룩클린에서 9남매 중 둘째로 태어났다. 그의 아버지 조지프 케네디는 프랭클린 루스벨트 대통령 시절 영국 대사를 지냈고, 금주령이 내려진 시기에 밀주(密酒)로 많은 돈을 번, 조금 구린내 나는 은행가이자 사업가였다. 케네디의 어머니 로즈 피츠제럴드 케네디는 보스턴 시장을 역임한 존 피츠제럴드의 딸이었다. 가톨릭을 믿었던 케네디 가(家)는 전통적으로 민주당을 지지하는 정치에 관심이 많은 집안이었다. 조지프 케네디는 자신의 아들을 정치가로 키우고 싶어했다. 정치적인 현안을 두고 토론하게 하는 등 그가 케네디를 비롯한 아들들이 어린 시절부터 자연스레 정치에 관심을 기울이도록 교육한 것은 물론이다.

케네디 가의 분위기는 무척 경쟁적이었다. 조지프 케네디는 자식들로 하여금 서로를 경쟁 상대로 여기게끔 만들었고, 케네디 가 사람들은 그 덕분에 토론과 스포츠를 즐겨하며 승부근성을 길렀다. 또 로즈 케네디는 자식들을 엄하게 교육시켰다. 병약한 체질로 태어나 잔병치레가 많았던 케네디도 부모의 엄한 교육 안에서 성장했다. 아홉 살이 되던 해인 1926년, 케네디는 뉴욕 시로 이사해 브랑스빌 공립학교에 진학했다. 곧 이어 코네티컷 주에 있는 켄터베리학교를 졸업한 케네디는 1931년, 초트 아카데미(Choate Academy)에 입학했다. 고등학교 시절 케네디는 학업에서도, 스포츠에서도 두각을 나타내지 못했다. 케네디의 성적은 중하위권에 머물렀고, 졸업 당시 성적은 110명 중 65등이었다. 1935년 초트 아카데미를 졸업한 케네디는 런던으로 건너가 런던 경제대(London School of Economics) 여름 학기에 등록했으나 황달로 학교를 그만두고 귀국했다. 또 그 해 가을 프린스턴대학에 입학했으나, 황달이 다시 도져 학업을 중도에 포기하고 애리조나 주에서 요양을 해야 했다.

1936년 건강을 회복한 케네디는 아버지의 모교인 하버드대학에 진학했다. 대학 시절 초기, 성적이 좋지 않았던 케네디는 1940년 졸업할 무렵에는 정치학과 경제학에서 두각을 나타내며 우등생이 되어 있었다. 특히 그가 1940년에 제출한 졸업논문 〈유럽의 회유(Appeasement in Europe)〉는 교수들에게 높은 평가를 받았다.[11] 이 논문은 조지프 케네디의 노력으로 『왜 영국은 잠자고 있었나(Why England Slept)』란 제목으로 출간돼 베스트셀러가 되었다.[12]

1940년 하버드대를 졸업한 케네디는 1941년 봄 육군에 입대 신청서를 냈으나 군의관으로부터 병역불가 판정을 받았다. 대학 시절 미식축구를 하다 다친 척추 때문이었다. 그러나 그는 포기하지 않고 6개월 동안 피나는 재활 훈련을 통해 건강을 회복하고 그 해 가을 해군에 입대했다. 1941년 12월 태평양전쟁이 발발한 후 일 년 동안 케네디는 해군성 정보국에서 행정업무를 맡아 수행했다. 실전에 참가하길 원했던 케네디는 PT보트(소형 어뢰정)를 타겠다고 자원해 1943년 3월부터 전장에 나서게 되었다. 그러나 반 년도 채 지나지 않은 그 해 8월 2일 케네디 대위가 지휘하고 있던 어뢰정은, 남태평양 솔로몬 군도 근처에서 일본 구축함의 공격을 받아 침몰했다. 이 사고로 두 명의 부하가 죽었고 대다수의 병사가 부상을 입어 표류하게 되었다. 케네디는 이때 결연한 의지와 리더십으로 이들 모두를 구조해내 훈장을 받았고 전쟁영웅으로 추앙(推仰)받았다.

본대로 귀환한 케네디는 어뢰정 지휘관으로 활동하게 됐으나 척추 부

---

11) 이 논문은 영국이 평화로운 분위기에 젖어 히틀러의 침략에 적절한 대응을 하지 못했다는 것을 내용으로 하고 있다. 즉 국가는 언제, 어느 때 발생할지 모르는 침략에 대비해 국방을 충실히 해야 한다는 것이 케네디의 기본적인 생각이었다. 박성심, 〈케네디와 존슨 행정부의 외교정책(1961-1968)〉, 최영보 외 지음, 『미국현대외교사』(비봉출판사, 1998), 278쪽.

12) 항간에서는 조지프 케네디가 사재기로 이 책을 베스트셀러로 만들었다고 주장하기도 한다. 데이빗 헤이만, 유지나 역, 『재키라는 이름의 여자』(한국언론자료간행회, 1992), 125쪽.

The Surf's Sad Tale

케네디家 代이은 비극

암살된 아버지 이어 아들 부부 비행기 사고로 참변
첨단 첩보위성까지 동원된 해상 수색작업 현장

Sharon Begley 기자

지난 17일(토) 정오가 조금 지난 시간(현지 시간), 매사추세츠州 마사스 비니어드의 필빈 해변에 비극을 최초로 확인시켜주는 물건이 파도에 밀려왔다. 해변 바닷물에 떠있던 그 검은색 여행가방에 꽂혀 있던 명함에는 '로렌 G. 베셋. 모건 스탠리 딘 위터社. 부사장'이라고 적혀 있었다. 마사스 비니어드를 방문중이던 데이먼 셀릭슨(보스턴 거주)은 그 가방을 물속에서 건져냈다. '불현듯 끔찍한 생각이 떠오른' 그는 경찰에 신고했다. 곧이어 수색팀은 비행기 좌석과 착륙 장치, 그리고 '캐롤린 케네디'라고 적혀 있는 약병이 들어 있는 검은색 화장품 가방을 회수했다.

6인승 파이퍼 사라토가 II HP 경비행기를 직접 조종하며 뉴저지州에서 마사스 비니어드로 비행하던 존 F. 케네디 2세가 해상에서 실종됐다. 실종된 비행기에는 그의 부인 캐롤린 베셋 케네디와 그녀의 언니 로렌이 동승하고 있었다. 케네디 2세 부부는 마사스 비니어드에 로렌을 내려주고 故 로버트 케네디의 막내딸 로리의 결혼식이 열리는 케이프 코드 하이애니스포트의 케네디家 별장으로 계속 비행할 예정이었다.

매사추세츠州 오티스 공군기지 레이더 요원들이 케네디 2세의 비행기로 추정되는 비행기와 마지막으로 접촉한 것은 16일 오후

9시 39분이었다. 레이더는 비니어드 공항으로부터 30km, 해안으로부터 약 16km 떨어진 상공에서 착륙을 위해 접근하는 것으로 보이는 파이퍼機를 발견했다. 항공 전문가들은 파이퍼기의 고도가 5천5백 피트(약 1천6백 50m)에서 2천5백 피트로, 다시 2천2백 피트로 낮아진 후 12초 만에 1천3백 피트로 '급강하' 하는 것을 확인했다. 파이퍼기는 비니어드 공항 관제탑과는 한번도 교신하지 않았다.

케네디 2세가 예정된 시간(16일 오후 10시)에 도착하지 않자 케이프 코드에서부터 워싱턴에 이르는 모든 친지들의 집 전화벨이 급박하게 울리기 시작했다. 다음날 오전 2시 15분 케네디家와 친한 캐럴 래토웰은 우즈 홀에 있는 해안경비대 작전센터에 전화를 걸어 신고했다. 신고 소식은 몇 분 내로 보스턴에 있는 해안경비대 제1 지역사령부로 전달됐고, 거기에서 다시 연방항공국(FAA)으로 전달됐다.

FAA는 즉각 파이퍼기가 다른 공항에 착륙했는지를 점검했지만 허사였다. 오전 3시쯤 FAA는 해안경비대 및 공군 구조 조정센터(버지니아州 랭글리 공군기지 소재)에 케네디 2세의 비행기가 뉴저지와 비니어드 사이 어딘가에 추락했을지도 모른다고 통보했다. 오전 7시 존 포데스타 백악관 비서실장은 1시간 30분 동안 국방부 관리들과 원격

화상회의를 하며 수색 상황을 점검한 후 캠프 데이비드에 있는 빌 클린턴 대통령에게 전화를 걸어 케네디 2세가 타고 있는 비행기가 실종됐다고 보고했다. 클린턴은 수색작전에 관해 정기적으로 보고할 것을 지시하며 "실종자 발견을 위해 최대한의 노력을 기울이라"고 말했다.

17일 오전 7시 30분~7시 55분 C130機 1대, 시빌 에어 정찰기 15대, 해안경비대 소속 헬기 2대, 항공경비대 소속 헬기 1대, 그리고 UH25 팰컨機 1대가 발진했다. 해안경비대 소속 감시선·다용도 선박·순찰선·구조선 등 사실상의 대규모 '함대'가 롱아일랜드에서부터 케이프 코드에 이르는 바다를 살살이 수색했다.

정오쯤 공군은 중앙정보국(CIA)의 협조를 요청했다. 정보 소식통이 뉴스위크에 밝힌 바에 따르면 통상 극지방 상공 궤도를 돌던 첨단 KH11 첩보위성 3개가 사고 해역 촬영에 동원됐다.

오후 1시쯤 수색 범위는 비니어드 부근 약 27km 해상의 1천24평방km 해역으로 좁혀졌다. 우연히도 에드거타운 요트 클럽 주최 요트 레이스에 참가해 비니어드 섬 주변을 돌던 요트들도 같은 지역으로 향하고 있었다. 그 요트들의 돛을 부풀게 만든 산들바람은 필빈 해변으로 '잔해들'을 운반하고 있었다.

(『뉴스위크 한국판』, 1999년 7월 28일)

케네디는 자신이 정치에 입문하게 된 동기가 형의 죽음 때문이라고 밝혔다. 그의 아버지 조지프 케네디는 장남을 정치가로 만들려고 했지만, 그의 형은 전투기 사고로 사망하게 된다.

상과 말라리아로 1944년 마이애미로 후송될 수밖에 없었다. 이 해 6월 수술을 받고 해군병원에 입원해 있던 케네디는 미 해군 조종사로 복무하던 형 조지프 케네디 2세가 8월 12일 전투기 사고로 사망했다는 소식을 들었다. 형의 죽음으로 케네디는 의기소침해졌고 1945년 3월 전역했다.

조지프 케네디 2세의 죽음은 아버지 조지프 케네디에게도 충격이자 슬픔이었다. 사실 조지프 케네디는 장남을 정치가로 만들려 하고 있었고, 조지프 케네디 2세는 아버지의 그런 기대를 언제나 만족시켜왔다. 그런데 그런 장남이 사망했던 것이었다. 그러자 조지프 케네디는 차남 JFK를 정치의 길로 인도한다. JFK는 정치에 입문하게 된 동기를 "조(조지프 케네디 2세)가 죽었기 때문에……"라고 밝히기도 했다.

매력적인 상원의원

군 제대 후 한동안 기자로 활동하며 국제연합총회, 포츠담 회담 등을 취재했던 케네디는 1946년 정치에 입문하게 된다. 이 해 초여름 케네디는 막대한 돈을 뿌려 민주당 하원의원 후보가 될 수 있었다. 보스턴의 한 신문에 "국회의석 판매, 경험은 필요 없음, 지망자는 뉴욕에 살거나 또는 플로리다에 거주해야 함, 오직 백만 장자만 지원할 수 있음"이란, 케네디에 대한 야유성 광고가 실릴 정도였다.[14] 어쨌든 케네디는 보스턴에서 연방 하원의원 민주당 후보로 출마해 별 어려움 없이 그 해 11월 하원의원에 당선되었다.

후보 지명에 금력(金力)을 이용했다는 의혹이 돌출 되었음에도 불구하고 보스턴 지역에서 케네디의 인기는 상당했다. 그는 신문지면에 자주 등장했으며, 사람들은 젊은 하원의원의 매력에 쉽게 빠져들었다. 케네디는 그 인기를 바탕으로 1948년과 1950년, 하원의원에 연속으로 당선되었다. 한동안 하원에서 정치 경력을 쌓던 케네디는 1952년 상원에 진출할 것을 천명했다. 그가 대적해야 할 상대는 1936년부터 매사추세츠 주 상원의원으로 활약해왔던 공화당의 막강한 중진의원 헨리 캐봇 로지였

---

14) 임용순, 〈존 F. 케네디〉, 『역사를 바꾼 통치자들: 미국편』(미래사, 1995), 294쪽.

다. 케네디에게 로지는 벅찬 상대였다. 막대한 재산과 인기로 무장한 케네디였지만 그것만으로는 부족했다. 그래서 케네디는 자신의 이미지를 중화시켰다. 즉 진보와 보수를 확실히 표방하지 않았던 것이다. 이런 전략은 유권자들의 판단을 흐리게 해 진보적인 유권자와 보수적인 유권자 모두에게, 케네디가 자기편이라고 생각하게끔 만들었다. 그 결과 케네디는 7만 표 차이로 로지를 물리치고 상원의원에 당선돼 매사추세츠 주의 지도적인 민주당 의원으로 부각되었다.[15]

상원의원에 당선된 케네디는 젊은 변호사인 시어도어 소렌슨을 보좌관에 임명했다. 소렌슨은 케네디를 뛰어난 연설가로 만들었다. 그는 케네디와 함께 TV라는 매체에 맞는 연설기법을 연구했고, 이것이 케네디를 TV 시대에 적합한 인물로 재탄생시키게 되었다.[16]

그러나 1953년 재클린 부비에와 결혼한 케네디는 의정 활동을 활발히 벌이지 못한다. 1954년 재발한 척추 이상 때문이었다. 통증이 심해져 거동조차 할 수 없게 된 케네디는 1954년 목숨을 건 수술을 받기로 결정했다. 두 번의 위험한 수술 끝에 케네디는 건강을 회복할 수 있었다. 건강악화로 힘든 때였지만 케네디는 이 위험한 때를 잘 보낸다. 우선 케네디는 요양 생활을 하며 1956년 퓰리처상을 수상하게 된 『용감한 사람들(Profiles in Courage)』을 집필했다. 또 그는, 당시 요셉 매카시 상원의원이 일으킨 반공(反共)의 광풍에 휩쓸리지 않고 위험한 시기를 잘 넘겼다. 확실한 입장표명을 하지 않아 보수와 진보 양 진영으로부터 공격을 받지 않았던 것이다.

1955년 상원에 돌아온 케네디는, 1956년에 있을 대선을 바라보게 된다. 그는 1956년 민주당 부통령 후보 지명을 위한 선거에 나섰다. 비록

---

15) 임용순, 〈존 F. 케네디〉, 『역사를 바꾼 통치자들: 미국편』(미래사, 1995), 296쪽.
16) 프레드 그린슈타인, 〈제대로 알아야 할 케네디〉, 김기휘 역, 『위대한 대통령은 무엇이 다른가』(위즈덤하우스, 2000), 85-86쪽.

후보 지명에는 실패했지만 그는 미 전역을 돌아다니며 당시 민주당 대권 후보였던 아들라이 스티븐슨을 지지하는 연설을 했다. 이때의 활동으로 케네디는 대권 주자로 인식되었다. 한편 케네디는 1957년, 인종차별을 행하는 사람에게 강력한 제재를 가할 수 있는 권한을 법무장관에게 부여 하자는 요지의 민권법을 제안, 관철시켰다. 또 노인에 대한 복지법안을 제의하고 최저임금을 상승시켜야 한다고 주장하기도 했다. 이런 활동으 로 그는 민주당 진보파의 지지를 받게 된다.[17]

그리고 그는 이 해에 소련에서 최초의 인공위성인 스푸트니크 (Sputnik) 1호가 발사되자 아이젠하워 행정부를 강력하게 비판했다. 정 부가 미사일 개발과 우주 개발을 소홀히 해 미국이 미사일 개발에서 소 련에 뒤져 있다고, 즉 미국이 국가방어를 너무 소홀히 했다는 것이 비판 의 주요 내용이었다. 이처럼 그는 의회에 머무는 동안 대내적으로는 진 보적인 정책을 지지하고, 대외적으로는 소련의 군사력 확장을 무척이나 경계하는, 반공 이데올로기를 고수하는 보수적인 입장을 표명했다. 그리 고 그는 자신의 이런 신념을 대통령이 되어서도 고수한다.[18]

백악관 입성(入城)

1958년은 상원의원 선거가 있던 해였다. 케네디는 이때 이미 활발한 의정 활동 덕분에 민주당의 지도적 인사로 부각되어 있었다. 때문에 그 가 상원의원에 재선되는 것은 확실해 보였다. 문제는 얼마만큼의 표차로 이기느냐는 것이었고, 결국 케네디는 74%의 득표율로 공화당 후보를 압 도적으로 누르고 상원의원에 당선되었다. 그리고 그는 1960년으로 다가

---

17) 임용순, 〈존 F. 케네디〉, 『역사를 바꾼 통치자들: 미국편』(미래사, 1995), 304쪽.
18) 박성심, 〈케네디와 존슨 행정부의 외교정책(1961-1968)〉, 최영보 외 지음, 『미국현대 외교사』(비봉출판사, 1998), 278쪽.

펼쳤고, 그 다음해 여름에는 힘든 서바이벌 코스인 아웃워드 바운드에서 2l의 물과 산나물로 3일간을 버텼다. 78년에는 와이오밍州에서 카우보이로 일했다. 그 다음해 여름에는 아프리카의 케냐山에서 내셔널 아웃도어 리더십 코스를 마쳤다.

그는 그런 경험들을 통해 위험을 대수롭지 않게 여기는 법을 배웠다. 케네디 일가는 두려움을 드러내면 안되었다. 로버트 숙부는 그에게 '케네디 가족은 울지 않는다'고 가르쳤다. 그가 아웃워드 바운드에서 돌아왔을 때 한 여자친구가 이렇게 말했다. "너는 네 자신에 관해 많은 것을 배운 것 같다. 존 케네디라는 인간에 대해서 말이야." JFK 2세는 그녀를 바라보며 짐짓 느릿하게 말했다. "내가 …배운 …것은 …말이지 …절대로 …그렇게 …배고프게 …지내지는 …않겠다는 … 거야."

JFK 2세는 장난이 심했으며 연기하는 것을 좋아했다. 학업 성적이 별로 좋지 않았던 그는 앤도버고교 시절 수학에서 낙제해 한 해를 더 다녔다. 그러나 그는 브라운大 시절 배우로서의 재능을 드러냈으며 오프 브로드웨이 연극에도 출연했다. 그의 어머니는 그

케네디家의 영광

일로 타블로이드판 신문에 오르내리게 될 것을 우려해서 아들의 연극 활동을 못마땅하게 여겼다. JFK 2세는 반항적인 아들이 아니었다. 그는 어머니를 몹시 사랑했고 그녀와 친밀한 대화를 자주 나누었다. 따라서 그는 배우로 나설 생각이 없다는 말로 어머니를 안심시켰다.

JFK 2세는 어머니의 성화에 못이겨 법대에 진학했고 변호사 시험에 합격한 후에는 맨해튼 지방검찰청에서 일했다. 그러나 따분하기만 했다. 그는 30대로 접어들면서 약간 방황하는 것처럼 보였으며 발전도 없어보였다. JFK 2세는 깔끔하게 옷을 입는 편이 아니었다. 그는 일부러 파티장에 자전거 타기에나 적합한 스포티한 차림으로 나타나기도 했다. 센트럴 파크에서 셔츠를 벗고 뛰어다니고 스케이트보드를 타거나 정처없이 헤매고 다니는 그의 모습을 보면 그가 케네디家 운명의 완성자라기보다는 방황하는 영혼에 더 가깝게 보였다. 한 고교 동창생의 예측처럼 그는 10년간 '데이트만 하며' 보낸 것처럼 보였다. 어쩌면 맞는 말이었다. JFK 2세는 원하는 어떤 여자도 가질 수 있었으며 실제로 그렇게 했다. 그는 자신의 아버지나 숙부

- ■1894년: 존 F. (허니) 피츠제럴드, 매사추세츠州에서 연방 하원의원에 처음 당선. 3선 의원을 지냈다.
- ■1905년: 피츠제럴드, 보스턴 시장에 당선.
- ■1914년: 조지프 P. 케네디, 로즈 피츠제럴드와 결혼.
- ■1915년: 케네디家의 첫 아이 조지프 케네디 2세 탄생.
- ■1917년: 존 F. 케네디 탄생.
- ■1925년: 로버트 F. 케네디 탄생.
- ■1928년: 매사추세츠州 하이애니스 포트의 저택 구입.
- ■1932년: 에드워드(테드) 케네디 탄생.
- ■1938년: 조지프 케네디 1세, 영국 대사로 부임.
- ■1943년: PT109, 일본군에 격침돼 JFK 전쟁영웅으로 부각.
- ■1945년: 조지프 케네디 1세, 시카고의 머천다이즈 마트 매입.
- ■1946년: JFK, 매사추세츠州에서 연방 하원의원에 당선.
- ■1953년: JFK, 재클린 부비에와 로드아일랜드州 뉴포트에서 결혼.
- ■1954년: 패트리셔 케네디, 배우 피터 로퍼드와 결혼.
- ■57년 5월: JFK가 쓴 '용기의 프로필' 퓰리처賞 수상.
- ■57년 11월: JFK의 딸 캐롤라인 탄생.
- ■1960년: 역사상 가장 근소한 표차이로 JFK가 리처드 닉슨을 누르고 제35대 미국 대통령에 당선.
- ■1960년: JFK 2세 탄생.
- ■1963년: 로버트 케네디, 동생 테드 케네디에 뒤이어 상원의원(뉴욕州)에 당선.
- ■1968년: 재클린 여사, 그리스의 선박왕 오나시스와 재혼.
- ■1979년: 보스턴에 JFK 기념 도서관 건립.
- ■1986년: 유니스의 딸 마리아, 영화배우 아널드 슈워제네거와 결혼.
- ■1986년: 조지프 P. 케네디 2세, JFK의 지역구에서 하원의원에 당선.
- ■1990년: JFK 2세, 두 차례 낙방 뒤 뉴욕州 변호사 시험에 합격.
- ■90년 6월: 로버트 케네디의 딸 케리, 앤드루 쿠오모와 결혼.
- ■1994년: 테드의 아들 패트릭 케네디, 로드아일랜드州에서 연방 하원의원에 당선.
- ■1994년: 로버트 케네디의 딸 캐슬린 케네디 타운젠드, 메릴랜드州 부지사에 당선.
- ■1995년: '조지' 창간호 발행.
- ■1996년: JFK 2세, 캐롤린 베셋과 결혼.
- ■1999년: 로리 케네디의 다큐멘터리 '아메리칸 활로', 선댄스 영화제 화제작으로 부상.

(「뉴스위크 한국판」, 1999년 7월 28일)

케네디는 활발한 정치활동을 통해 젊고 깨끗한 정치인이라는 이미지를 심어주었고 마침내 1961년 1월 20일 백악관에 입성하게 되었다.

온 대통령 선거를 착실히 준비하기 시작했다. 1959년 무렵부터 케네디는 전국을 돌며 강연회를 열어 대중에게 자신을 알려나갔고, 1960년 1월 2일 마침내 그는 대선에 출마할 것을 공식적으로 선언했다. 몇 차례의 예비선거를 거친 케네디는, 그 해 7월 로스앤젤레스에서 열린 민주당 전당대회에서 경쟁자들을 물리치고 민주당 대통령 후보로 지명되었고, 린

든 존슨을 부통령 후보로 지명했다. 이제 남은 것은 공화당 후보 리처드 닉슨과의 한판 승부였다.

케네디는 당시 닉슨을 압도하지는 못했다. 그는 연륜(年輪)이 부족하고 가톨릭 신자라는 사실 때문에 유권자의 신뢰를 받지 못했다. 그러나 그는 연륜이 부족하다는 지적을 '젊음'이란 활기찬 단어로 대치시켰고, 종교가 국정운영에 별 지장을 주지 않을 것이라고 주장했다. 선거 기간 초기, 케네디는 닉슨에게 다소 밀리는 경향을 보였다. 그러나 1960년 9월 26일부터 10월 21까지 진행된 총 네 번의 TV토론 결과 케네디는 닉슨을 앞서나가기 시작했다. 당시 TV토론을 시청하던 유권자들은 케네디의 수줍은 듯하면서도 자신감 있는 태도와 수려한 용모, 활기찬 모습에 매료되었다. 그러나 이와 달리 닉슨의 얼굴은 창백했고 자신감이 없어 보였다. TV토론을 지켜본 유권자들은 케네디가 닉슨보다 낫다고 생각하게 되었다.

케네디는 순수하고 젊은 정치인으로 인식되었다. 그러나 사실은 그와 달랐다. 케네디가 정치인으로 성공할 수 있었던 것은 아버지 조지프 케네디의 재력 때문이었다. 조지프 케네디는 차남을 정치인으로 만들기 위해 많은 돈을 뿌렸던 것이다.[19] 케네디의 사생활 또한 문란했다. 독신이었을 때 바람둥이로 유명했던 케네디는, 재키와의 결혼 생활 중에도 끊임없이 여자를 찾았다. 그와 혼외정사를 했다고 알려진 인물은, 스트리퍼로 유명한 블래즈 스태르, 마피아 두목 샘 지앙카나와 동시에 관계를 맺었다고 알려진 주디스 캠벨 엑스너, 그리고 세기의 섹스 심벌 마릴린 먼로 등이었다.[20] 이 외에도 케네디는 재임 기간 중 많은 여성과 염문을 뿌리고 다녔다.

---

19) 임용순, 〈존 F. 케네디〉, 『역사를 바꾼 통치자들: 미국편』(미래사, 1995), 322쪽.
20) 윌리엄 라이딩스 2세·스튜어트 매기버, 〈제35대 대통령 존 F. 케네디〉, 김형곤 역, 『위대한 대통령 끔찍한 대통령』(한국언론자료간행회, 2000), 342쪽.

그러나 TV에 나온 케네디의 이미지는 순수하고 깨끗한 정치인 그 자체였다.[21] 그 덕분에 케네디는 TV토론에서 승기를 잡을 수 있었고 그 해 11월 8일 진행된 투표 결과, 일반 투표에서 49.9%의 지지율을 얻어 49.6%의 지지를 받은 닉슨을 근소한 차이로 물리쳤다. 선거인단 투표 결과는 좀 나았다. 케네디가 303표, 닉슨이 219표를 얻은 것이었다. 그리하여 케네디는 1961년 1월 20일 저 유명한 "친애하는 국민 여러분, 당신의 조국이 당신을 위해 무엇을 할 수 있느냐고 묻지 마시고, 당신이 조국을 위하여 무엇을 할 수 있는지를 물으십시오"란 취임연설과 함께 백악관에 입성했다.[22]

대립, 그리고 데탕트

1천37일, 이는 케네디가 대통령직에 머물렀던 기간이다. 그는 3년이 채 안 되는 기간 동안 대통령 자리에 있었다. 그러나 그가 대통령에 재임했던 시기는 미·소간 대립이 극에 달했던 때였다. 1961년 케네디가 백악관에 입성했을 때 세계 정세는 급박하게 돌아가고 있었다. 소련은 제3세계로의 진출을 꾀하고 있었고, 곳곳에서 미국과 마찰을 일으키고 있었다. 이에 맞서 케네디는 대외 정책에서 강경 노선을 채택했다.[23] 그로

---

21) 케네디는 대선 때 뿐만 아니라 재임 기간 중에도 TV를 적절히 활용했다. 그는 매달 두 번씩 진행하는 기자회견을, 마치 운동선수가 시합에 나갈 때처럼 철저히 준비했다. 긴 낮잠을 자고, 참모진들과 예상 질의응답을 하는 등 그는 TV 앞에 섰을 때 완벽한 모습을 보이길 원했다. 그리고 기자회견이 진행될 땐 여유로운 모습과 유머러스한 대답으로, 딱딱하기만 했던 기자회견을 가장 인기 있는 프로로 만들었다. 프레드 그린슈타인, 〈제대로 알아야 할 케네디〉, 김기휘 역, 『위대한 대통령은 무엇이 다른가』(위즈덤하우스, 2000), 86쪽.
22) 박경재, 〈존 피츠제럴드 케네디〉, 『박경재의 미국 대통령 이야기 하』(이가책, 1995), 123쪽.
23) 케네디의 대외 정책은 군사력에서 우위를 확보해 그것으로 평화를 유지한다는 것이었다. 때문에 케네디 행정부는 군사력을 증대시켰다. 1961년 케네디는 방위비 예산을 15%나 증가시켰으며 1963년까지 미국은 31개 국가에 2백75개의 주요 기지를 건설하

인해 아이젠하워 대통령 시절부터 계속되던 미·소간 대립은 그 골이 점점 깊어졌다.

최초의 대립은 쿠바에서 발발했다. 케네디는 미국의 턱 밑에 버티고 있는 피델 카스트로의 쿠바 공산정권을 껄끄럽게 생각했다. 그래서 그는 아이젠하워 행정부 시절부터 CIA에 의해 계획되었던, 카스트로 정권을 전복시키기 위한 일련의 작전 시행을 승인했다. 1961년 4월 17일 CIA 공작원에 의해 훈련받은 쿠바의 망명자들은, 쿠바를 자유민주주의 국가로 만들기 위해 쿠바의 피그스 만(灣)에 침투했다. 1천5백여 명이 참가한 이 작전은, 그러나 3일만에 실패로 끝나고 말았다. 쿠바의 저항이 워낙 거셌고, 기대했던 내부 봉기마저 일어나지 않았기 때문이었다. 그러나 보다 근본적인 원인은 전쟁 확대를 원치 않아 현역군인 지원을 거절한, 케네디의 결정 때문이었다. 케네디의 정책 중 가장 실패한 것으로 꼽히는 피그스 만 침공으로 케네디는 자존심을 구겼고 혹독한 비판을 받아야 했다. 진보파는 케네디가 쿠바를 침공했다는 사실 자체를 비판했고, 보수파는 케네디의 미온적이고 결단력 없는 태도를 비판했다.[24]

문제는 베를린에서도 불거져 나왔다. 1961년 6월 3일과 4일, 빈에서 열린 미·소 정상회담에서 흐루시초프는 동독 영토 안에 있는 베를린에서 서방의 군대가 철수할 것을 요구했다. 그러나 미국 입장에서는 베를린이 무장해제가 된다면, 베를린이 동독으로 편입되리라는 것은 명약관

고, 65개국이 미군을 수용하게끔 했다. 또 72개국에서 미국인들이 병사를 훈련시켰고, 125만 명의 미국인들이 군사 관련자로 외국에 주둔했다. 또 미국은 1961년에 6백31개의 대륙간 탄도미사일을 보유했고, 1963년에 그 수는 1천 개를 넘어섰다. 그리고 이 시기 나토(NATO)의 화력은 60%나 증가했다. 박성심, 〈케네디와 존슨 행정부의 외교정책(1961-1968)〉, 최영보 외 지음, 『미국현대외교사』(비봉출판사, 1998), 284-285쪽.

24) 그러나 케네디 행정부는 쿠바를 포기하지 않았다. 그는 1961년 10월 쿠바 침공을 계획했고, 11월에는 연간 5천만 달러를 들여 4백여 명의 CIA 요원이 참여하는 몽구스 작전(Operation Mongoose)을 승인했다. 그리고 카스트로 암살계획을 계속 실행했다. 박성심, 위의 글, 296쪽.

화(明若觀火)한 일이었다. 때문에 케네디는 흐루시초프의 이런 요구를 묵
살했고 정상회담은 결렬되었다. 베를린에서의 대립은 불가피했다. 1961년
8월 13일, 흐루시초프는 마침내 동독의 군대를 동원해 철조망과 바리케
이드로, 동베를린과 서베를린을 가로지르는 장벽을 쌓기 시작했다. 케네
디 행정부는 소련의 행동에 즉각적으로 대응해 1만5천여 명의 군대를 동
원해 위협을 가했다. 16시간의 대치 끝에 미·소가 군대를 철수시켜 한
순간 긴장은 사라지는 듯했다. 그러나 그들의 대립은 무기확대로 이어지
며 더욱 심화됐다. 흐루시초프가 1961년 9월 잠정적으로 중지했던 핵실
험을 재개한다고 발표하자, 케네디도 1962년 3월 핵실험을 재개한다고
선언했던 것이다.

대립으로 치닫던 미·소가 화해의 제스처를 취하기 시작한 것은
1962년 10월 발발한 쿠바 미사일 위기를 현명하게 해결하면서부터였다.
10월 14일과 15일, 쿠바 상공을 정찰하고 온 U-2 정찰기는 소련이 미사
일 기지를 건설하고 있는 현장을 담은 사진을 보내온다. 그리고 16일 케
네디는 쿠바의 수도 아바나에서 50마일 떨어진 지점에 소련이 중거리
핵미사일을 배치했다는 정보를 확보했다. 케네디 행정부는 대응책을 고
심하게 되고 4가지 대응책 중 해상봉쇄안을 채택했다.[25] 10월 22일 케네
디는 소련이 쿠바에 핵미사일 기지를 건설해 미국이 핵전쟁 위기에 직면
했다고 발표했다. 그리고 만약 쿠바에서 미사일이 날아온다면 미국은 이
를 소련의 공격으로 간주하고, 소련에 보복공격을 감행할 것이라고 선언
했다.

---

25) 케네디가 긴급히 구성한 국가안보회의 집행위원회에서 건의된 4가지 대응책은, 첫째
  이 문제를 유엔에 넘기는 방법, 둘째 쿠바와 소련에게 미사일 기지의 자발적 해체를 요
  구하는 방법, 셋째 쿠바를 침략하는 방법, 넷째 쿠바 해상을 봉쇄하는 방법 등이다. 이
  중 군 출신 위원들은 쿠바 침공을 주장했지만, 케네디는 다소 온건한 방법인 해상봉쇄
  안을 채택했다. 박성심, 〈케네디와 존슨 행정부의 외교정책(1961-1968)〉, 최영보 외
  지음, 『미국현대외교사』(비봉출판사, 1998), 297쪽.

　10월 23일 미국은 소련의 잠수함과 선박이 쿠바로 이동하고 있다는 첩보를 받았다. 24일 미사일을 실은 소련 선박이 봉쇄선 가까이 접근했으나 봉쇄선 직전에서 회항(回航)했다. 유엔 사무총장이었던 우 탄트(U. Thant)는 양국의 정상에게 평화회담 개최를 촉구했고, 흐루시초프가 먼저 정상회담을 제의했다. 10월 28일 열린 정상회담에서 케네디는 미국이 쿠바에 침공하지 않을 것임을 약속했고, 흐루시초프는 쿠바에서 미사일을 철수시키기로 결정했다. 그리고 두 정상은 우발적인 핵전쟁의 위험을 제거하기 위해 양국 간의 직통전화, 즉 '핫라인' 설치를 결정했다. 더나아가 쿠바 미사일 위기로 핵전쟁의 위험을 실감하게 된 두 정상은 핵전쟁 발발을 상쇄시킬 만한 방법을 찾게 된다. 그들은 1963년 7월 '제한적인 핵실험 금지조약(Limited Test Ban Treaty)'을 체결했다. 이는 냉전이 시작된 이래 처음으로 맞이한 군비 감축 선언이었다.

베트남 회군(回軍)?

　케네디 행정부 시절 미국은 제3세계에 널리 퍼지고 있던 공산정권과도 대립했다. 케네디 행정부는 제3세계에 친미 반공정권을 지원하는 방식으로 공산세력의 확장을 저지하려 했다. 그 대표적인 예가 베트남이다. 당시 베트남은 남과 북으로 분단되어 있었다. 북베트남은 호치민이 이끄는 베트남민주공화국이 설립되어 있었고, 남베트남은 고딘 디엠 친미 독재정권이 세워져 있었다. 그러나 고딘 디엠 정권은 부패해 있었고 베트남인들에게 지지를 받지 못했다. 더구나 가톨릭 신자였던 디엠은, 불교신자가 대부분인 남베트남 국민들에게 가톨릭으로 개종할 것을 강요했다. 그리고 이에 반대하는 세력에게는 가차없는 응징을 가했다. 그러나 공산세력의 확장을 우려했던 케네디 행정부는 고딘 디엠 정권을 유지해야 했다.

케네디는 남베트남군 증원을 위해 약 4천만 달러의 원조를 승인했다. 그리고 1961년 5월, 1백 명의 자문관과 4백 명의 특수부대를 남베트남에 파견했고, 그 수는 점점 늘어갔다. 1961년 말 남베트남에 주둔한 미군과 자문관의 수는 3천2백 명에 달했고, 1962년에는 9천 명으로 늘어났다. 그리고 1963년 11월경에는 1만6천 명 정도가 남베트남에 주둔하고 있었다.[26] 그러나 미국의 원조에도 불구하고 고딘 디엠 정권은 민심을 잡지 못했다. 폭압적인 독재정권이었던 고딘 디엠 정권은 무리한 개종 강요로 자충수(自充手)를 두고 있었다. 미국이 뒤에 있었지만 개종에 반발하는 승려, 국민들의 저항, 그리고 베트콩(남베트남 민족해방전선: NLF)의 저항 때문에 고딘 디엠 정권은 생존의 위협에 직면하고 있었다.

이런 상황에서 믿었던(?) 미국마저 떠나게 되는 사건이 발생했다. 그것은 1963년 6월 10일 발생한 베트남 승려의 분신 자살이었다. TV를 통해 이 장면을 시청한 미국 국민들은 고딘 디엠 정권의 인권유린을 강력하게 비난하고 나섰다. 그러자 여론을 무시할 수 없었던 케네디 행정부는 고딘 디엠 정권을 비난하고, 남베트남에 대한 미국의 원조를 줄였다. 그리고 1963년 11월 1일 케네디 행정부는 결국, 고딘 디엠을 축출하려는 남베트남 군장성들의 쿠데타를 묵인함으로써 사실상 고딘 디엠 정권을 버렸다.

케네디가 고딘 디엠 정권을 포기한 것은 남베트남의 정치적 혼란을 가중시켜 일시에 남베트남을 무너뜨릴 수도 있는 것이었다. 당시는 북베트남의 침공 위협이 증가하고 있었고, 남베트남의 베트콩 세력도 점차 커지고 있었다. 이런 상황에서 미국이 고딘 디엠 정권을 더 이상 지원하지 않고, 쿠데타 세력을 비호한 것은 '베트남 포기 의지'이거나 '미국의 직접적인 군사개입 의지'를 표출하는 것이었다. 두 가지 모두 케네디가

---

26) 박성심, 〈케네디와 존슨 행정부의 외교정책(1961-1968)〉, 최영보 외 지음, 『미국현대 외교사』(비봉출판사, 1998), 304쪽.

그 동안 지향해온 정책과 부합되지 않는 것이었다.

고딘 디엠 정권이 쿠데타로 무너진 후 케네디의 베트남 정책이 어떻게 변화했는지는 알려져 있지 않다. 즉 11월 1일에서 22일 사이에 케네디가 강경 노선을 택해 베트남에 대한 미국의 직접적인 개입을 천명했는지, 아니면 베트남에서 철수하려고 했는지는 명백하지 않다. 다만 우리가 알 수 있는 것은 고딘 디엠이 살해당한 후 21일만에 케네디 또한 암살당했고, 케네디의 뒤를 이은 존슨 대통령 시절부터 베트남전쟁이 확대됐다는 사실이다. 우리는 여기에서 케네디의 베트남 수호 정책에 변화가 있었던 것은 아닌가하는 의문을 가질 수 있다. 즉 그가 '혹시 베트남을 포기하려 하지 않았나' 하는 의문을 가질 수 있는 것이다.

짐 개리슨은 케네디가 베트남을 포기하려 했다고 주장한다. 짐 개리슨의 말에 따르면, 케네디는 재임 초기에 CIA의 압력 때문에 남베트남을 지원하고 미국 자문관의 수를 늘렸다고 한다. 그러나 케네디는 1963년 10월, 고딘 디엠 정권의 회생이 거의 불가능해지자 당시 국방장관인 로버트 맥나마라에게 당장 1천 명의 자문관을 귀국시키도록 명령했고, 1965년까지 베트남에 주둔하던 모든 미군을 철수시킬 계획을 갖고 있었다고 한다.[27] 만약 케네디의 의도가 베트남 포기였다면 그것은 미국 내 매파(강경파)의 심기를 불편하게 하는 것이었음에 틀림없다.

군산(軍産)복합체

케네디의 전임자 아이젠하워는 1961년, 다음과 같은 퇴임 연설을 통해 거대해진 군산복합체가 국정을 좌우할지 모른다고 경고했다.

"정부의 자문위원회를 통해서 우리는 군산복합체에 의한 용납될 수

---

27) 짐 개리슨, 이상곤 역, 『JFK 케네디 대통령 암살의 진상』(고려원, 1992), 196-197쪽.

'케네디 신화' 허위·과장 판친다

대중적 매력과 그것으로 얻을 수 있는 일확천금의 유혹 더해 저마다 '전문가'
언론·출판도 '먼로 살해설' 등 사실확인 않고 덩달아 흥분, 폭로작가 돈벌이 앞장

Evan Thomas 워싱턴 지국장
Mark Hosenball 기자
Michael Isikoff 기자

섹스 심벌로 각광받던 미국의 여배우 마릴린 먼로가 존 F. 케네디 대통령을 협박했다는 내용을 담은 문서가 존재한다면 인베스티게이티브 리포터(Investigative Reporter: 심층 취재를 통해 부정 등을 폭로하는 기자)라면 누구나 군침을 흘리지 않을 수 없을 것이다. 실제로 폭로전문 기자로 이름을 떨친 시모 허시(60)는 먼로가 케네디의 비밀에 대해 함구하는 조건으로 1백만 달러 이상을 받았다는 사실을 시사하는 일련의 합의 문서를 입수했다.

1960년 3월부터 62년 1월까지의 기간중 작성돼 독특한 필체의 케네디 서명까지 들어 있는 그 문서에는 케네디·먼로의 정사뿐 아니라 마피아 두목 샘 잔카나를 비롯한 '지하세계의 거물'들과 케네디의 내통, 케네디가 에드거 후버 美 연방수사국(FBI) 국장에게 먼로 살해의 주선을 부탁했다는 내용까지 암시돼 있다(먼로는 62년 자살했다). 그 문서가 진짜라면 케네디 신화가 더욱 더럽혀질 뿐 아니라 허시의 말대로 '우리시대 역사의 일부를 바꾸어 놓을 수도 있을 것'이다. 허시는 그 문서를 바탕으로 쓴 책과 TV 다큐멘터리 계약 등으로 2백만 달러를 챙겼다.

그러나 그 문서는 결국 위조품으로 판명됐다. 허시가 집필한 '캐멀롯의 어두운 면'(The Dark Side of Camelot, 리틀 브라운사 발간 예정)의 방영권을 매입한 ABC 뉴스는 지난 9월 말 문서가 날조된 것이라고 밝혔다. ABC의 '20/20' 프로그램 진행자인 피터 제닝스는 허시에게 문서를 건네준 로렌스 쿡색 2세를 출연시켜 문서의 위조여부를 다그쳤다. 당황한 쿡색은 진땀을 흘리며 혐의를 부인했다. 그러나 그 문서는 누군가에 의해 위조된 것이 분명했다.

허시는 뉴스위크와 가진 인터뷰에서 훌륭한 기자가 유력한 단서를 쫓다가 허탕치는 경우는 허다하다며 자신의 저서와 11월에 방영될 TV 다큐멘터리에서 허위로 판명된

마릴린 먼로(가운데)가 뉴욕 매디슨 스퀘어 가든에서 케네디 대통령의 생일축하 노래를 부른 후 로버트 케네디(왼쪽)및 케네디 대통령과 만나고 있다(1962년).

(『뉴스위크 한국판』, 1997년 10월 15일)

케네디 암살 뒤에는 늘 거대한 음모설이 따라다닌다. 군산복합체와 CIA의 냉전주의자들이 결탁해 케네디를 암살했을 가능성도 그 하나이지만 확실한 물증이 있는 건 아니다.

없는 영향력 행사에 그것이 추구되든 추구되지 않든 간에 반대해서 싸워야 합니다. 잘못 행사된 권력의 파괴적인 부상 가능성은 항상 존재하는 것이며 계속될 것입니다."[28]

---

28) 박경재, 〈드와이트 데이비드 아이젠하워〉, 『박경재의 미국 대통령 이야기 하』(이가책, 1995), 107쪽.

　제2차 세계대전의 영웅 아이젠하워는 군과 대기업의 절대적인 지지를 받던 인물이었다. 그런 그가 퇴임 연설에서 군산복합체의 위험성을 경고했다는 것은, 군산복합체가 이미 국정을 좌우할 정도로 거대해지고 권력을 갖고 있었다는 이야기가 된다. 군산복합체(Military-Industrial Complex)는 "일반적으로 방위비 지출증가, 군비증대, 그리고 냉전체제의 유지라는 특정 목적에 공감대를 형성하고 이의 실현을 위해서 영향력을 행사하는 집단이나 행위자들로 구성된 다소 느슨한 정치적 연합체"를 가리킨다.[29] 이 정의에 따르면 군산복합체가 냉전시대에 가장 경계했던 것은 긴장완화, 즉 데탕트였다.

　앞서 살펴본 것처럼 케네디는 재임 초기, 군비를 증강해 소련과의 군비경쟁을 촉발시켰다. 그러나 케네디는 쿠바 미사일 위기 이후 미·소간의 긴장을 완화시켰다. 짐 개리슨은 바로 그것(데탕트) 때문에 케네디가 암살 당했다고 주장한다. 즉 미국 내 매파의 심기를 불편하게 만들었기 때문에 죽임을 당했다는 이야기다. 그의 말을 들어보자.

　"케네디 대통령은 자신의 행정부가 소련과 비타협적인 정책을 계속할 것을 암시하면서 유세하였고 당선되었다. 그렇지만 그의 철학이 오랜 세월 동안 구축되어 온 강경 노선에 적합하지 않다는 것이 점차 명백해졌다. 카벌 장군을 시켜 주춤거리고 있던 CIA의 피그스 만 침공에 대한 제트 전투기의 지원을 거부했던 점, 미사일 위기시 쿠바 공습과 침공에 대한 건의를 거절한 점, 군사고문들의 반대에도 불구하고 미국이 모스크바에서 핵실험 금지조약에 서명을 고집했던 점, 1963년 베트남에서 철군하고 쿠바와 외교관계를 재개하겠다는 결심 등 케네디는 점점 엇나가고 있었다. 미국 권력 구조의 강경한 전쟁 지향론자들에게 이상의 점들은 '공산주의자들과 내통하는 것'으로밖에 보이지 않았다."[30]

---

29) 문정인, 〈'공룡' 군산복합체는 어디로〉, 『신동아』 1996년 1월호 별책부록, 『미국 초강국의 빛과 그늘』(동아일보사, 1996), 374쪽.

오늘날 케네디 암살을 오스왈드의 단독범행이라고 믿는 이는 거의 없다. 또 케네디가 군산복합체에 의해 희생되었다는, 그리고 케네디 암살에 CIA가 깊이 연루되어 있다는 주장은 그리 낯선 것이 아니다. 많은 사람들은 케네디 암살에 거대한 음모가 도사리고 있다는 사실을 인정한다. 그러나 문제는 이 주장이 모두 확실한 것이 아니라는 사실이다. 즉 여러 정황을 살펴봤을 때 군산복합체와 CIA의 냉전주의자들이 결탁해 케네디를 암살했을 가능성이 다분하다는 것이지 그 확실한 물증이 있다는 이야기는 아니다. 비밀로 분류돼 있는 문서가 모두 공개되지 않는 한, 케네디 암살의 확실한 진상은 베일에 싸여 있을 수밖에 없다. 때문에 '누가, 왜, 어떻게 케네디를 암살했는가'를 알기 위해서는, 아쉽지만 2039년까지 기다리는 수밖에 없을 듯하다. ▨

---

30) 짐 개리슨, 이상곤 역, 『JFK 케네디 대통령 암살의 진상』(고려원, 1992), 317쪽.

다이애나의 죽음은 언론과 파파라치, 그리고 유명인사의 사생활을 게걸스럽

게 소비하는 대중의 관음증이 만들어낸 합작품이었다고 해도 틀린 말은 아니

다. 언론에 의해 '스캔들 메이커'로 부상한 다이애나, 그리고 그런 그녀를 집

요하게 쫓아다닌 파파라치 뒤에는 대중이 큰 자리를 차지하고 있기 때문

이다.

다이애나 스펜서

언론의, 언론에 의한,

언론을 위한 인생

다이애나 스펜서_(Diana Spencer)

언론의, 언론에 의한, 언론을 위한 인생

최 을 영

신비한 영역

입헌군주제를 채택하고 있는 나라든 그렇지 않은 나라든 왕실(王室)은 신비한 영역이다. 지난 시대의 유물이라 할 수 있는 왕이 존재한다는 사실은 동화적 상상력을 자극할 뿐 아니라, 그들의 삶이 일반인의 그것과 다르기 때문에 신비한 이미지를 풍기게 마련이다. 그래서 사람들은 왕실에서 일어나는 소소한 일에 관심을 기울인다. 특히 입헌군주제를 택하고 있는 나라에서 왕실은 끊임없는 관심 대상이다. 그 대표적인 나라가 영국이다.

영국 사람들의 왕실에 대한 관심은 상상 이상이다. 왕실에 대한 애착이나 존경 때문에 또는 왕실 자체가 호기심 대상이기 때문에 관심을 기울이는 면도 없지 않으나, 오늘날 영국인들이 왕실에 특별한 관심을 기울이는 것은 왕실과 관련된 스캔들이 끊이지 않고 발생하기 때문이다. 과장법을 사용해 표현하자면, 영국 왕실은 '스캔들 메이커' 이다. 그만큼 왕실에서 불거져 나온 스캔들은 왕실의 오랜 역사만큼이나 종류도 다양했고, 발생 빈도도 많았다. 아내와의 이혼 문제로 로마교황청으로부터 독립한 헨리 8세와 사랑 때문에 왕위를 버린 에드워드 8세(원저 공)가 그 대표적인 경우다.

흔히 영국은 '언론의 천국' 으로 일컬어진다. 아니 정확히 말해 대중지의 천국이다. 언론의 자유가 거의 제한 받지 않는 곳이 영국이다. 언론의 사생활 침해와 관련된 소송이 가장 많이 벌어지는 곳도 영국이다. 이것은 그만큼 영국의 언론이 자유와 방종 사이에서 위험한 줄타기를 해왔다는 것을 의미하는 것이다. 말하자면 영국 언론의 얄팍한 상혼 앞에서 배겨낼 장사가 없다는 것이다.

이런 영국의 언론이 '스캔들 메이커' 인 영국 왕실을 그냥 두고 볼 리 만무한 것은 자명하다. 영국의 타블로이드 신문은 왕실을 비롯한 유명인의 온갖 추문을 기사화해 팔아먹는다. 극에 치달은 판매 경쟁의 틈 속에서 영국의 신문들은, 살아 남기 위해 선정적인 왕실 이야기를 무분별하게 기사화하고 있는 것이다. 그들은 왕실 추문과 관련된 기사 또는 사진을 막대한 돈을 들여 사들인다. 그렇기 때문에 영국 왕실의 일거수 일투족을 감시하며 시시콜콜한 것까지 친절하게 파헤치는 파파라치(Paparazzi: 개인의 프라이버시에 접근하여 특종 사진을 노리는 직업적인 사진사)들이 꼬리를 물고 모여드는 것도 물론이다.

손바닥도 마주쳐야 소리를 내는 법이다. 영국인의 왕실에 대한 관심과 영국 대중지의 무책임한 보도 행태가 서로 상승작용을 일으키며 왕실에 대한 지대하고도 저열한 관심을 촉발시켰다는 말이다. 다시 말해 오늘날 영국인의 '왕실에 대한 관심' 은 '왕실 스캔들에 대한 관심' 과 동의어라 할 정도다. 특히 다이애나 왕세자빈을 두고 벌어졌던 일련의 황색 저널리즘 현상은 영국 언론과 영국 국민의 합작품이었다고 해도 과언이 아니다.

다이애나. 20세의 나이로 왕실에 간택돼 일약 왕세자빈이 된 여인. 그녀의 결혼을 두고 세간에서는 신데렐라의 재판(再版)이라고 했다. 귀족 출신이었지만 유치원 보모로 런던에서 일하던 그녀는 동화 속 신데렐라처럼 왕자와 화려한 결혼식을 올리면서 행복한 미래를 꿈꾸었다. 그러나 왕실에서의 생활은 동화 속 이야기처럼 행복하지 않았다. 남편 찰스 왕세자는 유부녀와 바람을 피웠고, 다이애나는 세자빈이 된 순간부터 그녀를 잠시도 가만 놔두지 않았던 언론의 집요한 취재 경쟁에 시달려야 했다. 그녀는 어딜 가든(심지어 집안에 있는 수영장에서조차도) 카메라에 노출되어야 했다. 아무리 고개를 절레절레 흔들며 그들을 쫓아내려 해도 파파라치들의 망원렌즈로부터 자유로울 수 없었다. 왕세자빈이 된 행운(?)치고는 다이애나는 감당하기엔 너무 벅찬 비용을 치루어야 했던 것이다.

(『주간한국』, 1996년 3월 21일)

찰스-다이애나 가족

신데렐라의 등장

왕세자빈이 되기 전까지 다이애나의 삶은 평범했다. 다이애나는 1961년 7월 1일, 노퍽(Norfolk)에 있는 샌드링엄(Sandringham)에서 조니 스펜서와 프랜시스 로치 사이에서 4남매 중 셋째 딸로 태어났다. 그녀가 태어난 스펜서 가(家)는 15세기부터 이어져온 명망 있고 부유한 귀족집안이며, 윈저 가(家)와 친밀한 관계를 맺고 있었다. 그곳에서 다이애나는 많은 애완동물을 길렀고 자신이 기르던 애완동물이 죽으면 장례식까지 거행할 정도로 사려 깊은 아이로 자랐다. 그러나 1969년 그녀의 부모가 이혼하고 어머니 프랜시스가 자신의 곁을 떠나자 그녀는 정서적으로 큰 충격을 받게 된다. 겉으로는 의연한 척했지만 그녀는 부모의 이혼을 무리 없이 받아들이기에는 너무 어렸다.

9세 때 다이애나는 리들 스워드 홀(Riddle Sworth Hall)이라는 기숙학교에 들어갔다. 학창 시절, 학업보다 스포츠에 뛰어난 재질을 보인 다이애나는 12세 무렵에 웨스트 히스 스쿨(West Heath School)에 진학했다. 이 학교에서 다이애나는 발레와 탭 댄싱, 수영, 다이빙, 테니스 등에서 놀라운 기량을 선보였다. 특히 발레를 좋아해 발레리나를 꿈꾸었지만 175cm의 큰 키 때문에 발레리나의 꿈을 접어야 했다. 또한 그녀는 이때 정신지체아들이 머무르고 있던 다렌스 파크병원을 정기적으로 방문하면서 봉사 활동에 보람을 느끼기 시작했다.

아직 학생이었던 1977년 11월, 다이애나는 찰스 왕세자를 처음 만나게 된다. 당시 다이애나는 16세의 어린 소녀였고, 찰스는 그녀보다 12세 연상이었다. 그들의 첫 대면은, 나중에 부부가 될 이들의 첫 만남이라고 하기엔 너무 평범했다. 다이애나와 왕세자의 첫 만남에서 찰스는 다이애나를 "매우 유쾌하고 재미있고 매력적인" 아가씨라 생각했고, 다이애나는 찰스를 "매우 놀라운" 사람이라고 생각했다고 한다.[1]

1977년 웨스트 히스 스쿨을 중퇴한 다이애나는 아버지의 권유로 스위스에서 잠시 학교를 다니다가 몇 개월 후 향수병 때문에 영국으로 돌아와 런던에 정착했다. 웨이트리스, 유치원 보모 등의 일을 하며 런던에서 지내던 다이애나는 1980년 7월, 찰스 왕세자를 다시 만나게 된다. 이때 다이애나의 나이 19세이었고, 찰스는 31세이었다. 이때부터 그들은 서로에게 관심을 보이기 시작했고 만남은 지속적으로 이뤄졌다. 다이애나가 언론의 주목을 받기 시작한 것도 이 무렵이었다. 1980년 9월 초, 찰스의 초대로 방문하게 된 밸모럴에서 그녀는 처음으로 카메라의 망원렌즈가 자신에게 향하고 있음을 깨닫게 된다.

찰스와의 사랑을 키워나가던 다이애나는 1981년 2월 초, 윈저 성(城)에서 찰스에게 청혼을 받았다. 그리고 2월 24일 그들은 공식적으로 약혼을 발표했다. 약혼 발표 후 다이애나는 언론이 주목하는 인물이 되었다. 특히 다이애나가 약혼 발표 후 열린 첫 공식 행사장에 어깨 끈이 없고 가슴이 깊게 팬 드레스를 입고 나오자, 언론은 연신 그녀의 가슴에 카메라를 들이댔다. 심지어 어떤 방송 카메라는 위에서 다이애나의 모습을 꾸준하게(?) 잡기도 했다. 다이애나는 그 이후에 섹시한 이미지로 사람들에게 부각되기 시작했고, 이때부터 본격적인 언론의 사냥이 시작되었다.

세기의 결혼

약혼 발표 후 5개월이 지난 1981년 7월 29일 다이애나와 찰스 왕세자는 세계의 이목이 집중된 가운데 런던의 성 베드로 성당에서 성대한 결혼식을 올렸다. 사람들의 뜨거운 환호와 함께 신데렐라가 탄생하는 순간이었다. 그러나 다이애나는 후에 결혼식 전날 밤의 심경을 "도살장에 끌

---

1) 『Current Biography』(1996).

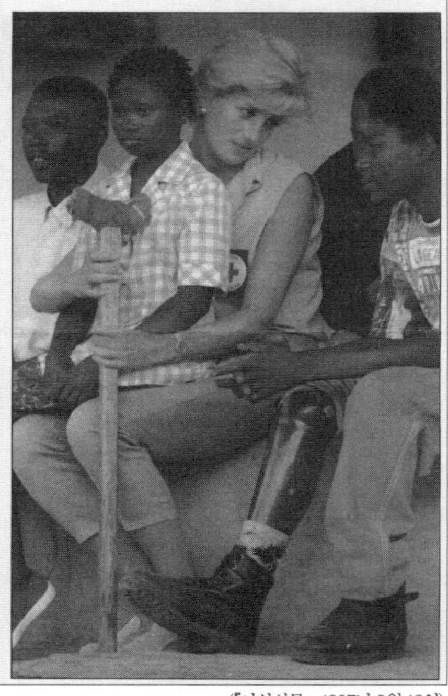

(『여성신문』, 1997년 9월 12일)

파크병원에서 봉사 활동을 하고 한때 웨이트리스, 유치원 보모였던 다이애나는 찰스에게 청혼을 받은 날부터 본격적으로 언론이 주목하는 인물이 되었다.

려가는 어린양이 된 기분"이라고 표현할 정도로 결혼 전 심한 스트레스에 시달렸다고 토로했다.[2]

다이애나의 결혼식은 전 세계가 주목하는 하나의 방송용 축제였다.

2) 앤드루 모튼, 송은경 · 이순희 역, 『나, 다이애나의 진실』(사회평론, 1997), 120쪽; 언론의 횡포도 묵과할 수 없을 정도로 심해져 갔다. 그녀의 아파트 정면에 방을 얻어 창 밖으로 비춰지는 그녀의 일거수 일투족을 카메라로 연신 찍어댈 정도였다. 앤드루 모튼, 송은경 · 이순희 역, 위의 책, 394쪽.

미국의 3대 TV 네트워크 방송사에서 주연급 앵커를 파견해 결혼식 장면을 중계할 정도였다. 그리고 TV 연출자들은 전 세계에 방영되는 이날의 결혼식을 위해 마차를 끄는 말의 똥까지 신경 쓸 정도로, 찰스와 다이애나의 결혼식을 화려하게 만들기 위해 노력했다.[3] 덕분에 왕세자 부처의 결혼식은 짜여진 각본에 의해, 전 세계 언론의 카메라 세례 속에서 근사하게 진행되었다.

왕실의 며느리가 된 다이애나의 미래는 장밋빛처럼 보였다. 그러나 20세의 나이 어린 다이애나가 엄격한 왕실 분위기에 적응하는 건 생각보다 쉽지 않았다. 겉으로 보기에 찰스와 다이애나는 세기의 결혼에 걸맞은, 행복한 생활을 영위하는 듯했다. 그러나 후에 밝혀진 바에 따르면 다이애나는 이 시기부터 심각한 불안증세를 보였고, 찰스의 전 애인 카밀라 파커 보울즈의 존재를 항상 의식했으며, 언론의 집요한 추적에 지쳐 있었다고 한다.

특히 이들 사이에 카밀라 파커 보울즈가 끼어 들면서 다이애나와 찰스 사이는 소원해지기 시작했다. 그것을 알게 된 엘리자베스 여왕은 왕세자 부처 사이에 생기기 시작한 반목을 해결하기 위해 그들에게 여행을 권고했다. 필립 공과 사이가 좋지 않으면 여행으로 해결을 보았던 자신의 경험에서 우러나온 권고였다. 찰스와 다이애나는 그 권고를 받아들여 바하마 제도로 여행을 떠났다. 다이애나는 이때 임신 중이었다. 왕실에만 박혀 있던 왕세자 부부의 여행은 기자들에겐 아주 좋은 기회였다. 대어를 낚은 것은 타블로이드 신문 『선』지였다. 왕실 출입 기자였던 해리 아놀드와 아서 에드워즈는 찰스와 다이애나가 휴가를 떠났다는 소식을

---

3) 결혼식을 완벽하게 방송하기 위한 TV 연출자들의 노력은 눈물겨웠다. 움베르토 에코의 말에 따르면, 연출자들은 왕실 말들에게 일 주일 동안 특수한 알약을 먹였다고 한다. 카메라에 잘 받는 말똥 색깔을 만들기 위해서였다. 이냐시오 라모네, 원윤수 · 박성창 역, 『커뮤니케이션의 횡포』(민음사, 2000), 140쪽.

들고, 무려 3시간 동안의 잠복 끝에 다이애나의 비키니 차림을 카메라에 담는 데 성공했다. 물론 이 사진은 『선』지의 지면을 화려하게 장식했다. 다이애나와 찰스가 볼멘소리를 낸 것은 물론이고, 엘리자베스 여왕은 그 기사가 실린 날을 "영국 언론 최악의 날"이라 지칭하면서 불편한 속내를 드러냈다.[4] 그러나 그것은 예고편에 불과했다.

찰스 왕세자와의 불화, 언론의 귀찮을 정도의 관심은 1982년 6월 21일 윌리엄 왕자가 태어나면서 한동안 수그러들었다. 왕실은 대를 이을 아들이 탄생한 데 대해 기쁨을 표시했고 찰스 역시 마찬가지였다. 다이애나도 아들의 탄생을 기뻐했지만 곧 극심한 산후 우울증과 대식증에 시달려야 했다. 그러나 찰스는 이런 다이애나를 이해하지 못했다. 1984년 8월 15일 해리 왕자가 태어난 후 공개 석상에서 드러나진 않았지만 다이애나와 찰스 사이는 더욱 멀어져 있었다. 언론에서도 왕세자 부처의 벌어진 관계에 의혹의 눈초리를 보내기 시작했고 급기야 왕세자 부처의 불화설이 떠돌기 시작했다. 이때까지만 해도 부부 사이에 벌어진 틈을 메우려 노력했던 찰스와 다이애나는 이런 소문을 막기 위해 방송에 출연하기로 결정했다. 1985년 10월 왕세자 부처는 영국의 상업방송 ITV(Independent Television)에 출연해 다정한 모습을 보여줌으로써 불화설을 일거에 뒤집을 수 있었다.

왕세자 부처의 미국 방문을 고려해 기획되기도 했던 이 인터뷰는 1985년 말 찰스와 다이애나가 워싱턴을 방문했을 때 미국에서도 방영돼 큰 인기를 얻었다. 왕세자 부처는 미국에서도 환영받았다. 특히 다이애나의 인기는 미국에서도 상당했다. 워싱턴을 방문했을 때 다이애나는 레이건 부처가 마련한 무도회에서 『토요일 밤의 열기』로 유명한 존 트라볼타와 춤을 추기도 했다. 다이애나가 춤을 즐겨 춘다는 걸 알고 있던 낸시

---

4) 키티 켈리, 이종인 역, 『로열스 2』(동방미디어, 1998), 66-67쪽.

레이건이 특별행사로 존 트라볼타를 초청했던 것이다. 다이애나는 즐거워했고 존 트라볼타 역시 다이애나의 춤 실력에 놀랐다고 한다.[5]

스캔들 메이커

존 트라볼타를 놀라게 했던 다이애나의 춤 실력은 곧 찰스와 영국인들을 놀라게 만들었다. 1985년 12월 23일 왕세자 부처는 코벤트 가든에서 공연을 보고 있었다. 공연이 거의 끝나갈 무렵, 다이애나는 찰스를 남겨두고 어디론가 사라졌고, 마지막 공연을 위한 막이 오르자 유명한 발레 스타인 웨인 슬립과 미모의 여자가 등장했다. 무대를 보고 있던 사람들은 곧 술렁이기 시작했다. 웨인 슬립과 짝을 이룬 금발의 여자가 왕세자빈이었던 것이다. 그녀는 능숙한 솜씨로 빌리 조엘의 〈업 타운 걸〉이라는 노래에 맞춰 웨인 슬립과 춤을 추고 있었다. 이 즉흥 공연은 남편 찰스에게 주는 다이애나의 크리스마스 선물이었다. 그녀는 공연 며칠 전부터 노래에 맞춰 연습을 했고 이날 그걸 선보였던 것이다. 찰스 왕세자는 그 모습을 보고 공식석상에서는 칭찬을 아끼지 않았다. 그러나 후에 그는 다이애나의 이런 행동을 지나친 과시욕에 지나지 않는다고 그녀를 비난했다고 한다.[6] 찰스와 다이애나의 관계는 이처럼 공식석상에서의 모습과 사적인 자리에서의 모습이 달랐다.

찰스와 다이애나의 말다툼은 점점 심해졌다. 한때 그들이 사랑했고, 사랑을 회복하려 서로 노력했던 것은 분명하지만 한 번 벌어진 틈은 쉽사리 메워지지 않았다. 특히 1986년이 되자 왕세자 부처 사이의 균열은 걷잡을 수 없이 커져갔다. 다이애나가 보기에 자신의 결혼 생활은 이미 형식적인 것이 되어 버렸다. 찰스는 1985년 무렵부터 카밀라와 만나고

---

5) 키티 켈리, 이종인 역, 『로열스 2』(동방미디어, 1998), 92-97쪽.
6) 키티 켈리, 이종인 역, 위의 책, 100-102쪽.

있었고 다이애나는 그런 찰스를 지켜보는 것밖에는 할 일이 없었다. 찰스와 다이애나 모두 이제는 형식적인 결혼 생활에 생기를 불어넣는, 헛된 노력을 기울이지 않았다. 이때 다이애나는 한 칵테일 파티에서 기병대 장교인 제임스 휴이트를 만나 그와 연인 관계로 발전했고 그 관계는 약 5년 동안 지속되었다. 사실상 왕세자 부처의 결혼 생활은 끝나고 있었다. 그러나 그들은 그것을 숨긴 채 1980년대를 지나갔다. 겉으로 보기엔 별다른 일이 없어 보였다. 다만 다이애나 혼자 참석하는 공식 행사가 늘어났을 뿐이었다.

1990년대에 접어들자 다이애나는 색다른 공식 행사에 집중한다. 자선 사업에 몰두했던 것이다. 1991년과 1992년, 다이애나는 영국의 부랑자 합숙소를 방문했다. 또 그녀는 에이즈 퇴치 운동에 열성을 보였고, 자선 사업과 관련된 공식 행사를 더욱 늘려갔다. 찰스는 그 나름대로 여러 행사에 참여했다. 그들은 경쟁하듯이 따로 공식 행사에 참여했다. 이때쯤 그들의 관계는 공식석상에서조차 자신들의 불편한 심기를 숨기지 않을 정도로 멀어져 있었다.

찰스와 다이애나의 불화는 1992년 영국에서 출판된 앤드루 모튼의 『다이애나, 그녀의 진실(Diana, Her True Story)』이란 책 때문에 대중에게 자세히 알려졌다.[7] 사람들은 신데렐라 다이애나가 그토록 어려운 결혼 생활을 했다는 사실에 놀랐고, 자살 시도를 여러 번 했다는 사실에 더더욱 놀랐다. 왕실은 이 책이 나왔다는 사실에 극도의 불쾌감을 나타냈다. 책이 나오기 전인 1992년 6월 7일, 영국의 『선데이 타임스』에 이 책을 요약한 내용이 실리자 찰스 왕세자는 불같이 화를 냈다고 한다.[8] 왕실의 유감 표시와는 상관없이 영국의 타블로이드 신문은 다이애나의 불

---

7) 이 책은 다이애나 사망 후 세 번의 개정을 거쳐 현재 한국에 '앤드루 모튼, 송은경 · 이순희 역, 『나, 다이애나의 진실』(사회평론, 1997)' 이란 이름으로 출간되어 있다.
8) 키티 켈리, 이종인 역, 『로열스 2』(동방미디어, 1998), 218-219쪽.

행한 결혼 생활을 대서특필했다. 『선』지는 1면부터 10면까지 찰스와 다이애나의 불행한 결혼 생활에 대한 기사로 도배했고, 그들이 이미 별거에 합의했다는 오보까지 내보냈다. 한 술 더 떠 『데일리 익스프레스』는 이혼 발표가 임박했다는 추측 기사를 내보내기도 했다.[9] 호시절을 만난 언론이 장사 한 번 실컷 해먹은 것이다.

앤드루 모튼의 책 출간과 언론의 호들갑으로 인해 찰스와 다이애나의 결혼은 끝을 향해 달리고 있는 듯 보였다. 다이애나는 여전히 왕실의 한 일원으로 공식 행사에 참여했지만 찰스 왕세자와 팽팽한 긴장 상태를 유지했다. 1992년 11월 한국을 방문했을 때 그들은 서로 마주보지도 않았고, 같은 차를 타지도 않았다. 부부 사이에 생긴 균열은 그만큼 컸고, 한 달 후 존 메이저 영국 총리는 왕세자 부처의 별거를 선언했다.

별거 발표 후 찰스 왕세자의 왕위 계승 문제가 불거져 나왔다. 특히 이혼이 불가피하다는 인식이 확산되면서 왕정 지지파가 대부분인 보수당 의원들조차 찰스의 왕위 계승에 우려를 나타낼 정도였다. 반왕정 공화주의자들은 이 사건을 계기로 군주제를 폐지하자고 성토했다. "재위 중인 현 여왕이 아마도 우리 군주제도하의 마지막 군주가 될 것"이라는 노동당 스킨너 의원의 말이 BBC 저녁 뉴스 시간에 여과 없이 방송돼 파란을 일으키기도 했다.[10] 여론 또한 군주제 옹호에서 폐지 쪽으로 서서히 기울고 있었다. 그러자 발등에 불이 떨어진 것은 영국 왕실이었다. 왕실이 어떻게든 왕세자 부처의 이혼을 만류하려 노력했음은 물론이다. 그러나 그들은 언론을 너무 과소 평가했다. 다이애나와 찰스는 언론의 집요한 노력(?)에 의해 이혼의 길로 내몰렸기 때문이다.

---

9) 배명복, 〈영(英) 옐로 페이퍼와 다이애나〉, 『중앙일보』, 1992년 6월 10일, 5면.
10) 한준엽, 〈"군주제, 영국에 불리" 반왕실 여론 고조〉, 『시사저널』, 1993년 1월 7일, 50면.

홧김에:다이애나는 이번 인터뷰에서 한때 왕실 근위기병대 소속이던 제임스 휘트 소령(위)과의 불륜 관계를 공개적으로 시인했다. 이는 남편의 외도에 대한 보복이라는 분석이다.

"못 살겠다" 세자비 선언에 왕실 흔들

다이애나, 불륜 고백한 BBC 인터뷰로 일파만파…찰스 왕위 계승도 불투명해져

'다이애나라마'로 불리는 BBC 텔레비전의 지난 11월20일 밤 〈파노라마〉 파동은 다이애나가 텔레비전 매체를 이용해 벌인 궁정 반란이었다. 영국의 군주제는 왕세자비 다이애나의 BBC 시사 다큐멘터리 〈파노라마〉 대담 파동으로 36년 에드워드 8세가 왕위 퇴위 선언을 한 이후 가장 심각한 위기 국면을 맞게 되었다.

17년에 시작된 현재의 영국 왕실 원저가는 지난 11월20일을 33세의 왕세자비가 69세인 여왕과 그의 남편인 필립공을 포함한 왕실 전체를 향해 전쟁을 선포한 날로 기억할 것이다. 그것도 영국 국민뿐만 아니라 전세계 텔레비전 시청자 10억명을 관객으로 삼아 자신의 고통과 아픔을 직접 호소하면서, 다이애나는 〈파노라마〉에서 여주인공으로서 명연기를 펼쳐 보였다. 55분 동안의 대담은, 81년 19세 때 다이애나가 원저가의 일원이 되면서 겪어온 여자의 일생을 그야말로 파노라마처럼 펼쳐 보인 '다이애나라마'였다.

다이애나는 지난 11월5일 비밀리에 자기 거처인 켄싱턴 궁전에서 사전 녹화된 이 프로로, 파국을 향해 치달아온 자신의 결혼 생활에 종지부를 찍을 수도 있을 시한폭탄을 장치한 셈이 됐다. 올해로 왕세자 책봉 27년을 맞은 찰스 왕세자(47)가 엘리자베스 여왕의 뒤를 이어 왕위를 계승할 것인가에 대한 가장 직접적인 의문이 바로 왕세자비 다이애나에 의해 제기된 것이다.

왕세자비 언행, 옛날 같으면 교수형감

배신과 불륜으로 얼룩진 왕실 내부 사정에서 복수와 애증으로 촉발된 혼외 정사로까지 번진 자신들의 14년 결혼 생활을 한편의 멜로드라마처럼 적나라하게 펼쳐 보이면서, 다이애나는 자신이 결코 왕비가 될 수 없을 것임을 공개적으로 밝혔다. 동시에 그는 현재 별거중인 남편 찰스 왕세자가 자기와 이혼할 경우 아들인 윌리엄 왕자에게 왕위를 양보하기 위해 왕세자로서의 위치를 결국 포기해야 할 것임을 암시하였다. 왕세자의 적법한 왕위 계승에 쐐기를 박는 무엄한 발언과 함께 자신의 혼외 정사까지 시인한 왕세자비의 이같은 처신은, 지난날 군주제도에서는 교수형을 받을 대역죄에 해당한다.

다이애나라마의 주인공은 왕실의 불쾌한 반응과 우려에도 불구하고 텔레비전 화면 앞에 앉은 대부분의 시청자가 자기편임을 잘 알고 있다. 자신의 앞날과 관련해 강인한 여성으로서 새로운 면모를 보여준 그의 단호한 태도가 그것을 입증한다. 그래서 다이애나는 대담 들머리에서 자신의 투쟁이 계속될 것임을 다짐함으로써 지난날 수줍고 연약한 이미지를 떨쳐 버리는 데 안간힘을 다하였다. 이 프로에서 다이애나는 '나는 끝까지 투쟁할 것이다. 그것은 내가 수행해야 할, 짊어져야 할 직분이 있기 때문이며, 또 끝까지 부양하고 길러야 할 두 아이가 있기 때문이다'라고 말했다.

찰스 왕세자를 위시한 그의 친구들과 왕실 측근들을 '적대 세력'이라고 규정한 〈파노라마〉 대담

(『시사저널』, 1995년 12월 7일)

언론은 다이애나의 불행한 결혼 생활을 대서특필했고 그들이 이미 별거에 합의했다는 오보까지 내보냈다. 호시절을 만난 언론이 장사 한 번 실컷 해먹은 것이다.

싸움은 붙여야 맛?

왕세자 부처가 별거를 발표하기 전인 1992년 8월, 1989년 12월 31일에 있었던 다이애나와 그녀의 남자 친구인 제임스 길베이와의 전화 통화가 공개되면서 한동안 다이애나는 구설수에 올랐다. 다이애나는 어렸을 적 친구인 길베이와 사적인 대화를 나누었고, 그로 인해 '길베이와 혼외 정사를 하지 않았나' 하는 의심에 시달렸다.[11] 1993년 1월에는 찰스가 구

설수에 올랐다. 1989년 12월 18일에 있었던 찰스와 카밀라 사이의 친밀하고도 은밀한 전화 통화 내용이 호주의 주간지 『뉴 아이디어』에 공개되었던 것이다. 언론의 선정적인 폭로 기사로 왕실은 진창 속으로 빠져들었다.

그리고 얼마 지나지 않아 영국 언론들은 대박을 터뜨렸다. 1993년 11월 다이애나가 헬스클럽에서 몸에 딱 달라붙는 운동복을 입고 운동하는 지극히 선정적인 모습의 사진이 영국의 『선데이 미러』에 실렸다. 헬스클럽 주인인 브라이스 테일러가 원격조종 카메라로 찍은 이 사진은 『선데이 미러』에 무려 12만 파운드(한화 1억 4천4백만 원)에 팔렸다.[12] 다이애나는 즉각 이 사진을 찍은 테일러와 『선데이 미러』를 상대로 소송을 제기했다. 그리고 존 메이저 정부와 의회는 이를 계기로 언론의 지나친 사생활 침해를 규제하자고 목소리를 드높였다. 여론 또한 마찬가지였고 다이애나는 이 사건으로 동정적인 여론을 획득할 수 있었다.

다이애나가 인기를 유지하고 있었던 반면 찰스의 인기는 급락했다. 『다이애나, 그녀의 진짜 이야기』의 영향으로 찰스는 부인을 보살피지 못한 무책임한 남편으로 인식되기 시작했다. 더구나 앤드루 모튼의 책을 토대로 한 TV 드라마가 프랑스에서 제작되어 위성방송으로 영국에 방영되자 찰스에 대한 부정적인 인식은 더욱 확산되었다. 이 드라마에서 찰스가 이기적이고, 우유부단하며, 엘리자베스 여왕을 두려워하는 소심한 인물로 묘사됐기 때문이었다.[13] 이로 인해 찰스의 왕위 계승에 대한 국민의 회의가 늘어갔고, 덩달아 군주제 폐지 논의도 점점 확산되었다.

이런 상황을 견디다 못한 찰스는 1994년 7월 BBC 방송 기자인 조나

---

11) 제임스 길베이와의 은밀한 관계를 다이애나는 부정했다. 그러나 일각에서는 그녀가 길베이와 정사를 나누는 관계였다고 주장하기도 한다.
12) 한준엽, 〈영(英) "언론이 너무 했다"〉, 『시사저널』, 1993년 12월 9일, 52면.
13) 이에 반해 다이애나는 실제보다 더 좋은 인물로 묘사되었다. 〈'다이애나 이야기' TV 드라마로〉, 『문화일보』, 1993년 2월 11일, 6면.

단 딤블비와 인터뷰를 가졌다. BBC를 통해 방송된 인터뷰에서 찰스 왕세자는 그 동안 소문으로만 알려졌던 카밀라 파커 보울즈와의 혼외정사를 인정했다. 부부 생활이 파탄 난 다음에 벌어진 일이라는 단서(但書)를 달았지만 이 발언은 실수였다. 인터뷰가 방영된 다음 날, 영국의 신문이 일제히 찰스의 혼외정사 문제를 물고 늘어졌기 때문이다.

그 후에도 왕세자 부처와 관련된 사태는 걷잡을 수 없이 확산되었다. 1994년 10월 3일, 다이애나와 불륜관계였던 제임스 휴이트의 증언을 토대로 씌어진 『사랑에 빠진 왕세자빈(Princess In Love)』이란 책이 출간되었다. 출간된 지 하루도 지나지 않아 7만5천여 부가 팔려나간 이 책에서 휴이트는, 다이애나와 1986년 무렵부터 5년 동안 연인관계로 지냈다고 폭로했다.[14] 사건은 연이어 터졌다. 별거 후 여론의 뭇매를 맞았던 찰스가 같은 해 11월 BBC 방송 기자인 조나단 딤블비의 입을 빌어 자신의 자서전을 냈던 것이다.[15] 『Prince Of Wales(웨일스 공)』란 제목으로 나온 이 책에서 찰스는 자신은 다이애나를 사랑한 적이 없으며, 다이애나에게 청혼한 것은 아버지 필립 공(公)의 강요 때문이었다고 털어놓았다. 또 그는 자신이 사랑한 사람은 카밀라였으며 그녀와의 정사는 한 번이 아니라 세 번이었다는 사실도 털어놓았다. 그가 이렇듯 솔직하게 자신의 부정(不貞)을 드러낸 건 일종의 도박이었다. 솔직함으로 여론을 돌려보자는 심산이었던 것이다. 그러나 그 도박은 실패하고 말았다. 찰스에게서 떠난 민심은 쉽게 돌아오지 않았고 오히려 더 악화되었다.

타블로이드 신문은 계속되는 공방전 소식을 내보냈다. 여론의 향배를

---

14) 5주만에 급조된 이 책은 왕세자빈을 육체를 탐하는 색녀로 묘사해 사람들에게 지탄을 받았고, 타블로이드 신문들은 이례적으로 이 책과 제임스 휴이트 퇴역소령을 비난하는 사설을 싣기도 했다. 여론 또한 다이애나에게 호의적이었다. 불륜을 저지르긴 했으나 빌미를 제공한 이가 찰스라는 생각이 지배적이었기 때문에 다이애나는 동정표를 얻을 수 있었고, 뜻하지 않게 찰스 왕세자만 곤경에 빠지게 되었다. 그리고 휴이트는 사랑을 팔아 돈을 번 치사한 인간이라는 평가를 받아야 했다.
15) 조나단 딤블비는 찰스의 편지, 일기 등 1만여 점의 자료를 제공받아 이 책을 썼다.

두고 엎치락뒤치락 하는 찰스와 다이애나의 다툼은 그야말로 흥미로운 기사거리였다. 다이애나는 타블로이드 신문이 1면에 내세우는 단골 모델(?)이 되었고, 다이애나가 등장하는 신문은 불티나게 팔려나갔다. 영국인들은 찰스와 다이애나가 빚어내는, 드라마보다 더 드라마틱한 갈등과 반전에 중독되었고 이 와중에 다이애나와 찰스는 돌아올 수 없는 강을 건너고 있었다. 이 모든 드라마는 물론 영국 언론의 작품이었다. 평론가 조우 리갈리는 그 상황을 이렇게 말한 바 있다.

"찰스와 다이애나를 둘러싼 이야기는 영국 국민에게 아편이 되고 말았으며 언론의 선정주의에 깔려 두 사람이 더욱 불행해졌다."[16]

세기의 이혼

찰스와 다이애나의 공방전은 1995년 11월 20일에 방영된 다이애나의 눈물 젖은(?) 인터뷰 덕분에 다이애나의 승리로 종결되었다. BBC의 시사 다큐멘터리 프로그램『파노라마』에 출연한 다이애나는, 55분 동안 인터뷰를 하며 자신이 그 동안 당해왔던 설움(?)을 털어놓았다.『파노라마』에 등장한 다이애나는 남편의 외도와 왕실의 권위에 피해 입은 한 여성이었다. 다이애나는 이 인터뷰에서 자신의 결혼이 애초부터 두 사람이 아닌 세 사람이 개입돼 있어 혼잡스러웠다고 밝히며, 찰스와 카밀라의 부정을 간접적으로 비난했다.[17] 다이애나는 또한 "나는 왕비가 될 생각이 없지만 찰스도 왕으로서 자격이 있을까 의문이다"란 말을 해 찰스 왕세자의 왕위 계승을 간접적으로 부정하는 놀라운 발언을 했다.[18] 그리고 그녀는 "당신은 부정(不貞)을 저질렀습니까?"란 질문에 "그렇습니다. 그

---

16) 송철복, 〈"내 결혼은 불행의 씨앗"〉,『뉴스메이커』, 1994년 11월 3일, 61면.
17) 한준엽, 〈"못 살겠다" 세자비 선언에 왕실 흔들〉,『시사저널』, 1995년 12월 7일, 73면.
18) 권은정, 〈다이애나, 세기의 결단〉,『한겨레21』, 1996년 3월 14일, 68면.

를 흠모했고 그와 사랑에 빠졌습니다"란 말로 자신이 제임스 휴이트 소령과 불륜을 저질렀다는 사실을 인정했다.[19]

다이애나가 출연한 『파노라마』는 놀라운 시청률을 기록했다. 2천1백만 명이 이 프로그램을 시청한 것으로 알려졌는데, 이는 영국 인구의 3분의 1에 해당하는 막대한 숫자였다. 대부분의 시청자가 성인이었다고 가정한다면 영국 성인 인구의 3분의 2 이상이 이 프로그램을 본 셈이 된다. 그뿐 아니다. 이 프로그램은 BBC 위성중계로 전 세계 1백10개국에 동시 중계되기까지 했다.[20] 한 마디로 이 프로그램은 대박을 터뜨린 것이다. 그런데 정작 놀라운 것은 시청자의 대다수가 다이애나를 비난하지 않았다는 것이다. 오히려 여론은 더욱 동정적으로 변해 다이애나의 행동을 지지하는 사람이 늘어났을 정도였다. 찰스가 먼저 불륜을 저질러, 원인을 제공했다는 인식 때문에 벌어진 일이었다.

비밀리에 촬영된 다이애나의 인터뷰와 언론의 호들갑으로 교착상태에 있던 왕세자 부처의 별거는 급격히 허물어졌다. 그 동안 이혼에 반대하던 엘리자베스 여왕이 12월 18일 다이애나에게 정식으로 이혼 권고 서한을 보내자, 다이애나는 이듬해 2월 28일 그 권고를 받아들여 이혼하기로 결정했다. 그리고 찰스와 다이애나는 1996년 8월 28일 우여곡절 끝에 이혼에 합의해 15년간의 부부 생활을 청산했다. 다이애나는 위자료로 1천5백 파운드(한화 1백80억 원 정도)를 받았고, 켄싱턴 궁(宮)에 머무를 수 있었으며 자녀의 양육권을 찰스와 공동 소유할 수 있었다. 그리고 왕세자빈(Princess Of Wales)이라는 칭호도 유지할 수 있었다.

이혼 후에도 다이애나는 그 동안 벌여왔던 자선 행사와 봉사 활동을 그만두지 않았다. 아니 더욱 활발하게 그런 활동을 펼쳐갔다. 그녀는 이혼 후 앙골라, 보스니아 등을 방문해 대인지뢰금지 캠페인을 펼쳤고 자

---

19) 이상원, 〈"그를 흠모했고 사랑에 빠졌었어요"〉, 『한국일보』, 1995년 12월 21일, 9면.
20) 박권상, 〈여왕은 한숨짓고…〉, 『신동아』, 1996년 5월호, 512쪽.

신의 드레스를 경매에 부쳐, 그 수익금 전액을 암 치료센터와 에이즈 위기관리센터에 기부했다.[21] 이런 자선 활동으로 다이애나는 사회적으로 인정받기 시작했다. 그녀는 더 이상 윈저 가의 후광을 바라지 않아도 될 만한 명사가 되어 있었고, 그녀의 세계적인 인기는 식을 줄 몰랐다. 그러나 다이애나의 인기가 급상승 곡선을 그을수록 이제 그녀에게 다가가기 위한 벽(왕실)이 없어진 만큼 언론은 노골적으로 그녀에게 카메라 렌즈를 들이댔다. 그리고 그것은 결국 다이애나를 죽음으로 내몰고 말았다.

찰스와의 관계가 모두 끝난 후 다이애나는 새로운 남자친구를 사귀었다. 할리우드의 영화 제작자이자 영국의 헤롯 백화점 주인 모하메드 알 파예드의 아들인 도디 알 파예드가 그 상대였다. 이 소식이 알려지자, 그렇지 않아도 파파라치의 카메라 공세에 시달리던 다이애나에게는 더욱더 많은 파파라치들이 따라다니기 시작했다. 돈을 벌기 위한 파파라치의 추적은 집요했다. 제대로 된 사진 한 장만 건지면 일확천금을 벌 수 있기 때문에 그들은 뉴스거리인 다이애나와 도디를 줄기차게 따라다녔다. 일례로 이탈리아의 한 파파라치는, 다이애나와 도디가 요트에서 데이트하고 있는 장면을 찍어 순식간에 많은 돈을 벌 수 있었다. 그는 이 사진을 영국의 타블로이드 신문 『데일리 미러』에 팔아 25만 파운드(한화 3억 5천만 원)를 받은 것을 비롯해, 단지 다이애나의 사진 한 장으로 15억 원 정도의 수익을 올렸다.

다이애나로서는 이런 상황이 곤혹스러웠다. 다이애나는 사망하기 얼마 전 프랑스의 『르몽드』지와 가진 인터뷰에서 언론의 행태에 대해 다음과 같은 불만을 토로했다.

"언론은 잔인하다. 결코 용서하는 법이 없으며 실수만을 쫓는다. 동기는 왜곡되고 모든 제스처는 비난받는다. 제 정신을 가진 사람이 내 입장

---

21) 배국남, 〈이혼한 왕실의 두 며느리〉, 『주간한국』, 1997년 4월 3일, 63면.

이라면 벌써 영국을 떠났을 것이다. 하지만 나는 그럴 수 없다. 자식이 있기 때문이다."[22]

언론의 집요한 추적에 시달리며 "파파라치의 등쌀에 하루하루가 불안의 연속이며 생명의 위협마저 느낀다"고 말했던 다이애나가 영국을 떠난다고 해서 문제는 해결되지 않았을 것이다.[23] 이미 다이애나의 사진은 비싸게 거래되고 있었고, 그만큼 그를 따라다니는 파파라치도 끊이지 않았기 때문이다.[24]

다이애나 신드롬

1997년 8월 30일 다이애나는 연인 도디와 함께 파리에 위치한 리츠 호텔에서 저녁 식사를 했다. 저녁 식사 후 그들은 도디의 아파트로 향할 예정이었다. 그러나 호텔 주변에는 그들을 뒤쫓는 파파라치들이 들끓고 있었고 도디는 그들을 따돌리려 했다. 호텔 앞으로 위장 차량을 들여온 도디와 다이애나는 뒷문으로 빠져 나와, 대기해 두었던 차를 타고 도디의 아파트로 향했다. 그러나 파파라치들이 누구인가. 곧 오토바이가 그들이 탄 차량을 따라붙기 시작했다.

다이애나를 태운 차량은 오토바이를 따돌리기 위해 1백90km라는 경악할 만한 속도로 달리기 시작했다. 그러나 다이애나와 도디가 몰랐던 사실은, 운전기사가 이미 만취한 상태였다는 것이다. 다이애나를 태운 차는 지하터널로 들어가기 위해 곡선 차도로 접어들었다. 그러나 속력을

---

22) 이진녕, 〈스타 쫓는 '스캔들 사냥꾼'〉, 『동아일보』, 1997년 9월 1일, 39면.
23) 유병선, 〈스캔들을 먹고사는 '한탕꾼'〉, 『경향신문』, 1997년 9월 1일, 3면.
24) 다이애나의 사진은 모나코의 캐롤라인 공주에 이어 세계에서 두 번째로 비싸게 거래됐던 것으로 밝혀졌다. 모나코의 캐롤라인 공주의 사진은 8백만 프랑(한화 약 12억 8천만 원)에, 다이애나의 사진은 7백만 프랑(한화 약 11억 2천만 원)에 거래되었다고 한다. 김강호, 〈일확천금 노리는 유명인(有名人) 사생활 '사냥꾼'〉, 『문화일보』, 1997년 9월 2일, 9면.

줄이지 못한 상태에서 운전기사가 급하게 핸들을 왼쪽으로 꺾은 것이 화근이었다. 차가 터널을 떠받치고 있던 콘크리트 기둥을 정면으로 들이박았던 것이다. 이 사고로 운전기사와 도디는 그 자리에서 즉사했고, 경호원은 살아 남았으며 다이애나는 급히 병원으로 옮겨졌으나 이튿날 숨을 거뒀다.

다이애나는 갑작스런 죽음으로 성녀(聖女)가 되었다. 다이애나에게 동정적인 시선을 보내왔던 영국 국민들 사이에는, 일명 '다이애나 신드롬'이라 불리는 이상 추모열기 현상이 나타났다. 다이애나가 머물렀던 켄싱턴 궁 앞에는 그녀의 죽음을 애도하는 꽃다발이 쌓여갔고, 그녀가 결혼식을 올렸던 세인트 폴 대성당에는 추모 예배를 보기 위해 몰려든 사람으로 인산인해(人山人海)를 이루었다. 런던 시내의 상점에서는 다이애나의 사진이 새겨진 머그잔, 수건, T셔츠 등이 불티나게 팔려나갔고, 다이애나를 다룬 책은 없어서 못 팔 정도가 되었다. 영국의 BBC 방송은 다이애나 관련 사진들과 영상 기록을 편집해, 전 세계 방송국에 팔 계획을 세우는 등 다이애나 특수를 노리기도 했다.[25]

세계 각국의 언론은 다이애나 사망 이후 장례식에 이르는 7일 동안 다이애나 관련 기사를 끊임없이 보도했다. 그로 인해 그녀는 순식간에 '스캔들 메이커'에서 '비운의 영국 장미'로 격상되었다. 그것은 일종의 우상화 작업이었다. 영국의 TV와 라디오는 다이애나 사망 후 한동안 정규 프로그램을 중단하고, 다이애나의 생애를 회고하는 방송을 하거나 조곡(弔哭)을 틀었다.[26] 언론, 특히 영국의 타블로이드 신문의 변신은 정말 대단했다. 다이애나를 먹잇감으로 생각하며 그녀를 '스캔들 메이커'로 만들고, 그녀의 이혼에 결정적인 역할을 했던 타블로이드 신문들은 다이애나가 죽자 그녀를 추켜세우기 바빴다. 엘리자베스 여왕이 다이애나의 죽

---

25) 임봉수, 〈다이애나 '특수(特需)' 바람〉, 『중앙일보』, 1997년 9월 4일, 28면.
26) 송태권, 〈'비운의 종막(終幕)' 애도 물결〉, 『한국일보』, 1997년 9월 2일, 13면.

음에 무관심하다며, 그녀를 비정한 시어머니로 만들 정도였다. 이처럼 영국의 언론은 다이애나 신드롬을 만들어 내더니 대중의 심리에 편승해 실컷 장사를 해먹었다.

그 중에서 가장 돋보이는 건 신문이었다. 영국의 타블로이드 신문 『데일리 미러』는 다이애나를 기념한다는 명목으로 9월 5일자 신문을 112면으로 발행하는 파격을 보여줬다. 다른 신문이라고 해서 예외가 아니었다. 한 조사에 따르면, 다이애나 사망 후 한 달 동안에 다이애나 관련 기사가 영국 주요 신문 지면의 35%를 차지했다고 한다. 이는 나치가 항복해 제2차 세계대전이 끝난 역사적인 날, 영국 신문의 나치 항복 관련 기사가 전체 지면의 26-27%를 차지한 것보다 높은 수치다.[27] 정말 놀라운 일이 아닐 수 없다.

다이애나의 장례식은 '다이애나 신드롬'을 실감케 하는 것이었다. 장례식은 1997년 9월 6일 런던의 웨스트민스터 사원에서 수백만 명의 사람이 운집한 가운데 진행되었다. 엘튼 존의 조가(弔歌)와 함께 거행된 다이애나의 장례식에는 수많은 취재진이 몰려들어, 다이애나의 결혼식과 마찬가지로 온 세계가 집중하는 '세기의 장례식'이 되었다.[28] 영국의 BBC 방송은 1백여 대의 카메라와 3백여 명의 기술진을 동원해 전 세계 1백87개국, 25억의 시청자에게 다이애나 장례식을 생중계 했다.[29] 그 덕분에 베네수엘라와 브라질에서는 수백만 명의 사람들이 밤을 새워가며 장례식 실황을 지켜보았고, 몇몇 파키스탄인은 절망한 나머지 자살하기

---

27) 김석, 〈그녀는 죽어서 돈벌이를 남겼다〉, 『뉴스메이커』, 1997년 10월 23일, 62면.
28) 다이애나를 추모하는 조가(弔歌)는 엘튼 존이 불렀다. 엘튼 존은 1973년 마릴린 먼로를 추모하며 만들었던 〈바람결의 촛불〉이라는 노래를 개사해 조가(弔歌)로 불렀다. 엘튼 존은 이 노래가 담긴 싱글앨범 『바람 속의 촛불 97』을 얼마 후 발표했는데, 이 앨범은 출시된 지 38일 만에 전 세계적으로 3천1백80만 장이 팔려나가는 놀라운 판매고를 기록했다. 〈다이애나 추모 엘튼 존 앨범 판매 신기록〉, 『뉴스위크 한국판』, 1997년 11월 5일, 60면.
29) 이종훈, 〈6백만 애도 인파 "아듀 프린세스"〉, 『세계일보』, 1997년 9월 6일, 11면.

그녀는 죽어서 돈벌이를 남겼다

다이애나 사망 후 영국 출판사·기념품 제조업체 등 '경기 특수' 누려

호랑이는 죽어서 가죽을 남기지만 다이애나는 죽어서 돈벌이를 남겼다. 생전에도 훌륭한 상품가치를 지녔던 다이애나 영국 왕세자빈의 주가가 숨진 뒤 천정부지로 솟아오르고 있다.

유명인사의 죽음이 미치는 경제적 영향은 흔히 '그레이스랜드(Graceland) 효과'라고 불린다. 한 사람의 죽음으로 인해 어떤 산업에는 불황이 닥치고 다른 산업에는 예기치 못한 수요가 폭발하기 때문이다.

다이애나의 죽음이 영국 경제에 미친 타격은 대단했다. 영화 등 레저산업이 한동안 완전히 손님을 잃었으며 심지어 식료품 등 생필품의 판매마저 줄어들었다. 한 경제전문가는 올해 3·4분기 영국의 국내총생산(GDP)이 다이애나가 사망하지 않았을 경우에 비해 0.1% 가량 줄어들었을 것으로 추정했다. 영국은 여기에 '다이애나 현상'이라는 이름을 새롭게 붙였다.

사망 후 〈선〉지 평소보다 150만부 더 팔려

한편에서는 몰려드는 수요를 제대로 감당하지 못한 산업도 있다. 이른바 '다이애나 산업'이다. 가장 먼저 혜택을 본 곳은 신문이었다.

영국의 대중지 〈선〉은 다이애나 사망 직후인 지난달 1일 평소에 비해 약 1백50만부가 더 팔렸다. 평소 3백만부가 팔리는 것에 비하면 50%나 늘어난 판매량이다. 같은날 〈가디언〉이 50%, 〈데일리 익스프레스〉가 20%, 〈데일리 스타〉가 10% 더 팔렸다.

영국의 신문은 물량 공세로 독자 호응에 답했다. 〈데일리 메일〉은 다이애나의 장례식 직전인 5일자 신문을 그녀를 기념해 무려 112쪽이나 발행했다. 영국의 신문이 다이애나에 할애한 지면은 '역사적'이라는 표현이 들어맞을 정도였다. 신문·잡지의 발췌기사를 제공하는 영국의 한 클리핑 통신사는 다이애나사망 이후 한달 동안 영국의 주요 신문이 전 지면의 35%를 다이애나 관련 기사에 할애했다고 밝혔다. 97년 상반기에 영국 신문에 실린 왕실 관련 기사가 1%밖에 되지않은 것에 비하면 입이 다물어지지 않는 수치다. 이는 2차대전 당시 나치가 항복한 날 관련기사가 26~27%를 차지한 것에 비해서도 훨씬 많은 양이다.

이 바람에 최근 몇년에 걸쳐 생산능력 규모를 줄였던 제지회사는 수요를 제대로 댈 수 없어 더 많은 돈을 벌 수 있는 기회를 놓친 것을 안타까워 할 수밖에 없었다.

신문의 호황이 점차 가라앉자 출판업이 뒤를 이었다. 영국의 도서판매업자는 다이애나가 사망한지 불과 며칠만에 그동안 남아 있던 다이애나 관련 서적의 재고를 모두 처분했다.

〈다이애나:그녀의 진실한 이야기〉라는 책을 쓴 앤드류 모튼은 이 과정에서 엄청난 돈을 벌었다. 그는 또 이 책으로 왕실의 청부 저술가에서 부유한 다이애나 전문가로 인정받게 됐다.

하지만 그때까지 팔린 책은 다이애나가 살아 있을 당시 출판된 책에 불과했다. 다이애나가 숨지자 출판사는 거기에 맞춰 독자의 구미를 당기게 할 수 있는 새로운 책을 펴냈다. 우선 모튼은 〈다이애나:그녀의 진실한 이야기〉라는 자신의 책 제목에 '그녀가 직접 말한'이라는 꼬리를 붙여 새로운 책을 펴냈다.

다이애나 애호가는 몇주 뒤면 서점에서 빌 디에스의 〈기억 속의 다이애나〉와 앤소니 홀든의 〈다이애나:생애와 유산〉이라는 책 가운데 무엇을 고를지에 대한 행복한 고민을 해야 할 처지다.

다음달 열릴 프랑크푸르트 도서박람회에서는 〈다이애나-세계를 바꾼 왕세자빈〉이라는 개인사 모음집도 선보이게 된다.

단순한 흥미성에서 한발 나아가 다이애나를 좀더 깊이 있게 바라본 책이 쏟아질 예정이다.

이렇게 쏟아져나오는 책

다이애나 사망으로 '다이애나 현상'이 사회 곳곳에서 일어난다. 신문·출판·비디오테이프·CD 등 그녀와 관계된 모든 것이 호황이다.

(『뉴스메이커』, 1997년 10월 23일)

그녀는 순식간에 '스캔들 메이커'에서, '비운의 영국 장미'로 격상되었다. 언론, 특히 영국의 타블로이드 신문은 그녀를 추켜세우기 바빴다.

도 했다.[30]

그 무렵 '사랑의 정부(政府)'를 건설하기 위해 일생을 헌신한 마더 테레사가 안타깝게도 이승의 끈을 놓았지만, 마더 테레사의 죽음도 다이애

---

30) 이냐시오 라모네, 원윤수·박성창 역, 『커뮤니케이션의 횡포』(민음사, 2000), 22쪽.

나의 죽음 앞에서는 별다른 기사거리가 되지 못했다. 하긴 당대 최고의 '스캔들 메이커'였던 다이애나의 죽음만큼 확실한 장사밑천이 어디에 있었겠는가.

언론의, 언론에 의한, 언론을 위한 인생

다이애나는 살아 생전 언론의 끈질긴 추적을 받아왔다. 이 때문에 사고 이후 황색 저널리즘에 대한 비판이 제기됐고 사생활 보호법을 제정하자는 목소리가 영국을 비롯한 유럽에서 불거져 나오기 시작했다. 유명스타들도 한몫 거들었다. 미국의 팝스타 마돈나는 "우리 모두가 손에 피를 묻혔다"고 말해 유명인의 뒤를 쫓는 파파라치와 그 사진을 비싼 값에 사서 지면에 싣는 황색 언론, 그리고 이를 보는 독자 모두를 비판했다.[31] 또 골프 천재 타이거 우즈는 "유명인이라면 누구에게든지 무차별적인 보도를 일삼아온 언론들에 조만간 어떤 조치를 내려야 할 것"이라고 말해 언론의 무책임한 보도 태도를 비판했다.[32] 그러나 아이로니컬하게도 황색 저널리즘의 당사자인 영국의 타블로이드 신문은 다이애나의 죽음으로 특수(特需)를 누릴 수 있었다. 다이애나 사망 후 며칠 동안 타블로이드 신문들이 최고의 판매 부수를 기록했던 것이다. 『선』지는 3천9백만 부를 팔았고, 『미러』지는 2천4백만 부, 『데일리 메일』은 2천3백만 부, 『데일리 텔레그라프』는 1천1백만 부를 팔았다.[33]

다이애나의 죽음으로 전 세계의 비난을 받게 된 건 파파라치였다. 사고 당시 다이애나를 뒤쫓던 파파라치들이 보여준 행동이 다이애나의 죽음을 슬퍼하던 이들에게 분노를 안겨줬던 것이다. 사고 현장을 보고 연

---

31) 〈"힐러리 개인 자격 장례 참석"〉, 『한국일보』, 1997년 9월 4일, 13면.
32) 이병모, 〈"'유명인 사냥' 언론에 단죄(斷罪)를"〉, 『국민일보』, 1997년 9월 4일, 25면.
33) 이냐시오 라모네, 원윤수·박성창 역, 『커뮤니케이션의 횡포』(민음사, 2000), 21-22쪽.

신 카메라 셔터를 눌러댔던 일부 파파라치의 행동은 언론에 의해 비인간적인 행동으로 비난받았다. 심지어 파파라치의 사진을 비싼 값으로 구입했던 타블로이드 신문조차 대중 심리에 편승해 파파라치에게 돌을 던졌다. 똥 묻은 개가 겨 묻은 개 나무란다더니, 완전히 그 꼴이었다.

유명인사의 삶이란 대중의 끊임없는 호기심을 불러일으키기 마련이다. 이런 그들이 카메라 렌즈로부터 자유롭지 못한 것도 물론이다. 어쩌면 그것은 유명인사의 숙명인지도 모른다. 세기의 결혼으로 화려하게 왕세자빈으로 등극했을 때 언론과 사람들이 다이애나에게 보냈던 관심은 유명인이 받아야 할 숙명이었다. 그러나 1990년대 들어서 그녀가 '스캔들 메이커'로 등극(?)하며 받았던 관심은 유명인의 숙명이라 부르기엔 너무 가혹한 것이었다.

사실, 다이애나의 죽음은 언론과 파파라치, 그리고 유명인사의 사생활을 게걸스럽게 소비하는 대중의 관음증이 만들어낸 합작품이었다고 해도 틀린 말은 아니다. 언론에 의해 '스캔들 메이커'로 부상한 다이애나, 그리고 그런 그녀를 집요하게 쫓아다닌 파파라치 뒤에는 대중이 큰 자리를 차지하고 있기 때문이다. 물론 이 와중에 가장 큰 재미를 본 것은 역시 언론이었다. 언론은 다이애나와 관련된 스캔들을 끊임없이 확대 재생산하며 자신들의 배를 불려나갔다. 그러니까 에이브라함 링컨의 저 유명한 말을 조금 비틀어 표현하자면, 다이애나는 "언론의, 언론에 의한, 언론을 위한" 삶을 살다간 인물이었던 셈이다.

마타 하리는 죽음을 맞이한 순간 '어느 간교한 스파이'라는 오명으로부터

'영욕의 세월을 화려하게 살다 간 어느 매혹적인 스파이'로 신비화되었다.

한 인간의 죽음은 그렇게 가끔 신비로움의 물결을 타고 사람들의 기억 속에

윤색되고 또 윤색되기 마련인 것이다.

마타 하리

영욕의 세월을 살다 간

매혹적인 스파이

마타 하리 (Mata Hari)
영욕의 세월을 살다 간 매혹적인 스파이 [1]

이 휘 현

새벽에 저문 태양

1917년 10월 15일 아침 5시 47분. 프랑스 파리의 교외 벵상 숲에서는 새벽을 깨우는 총성이 울려 퍼졌다. 그리고 이 총성으로 한 사람의 인생 극장에 장막이 처졌다. 마타 하리. 제1차 세계대전 당시에 이름을 날린 스파이였다가 프랑스에서 체포되어 사형 당한 여인. 그날 새벽, 말레이어로 '아침의 태양'을 뜻하는 마타 하리라는 이름의 한 매혹적인 스파이는 그렇게, 태양이 뜨기 전 이 지상에서의 신산스러움과 결별했다. [2]

태양이 떠올라야 할 신새벽에 아이러니하게도 '태양'은 영원히 저물

---

1) 이 글은 이정식의 『권력과 여인』(돋움, 2000) 중에서 〈마타 하리〉 부분, 그리고 엄창현의 『어쨌거나…그때는』(사회평론, 1997) 중에서 〈세기의 여간첩 마타 하리〉 부분에 많은 빚을 지고 있다.
2) 〈지구촌 뒤흔든 10대 스캔들〉, 『주간동아』, 1999년 12월 30일, 74면.

어버린 것이다. 그리고 존재에서 부재로의 환원 과정을 겪은 그 매혹적이었던 육체는, 아무도 거두어 가는 사람이 없었기 때문에 곧바로 파리의 시립병원으로 옮겨져 의학 연구를 위한 시체해부용으로 기증되었다.[3] 곧 그 사형수의 묘비가 만들어졌고, 그 묘비명에는 그 사형수가 살아 생전에 달고 다니던 기호 '마타 하리'와 'H21' 대신, 본명인 '게르투르드 마르가레터 젤레(Gertrud Margarete Zelle)'가 새겨졌다.

그렇게 해서 게르투르드 마르가레터 젤레라는 여자는 마흔한 살의 나이에 생을 마감하면서 20세기의 주요 스캔들 중의 하나를 장식한 전설적인 스파이로 사람들의 기억 속에 자리잡았다. 그리고 아주 훗날, 영화 『마타 하리』의 주연 여배우 그레타 가르보, 잔느 모로우, 실비아 크리스텔 등을 통해 끊임없이 부활한 그녀는 많은 사람들에게 그 자신이 영위했던 영욕의 세월을 꽤나 드라마틱하게 각인시켜 주었다.

그렇게 사람들의 머릿속에 희대미문(稀代未聞)의 '팜므 파탈(Femme Fatal: 악녀, 남성에 의해 창조되고 단죄되는 악녀)'로, 그리고 여러 편의 영화와 소설 속 주인공으로 남아 있게 된 '매혹적인 스파이' 마타 하리. 그런 그녀는 과연 영욕의 화신이었을까, 아니면 시대의 희생양이었을까.

평탄치 않았던 성장 시절과 결혼 시절

게르투르드 마르가레터 젤레, 훗날 마타 하리라는 이름으로 명성을 날리게 될 이 매혹적인 여성은 1876년 8월 7일에 네덜란드 레바르덴에서 태어났다.[4] 그녀가 출생하던 당시, 그녀의 아버지는 모자를 제조하여

---

3) 당시 마타 하리를 호송했던 차량의 운전수는 아무도 거두어 가지 않는 마타 하리의 시신을 보며 이렇게 말했다고 한다. "살아 있는 마타 하리는 우리로서는 도저히 손이 닿지 않는 높은 봉우리의 꽃이었다. 그러나 죽고 나니 공짜라도 돌보는 사람이 없구나." 이정식, 〈마타 하리〉, 『권력과 여인』(돋움, 2000), 110쪽에서 재인용.
4) 『어쨌거나…그때는』(사회평론, 1997)의 저자 엄창현은 마타 하리의 출생지가 독일 북부 베스트프리스란트라고 이야기하는데, 어느 곳이 그녀의 출생지인지는 정확히 알 방도가

판매하는 부유한 상인이었다. 그러나 마타 하리가 태어난 지 얼마 지나지 않아 그녀의 집안은 몰락의 길을 걷기 시작했다. 모자 가게는 문을 닫았고 그녀의 집은 암스테르담으로 이사해야 했다. 그리고 그곳에서 그녀의 아버지는 모자 가게 대신 석유판매업으로 직종을 바꾸었다. 그러나 마타 하리가 감내해야 했던 성장 시절의 '평탄치 않음'은 비단 그것만으로 그친 게 아니었다. 그녀가 열네 살이 되던 1890년 그녀의 어머니가 세상을 떠났기 때문이다. 결국 마타 하리는 그녀의 아버지에 의해 삼촌 댁에 맡겨졌고, 그녀의 삼촌은 그녀를 어느 사범학교에 입학시키는 것으로 부양의 의무를 대신했다. 마타 하리는 이런 평탄치 않은 성장 시절에 진저리를 쳤던 것일까. 사범학교 과정을 채 마치기도 전인 1895년 6월에 그녀는 서둘러 결혼을 하였다. 당시 마타 하리의 나이는 열아홉에 불과했고, 그녀에게 결혼반지를 끼워 준 신랑은 그녀보다 무려 스무 살이나 연상인 직업 군인이었다.[5]

그러나 서둘러 행한 듯한 마타 하리의 결혼 생활 또한 순탄치 못했다. 주로 식민지에서 근무한 스코틀랜드 태생의 네덜란드 장교인 마타 하리의 남편 맥레오드는 항상 근무에 지쳐 심신이 피로한 상태였다. 그 이유 때문인지는 모르겠으나, 자신보다 스무 살이나 어리고 아리따운 또한 결혼하고 난 이듬해에 자신에게 귀여운 아들까지 안겨 준 아내에게, 맥레오드는 끓어오르는 애정의 감정을 느껴야 했을 터이지만 그는 그러하지 않았다. 그 자세한 내막은 알 수 없다. 다만 둘 사이가 결코 원만치 않았던 것은 확실하다.[6] 그래도 아들이 태어난 이듬해에는 딸까지 낳았으므

없다. 그래서 우선 이정식이 그의 저서 『권력과 여인』에서 말한 그녀의 출생지를 본문에 삽입하였다. 기실, '신비의 베일'에 싸여 있는 세기의 여간첩 마타 하리의 정확한 출생지가 어디인가 하는 문제는 그리 중요한 문제가 아닐 수도 있다.

5) 엄창현, 〈세기의 여간첩 마타 하리〉, 『어쨌거나⋯그때는』(사회평론, 1997), 14–15쪽.

6) 엄창현이 인용한, 맥레오드가 자신의 아내 마타 하리에게 보낸 편지에는 그의 아내에 대한 불편한 심경이 그대로 묻어나 있다. 잠시 인용해 보면 이렇다. "아무런 쓸모 없는 애기뿐인 네 편지를 받고 어제 하루종일 내가 얼마나 불쾌했었는지 너는 모르겠지. 도무지

로 마타 하리는 외면적으로 별 문제 없는 결혼 생활을 영위하는 것처럼 보였다.

마타 하리는 딸이 태어나기 일 년 전부터 남편 맥레오드의 근무지 관계로 자바섬에서 생활하고 있었다. 그런데, 이곳 자바섬에서의 생활은 결정적으로 마타 하리가 훗날 무희로서 명성을 날리게 되는 좋은 배경이 되어 주었다. 그녀는 이곳에서 관능적인 춤을 배워 나중에 프랑스에서 많이 이들의 혼을 빼놓는 요염한 무희가 될 수 있었으니까 말이다.[7]

마타 하리, 요염한 무용수

마타 하리와 맥레오드가 꾸려나갔던 자바에서의 결혼 생활은 전혀 예상치 못했던 사건을 통해 파국을 맞게 되었다. 그들 사이에 태어났던 아들 노만이 사망한 것이다. 노만의 사인(死因)은 하녀에 의한 독살(毒殺)이었다. 어느 현지인 출신의 군인으로부터 버림을 받은 하녀가 앙심을 품고 복수하려 했다가 엉뚱하게 그들 부부의 아들인 노만이 독살당한 것이 사건의 내막이었다. 참으로 어이없게 혈육의 죽음을 그들 부부는 겪어야 했던 것이다. 결국 이 충격적인 일을 계기로 평탄치 않았던 이들의 결혼 생활은 더욱 급속히 냉각되었다. 그리고 결국 그들 부부는 1902년 상호 합의하에 별거에 들어갔다. 별거에 들어간 지 얼마 안 되어 자신의 딸마저 인플루엔자로 죽게 되자, 완전히 혼자가 된 마타 하리는 유명한 무용수가 되겠다는 꿈을 품고 파리로 향했다. 그리고 그들 사이에 정식 이혼이 합의된 때는 1906년이었다.

신경써서 읽어 줄 만한 말이라고는 단 한 마디도 들어 있지 않더군. 사치스런 옷 얘기, 헤어스타일 얘기 이 따위들을 제외하고 다른 것들에는 관심도 없을 테지. 그래, 너는 읽을 가치가 있는 편지를 쓰기에는 너무 바보스럽고, 너무 피상적인 인간이야." 엄창현, 〈세기의 여간첩 마타 하리〉, 『어쨌거나…그때는』(사회평론, 1997), 16쪽.
7) 엄창현, 위의 글, 15쪽.

요염한 무희였던 마타 하리

마타 하리는 파리로 이주해 온 후 그곳 극장과 카바레를 찾아다니며
자신을 무희로 써줄 것을 부탁하고 다녔다. 그러나 현실은 그녀의 생각
만큼 그리 호락호락하지 않았다. 마타 하리는 가는 곳마다 번번이 퇴짜
를 맞는 수모를 겪어야만 했던 것이다. 그 덕에 그녀는 그 시절 무척이나
궁핍한 생활을 견뎌내야만 했다. 이 시절, 마타 하리가 매음굴의 값싼 하
숙집에서 생계를 위해 몸을 팔았다는 말까지 훗날 사람들의 입에 오르내
리고 있다. 이를 통해서도 당시 마타 하리의 궁핍함이 어느 정도였는지
짐작할 수 있을 것이다.

그런 그녀에게 성공한 무용수로서의 서광이 비치기 시작한 때는 1905년

이 넘은 즈음이었다. 절망만이 언제나 그녀의 삶에 밀착되어 있었던 것은 아닌 모양이다. 1905년 3월, '인도의 사원에서 춤을 춘 무희'라는 허위 광고로 시작된 그녀의 무희로서의 활동은 점점 사람들의 시선을 압도해가기 시작했다. 당시 파리에서는 생소하게만 느껴지던 동양의 춤과 의상으로 이국적인 춤을 추어대던 그녀의 요염한 자태는 사람들의 눈을 자극하기에 충분했기 때문이다. 특히 당시의 파리는 이국적인 것에 매료되는 것이 일종의 유행이었다. 그러하니, 어찌 보면 무용수로서의 마타 하리는 당시의 시대적 운을 잘 타고난 사람이었는지도 모른다. 어쨌든 이러한 이국적인 춤으로 파리의 연예계에서 이름을 날리기 시작하면서 그녀를 삼십 년 가까이 따라다녔던 게르투르드 마르가레테 젤레라는 이름은 '아침의 태양'을 뜻하는 '마타 하리'로 바뀌게 되었고, 이후 그녀는 마타 하리로 영원히 사람들의 기억 속에 저장되게 되었다.[8]

그녀는 매혹적인 무희로서 이름을 날리게 되면서 당시의 거물급 인사들과 교분을 터나가기 시작했다. 유명한, 게다가 매혹적인 얼굴과 몸매를 소유한 무희의 접근에 많은 거물급 인사들이 호응해 주었다. 그리고 이러한 거물급 인사들과의 교분은 훗날 희대미문의 스파이로서 그녀를 기억하게 만들어 줄 소위 '마타 하리 스캔들'의 진원지가 되어주기도 했다. 그러니까 적어도 이 시기에 마타 하리는 시쳇말로 아주 잘 나가고 있었던 것이다.

그러나 무용수로서 피어나기 시작했던 그녀의 화려한 인생은 시간이 점점 흘러감에 따라 다시 막다른 골목에 다다르고 있었다. 무용계에도 새로운 바람이 거세게 불어닥치고 있었기 때문이다. 그리고 그 새로운 바람의 한가운데에는 당대 최고의 무용수 '이사도라 덩컨'이 자리잡고 있었다. 기존의 정형화된 틀을 완전히 깨며 자신만의 독특한 무용 세계

---

8) 엄창현, 〈세기의 여간첩 마타 하리〉, 『어쨌거나…그때는』(사회평론, 1997), 18쪽.

를 자유분방하게 펼쳐 보였던 이사도라 덩컨은 많은 대중들로부터 환호를 받았고, 그 환호에 밀려 마타 하리는 점점 퇴물 취급을 받아가고 있었다. 자신의 변함없는 인기를 확인하고 싶었으나 그러한 자신의 욕망을 차갑게 외면하는 현실, 그 현실 앞에서 잠시 휘청거리기도 했던 마타 하리는 와신상담의 자세로 베를린에 건너가 자신의 화려했던 날들을 재현하려 하였다.[9]

그러나 그곳에서 마타 하리를 맞이한 인생의 운명은, 그녀가 애초에 의도했던 베를린행의 목적과는 어긋나 버리고 말았다. 스파이. 그렇다, 베를린에서는 스파이로서의 마타 하리의 운명이 그녀를 맞을 준비를 하고 있었던 것이다.

인식명 'H21'

사실 마타 하리가 독일로 근거지를 옮기기 전부터, 독일 정보기관은 이미 마타 하리를 스파이로 활용할 생각을 가지고 있었다고 한다. 그 근거는 이렇다.

제1차 세계대전의 먹구름이 몰려오기 전, 독일의 정보기관은 당시 스페인 마드리드 주재 독일 대사관에서 무관으로 근무하고 있던 카리나스 해군 대위로부터 마타 하리라는 어느 유명한 무희가 프랑스와 영국의 군·정부 각료들과 친밀한 관계를 맺고 있다는 정보를 접수했다. 또한 카리나스 대위는 마드리드에서 열린 마타 하리의 공연을 여러 차례 관람한 후 그녀의 사생활을 조사하면서 그녀가 어학에 재주가 있다는 것, 사람의 이름을 잘 기억해 낸다는 것, 웬만해선 표정에 자신의 감정을 잘 담아내지 않으며 또한 말수도 적다는 사실을 알아내었다. 그리고 무엇보다

---

9) 이정식, 〈마타 하리〉, 『권력과 여인』(돋움, 2000), 101-102쪽.

도 그녀는 남자들의 시선을 끄는 매혹적인 외모를 소유하고 있었다. 카리나스 대위의 입장에서는 마타 하리라는 무희가 가진 많은 조건이 스파이로서의 최적의 조건과 일치한다고 생각할 수밖에 없었다. 곧 카리나스 대위는 자신의 상관인 폰 야고우에게 마타 하리와의 접촉을 주선하였다. 당시 폰 야고우는 베를린 경시청 장관이면서 또한 비밀경찰조직의 책임을 맡고 있던 인물이었다. 그리하여 두 사람의 만남이 이루어졌고 얼마 후 마타 하리는 폰 야고우의 연인이 되었다. 마타 하리는 애인의 권고로 1912년 11월부터 1913년 2월까지 바바리아의 로올랏하 첩보학교에서 훈련 과정을 이수했다. 그렇게 해서 그녀가 새롭게 얻게 된 스파이로서의 인식명은 'H21'이었다.[10]

'H21'이라는 암호명을 단 마타 하리는 로올랏하 첩보학교에서 각종 스파이 기술을 습득했다. 사격술과 암호 해독은 물론 사진술, 서류 촬영, 절취, 도청, 패스포트 위조 등 다양한 방법이 마타 하리에게 전수되었는데, 특이한 것은 이곳에서 그녀가 성(性)을 활용하는 스파이 기술도 전수받았다는 사실에 있을 것이다. 이러한 훈련의 과정을 끝마치고 나서 마타 하리는 순회 공연을 가장한 채로 유럽 전역을 돌아다니면서 본격적인 스파이 활동에 돌입하였다. 오스트리아의 빈에서 그녀는 오스트리아의 유력 인사와 접촉했고, 이집트에서는 아랍 지도자와 접촉했다. 그녀의 스파이 활동은 대개 이런 식이었다. 어떤 사안을 알아내기 위해 그녀는 그 나라의 고위급 인사와 접촉한다. 그 후, 그들과의 내밀한 관계를 유지하면서 일급 정보를 캐낸다. 그리고 이러한 스파이 활동의 공식이 크게 빛(?)을 발한 것은 제1차 세계대전의 먹구름이 전 세계를 포화 속에 몰아넣고 나서부터라고 할 수 있을 것이다.

---

10) 이정식, 〈마타 하리〉, 『권력과 여인』(돋움, 2000), 102-103쪽.

사라예보의 총성, 그리고 본격적인 스파이 활동

사라예보에서 한 세르비아 청년이 오스트리아 황태자 부부를 향해 총구를 겨눈 날, 세계대전의 불씨는 걷잡을 수 없이 타올랐다. 1914년 6월 28일의 일이었다. 곧 유럽을 중심으로 한 전 세계는 전쟁의 소용돌이 속에 휘말려들었고, 이미 말했다시피 이 시기에 스파이로서의 마타 하리의 활약은 두드러졌다.

마타 하리는 제1차 세계대전 당시 중립국을 표방했던 네덜란드의 국적을 가지고 있었다. 이 사실은 전쟁의 포화 속 한복판에 있던 독일 정보기관에게는 매우 구미가 당기는 것이었다. 그녀가 가진 네덜란드 국적은 그녀가 별다른 장애 없이 프랑스로 잠입해 들어갈 능력이 있음을 뜻하는 것이었기 때문이다. 덕분에 마타 하리의 국적은 스파이로서의 이용가치를 더욱 높여주었다. 그렇다면 제1차 세계대전의 발발과 함께 마타 하리가 보여준 스파이로서의 행적에는 과연 무엇이 있을까.

먼저 '탱크'와 관련된 스파이 행적이 있다. 제1차 세계대전 당시 연합국 측에서 내세울 수 있는 군사 무기의 최대 히든카드는 바로 탱크였다. 미국의 농부들이 쓰던 트랙터를 가지고 군사용 무기로 업그레이드 시킨 것이 바로 탱크라는 최신형 무기였다. 연합국은 이 위풍당당한 탱크가 단시일 내에 전쟁을 종식시키고 연합국 측에 승리의 기쁨을 안겨주리라 기대하였다. 하지만 기대는 기대로 끝났다. 마타 하리와 영국의 어느 장성이 침대 위에서 나눈 밀어(密語)를 통해, 탱크의 위용은 무참히 꺾이고 말았다. 승리를 확신하며 비장의 히든카드인 탱크를 앞세우고 독일군 앞에 나타난 연합국의 시선에 포착된 건, 독일이 준비한 대전차포였다. 그리고 이 대전차포는 연합국 탱크의 두터운 철갑을 뚫어버릴 수 있는 포탄을 장착하고 있었다.[11]

'배'와 관련된 마타 하리의 스파이 행적도 있다. 마타 하리는 주로 중립국 외교관의 서류 가방을 이용하여 자신이 습득한 정보를 전달하고는 했다. 그때의 수법은 이랬다. 일단 네덜란드 주재 프랑스 대사를 찾아간다. 그리고는 딸에게 보내는 편지라면서, 외교행낭 편으로 암스테르담에서 우표를 붙여 우체통에 넣어달라고 부탁한다. 물론, 죽은 딸까지 지상으로 불러내면서 부친 그 '딸에게 보내는 편지'에는 연합국 측으로부터 빼낸 정보만이 들어 있었다. 그리고 이러한 유통 과정을 통해 전달된 '딸에게 보내는 편지' 속의 정보 중에는, 훗날 연합국의 배 17척이 독일 잠수함의 어뢰에 침몰 당하게 만들 어마어마한 내용도 들어 있었다.[12]

　그러나 꼬리가 길면 잡히는 법이다. 여기에는 제 아무리 '세기의 스파이'라 하는 마타 하리 또한 예외일 수 없었다. 어느 날 네덜란드 주재 프랑스 대사는 마타 하리라는 무희 출신의 여인이 네덜란드 대사관의 외교행낭을 통해 암스테르담으로 사적인 편지를 보내고 있다는 사실을 알게 되었다. 자신의 대사관 외교행낭이 사적인 편지교환의 수단으로 쓰였다는 것에 발끈한 네덜란드 주재 프랑스 대사는 의례히 그래왔듯, 마타 하리가 암스테르담에서 우표를 부쳐 우체통에 넣어줄 것을 부탁한 편지를 프랑스 우표를 부쳐 대사관 앞 프랑스 우체통에 넣어버리라고 명령했다. 결국 이 명령 하나는 마타 하리가 겪을 인생의 종장(終章)을 훨씬 앞당기고 말았다. 프랑스 우체통에 들어간 그 '편지'는 곧 프랑스 당국의 검열망에 포착되었고, 무언가 이상한 낌새를 포착한 프랑스 당국은 그녀를 '요주의 인물'로 낙인 찍어 감시에 들어갔기 때문이다.[13] 그리고 그렇게 시작된 그녀의 파국은, 엉뚱하게도 스무 살이나 어린 연하의 남자와 사랑에 빠지면서 걷잡을 수 없는 수순을 밟기 시작했다.

---

11) 이정식, 〈마타 하리〉, 『권력과 여인』(돋움, 2000), 105쪽.
12) 이정식, 위의 글, 105-106쪽.
13) 이정식, 위의 글, 106-107쪽.

스무 살 어린 남자와
의 사랑, 그리고 체포

블라디미르 드 마슬로
프라는 이름을 가진 젊은
이는 러시아 제1특수제
국연대 소속의 장교였다.
그는 마타 하리를 사랑한
남자였으며, 이미 앞에서
언급했듯 마타 하리보다
스무 살 연하인 '어린 남
자'였다. 그럼에도 불구
하고 스무 살의 마슬로프
는 마흔 살의 마타 하리
에게 끊임없는 구애 공세
를 퍼부었다. 그리고 이
구애 공세는 1916년 여름
전투에서 그가 부상을 당
하기 전까지 계속되었다.
이러한 집념에 마타 하리
는 굴복한 것인가? 그녀

● '마타 하리는 이중간첩이 아니라 전쟁
에 이용당한 희생양이다.'
제1차 세계대전 당시 독일과 프랑스를
오가며 이중간첩으로 활동한 것으로 알
려진 전설적인 여간첩 **마타 하리**(본명
마가레타 게르트루다 젤레)는 억울한 누
명을 쓰고 총살된 것이라는 주장이 나와
눈길을 끌고 있다.

　　마타 하리의 고향인 네덜란드 레바르
덴시와 마타 하리재단은 최근 '마타 하리한테 이중간첩 혐의를 적용해 처형한 것
은 불확실한 증거에 의한 잘못된 것'이라며 프랑스 법무부에 재판을 다시 열어줄
것을 요구했다. 시와 재단쪽은 마타 하리의 결백함을 밝히기 위해 10년 동안 프
랑스와 영국, 독일 정보기관 문서를 분석한 레지스탕스 전 요원 레옹 시르만의
증거 자료들을 토대로 '독일은 1차대전 당시 마타 하리의 이용가치가 없어지자
일부러 그를 프랑스에 넘겼으며, 프랑스도 반독일 선전에 이용하기 위해 음모를
꾸며 처형한 것'이라고 주장했다.

　　앞서 1999년 영국 정보기관 'MI5'도 비밀문서를 해제하면서 '마타 하리가 독
일에 군사정보를 제공했다는 명확한 증거는 없었으며, 순전히 정황증거만으로
그를 처형했다'고 밝혔다. 1876년 네덜란드의 부유한 상인 집에서 태어난 마타
하리는 교육대학을 졸업하고 19살에 네덜란드 장교와 결혼했지만 7년 만에 이혼
한 뒤 프랑스 파리로 건너가게 된다. 파리에서 그는 자신의 미모와 육체를 한껏
과시하며 관능적인 반나체 무희로 사교계에서 최고의 인기를 얻다가 1914년 1
차대전이 터진 뒤 독일 정보기관에 포섭돼 간첩 활동을 시작했다. 그는 그러나
곧 프랑스 정보기관에 정체가 드러나면서 두 나라 사이에서 이중간첩으로 활동
했지만, 프랑스는 1917년 '독일에 국가기밀을 팔아넘겼다'는 이유로 파리 근교
뱅센에서 당시 41살이던 마타 하리를 공개 처형했다.

　　말레이시아어로 '아침의 눈'이라는 뜻의 마타 하리는 20여명의 독일군 장교와
잠자리를 가진 것으로 알려졌으며, 그 이름은 성·음모·배신의 상징처럼 여겨지
고 있다. 하지만 마타 하리에 대한 재판이 다시 시작될지는 아직 미지수다. 프랑
스법상 당사자나 가족에 한해 재심을 요청할 수 있지만 아직까지 살아 있는 마타
하리의 가족을 찾지 못했기 때문이다.

(『한겨레21』, 2001년 11월 1일)

당시 프랑스 내부의 사회적 분위기는 어수선했다. 그래서 하
나의 본보기로 '희생양'이 필요했고, 마타 하리는 그러한 희
생양으로서 꽤 좋은 조건을 구비하고 있었다.

는 결국 마슬로프의 사랑을 받아들였고, 부상당한 어린 연인이 입원 중
이던 프랑스 비텔의 병원으로 향했다. 그리고 이곳 비텔로 가기 위한 여
정은 마타 하리에게는 이미 말했듯 파국의 시작을 의미했다.

　　마타 하리가 프랑스 비텔에 가기 위해서는 프랑스 입국 허가를 받아
야 했다. 이를 위해 그녀는 프랑스 정보기관의 최고 실력자였던 조르주

라두와 접촉했다. 이때 라두는 마타 하리에게 프랑스를 위해 스파이가 되어줄 것을 제안했다. 사랑하는 마슬로프를 보고픈 마음이 가슴 속에 가득했던 마타 하리에게 선택의 여지는 없었다. 곧 라두의 제안을 수락했고, 이렇게 해서 마타 하리는 '이중 스파이'가 되었다. 이중 스파이. 이것은 훗날 마타 하리의 신비화를 더욱 부추기는 배경이 되어주었다.[14] 그러다가 이듬해인 1917년 2월 13일, 마타 하리는 프랑스 당국에 의해 체포되었다. 독일에 부역한 '이중 스파이'의 혐의였다.

술렁이는 법정

마타 하리에 대한 재판은 그녀가 체포되었던 해인 1917년 7월 24일부터 시작되었다. 그때가 무더운 여름이었던 것처럼, 전 세계는 또한 제1차 세계대전의 뜨거운 햇살 속에 노출되어 있었다. 그리고 지리한 전쟁에 시달리던 각 국가는 무어라 딱 규정지을 수 없는 어떤 분노와 광기에 휩싸여 있을 즈음이었다.

재판은 비공개로 진행되었으나, 이미 이 재판장의 안과 밖은 크게 술렁이고 있었다. 재판 과정에서 마타 하리의 입을 통해 튀어나온 사람들의 면모는 흔히 하는 말로 당대 최고 거물급 인사들이었기 때문이다.

---

14) 고현석, 〈마타 하리 죽음의 비밀〉, 『뉴스메이커』, 1999년 2월 11일, 53면. 마타 하리가 프랑스의 제의를 받아들여 이중 스파이가 되는 이 부분에 대해서는 여러 의견들이 엇갈리는 것 같다. 『권력과 여인』에서 저자 이정식은 그녀가 이중 스파이가 된 배경으로, 프랑스 정보원들의 미행에 신변의 위험을 느낀 마타 하리가 프랑스 측으로부터 신뢰를 얻기 위해 '자청해서' 이중 스파이가 되었다고 말하고 있다. 반면, 『어쨌거나…그때는』의 저자 엄창현은 '마타 하리의 젊은 애인이었던 마슬로프가 부상을 당했다는 것은 낭설이다. 프랑스 공군의 기밀을 빼내기 위하여 마타 하리는 비텔에 머무르고 있었고 그녀의 스파이 활동에 덜미가 잡혀 프랑스 방첩기관의 소환을 받게 되자, 그녀는 조사 과정에서 독일의 스파이 혐의를 강력히 부인하면서 도리어 프랑스를 위한 스파이 활동을 조르주 라두에게 제의했다'고 이야기한다. 어느 것이 진실이고 어느 것이 거짓인지, 혹은 어쩌면 모두 거짓일 수도 있는 이 부분에 대한 정확한 진의도, 신비에 싸인 마타 하리의 살아 생전의 행적만큼이나 모호할 뿐이다.

결국 이 비공개 재판은 한 무희 출신 스파이의 화려한 첩보 전력에 관한 공개장으로 비화되었고, 그러면서 마타 하리라는 스파이는 더욱 신비의 베일에 휩싸이게 되었다. 이 어수선해져 버린 법정에서 프랑스 당국이 내려야 할 판결은 단 하나밖에 없었다. 총살형. 이미 그 즈음 프랑스 내부에서도 반란이 일어나 사회는 더욱 어수선한 분위기였기에, 프랑스는 하나의 본보기로 '희생양'이 필요했고, 마타 하리는 그러한 희생양으로서 꽤 좋은 조건을 구비하고 있었던 것이다.

마타 하리에 대한 마녀 재판이 진행되던 그때, 그녀의 변호를 맡았던 변호사 끄뤼네는 최후의 변론을 통해 마타 하리의 선처를 호소하였다. 그 최후의 변론이란 그녀는 결코 평탄치 않았던 성장 시절과 결혼 생활을 겪었고, 이러한 삶의 배경은 그녀로 하여금 남성에 대한 애정 집착과 뿌리 깊은 허명(虛名)의식을 심어놓았다. 그러므로 결국 마타 하리는 세상의 남성들을 농락했던 것이 아니었고, 오히려 그녀가 세상으로부터 농락당했다는 내용을 담고 있었다.[15]

그러나 끄뤼네가 행한 최후의 변론도 프랑스의 군사법정을 움직이지는 못했다. 마타 하리는 총살형에 처해졌고, 그리고 그 해 10월 15일에 예정대로 사형집행이 이루어져 그녀는 불귀(不歸)의 객이 되었다.

마타 하리는 죽음의 순간에 웃었다?

박영만이 편저한 『삶과 죽음의 패러독스』를 보면, 마타 하리의 최후는 매우 극적으로 묘사되고 있다. 마타 하리가 죽음을 맞이하는 순간에 '웃었다'는 것이다. 코앞에 닥쳐온 죽음 앞에서 애써 담담한 척하기도 힘든 판에 웃음을 지었다니, 곧 죽을 사람이 죽음의 공포에 크게 짓눌리

---

15) 이정식, 〈마타하리〉, 『권력과 여인』(돋움, 2000), 109쪽.

다가 실성하지 않은 바에야 납득하기 힘든 일이다. 물론 마타 하리는 이 지상에서의 마지막 순간까지 미치지 않았었다. 그렇다면 왜 마타 하리는 총살형에 처해지기 직전에 웃을 수 있었을까. 박영만의 이야기는 이렇다.

사형 당하기 전에 프랑스 당국은 마타 하리에게 이런 말을 전했다고 한다. "당신을 죽이는 것은 형식상 사형을 집행하는 것이다. 총은 공포이니 소리가 나거든 죽은 체하라, 목숨은 보장되어 있다."[16] 물론 프랑스 당국의 말은 새빨간 거짓말이었다. 죽음이 닥쳐온 순간에도 태연하게 웃음을 흘렸던 마타 하리는 프랑스 당국이 쏜 공포탄이 아닌 실탄에, 죽은 체한 것이 아니라 실제로 마지막 거친 숨을 몰아쉬어야 했기 때문이다. 자신의 생애 후반을 '속고 속임'의 그물망 속에 내맡겨 왔던 마타 하리는, 정작 자신이 맞이해야 할 죽음이 '속고 속임'에 의해 집행되리라는 것을 몰랐던 것이다.

마타 하리의 사형을 집행한 프랑스 당국의 거짓말이 어떤 의도에서 이루어진 것인지는 알 수 없다. 평생 남들 속이며 살아왔으니 너도 인생의 막장에 속임수를 당해보라는 심보였는지, 아니면 마지막 순간에 감내해야 할 죽음에 대한 근원적 공포를 잠시나마 덜어주기 위한 인간적인 배려였는지 말이다. 물론 프랑스 당국이 박영만의 이야기처럼 그런 거짓말을 통해 마타 하리의 극적인 최후를 연출했던 것이 진실인지 혹은 거짓인지에 대해서는 확인할 방도가 없다. 다만 여기서 진실과 거짓의 잣대를 떠나 많은 사람들이 이 에피소드에 대해 말할 수 있는 것이 있다면, 그것은 아마도 마타 하리라는 희대미문의 스파이에 대한 전설을 더욱 신비롭게 하는 장치로써 이 에피소드가 꽤 유효하리라는 것 정도일 것이다.

---

16) 박영만 편저, 〈마타 하리의 웃음〉, 『삶과 죽음의 패러독스』(다리, 1995), 192쪽.

마타 하리를 둘러싼 의문들

이미 말했듯, 세상을 뜨고 난 후의 마타 하리는 전설적인 여자 스파이로 그리고 여러 소설과 영화의 주인공으로 부활한 채 그 이름이 세간에 회자되어 왔다. 그러나 그녀를 둘러싼 '진실 혹은 거짓'에 관한 의문들은 오늘날도 꼬리에 꼬리를 물고 이어지고 있다. 가령 마타 하리는 진정 그렇게 탁월한 스파이였고, 또한 스파이로서의 천부적 소질을 타고났던 것일까 하는 근원적인 의문이 대표적이라 할 만하다. 또한 마타 하리가 뿌려댄 그 화려한 스캔들은 과연 모두 사실일까 하는 의문도 사람들 사이에 떠돌고 있다. 물론 마타 하리가 스파이로서 조금도 손색이 없는 인물이었다는 어느 보고서의 내용이 있기는 하다. 하나의 예를 들어보면, 그녀가 스파이로 활동하던 당시에 독일의 전쟁정보국 서부지부의 책임자였던 폰 뢰펠 소령이 작성한 보고서의 한 부분은 이렇게 기록

□ 英정보기관 1차대전 문서 공개

여간첩 전설 마타하리 독일 스파이 아니었다

네덜란드 태생
육체파 무희
관능미 넘치는
인도네시아 춤으로
유럽서 이름 날려

─────────

이중첩자 '의혹'
佛, 1917년 처형

─────────

"물증 없었다"
정황증거에 의해
형장 이슬돼

파리등 대도시서
이국적인 춤으로
명성을 쌓았던
마타하리

전설적 여간첩 「마타하리」(1876 - 1917)가 제1차 세계대전 중 독일을 위해 실제로 군사정보를 제공한 적이 없다고 영국 정보기관 M15가 27일 밝혔다.

1917년 독일 스파이로 활동한 죄목으로 프랑스 파리 근교 뱅센에서 처형된 마타하리가 「H21」이라는 암호명으로 독일군에게 주요 군사기밀을 넘겨주었다는 프랑스측 주장과는 어긋난다.

1차대전 이후 처음으로 공개된 영국정보기관의 문서에 따르면 영국정보요원들이 1차대전 중 마타하리를 2차례 신문했으나 그녀로부터 독일 스파이라는 혐의와 자백을 받아내지 못했다.

마가레타 게르트루다 젤이란 본명의 마타하리는 1876년 네덜란드 레바르덴의 부유한 상인의 딸로 태어나 레이덴 교육대학을 다녔다. 19세 스코트랜드 출신 캠벨 맥클라우드 대위와 결혼하여 1897년부터 1902년까지 남편의 근무지 네덜란드령 인도네시아 자바와 수마트라에서 지냈다.

유럽으로 돌아와서 이혼한 후 무일푼이 된 그녀는 생계를 위해 직업 무희로 나섰다. 이때 「태양」이라는 뜻의 인도네시아어 「마타하리」란 예명을 쓰기 시작하여 매혹적인 여성 스파이의 대명사가 되었다.

늘씬한 키에 요염한 미모를 가진 마타하리는 반나체로 인도네시아 춤을 추어 파리를 비롯한 대도시에서 이국적이고 관능미가 넘치는 무희로서 이름을 날렸다.

마타하리의 명성과 인기가 시들어갈 무렵인 1914년 독일이 프랑스에 선전포고를 했을 때 그녀가 베를린에 있었다는 이유로 후에 스파이 혐의를 받았다.

그녀는 20살 연하의 연인 러시아 장교를 만나러 가다가 프랑스로부터 스파이 제안을 받아 응낙했다.

마타하리가 이중첩자일 것이라는 의혹이 커지자 프랑스는 1917년 2월 그녀를 체포했다. 한 자료에 의하면 그녀는 정보로서 가치가 떨어지는 낡은 정보 몇개를 독일군 정보장교에게 제공했다는 것만 입증했다고 한다.

아무튼 프랑스와 독일 양쪽에서 스파이 제의를 받았던 그녀는 종전 후 프랑스 군사재판에서 독일간첩 혐의로 유죄판결을 받고 처형됐다. 마타하리는 확실한 물증도 없이 정황증거에 의해 처형당했다고 이번 공개문서에서 밝혀졌다. /서유진기자

(『전북일보』, 1999년 1월 30일)

마타 하리는 탁월한 스파이였을까? 마타 하리가 뿌려댄 화려한 스캔들은 사실일까? 마타 하리가 세상을 뜨고 난 후, 그녀를 둘러싼 '진실 혹은 거짓'에 관한 의문은 이어졌다.

되어 있으니까 말이다.

"이제 H21의 능력에 관해 얘기해 보겠습니다. 이 부분에 대해서는 사람마다 평가가 크게 다릅니다. 제 개인의 의견으로는 그녀가 아주 관찰력이 뛰어났고, 정보 보고 또한 정확했다고 봅니다. 그녀는 이제껏 제가 알고 지냈던 여자들 중에 가장 영리한 여자였다고 기억하고 있습니다. 제가 뒤셀도르프에 있는 위장 주소지를 통해 그녀에게서 직접 받은, 특수 잉크로 쓰여진 몇몇 편지에는 그리 가치 있는 정보는 포함되어 있지 않습니다. 그러나 그녀가 수집한 더 중요한 정보가 타인에 의해 가로채어졌거나 차단되었을 가능성도 있다는 것이 제 생각입니다."[17]

그러나 방금 인용한 자료는 뢰펠 소령의 개인적인 평가일 가능성이 높다. 실제로 그녀를 둘러싼 여러 신비스러운 소문 중에는 '진실' 보다는 '거짓'이 많기 때문이다. 잠시 그녀를 둘러싼 소문들 중 신비스럽게 포장된 거짓을 몇 개 뽑아 보자면 이렇다.

마타 하리는 스파이로 활동하던 시절, 혹은 그 이전의 시기부터 무수한 고위 인사들과 '부적절한 관계'를 맺어왔다는 소문에 휩싸여 있었는데, 당시 마타 하리와 부적절한 관계를 맺어왔다고 알려진 사람들의 면모를 보면 화려하다 못해 그저 놀랍다는 생각밖에 안 든다. 가령 독일 황태자와의 부적절한 관계설이 그 대표격일 것이다. 그 외에 무수한 유명 인사들이 '마타 하리 리스트'에 올랐지만, 훗날 밝혀진 바에 따르면 이들은 무고하게 엮인, 말 그대로 마타 하리와는 전혀 부적절한 관계를 맺지 않은 사람들이었다는 것이다. 결국 그녀를 둘러싼 그 화려했던 추문들은, 허명에의 욕구가 강했던 마타 하리의 자작 시나리오이거나 마타 하리를 주인공으로 하여 그리 고급스럽지 못한 소설을 써댄 몇몇 작가들의 창작이라는 것에 무게가 실려가고 있다.[18]

---

17) 엄창현, 〈세기의 여간첩 마타 하리〉, 『어쨌거나…그때는』(사회평론, 1997), 27쪽에서 재인용.

제1차 세계대전 발발 당시 마타 하리가 독일의 정보 기관으로부터 스파이 활동을 위한 선금으로 거금 3만 마르크를 받았다는 소문도 그녀의 스파이 인생을 신비롭게 윤색하기 위한 몇몇 '창조적인' 작가들의 거짓 이야기였을 뿐이라고 이야기되고 있다. 왜냐하면 당시 스파이로서의 실적이 미미했던 마타 하리에게 독일의 정보 기관이 선금으로 3만 마르크라는 거금을 선뜻 제공했을리는 만무해 보이기 때문이다. 또한 그녀가 3만 마르크를 받았다고 이야기되는 그 시기에 그녀가 영위했던 생활은 3만 마르크를 받았다고는 도저히 생각할 수 없는 궁핍한 생활의 연속이었다. 당시 그녀는 자신에게 닥친 생활고로 인해 '고급 창녀'로서 생활했다는 자료도 전해지고 있다고 하는데, 이 사실 또한 그녀가 거금 3만 마르크를 받았다는 사실이 허구임을 보여주는 하나의 예가 되어준다 할 수 있을 것이다.[19]

마지막으로 또 하나, 마타 하리는 '세기의 스파이'라는 말을 듣기에는 너무 미미한 스파이 활동 전력밖에 갖고 있지 않다는 주장이 비교적 최근 영국의 한 첩보기관에 의해 제기되었다. 이 부분을 마지막으로 상세히 다루면서, 20세기 역사에서 스캔들의 한 축을 담당했던 '매혹적인 스파이' 마타 하리에 대한 이야기를 끝마쳐 볼까 한다.

마타 하리는 결코 뛰어난 스파이가 아니었다?

당대의 권세가들을 농락하며 한 시대를 풍미한 스파이 마타 하리는 죽음을 맞이한 순간 '어느 간교한 스파이'라는 오명으로부터 '영욕의 세월을 화려하게 살다 간 어느 매혹적인 스파이'로 신비화되었다. 한 인간의 죽음은 그렇게 가끔 신비로움의 물결을 타고 사람들의 기억 속에 윤

---

18) 엄창현, 〈세기의 여간첩 마타 하리〉, 『어쨌거나…그때는』(사회평론, 1997), 21쪽.
19) 엄창현, 위의 글, 22-23쪽.

마타하리 죽음의 비밀

英 정보기관 MI5 기밀문서 공개, 佛서 정황증거만 갖고 사형시켜

관능적 무용수였던 마타하리.

화려한 미모와 요염하고 이국적인 춤으로 20세기 초반 유럽인들을 흥분시켰던 마타하리(인도네시아어로 태양). 전설적인 스파이로 더 많이 알려진 그녀의 신화가 벗겨지고 있다. 최근 영국 정보기관 MI5는 1차대전 이후의 각종 첩보활동 등이 기록된 비밀문서를 공개하면서 "마타하리는 독일의 스파이가 아니다"라고 밝혔다.

이들 문서에 따르면 당시 영국 첩보당국은 1차대전 중 독일을 위해 스파이 행위를 한 죄목으로 1917년 총살형에 처해진 네덜란드 태생 무희 마타하리가 실제로는 민감한 군사정보를 독일에 제공한 적이 없다. 이는 마타하리가 'H21'이라는 암호명으로 독일에 '입수 가능한 모든 정보'를 제공했다고 자백했다는 프랑스측의 주장과는 일치하지 않는다.

영국 정보요원들은 1차대전 중 마타하리를 두 차례 심문했지만 그녀로부터 독일을 위해 일하고 있다는 자백을 얻어내지 못했던 것이다.

마타하리는 1915년 12월 영국 남부 폴크스톤 항구에서 프랑스로 가는 배를 타기 직전 영국 관리들에 의해 처음으로 체포됐다. 심문 과정에서 그녀는 연인인 한 네덜란드 중령을 만나러 헤이그로 가던 길이라고 말했으나 영국인들이 밝혀낸 사실은 그 외에는 전혀 없다.

당시 심문을 맡았던 영국정보국 S.S.딜론 대위는 "그녀는 모든 질문에 성실하게 대답하기는 했지만 매우 적대적인 인상을 주었다"며 "그러나 그녀를 오랫동안 면밀하게 관찰한 결과 더 이상 아무 것도 밝혀낼 수 없었다"고 술회했다. 당시 마타하리를 붙잡아둘 이유를 찾아낼 수 없었던 것이다. 보고서에 따르면 그녀는 심문을 받으면서도 매력적이고 대담하며 의상에서도 당시 최고의 패션을 자랑했었다고 적고 있다.

영국정보국은 마타하리가 목적지인 헤이그에 도착한 후에도 계속해서 감시를 하게 된다. 그리고 곧 한 정보원의 제보로 그녀가 독일대사관에서 돈을 받고 있다는 사실을 알아낸다.

2차례 심문 불구 혐의 못 밝혀

1916년 여름 정보국은 그녀가 프랑스의 고위관리들과 관계를 돈독히 하고 있으며 프랑스에 머무는 동안 프랑스와 벨기에의 상류층과 깊은 관계를 맺고 있다는 사실도 알아냈다. "그녀는 독일로부터 중요한 임무를 받고 프랑스에 파견된 것 같다"는 보고서 기록이 있다.

영국은 마타하리를 전혀 다른 인물로 오인해 연행하기도 했다. 1916년 11월에는 스페인에서 출발해 영국을 거쳐 네덜란드로 향하는 증기선상에서 마타하리를 연행한다. 당시 영국은 그녀가 또 다른 독일 스파이인 클라라 베네딕스라는 확신을 가지고 있었던 것이다.

그녀는 벨기에 장교로부터 고용돼 일하고 있었다고 영국

(『뉴스메이커』, 1999년 2월 11일)

마타 하리의 죽음은 그 죽음 자체를 통해서, 그리고 자신을 죽음의 나락으로 몰아넣었던 '화려한' 스파이 혐의를 통해서 꽤 신비화된 경향이 있다.

색되고 또 윤색되기 마련인 것이다.

그런데, 다시 한 번 던지는 질문. 만약 어디선가 "마타 하리는 총살형을 당할 만큼 그리 대단한 스파이가 아니었다"라는 말이 나온다면? 이러한 가정(假定)이 수반된 질문은 1999년에 와서 현실이 되었다. 영국의 첩보기관인 'M15'가 제1차 세계대전 이후에 기록된 각종 첩보 활동 등에 관한 비밀 문서를 공개하면서, '마타 하리에 관한 진실'을 주장하고 나선 것이다. 이렇게 해서 마타 하리는 20세기의 막장에 이르러 다시 한

번 전 세계 언론의 주목을 받게 되었다. 그렇다면 영국의 첩보기관 M15가 밝힌 '마타 하리에 관한 진실'은 구체적으로 어떤 내용을 담고 있는 것일까?

일단 M15는 마타 하리가 제1차 세계대전 당시 '민감한' 군사 정보를 독일 당국에 제공한 적이 없다고 이야기한다. 이 사실은 '입수 가능한 모든' 정보를 독일 당국에 제공했다는 자백을 받아 마타 하리를 처형한 프랑스 당국의 주장과는 배치되는 내용이다. M15가 제공하는 자세한 내막은 이렇다.

마타 하리는 1915년 12월에 영국의 어느 남부 항구에서 영국정보국에 체포된 적이 있었다. 그녀는 당시 자신의 연인이었던 네덜란드 중령을 만나러 가는 길이었다. 체포된 그녀는 영국정보국으로부터 심문을 받았지만, 영국정보국이 그녀로부터 특별히 캐낸 정보는 없었다. 더 이상 심문의 가치가 없다고 판단한 영국정보국은 그녀를 놓아주었다. 대신 그녀의 행선지를 추적하며 계속 감시의 눈길을 보냈다. 그리고 얼마 후 한 정보원으로부터 그녀가 독일대사관에서 돈을 받고 있다는 사실을 입수하게 되었다. 1916년에 영국정보국은 마타 하리가 프랑스의 고위관리들과 밀접한 관계를 맺고 있으며 프랑스에 머무는 동안 벨기에의 상류층과도 가깝게 지냈다는 것도 알아내었다. 그 해 11월에는 독일의 스파이인 클라라 베네딕스로 오인되어 영국 당국에 체포되었으나, 당시 그녀로부터 캐낼 수 있는 그녀의 활동은 눈에 띌 만한 것이 없었다. 다시 풀려난 그녀는 몇 달 지나지 않아 프랑스 당국에 의해 체포되었다. 그리고 형장의 이슬로 사라져버렸다.[20]

이러한 기록을 토대로 하여 영국의 첩보기관 M15는 20세기가 끝나가던 무렵에 와서 "마타 하리는 '주요한 군사 기밀'을 팔아먹은 희대미문

---

20) 고현석, 〈마타 하리 죽음의 비밀〉, 『뉴스메이커』, 1999년 2월 11일, 52-53면.

의 스파이는 결코 아니었다"라는 주장을 펼칠 수 있었던 것이다. 결국 영국정보국이 마타 하리로부터 얻어내었던 당시의 정보에 의하자면, 마타 하리를 처형한 프랑스 당국의 처사는 구체적이고 뚜렷한 물증 없이 그저 '정황 증거'에 근거해 행해진 것으로 밖에 볼 수 없는 것이 된다.[21]

그리고 M15의 주장은 2001년 가을에 와서 하나의 지지를 확보하게 된다. 마타 하리의 고향인 네덜란드의 레바르덴시(市)와 마타 하리 재단이 "마타 하리는 억울하게 죽었다"라며 마타 하리에 대한 프랑스 법무부의 재판을 새롭게 열어야 한다고 주장하고 나섰기 때문이다. 이 주장은 레바르덴시와 마타 하리 재단이 지난 10년간 마타 하리의 결백을 밝히기 위해 프랑스, 영국, 독일의 정보기관 문서를 분석한 결과를 토대로 하고 있다. 이 주장에 따르면, "독일은 제1차 세계대전 당시 마타 하리의 이용 가치가 없어지자 일부러 그를 프랑스에 넘겼으며, 프랑스도 반독일 선전에 이용하기 위해 음모를 꾸며 처형한 것"이 마타 하리 사건의 전모로 드러난다.[22]

M15의 주장이 그리고 레바르덴시와 마타 하리 재단의 주장이 어느 정도의 설득력을 얻는 것이라고 한다면, 결국 마타 하리는 희대미문의 스파이가 아니었으며 다만 희대미문의 스파이로 포장된, '영양가 없는 정보'나 캐내던 아마추어 스파이에 불과했는지도 모른다. 다만, 80여 년 전에 이미 불귀의 객이 되어버린 마타 하리가 자신의 스파이 혐의를 둘러싼 훗날의 이 또 다른 스캔들을 저 세상에서 바라보고 있다고 가정한다면, 과연 어느 쪽에 더 무게를 보태주려 할까? 아마도 좀더 진실에 접근된 주장을 하면서 자신의 스파이 혐의를 경감시켜주려 했던 영국 정보국 M15보다는 오히려 자신을 죽음으로 몰아넣었던 프랑스 당국의 허술하기 짝이 없는 정황 증거에 더 무게를 보태주려 하지 않을까? 이미 말

---

21) 고현석, 〈마타 하리 죽음의 비밀〉, 『뉴스메이커』, 1999년 2월 11일, 53면.
22) 이상록, 〈마타 하리는 억울하다〉, 『한겨레21』, 2001년 11월 1일, 98면.

한 바와 같이 마타 하리의 죽음은 그 죽음 자체를 통해서, 그리고 자신을 죽음의 나락으로 몰아넣었던 '화려한' 스파이 혐의를 통해서 꽤 신비화된 경향이 있으니까 말이다. 영국 캠브리지 대학의 전시첩보 권위자인 크리스토퍼 앤드루 박사의 말은 이러한 추측에 힘을 실어준다.

"마타 하리는 단지 스파이가 된다는 데 낭만적인 환상을 품었던 몽상가일 가능성이 높다."[23]

---

23) 고현석, 〈마타 하리 죽음의 비밀〉, 『뉴스메이커』, 1999년 2월 11일, 53면.

박동선은 여전히 코리아게이트가 '조국'을 돕기 위한 방편이었다고 말한다.

자신은 애국자인데 사람들이 오해하고 있다는 것이다. 그러나 그의 이런 항

변에도 불구하고 로비스트 박동선이 미덥지 못한 것 또한 사실이다.

박동선

한국적인 너무나

한국적인 로비스트

박동선
한국적인 너무나 한국적인 로비스트

최 을 영

로비스트의 천국, 미국

로비(Lobby)가 가장 활발하게 이뤄지는 곳은 세계 최강대국이라 불리는 미국이다. 정치의 역사가 '로비의 역사'라 불릴 만큼 미국에서는 로비 활동이 19세기 초부터 지금까지 광범위하게 이뤄졌다. 『워싱턴 먼스리』의 주간 차르스 피터스가 "미국은 이제 국가라기보다는 로비집단들이 모인 위원회다"라고 비판할 정도로 미국은 로비스트의 천국이다.[1] 각종 정책결정 때마다 로비가 이뤄지고 있고, 타국가도 자국의 이익을 위해 미의회에 로비를 통해 압력을 행사하고 있다. 그러다 보니 수많은 로비회사가 미의회 주변에 산재해 있고 로비 비용도 점점 늘어가고 있는

---

1) 이정희, 〈로비스트 세상, 강자만의 천국〉, 『신동아』 1996년 1월호 별책부록, 『미국 초강국의 빛과 그늘』(동아일보사, 1996), 360쪽.

추세다. 1997년 미국 기업과 이익단체가 의회 등을 상대로 쓴 로비 비용은 약 11억 7천만 달러(한화 1조 4천억 원 정도)였고, 이들에게 고용된 로비스트 수는 1만4천4백84명이었다. 의원 1인당 27명의 로비스트가 로비를 벌인 꼴이었다.[2] 로비 사업이 관광산업, 관공서 관련산업과 함께 미국 워싱턴의 3대 산업으로 꼽힌다고 하니 더 말해 무엇하랴.[3]

미국 정부는 진작부터 로비 활동을 합법의 테두리 안에 포함시켰다. 1946년 미의회는 '로비규제법'을 만들었다. 로비를 수정헌법 1조가 보장하고 있는 청원권으로 인식한 상태에서 만들어진 이 법은 로비 활동을 규제하기보다는 로비 활동을 공개하는 차원에서 제정된 법이었다. 이 법으로 인해 로비스트는 의회에 등록을 한 상태에서만 활동할 수 있게 됐고 활동비 등을 공개해야 했다. 1995년에는 그 공개범위가 더 넓어진 로비스트 공개법이 시행되었다. 이 법안은 로비스트의 이름과 사무실 소재지, 고용업체, 계약 기간, 보수, 경비지출 대상과 그 내용 등을 공개하도록 했다. 또 로비의 또 다른 폐해였던 '회전문 현상'[4]을 막기 위해 일정 기간 동안 자신이 근무하던 기관을 상대로 로비하는 것을 금지시켰다.[5] 비록 로비의 폐해가 여전히 문제가 되고 있지만 미국에서 로비는 음지에서 양지로 올라선 상태고, 그 방법 또한 합법적이고 세련되어 있다. 무턱대고 돈을 찔러주지도 않고 막무가내로 청탁자에게 자신의 의견을 관철시키려 하지도 않는다. 로비규제법이 있기 때문이다.

이런 미국에서 한국식 로비는 통하지 않게 되어 있다. 학연·지연·

---

2) 〈로비스트 밥 돌〉, 「경향신문」, 1999년 6월 25일, 2면.
3) 양성욱, 〈미(美)최고 로비단체는 '총기생산업체협(協)'〉, 「문화일보」, 2001년 5월 16일, 9면.
4) 회전문 현상은 로비스트가 자신이 전에 몸담고 있던 공공기관을 상대로 로비를 벌이는 것을 말한다. 공직에 있었던 사람이 로비스트가 되기 때문에 벌어지는 이런 현상은 한국의 전관예우와 비슷하다.
5) 김성호, 〈세계는 지금 로비 전쟁 중 국익 챙기기 '포성 없는 전쟁'〉, 「한국일보」, 1997년 1월 28일, 20면.

혈연으로 이루어진 인맥을 활용하고, 단순히 금품 또는 향응을 제공하는 식의 로비는 하급 로비이기 때문이다. 걸릴 위험도 많고, 만약 발각됐을 경우 로비스트뿐만 아니라 로비 대상자까지 처벌받기 십상이다. 특히 미국 의원들을 대상으로 하는 로비는 주의를 기울여야 한다. 미국 상원의원은 연간 1백 달러(한 번에 50달러) 미만의 선물만을 받을 수 있고, 하원의원은 아예 선물을 받아서는 안 된다. 또 식사는 25명 이상이 참석하는 단체회식만이 허용될 뿐이다.[6] 때문에 미국에서 활동하는 로비스트는 정치헌금 등을 통한 '합법적인 뇌물(?)'과 의회 청문회에 출석해 자신이 대변하는 이익단체의 의견을 피력하는 방법, 정책 결정자에게 정보를 제공하는 방식 등을 사용한다.

한국식 로비는 무대포?

그렇다면, 이런 미국에서 한국식 로비를 구사한다면 어떻게 될까? 앞서 말한 것처럼, 단순히 금품 또는 향응을 제공하는 식의 한국식 로비는 실패할 확률이 크다. 그뿐인가. 급 낮은 로비로 인해 국가 망신을 톡톡히 당하기 십상이다. 이런 사실을 보여준 사건이 바로 1970년대 중반 박동선이 일으켰던 '코리아게이트'다.

1976년 10월 24일 『워싱턴 포스트』가 일명 '코리아게이트'로 불린 추문을 기사화한 이후 박동선이라는 로비스트와 그 로비를 부탁한 것으로 알려졌던 박정희 정권은 국제적인 망신을 당해야 했다. 당시 박정희 정권의 인권탄압에 반발하고 있던 카터 행정부와 미국 언론은 로비스트 박동선의 한국식 금품 로비에 혀를 내둘렀다. 당시 한 미국 신문은 이 사건을 "솜씨가 거칠고 덜 세련되어 너무 함부로 돈을 뿌리고 다닌 표본"으

---

6) 홍은택, 〈미(美) 로비스트 2만여 명 합법적 활동〉, 『동아일보』, 2000년 5월 12일, A11면.

(「동아일보」, 2000년 5월 21일)

미국에서는 로비의 폐해가 여전히 문제가 되고 있지만 로비는 음지에서 양지로 올라선 상태고, 그 방법 또한 합법적이고 세련되어 있다. 그런 미국에서 한국식 로비는 통하지 않는다.

로 지칭했고, 또 다른 신문은 "모든 로비가 돈으로만 성사될 수 있다면 누군들 로비를 못하겠는가. 한국은 돈이 로비의 모든 것이 아님을 스스로 입증했다"고 한국식 로비의 단순함을 비꼬았다.[7]

한국에게 국제적인 망신을 주고, 한국인들에게 로비는 부정한 방법을 통한 뒷거래에 지나지 않는다는 잘못된 편견을 심어준 '코리아게이트'의 주역 박동선. 그러나 그는 현재도 어찌된 연유인지 로비스트로 활약

---

7) 정규웅, 〈로비술〉, 『중앙일보』, 1992년 11월 11일, 5면.

하고 있다. 아니 '코리아게이트' 이후 일거리가 더 늘었다고 그는 말한다. 이유는 '코리아게이트'를 한국 정부가 주도한 것이 아니냐는 미국측의 질문을 끝까지 부인하고 자신이 모든 걸 뒤집어썼기 때문이라고 한다. 즉 로비스트로서 고객을 보호했기 때문이라는 이야기다.[8] 그의 말이 사실이든 아니든 그는 현재 세계를 돌아다니며 로비를 벌이고 있고 1998년부터는 한국에 출입하며 정관계 인사들과 접촉하고 있다.

박동선이 이처럼 로비스트로 계속 살아갈 수 있는 원인은 폭넓은 인맥 때문이다. 그는 여전히 미국의 상·하원의원들을 비롯해 유엔, 세계은행의 고위 인사 등과 교류하는 것으로 알려져 있고, 그가 설립한 조지타운 클럽은 워싱턴 사교계에서 인기가 높다고 한다.[9] 때문에 그를 대미 로비의 전방위로 삼아야 한다는 말까지 나오고 있다. 로비 문화가 제대로 정착되어 있지 않은 한국의 현실을 감안했을 때, 또 대미 로비가 부재하다시피 한 한국의 현실을 돌아봤을 때, 박동선에게 대미 로비를 맡겨야 한다는 주장이 일각에서 제기되고 있는 것이다. 그러나 그에 대한 평가가 극과 극(뛰어난 로비스트와 사기꾼)을 달리는 상황에서, 또 그의 삶이 베일에 가려져 있는 상황에서 이런 주장이 얼마만큼의 실효성을 갖는지는 의문이 아닐 수 없다.

박동선은 1935년 평안남도 순천의 부잣집에서 3남1녀 중 막내로 태어났다. 1947년 가족과 함께 월남한 그는, 아버지 박미수가 이사로 있던 배재중학에 입학했다. 그리고 17세 때인 1952년, 미국으로 유학해 시애틀에서 고등학교를 졸업하고, 인근의 대학을 다니다가 워싱턴의 조지타운대학에 들어갔다. 대학 시절 학생회장을 지내기도 했던 박동선은 이때부터 남다른 사교성을 발휘해 인맥을 쌓아 나갔다.[10] 재미언론인 문명자

---

8) 이형삼, 〈박동선 인터뷰: "외교라구요? 인맥도 로비도 없이?"〉, 『신동아』, 2000년 3월호, 235쪽.
9) 이형삼, 위의 글, 234쪽.

는 그가 대학 시절에 보여준 사교성이 거짓말을 무마하기 위한 것에 지나지 않았다고 혹평하기도 하는데, 박동선의 사교성이 보통 이상이었던 것은 분명한 것 같다.

"공부에는 관심 없던 그가 이 명문대학의 졸업장을 따낸 것은 그의 천부적인 사교성(?) 덕택인 듯했다. 박동선은 조지타운대학 시절에 시험철만 되면 교수들을 찾아가 '고국의 아버지가 돌아가셨다', '어머니가 위독하다' 는 식으로 사정을 해 시험을 안 보고 학점을 얻었다는 것이다. 그런데 그런 식으로 속인 교수가 한둘이 아니었다는 게 문제였다. 우연히 교수들끼리 한담을 하던 중 '통썬 팍'(박동선의 미국식 발음)이라는 한국 학생 이야가 나왔는데 너무 많이 아버지가 죽고 어머니가 위독했다는 것이 탄로나고 말았다. 그래서 분노한 교수들이 퇴학시키려고까지 했는데 역시 그의 천부적 사교술로 그 위기를 모면했던지 졸업장은 얻어서 나왔다."[11]

어쨌든 1962년 대학을 졸업한 박동선은 주미 한국대사관에 선을 대기 시작한다. 재미언론인 문명자가 목격한 바에 따르면, 박동선은 주미 한국대사관 인사들과 주미 공사나 참사관 집에서 파티가 열리면 항상 나타나 앞치마를 두르고 설거지를 도맡아 했다고 한다.[12]

로비스트의 길로

그러나 미국 정계 인사들과 친해지는 데는 한계가 있었다. 진작부터 로비스트가 되고자 했던 박동선은 보다 폭넓은 인맥을 쌓아야 했다. 이때 그에게 도움을 준 이가 로비스트로 유명한 '안나 셰놀트'였다. 중국

---

10) 김영희, 〈76년 코리아게이트 주인공 박동선 씨를 찾아서〉, 『중앙일보』, 1995년 9월 1일, 10면.
11) 문명자, 『내가 본 박정희와 김대중』(월간 말, 1999), 255쪽.
12) 문명자, 위의 책, 256쪽.

에서 '진향미'란 이름으로 태어난 그녀는 남편이 물려준 막강한 재력을 바탕으로 미국 상·하원의원 상당수와 상류층 인사들과 두터운 친분을 과시하며 로비스트로 활약하고 있었다. 이런 안나 셰놀트의 도움을 받아 박동선은 상류층 인사들과의 인맥을 넓혀 나갔고, 그들을 자신이 만든 조지타운 클럽이라는 일종의 사교모임에 가입시켰다. 그는 이 모임을 통해 명사들과 친분관계를 유지할 수 있었고 그걸 이용해 한국 정부와 접촉하기 시작했다.[13]

폭넓은 인맥을 쌓아놓은 박동선은 1967년부터 본격적인 활동을 시작한다. 직업이 없었던 그는 돈을 벌어야 했다. 더구나 자신이 설립한 조지타운 클럽이 자금난으로 허덕이고 있는 상태였다. 박동선은 이를 해결하기 위해 돈 벌 궁리를 하게 되었고, 그 방법으로 자신이 그 동안 쌓아온 인맥을 활용했다. 당시 한국은 미국으로부터 상당량의 쌀을 수입하고 있었다. 박동선은 미국과 한국 사이의 쌀 중개권을 획득하면 미국 기업에게 커미션을 받을 수 있다는 사실을 깨달았다. 박동선은 곧 그 권리를 독점하기 위해 평소 친하게 지내던 하원의원 리처드 해너에게 한 가지 부탁을 하게 된다. 1967년 크리스마스 때 한국을 방문하기로 되어 있던 그에게 쌀 중개권 획득을 도와달라고 청했던 것이다. 그리고 이듬해 박동선은 해너 의원과 함께 한국을 방문했고 김형욱을 만났다. 박동선에게 김형욱을 소개한 이는 정일권으로 알려져 있다. 주미 대사 시절부터 박동선과 친분관계가 있었던 정일권은 자신을 찾아와 쌀 중개권을 청하는 박동선을 김형욱에게 소개시켰다고 한다.[14] 당시 중앙정보부장으로 무소불위(無所不爲)의 권력을 휘두르고 있던 김형욱은 박동선의 청을 받아들였고, 쌀 수입 중개권을 갖게 된 박동선은 미국의 쌀 수출기업에게 커미션을 받을 수 있었다.

---

13) 문명자, 『내가 본 박정희와 김대중』(월간 말, 1999), 257쪽.
14) 문명자, 위의 책, 259-260쪽.

김형욱이라는 막강한 세력을 등에 업은 박동선은 1970년 말까지 쌀 중개로 막대한 돈을 벌어들였다. 그리고 그 돈의 일부는 김형욱과 정일권, 리처드 해너에게 돌아갔다. 그러나 1971년 김형욱이 권력 일선에서 물러나자 박동선 또한 쌀 중개권을 빼앗겼다. 박동선의 중개권 박탈을 주도했던 인물은 김형욱과 앙숙으로 박정희 경호실장이었던 박종규라고 알려져 있다.[15] 박종규는 박동선의 중개권을 박탈하고 청와대 출입을 금지시켰다. 그러나 여기서 물러날 박동선이 아니었다. 그는 리처드 해너 의원을 비롯한 미국 의원들을 통해 한국 정부에 압력을 가하기 시작했다. 그들이 타깃으로 잡은 건 이후락 중앙정보부장이었다. 해너 의원은 쌀 생산지 출신 상하원들의 편지를 들고 이후락을 만나 이렇게 말했다고 한다.

"편지를 쓴 엘렌다 상원의원은 외원(外援) 세출 위원장입니다. 박동선 씨는 미국 의회에 잘 알려진 인물이며 한국이 엘렌다 의원과 패스만 의원(군사 및 경제 외원을 다루는 소위원장)의 도움을 받도록 할 수 있을 것입니다."[16]

해너의 이 말은 박동선이 한국의 대미 외교에 도움을 줄 수 있다는 것이었다. 이후락은 박동선을 대미 로비에 이용할 수 있겠다는 생각을 했고, 박동선이 벌어들이는 돈 일부를 공화당의 정치자금으로 돌리려 했다. 당시 공화당은 1971년의 대통령 선거로 자금이 달리는 상태였다. 결국 박동선은 이후락의 입김으로 1972년 3월 쌀 중개권을 재획득할 수 있었다.

이후락이 박동선에게 쌀 중개권을 준 이유는 대미 로비의 필요성이 절대적으로 필요했기 때문이다. 당시 미국은 월남전의 망령에 시달리고 있었고, 그로부터 벗어나려 노력하고 있었다. 1969년 7월 25일 닉슨 대

---

15) 김충식, 『남산의 부장들 2』(동아일보사, 1992), 251쪽.
16) 김충식, 위의 책, 251쪽.

통령은 "아시아 국가들은 미국 의존도를 줄이고 그들의 안보문제를 독자적으로 해결하기 바라며 미국이 또다시 월남전과 같은 사태에 말려들지 않도록 협조해야 한다"는 내용의 '닉슨 독트린'을 선언했다.[17] '닉슨 독트린' 이후 닉슨 행정부는 의회의 압력으로 단계적으로 주한미군을 철수시키겠다는 의사를 한국측에 전달하고, 1971년 3월부터 주한미군 철수를 시작했다. 한국 정부는 위기의식을 느꼈고, 미행정부와 의회를 대상으로 하는 로비의 필요성을 절감했던 것이다.

코리아게이트의 발발

박동선은 쌀 중개권을 재획득하는 대가로 대미 로비를 시작했다. 그는 당시 한미관계에 중대한 영향을 끼칠 수 있는 오토 패스만 의원에게 접근한다. 그런데 패스만 의원은 박동선을 싫어했다고 한다. 그래서 패스만 의원은 박동선과 웬만하면 만나지 않으려 했다. 그러나 박동선은 집요하고 끈질겼다. 그는 자신을 피하는 패스만이 시계수집광이라는 사실을 알아내고 시계에 대해 공부를 했다. 그리고 시계 수집을 빌미로 패스만과 친해지게 된다.[18]

이처럼 박동선은 뛰어난 사교술로 미의회 의원들과 친분을 쌓았고 한국을 위해, 정확히 표현하면 박정희 정권을 위해 로비를 벌였다. 그러나 그 로비 방법이 문제였다. 미국의 로비 문화는 한국의 그것과 많은 차이가 있었지만 그것을 알지 못했던 박동선은 한국적인 방법으로 로비를 벌이기 시작했던 것이다. 1972년부터 1975년까지 그는 리처드 해너를 비롯한 수십 명의 상·하원의원에게 금품과 선물을 제공했다. 뇌물을 받은 의원들 대부분이 쌀 생산지 출신 의원들이었기 때문에 박동선과의 긴밀

---

17) 현대사연구소 연구팀, 〈주한미군 철수 6〉, 『중앙일보』, 1995년 10월 24일, 10면.
18) 김충식, 『남산의 부장들 2』(동아일보사, 1992), 253-254쪽.

한 협조를 필요로 했다. 그러나 그 로비가 정상적인 루트를 통하지 않았기 때문에 박동선의 활동은 곧 미정부와 언론의 레이더에 걸리게 된다.

미국이 한국의 대미 로비에 의심의 눈길을 보내게 된 것은 1975년의 일이었다. 당시 미의회에서는 '한국의 인권 문제에 대한 청문회'가 자주 열리고 있었다. 유신 이후 긴급조치가 남발되고 '인혁당 사건' 같은 어이없는 인권유린이 한국에서 자행되자, 미국에서도 한국의 인권에 관심을 표명하게 되었다. 이 청문회장에서 1973년 워싱턴 주재 한국대사관에서 참사관으로 일하다 미국으로 망명했던 이재현(현 웨스턴일리노이대학 교수)이 한 가지 흥미로운 증언을 하게 된다.

"한국의 중앙정보부는 미국 내에 있는 반한파 한국인들을 탄압하는데 그치지 않고, 미국 내에서 반(反)박정희 여론과 활동을 무마하기 위해 대규모 회유·매수 공작을 벌일 모종의 계획도 가지고 있었다."[19]

이 말은 한국이 불법적인 대미 로비 계획을 갖고 있다는 의미였다. 그러나 미 법무성은 이에 대해 관심을 나타내지 않았고 조사도 벌이지 않았다. 미 하원의 도널드 프레이저만이 한국의 불법적인 로비 진상을 파헤치기 위해 동분서주하고 있었다. 때마침 미 언론도 로비스트 박동선의 행적을 추적하고 있었다. 1975년 4월 미 대통령 부인 베티 포드의 여비서 낸시 하우의 남편 제임스 하우가 권총 자살한 사건이 일어났다. 겉으로 보기에는 한 남자의 단순한 자살 사건에 불과할 뿐이었다. 그러나 이 사건의 먼 배후에는 박동선이 있었고, 『워싱턴 포스트』의 여기자 맥시 체셔의 집요한 취재로 그 사실이 밝혀져 언론에 공개되었다. 어느덧 박동선은 언론의 감시망에서 자유로울 수 없는 신세가 되었다. 그리고 그것은 1975년 무렵부터 대미 로비를 펼쳤던 또 한 명의 로비스트 김한조에게도 해당되는 것이었다.

---

19) 문명자, 『내가 본 박정희와 김대중』(월간 말, 1999), 211쪽.

대미 로비를 주도했던 중앙정보부는 박동선 한 사람에게만 로비를 맡겼던 것은 아니었다. 1974년 청와대에 미국에서 성공한 사업가로 알려진 김한조가 자주 드나들고 있었다. 그는 자신이 미국 정계 인사들과 친하다는 사실을 공공연하게 드러냈고 곧 박동선과는 별개로 활동하는 로비스트가 되었다. 김한조는 중앙정보부로부터 자금을 지원 받아 로비를 펼쳤다. 그가 받은 돈은 총 60만 달러였다. 그 돈 60만 달러는 이른바 '백설작전'이라는 로비 활동에 쓰여졌다고 한다.[20] 1976년 11월 신변에 위협을 느끼고 미국에 망명한 전 중앙정보부 요원 김상근은 '백설작전'에 대해 다음과 같이 말한다.

"1974년 9월에서 1975년 6월 사이 나는 김한조에게 한 번에 30만 달러씩 두 번에 걸쳐 60만 달러를 전달했다. '백설작전'이란 한국의 대미 로비 활동을 위해 서울 중앙정보부의 양두원 실장이 외교행낭으로 자금을 보내오면 내가 김한조에게 그 돈을 전달하고 김은 그 돈을 가지고 미국 국회의원들을 상대로 공작을 한다는 것이다."[21]

중앙정보부가 박동선 외에 김한조를 로비스트로 썼던 이유는 한국 내 인권상황에 대한 미국의 민감한 반응 때문이었다. 유신 이후 한국의 인권상황은 미국인뿐만 아니라 미국의 교포 사회도 본국 정부에 반감을 가질 정도로 열악했다. 미의회의 민주당 의원들이 갖고 있던 반감은 말할 것도 없었고, 그 여파는 고스란히 한국 정부에 압력으로 작용했다. 대표적인 것이 주한미군 철수였다. 박정희 정권은 이를 타개하기 위해 로비

---

20) 그런데 이상한 점은 김한조가 로비 활동에 돈을 한 푼도 쓰지 않았다고 의심 받는다는 사실이다. 코리아게이트 사건을 조사한 프레이저 위원회와 미 법무성은 박동선과 함께 기소된 김한조가 미의회 의원들에게 준 돈이 거의 없다고 밝혔다. 그래서 김한조는 직접적인 뇌물공여죄가 아닌, 의원매수 공모죄와 위증죄로 3년형을 선고 받았다. 그렇다면 김한조가 중앙정보부로부터 받은 돈은 어디로 갔을까? 재미언론인 문명자는 김한조가 그 돈을 착복했다고 추측하고 더 나아가 그가 박정희 정권을 상대로 사기행각을 벌인 사기꾼에 불과하다고 주장한다. 문명자, 『내가 본 박정희와 김대중』(월간 말, 1999), 252-253쪽.
21) 문명자, 위의 책, 241쪽.

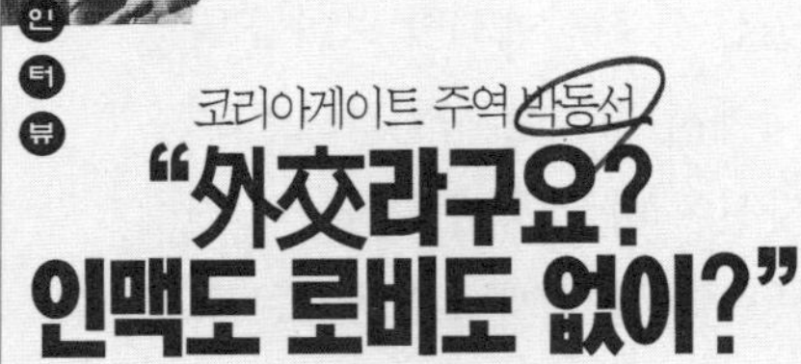

코리아게이트 주역 박동선

"外交라구요?
인맥도 로비도 없이?"

코리아게이트 사건이 터진 지 24년.
그 주역이었던 박동선씨가 바쁜 행보를 계속하고 있다.
세계 곳곳을 드나들며 국제 로비스트로 왕성하게 활동하고 있는
그가 입을 열었다.

이 형 삼　동아일보 신동아 기자
hans@donga.com

19 76년 워싱턴 정가를 발칵 뒤집어
놓은 코리아게이트 사건의 장본인
박동선(朴東宣)씨가 2년여 전부터
빈번하게 한국을 드나들고 있다. 그는 국
내 체류중 정부 관계자와 국회의원 기업
인 법조인 사회단체장 등 다양한 인사들
과 면담하고, 남북한 교류사업과 인삼사
업 호텔사업 등에도 관여하는 것으로 알
려졌다.

일반인들에겐 코리아게이트 이후 한국
과 미국 모두에게 버림받고 로비스트 세
계에서 종적을 감춘 것처럼 비쳤던 박씨
는 그동안 어떤 삶을 살아왔을까. 98년
여름부터 그와 접촉을 계속한 끝에 어렵
게 만남이 이뤄졌다. 그는 "아직 마음의
준비가 안 돼 언론에 나서기를 꺼려왔다"

며 "그러나 한국에는 나에 대해 부정적인
선입견을 갖고 있는 사람들이 의외로 많
아 '신동아' 독자들 같은 지식층에게 있
는 그대로의 내 모습을 보여주고 싶었다"
고 말문을 열었다.

1935년 평남 순천 출생. 우리 나이로
예순여섯의 '노인'이지만, 흐트러짐 없이
꼿꼿한 풍채와 반백의 술진 머리칼을 깔
끔하게 빗어 넘긴 모습에선 20년 전 자신
만만한 언행으로 미 의회 청문회장을 압
도하던 활력이 간간이 배어났다.

어드바이저인 로비스트

―일정을 보니 한 곳에 오래 머무르시지 않더
군요. '주거지'는 어디입니까.

(『신동아』, 2000년 3월호)

코리아게이트를 일으킨 박동선의 로비 활동은 급기야 한·미간 외교분쟁으로 비화되었다. 미국은 한국 정부에
압력을 가했고, 결국 박동선은 면책특권을 부여받은 채 미국으로 인도되면서 일단락된다.

스트를 활용했고, 그 선두에 박동선과 김한조가 있었다. 그리고 이들의
무리한 로비로 인해 1976년 『워싱턴 포스트』에, 한국 정부가 로비스트를
동원해 현직 의원들에게 뇌물을 제공했다는 폭로기사가 나면서 한국과
박정희 정권의 위신은 땅에 떨어지게 되었다.

외교분쟁으로 비화되다

1976년 10월 24일 『워싱턴 포스트』는 "한국 정부의 기관 요원인 박동
선 씨가 70년대 연간 50만 내지 1백만 달러 상당의 뇌물로 90여명의 의

원과 공직자를 매수했다"는 내용의 기사를 무려 10면에 걸쳐 내보냈
다.[22] 한국 정부는 이 기사에 즉각적으로 대응해, 10월 26일 박동선은 한
국과 무관하다는 내용의 성명서를 발표했다. 그러자 『워싱턴 포스트』는
10월 27일 미 중앙정보국이 코리아게이트의 단서를 잡은 것은 전자장치
로 청와대를 도청했기 때문이라는 기사를 내보냈다. 한국 정부는 미국
정부에 해명을 요구했지만, 미국 정부는 침묵으로 일관했다.

　1976년 언론의 폭로로 발발한 코리아게이트에 대한 미 정부의 수사는
1977년 카터 행정부가 들어서면서 활발해지기 시작한다. 그 결과 우호
적이었던 한미관계는 불편해지기 시작했다. 특히 1977년 6월 글라이스
틴 전 주한대사의 청문회 증언으로 청와대 도청이 사실로 드러나면서 한
미관계는 급속히 냉각되었다. 미국이 청와대 도청을 인정한 것은 박정희
가 코리아게이트, 즉 대미 로비를 직접 지시했다는 사실을 밝혀내기 위
한 이른바 고육지책(苦肉之策)이었다. 한국 정부는 불법적인 청와대 도청
을 주권침해라며 미 정부를 비난했지만, 카터 행정부는 코리아게이트 수
사를 계속 진행했다.

　인권대통령이라 불렸던 카터로서는, 박정희 정권이 벌이는 인권유린
은 받아들일 수 없는 것이었다. 이런 분위기 때문에 미 정부는 5개 기관
을 통해 한국 정부의 비리를 캐기 시작한다. 국무부와 연방수사국(FBI),
미 중앙정보국(CIA), 법무부 공안과, 국방부국가안전과(NSA)가 이때 동
원된 기관이었다. 행정부뿐만 아니라 의회도 일명 '프레이저위원회' 라
불렸던 '미 하원 국제관계위원회 산하 국제기구소위원회'에서 코리아게
이트를 파헤치기 시작했다.

　1977년 2월 미 하원 국제관계위원회로부터 한미관계 조사권을 위임
받은 프레이저위원회는 37명의 증인이 출석한 가운데 20여 회의 청문회

---

22) 이상훈, 〈워싱턴 로비 추문 '박동선 사건' 폭로〉, 『한겨레신문』, 1992년 10월 21일,
　　18면.

를 열어, 코리아게이트 사건 전모를 밝혀내려 애썼다. 청문회가 진행되면서 프레이저위원회는 한국에 도피, 귀국해 있던 박동선과 미 의원들에게 돈봉투를 뿌린 것으로 의심받던 전 주미대사 김동조의 청문회 출석을 요구했다. 그리고 박동선과 김동조를 미국에 보내줄 것을, 한국 정부에 정식으로 요청했다. 그러나 한국 정부는 송환 요청을 거부했고, 이 문제는 급기야 한·미간 외교분쟁으로 비화되기에 이른다. 미국 정부는 대한 식량차관을 삭감한다고 한국 정부에 계속 압력을 가했고, 결국 박동선은 면책특권을 부여받은 채 미국으로 인도되었다. 그리고 김동조는 청문회가 진행되는 동안 서면(書面) 증언만으로 청문회에 참여하기로 결정돼, 한·미간 외교분쟁은 일단락되었다.

박동선은 청문회에서 32명의 의원에게 85만 달러 정도의 선물과 금품을 제공했다고 증언했다.[23] 그러나 그는 한국 정부가 코리아게이트를 주도했다는 것은 부정했다. 프레이저위원회는 그를 36가지 항목으로 기소했지만 면책특권 때문인지는 몰라도 나중에 그것을 취하해 박동선은 법적 처벌을 면할 수 있었다.[24] 대신 그에게는, 쌀 수입 중개권으로 받은

---

23) 박동선이 쓴 로비자금의 정확한 내역에 대해서는 의견이 분분하다. 프레이저위원회는 75만 달러 정도라고 결론 내리고 있으나, 박동선 자신은 85만 달러를 썼다고 주장하고 있다. 그러나 그가 쓴 돈이 1백만 달러 미만인 것은 확실한 듯 보인다.

24) 이에 대해 박동선은 자신이 처벌을 면할 수 있었던 것은 죄가 없었기 때문이라고 말한다. "당시 미국 법원이 날 기소한 혐의는 크게 두 가지였어요. 미국에서 로비스트로 활동하려면 정식으로 등록하고 활동상황을 매월 보고해야 하는데 그걸 안 했다는 것, 그리고 의원들에게 뇌물을 줬다는 것이었죠. 그런데 아무 것도 입증되지 않았습니다. 나는 자발적으로 내 조국에 도움을 주려했을 뿐 한국 정부로부터 임명장도 봉급도 받은 일이 없으니 한국의 로비스트가 아니었고, 의원들에게 준 돈은 조건 없는 정치자금이었지 뇌물이 아니었거든요. 그때는 외국인이 개인 자격으로 의원들에게 정치자금을 주는데 아무런 제한이 없었어요." 이형삼, 〈박동선 인터뷰: "외교라구요? 인맥도 로비도 없이?"〉, 『신동아』, 2000년 3월호, 235쪽; 박동선의 말과 달리 그는 1946년 만들어진 로비규제법에 저촉되는 행동을 했다. 그는 로비스트 등록도 하지 않았고 활동비도 공개하지 않았다. 그리고 박동선은 한국 정부로부터 쌀 중개권이라는 봉급보다 훨씬 큰 막대한 이권을 부여받은 상태였고, 조건 없이 정치자금을 건넸다는 것도 고개를 갸웃거리게 만드는 대목이라 할 수 있겠다.

커미션에 따른 세금으로, 1천5백만 달러의 추징금이 부과되었다. 그리고 프레이저위원회의 청문회는 2년여 동안 계속되다가 1978년 10월 16일 리처드 해너 의원이 실형을 선고 받고 7명이 징계를 받는 선에서 마무리되어 코리아게이트는 사실상 종결되었다.

박동선은 사기꾼?

박정희는 코리아게이트가 발발한 지 며칠 지나지 않은 1976년 11월 3일 청와대 비서관과 기자 몇몇이 모여 있는 자리에서 이렇게 억울함을 토로했다고 한다.

"돈을 먹었으면 미국 사람들이 먹었고, 돈을 먹은 사람들이 더럽지, 왜 우리 정부를 공격하는 거야? 돈 먹은 사람들을 탓할 일이지. 따지고 보면 미국의 신세지는 나라 치고 워싱턴에서 로비를 안 하는 나라가 어딨어. 이스라엘이 제일 많이 할 거야. 그래서인지 유대계 신문 『뉴욕타임스』는 아무 소리 없고……. 지금 일본 정계를 떠들썩하게 하고 있는 록히드 사건도 빙산의 일각 아니겠나. 미·일간의 거래는 훨씬 크고 많을 게 아닌가 말야."[25]

물론 이스라엘과 일본도 꾸준히 대미 로비를 했다. 그러나 그들은 로비에 있어서 만큼은 노회(老獪)하다. 그들은 한국과는 달리 미국식 로비 문화에 익숙했던 것이다. 이런 점에서 박정희의 발언은 한국 정부가 얼마만큼 미국 로비 문화에 무지했는지를 단적으로 보여준다 하겠다. 당시 중앙정보부 해외담당 차장보였던 윤일균의 말은 코리아게이트의 진상과 한국 정부의 미국 로비 문화에 대한 무지를 명확히 보여준다.

"70년대로 접어들면서 미국은 주한미군감축, 군원삭감 방향으로 나

---

25) 김충식, 『남산의 부장들 2』(동아일보사, 1992), 248쪽.

아갔다. 그러나 한국으로서는 초조할 수밖에 없었다. 여러 수단을 강구한다는 게 결과적으로 저쪽 미국의 법과 관행에 맞지 않는 방법까지 동원됐다. 가령 박동선 씨가 쌀 이권으로 번 돈 일부를 미국 의원들에게 줄 때 결코 뇌물이라는 의식도 없었고 코리아게이트 재판 결과로 볼 때도 별 게 아닌 것이었다. 그러나 당시 미국 내 감정과 여론은 '한국 독재정부가 뇌물로 미국 의회와 행정부를 부패시켰으니 도려내겠다'는 식이었던 것이다. 주한미군이나 군원문제 외에도 유신 이후 인권문제 공세 등으로 정권 이미지가 나빠져 미국 의회나 여론의 물꼬를 돌려보겠다는 의도도 있었던 것은 분명하다. 결국 우리측은 '이스라엘, 자유중국 등 미국 신세지는 나라 치고 로비 않는 곳이 어디 있느냐'는 단순한 생각으로 사업가들인 박·김(박동선과 김한조)씨 같은 협력자들을 이용했던 것 같다. 그러나 한·미간 문화의 차이랄까, 벽은 뜻밖에 엄청난 것이었고 우리는 비싼 대가를 치러야 했다."[26]

결국 박정희 정권은 자신의 정권유지에 꼭 필요한 주한미군을 한국에 상주시키기 위해, 또 유신에 대한 반발을 무마시키기 위해 미국을 상대로 그처럼 단순한 방법으로 로비를 벌였던 것이다. 그러나 그 로비도 별 성과를 거두지 못한 것 같다. 김한조에게 제공된 로비자금은 미국 의원들에게 전달되기 전에 착복된 듯 보이고 박동선 역시 자신이 커미션으로 벌어들인 수입 중 8% 정도만을 로비자금으로 사용했기 때문이다. 문명자의 말을 들어보자.

"프레이저위원회에 따르면, 박은 1969년 이후 8년 동안 한국의 쌀 수입 중개상을 하면서 미국의 쌀장사들로부터 9백20만여 달러 상당의 커미션을 받았다. 문제는 박이 이 돈 중 과연 얼마를 소위 '애국사업' 즉 대미 로비에 사용했는가이다. 미국 법무성과 의회의 조사 결과, 박이 미

---

26) 김충식, 『남산의 부장들 2』(동아일보사, 1992), 256쪽.

국 국회의원들에게 제공한 것으로 드러난 액수는 위 커미션의 8%쯤에 불과한 75만 달러 정도였다."[27]

이런 사실을 놓고 볼 때 박동선도 한국 정부를 상대로 자신의 이권만을 챙긴 사기꾼이라고 의심해 볼 수도 있다. 그러나 박동선은 적어도 박정희 정권에게는 사기꾼이 아니었다. 왜냐하면 박정희 정권에게 막대한 정치자금을 제공할 수 있었기 때문이었다. 앞서 밝힌 것처럼, 이후락이 박동선에게 쌀 중개권을 맡긴 이유 중 하나는 박동선이 받는 커미션 일부를 정치자금으로 사용하기 위해서였다. 그리고 실제 박동선은 커미션 일부를 한국 정부에 제공했고, 한국에 쌀을 수출하는 기업과 중앙정보부를 연결했다. 그것은 정치자금을 모으기 위해서였다. 그리고 그 덕분에 한국은 비싼 값으로 쌀과 다른 작물을 미국에서 수입해야 했다. 문명자는 박동선의 무리한 대미 로비로 인해 한국 국민들이 입은 피해에 대해 다음과 같이 말한다.

"이 같은 박정희·박동선의 부도덕한 대미 로비로 인해 한국 국민이 입은 피해는 미국의 형편없는 3등급 쌀을 비싼 값에 사먹어야 했던 것만이 아니었다. 박동선은 캘리포니아·루이지애나·미시시피·아칸소 등 쌀을 팔아야만 정치생명이 유지되는 쌀생산 주 출신 의원들의 환심을 사기 위해 한국 정부가 쌀뿐 아니라 그들의 출신 주에서 생산되는 다른 농작물들까지 사들이도록 했다. 그로 인해 한국 농민들이 입은 피해상이 어떠했는지는 오늘의 한국 농촌을 보면 잘 알 수 있다."[28]

재등장, 그러나…

박동선이 일으킨 코리아게이트는 당시 한국 국민에게 암암리에 피해

---

27) 문명자, 『내가 본 박정희와 김대중』(월간 말, 1999), 261쪽.
28) 문명자, 위의 책, 261-262쪽.

'코리아 게이트' 박동선씨
한·니카라과 가교役 맡아

與 대통령 후보 고문 맡아 함께 방한

1976년 한미 관계에 일대 파문을 일으켰던 미의회 로비사건 '코리아게이트'의 주역 박동선(朴東宣·65·은퇴)씨가 한·니카라과 협력관계의 가교역할을 맡고 나섰다. 박씨는 22일 니카라과 집권 여당인 자유당의 차기 대통령 후보 엔리케 볼라니오스(오른쪽)와 함께 방한, 다음주 초까지 한국에 머물면서 국내 정·재계 인사들을 잇따라 만날 예정이다.

박씨가 볼라니오스 후보와 동행한 것은 올해 초 니카라과 자유당의 국제관계 고문을 맡아 11월4일 니카라과 대선을 앞두고 아시아 지역의 지원을 호소하기 위해서이다. 한국을 방문한 후에는 볼라니오스 후보와 함께 일본과 대만도 방문할 계획이다.

박씨는 '코리아게이트' 파문 이후 1970년대 말부터 니카라과와 인접한 도미니카 공화국으로 이주, 중남미 국가를 중심으로 정·재계 주요 인사들을 만나면서 로비스트 겸 사업가로 활동해왔다. 8년전부터는 아르놀도 알레만 니카라과 대통령의 국제경제 고문직을 맡아 워싱턴의 미 정계 인맥을 동원, 국제경제기구 등으로부터 니카라과에 대한 재정지원을 이끌어내는 등 많은 성과를 거둔 것으로 알려졌다.

이번 니카라과 대선에는 산디니스타 민족해방전선(FSLN) 지도자인 다니엘 오르테가 전 대통령이 10년 전 대선에서 자유당에 고배를 마신 이후 재집권을 위한 재기를 벼르고 있다. 박씨는 "미국정부는 오르테가의 재집권이 이뤄질 경우, 베네수엘라 등 중남미에서 또 한차례 좌익 물결이 일어날 것을 우려하고 있다"며 "따라서 니카라과의 대선이 한국과도 무관하지 않음을 한국에서도 유념해주길 바란다"고 말했다. 박씨는 국내에 머무는 동안 니카라과 현지에 진출한 국내 12개 기업 대표들과 간담회 등을 가질 예정이다.

／글=장학만기자 local@hk.co.kr
사진=강태욱기자

(『한국일보』, 2001년 6월 23일)

코리아게이트의 여파로 세인의 이목에서 사라졌던 박동선. 그는 1990년대 말에 불어닥친 외환위기 극복 과정에서 다시금 화려하게 등장한다.

를 입혔고, '로비는 뇌물에 불과하다'는 인식을 심어주었다. 박동선의 코리아게이트로 인해 로비란 말이 널리 알려졌으니 당연한 일이라는 생각도 든다. 또 그 동안 한국 사회에서 벌어졌던 로비가 그야말로 한국적인 로비, 즉 '뇌물 스캔들'에 지나지 않았기 때문이기도 하다. 문제는 한국식 로비로 인해 불거진 로비에 대한 부정적인 인식이 대외 로비에 심각한 영향을 끼치고 있다는 점이다. 1998년 한국 정부가 대미 홍보회사로 지정한 버슨 마스텔러사(社)의 한 간부는 미국인들이 한국에 대해 관심은 많지만 부정적인 이미지만을 기억하고 있다고 말한다.

"한국에 대한 관심이 이렇게 높은 줄 몰랐다. 하지만 많은 미국 사람들이 한국에 대해 뿌리 깊은 편견을 갖고 있다. 한국의 정경유착, 정부정책의 신뢰 부족 등 부정적 사실만을 기억하고 있다."[29]

29) 길정우, 〈환란 극복 친한파 키우기 어떻게 해야 하나〉, 『중앙일보』, 1998년 2월 9일, 10면.

　물론 한국에 대한 미국인들의 부정적 인식이 코리아게이트 때문에 생긴 것이라고 단정할 수는 없다. 그러나 그 사건이 적잖은 영향을 끼친 것은 사실이다. 아직도 미국에서는 정치인의 뇌물 스캔들이 터질 때마다 "70년대 한국인 페들러(Peddler: 밀매인)"라는 호칭으로 박동선의 이름이 등장하고 있기 때문이다.[30] 딱히 이런 이유 때문은 아니지만 한국의 대미 로비는 현재도 쏟아붓는 돈에 비해 실효가 적다는 지적이 나오고 있는 실정이다. 2001년 미국 법무부가 의회에 제출한 '2000년 외국인 연례활동 보고서'를 보면, 한국이 일본과 호주 다음으로 미국에서의 로비와 정보수집, 홍보 등에 원화로 2백30억 원 정도의 막대한 비용을 들이고 있다는 것을 알 수 있다. 그런데 문제는 집중성과 전문성이 부족하다 보니 이 돈이 비효율적으로 사용되고 있다는 사실이다. 아직도 한국의 대미 로비는 여러 면에서 세련되지 못한 것이다.[31] 국제적인 로비스트로 거듭났다는 평판을 듣고 있는 박동선의 능력을 활용하자는 목소리가 나오는 까닭도 이 때문이다.

　코리아게이트 이후 박동선은 10여 년 동안 침묵하다 1987년에 이르러 로비스트로 재기했다. 그 후 그는 일본과 대만, 도미니크 공화국을 위해 로비를 벌여왔다. 그리고 1997년 11월 한국이 외환위기에 몰렸을 때 세계은행(IBRD) 고위 관계자를 직접 만나 30억 달러의 긴급차관을 한국 정부가 조기에 받을 수 있도록 힘쓴 것으로 알려졌다. 또 그는 1998년부터 한국에서 인삼 가공·수출 사업과 은행업, 호텔사업 등을 위해 해외 자금유치 활동을 벌이고 있다고 한다.[32] 1970년대 말에 코리아게이트의 여파로 세인의 이목에서 사라졌던 박동선. 그는 이렇듯 1990년대 말에

---

30) http://www.donga.com/docs/magazine/news_plus/ne.../np149ee010.htm

31) 신도환, 〈헛돈만 쓰는 대미 로비〉, 『매일신문』, 2001년 8월 15일, 5면.

32) 장학만, 〈세은(世銀)지원 설득 등 "숨은 활약" 재기 나선 박동선 씨 행보 주목〉, 『한국일보』, 1998년 5월 26일, 3면.

불어닥친 외환위기 극복 과정에서 다시금 화려하게 등장했다. 그리고 그는 한국 정부를 위해 일할 수 있는 기회를 갖게 되었다는 사실에 큰 기대를 걸고 있는 듯하다.

박동선은 여전히 코리아게이트가 '조국'을 돕기 위한 방편이었다고 말한다. 자신은 애국자인데 사람들이 오해하고 있다는 것이다. 그러나 그의 이런 항변에도 불구하고 로비스트 박동선이 미덥지 못한 것 또한 사실이다. 그가 막대한 커미션 중 단지 8%만을 대미 로비에 사용했다는 사실과 코리아게이트로 소위 말하는 '국가 위신'을 땅에 떨어뜨렸다는 과거의 전력은 그에 대한 부정적 시각을 거두지 못하게 하는 배경이다. 게다가 일각에선 박동선이 박정희 정권을 상대로 사기를 벌인 '통큰 사기꾼'에 불과할 뿐이라는 혹평을 쏟아낸다. 박동선은 물론 이런 부정적 시각에 대해 억울해 할지도 모르겠다. 하지만 어떻게 하겠는가. 이런 비판은 모두 그가 뿌린 씨앗에서 비롯된 것임을……

오늘날 닉슨의 이름이 '제왕적 대통령'이라는 불명예스러운 타이틀과 겹쳐지

는 것도 권력의 사조직화에 대한 욕망을 다스리지 못하고 '욕망의 늪'에 빠

져 허우적거렸기 때문은 아닌지 모르겠다.

리처드 닉슨

'욕망의 늪'에 빠진 대통령

리처드 닉슨 *(Richard M. Nixon)*
'욕망의 늪'에 빠진 대통령

김 환 표

워터게이트 사건의 전말

제38대 미국 대통령 선거 운동이 한창이던 1972년 6월 17일 신원을 알 수 없는 남자 5명이 민주당의 전국위원회 본부가 있던 워싱턴의 워터게이트 빌딩에 침입하려다 현장에서 체포되는 사건이 발생했다. 애초 단순한 '3류 절도사건'으로 치부되어 별다른 주목을 끌지 못했던 이 사건은 그러나 경찰 조사 결과 이들이 민주당 전국위원회 본부의 통신 시설에 도청 장치를 설치하기 위해 잠입을 기도한 것으로 드러났다. 이것은 당시 재선을 꿈꾸던 리처드 닉슨의 정치적 몰락을 알리는 기폭제가 되었다. 재판 과정에서 닉슨의 선거 사무장과 측근 보좌관들이 이 사건에 개입한 것으로 속속 드러나자 닉슨은 이 사건과 관련된 보좌관과 법률고문 존 딘을 해고하며 자신의 결백을 주장하고 나섰다.

이런 가운데 쫓겨난 법률고문 존 딘이 워터게이트 사건을 축소·은폐시키려는 계획을 닉슨이 알고 있었다고 주장하면서 사건은 급변하기 시작했다. 그리고 곧 이어 닉슨의 백악관 보좌관이었던 버터필트의 '양심선언'이 터져나왔다. 대통령 집무실에 워터게이트 사건과 관련된 대화 내용이 기록된 비밀 테이프가 존재한다는 사실을 폭로해 버린 것이다.

테이프를 공개하라는 여론이 들끓고 민주당 의원들의 비난이 쏟아졌지만, 닉슨은 국가 보안을 이유로 테이프 공개를 거부했다. 상원은 닉슨에게 사건수사를 전담할 특별검사 임명을 요구하는 결의안을 통과시켰고, 특별 검사에 아치발드 콕스가 임명되었다. 테이프 공개를 둘러싸고 벌어진 콕스와 닉슨의 줄다리기 공방전은 차츰차츰 닉슨의 숨통을 죄어가는, 닉슨이 수세에 몰리는 형국으로 진행됐다. 회유와 압력에도 불구하고 콕스가 사냥개처럼 끈질기게 물고 늘어지자 닉슨은 특별 검사로 임명된 콕스를 해임시키는 초강수를 두었다. 이 과정에서 법무 장관과 법무 차관이 사표를 제출하는 사태로 치달았다. 토요일 밤에 이루어진 이 '대학살'로 닉슨은 이제 돌아올 수 없는 다리를 건넌 셈이 되었다.

닉슨의 의도와 달리, 후임으로 지목된 특별 검사 레온 자워스키 역시 닉슨의 목줄을 죄어 갔다. 자워스키는 하늘을 찌를 듯하던 여론의 등에 올라타 소송을 제기하여 대법원으로부터 승소 판결을 이끌어냈고 문제의 백악관 테이프를 손에 넣는 데 성공했다. 도청 사건에 백악관이 직접적으로 개입한 것이 드러났음은 물론이다. 놀라운 것은 민주당 전국위원회 도청 사건은 빙산의 일각에 지나지 않았다는 사실이었다.

워터게이트 사건은 '제왕적 대통령' 닉슨의 비리들로 들어가는 입구였다. 민주당 전국위원회 도청 사건은 워터게이트 사건을 감싸고 있는 겉껍질에 불과할 뿐 그 속살에는 비열하고 사악한 권력의 음모와 술수의 그림자가 도사리고 있었다. 민주당의 선거 방해는 물론이고 닉슨이 선거 자금을 받고 특혜를 베풀었다는 사실과 백악관에 초법적 정보기구를 설

미국 역사상 처음으로 탄핵될 뻔한 닉슨 대통령.

치했다는 등의 사실이 워터게이트 사건의 속살을 구성하고 있는 핵심 세포(細胞)였던 것이다.

미국 역사상 처음으로 대통령에 대한 탄핵안이 준비되는 가운데 닉슨은 부통령 제럴드 포드로부터 자신의 특별사면을 보장받고 1974년 8월 9일 대통령직에서 물러났다. 미합중국 역사상 임기 중 사임한 최초의 대통령이라는 불명예와 오명은 닉슨 자신이 뿌린 씨앗의 열매였다.

정치인 닉슨의 화려한 이력

닉슨은 미국 정치사 최대의 스캔들을 분만한 장본인으로 기록되었지만, 사실 따지고 보면 미국 정치사에서 닉슨만큼 화려한 정치 이력을 자랑하는 인물도 드물다. 34세의 젊은 나이에 하원의원으로 당선되어 정계에 입문한 후 2년 뒤 곧바로 상원의원직을 손에 거머쥐었다. 그리고 정치계의 문을 두드린 지 단 6년만에 공화당 대통령 후보 드와이트 아이젠하워의 러닝 메이트로 출마해 부통령을 지냈고, 두 번이나 미국 대통령에 당선되는 영예를 안았다. 정치인 닉슨의 화려한 이력은 무엇보다도 그가 미국 다수당이 다섯 번이나 정·부통령 후보로 지명한 두 명의 정치인 중 한 명이었다는 점에 있을 것이다.[1] 다른 한 명은 '뉴딜 정책'으로 대공황의 험난한 파고를 헤쳐낸 프랭클린 루스벨트였다.

냉전 시절 그가 외교를 통해 세계 평화에 들인 공은 적지 않다. '핑퐁 외교'를 시작으로 닉슨은 비밀리에 중국을 방문하는 '깜짝쇼'를 통해 세계인들을 깜짝 놀라게 만들더니 중국이 유엔에 가입하는 과정에서도 결정적인 역할을 수행했다. 소련과는 전략무기제한협상(SALT: Strategic Arms Limitation Talks)에 서명해 데탕트 분위기를 잉태시켰을 뿐 아니라 미국이 최초로 패한 전쟁이자, 인류 역사상 가장 부도덕하고 정당성 없는 전쟁으로 기록되는 베트남전쟁을 어찌되었건 종식시킨 인물이다.

어떠한가? 이쯤 되면, 정치 이력이나 국제 무대에서 닉슨이 거둔 성적은 어디에 내놓아도 손색이 없을 뿐만 아니라 정치인라면 누구나 부러워할 만큼 탐스럽고 알이 꽉 찬 성적표라 할 수 있지 않은가.

그러나 이 모든 영광과 업적은 아이러니하게도 정적들을 감시하기 위해 스스로 쳐 놓은 올가미, 즉 워터게이트 사건이라는 자충수에 걸려 한 순간에 물거품이 되고 말았다.

대통령직을 사임하면서 닉슨은 마지막으로 "나는 악한 사람이 아닙니다"라고 강변했지만, 이런 그의 항변에 귀 기울여준 사람은 찾아볼 수가 없었다. 그리고 닉슨의 희망과는 달리, 미국인들은 여전히 닉슨이 음모와 술수를 통해 최고 권력을 행사한 성격파탄자이자 도덕 불감증에 빠진 비열한 모사꾼이었다는 믿음을 버리지 않고 있다. 사가(史家)들도 그런 흐름에 동참했다. 이들은 닉슨에 대한 평(評)을 시작하는 첫 문장을, 닉

---

1) 톰 위커, 〈성공한 정치인, 그러나 열린 지도력 발휘 못한 리더: 리처드 M. 닉슨〉, 로버트 A. 윌슨, 형선호 역, 『국민을 살리는 대통령 죽이는 대통령』(중앙M&B, 1997), 183쪽.

슨이 회고록에서 우려한 바와 같이, 닉슨을 냉전 시절 중국을 방문한 대통령이 아니라 임기 중 사임한 최초의 대통령으로 묘사하고 있다. 워터게이트 사건 이후 닉슨의 이미지는 '부패와 타락', '비열한', '왜곡', '병든 상태', '불건전함', '권리침해', '강제적', '국가의 적' 등 한결같이 부정적인 냄새를 풍기는 단어들과 짝을 이루게 되었다.[2]

척박한 성장 시절

닉슨은 1913년 1월 9일 미국의 변방인 남부 캘리포니아에서 가난한 청과상의 아들로 태어났다. 아일랜드인의 후손으로 괴팍한 성정의 소유자였던 아버지 프랭크가 닉슨을 비롯한 자식들에게 엄격했던 반면 독실한 퀘이커교도였던 어머니 해나는 사랑으로 자식들을 껴안았다. 해나는 닉슨이 대통령이 되기 전 사망했지만, 일평생을 닉슨을 뒷바라지하는데 쏟아부을 만큼 애정이 각별했다.

닉슨이 나고 자란 남부 캘리포니아의 요바 린다는 선인장, 방울뱀, 도마뱀, 코요테 등의 보금자리로는 훌륭했지만, 풀 한 포기조차 제대로 뿌리를 내리지 못할 만큼 척박한 사막이었다. 사막에서 불어오는 매서운 바람으로 을씨년스러운 분위기를 뿜어내던 이곳을 우연한 기회에 방문했던 아버지 프랭크가 무슨 이유인지 이곳에 레몬 과수원을 일구었고, 이후 이곳은 닉슨 가(家)의 거처가 되었다. 큰아들 해럴드를 제외하고 닉슨을 비롯한 형제들은 모두 이곳에서 태어났다. 그러나 척박한 토양에 일구었던 레몬 과수원은 볼품 없었고 닉슨 가의 사람들은 찰가난에 허덕이며 근근히 생계를 유지했다. 심할 때는 먹을 것이 옥수수 가루밖에 없어서 그것만 며칠 동안 계속해서 먹는 경우도 있었다.

---

2) 윌리엄 리이딩스 2세 · 스튜어트 매기버, 김형곤 역, 『위대한 대통령 끔찍한 대통령』(한언, 2000), 377쪽.

고등학교 성적이 우수했던 닉슨은 하버드에서 주는 장학금을 받을 수준의 능력이었지만, 빠듯했던 그의 집안 형편은 닉슨의 발목을 잡고야 말았다. 닉슨은 파이를 팔아 가계를 이끌었던 어머니 해나 일을 도우며 학비를 마련해 고향에 있는 휘티어대학에 진학하는 것으로 만족해야 했다. 우수한 대학 성적을 발판으로 그는 노스캐롤라이나에 위치한 듀크대학 법학부를 거쳐 휘티어에서 변호사 일을 시작했다. 뉴욕의 법률 사무소와 FBI 입사에 실패한 후 어쩔 수 없이 선택한 호구지책이었다.

제2차 세계대전이 발발하자 자원입대해 남태평양에서 해군 소령으로 근무한 닉슨은 열전(熱戰) 시대가 막을 내리고 냉전(冷戰) 시대가 가속화하기 시작할 무렵인 1946년 고향에서 공화당 하원의원 후보로 출마해 당선되는 기염을 토했다. 34세의 햇병아리 닉슨의 당선 비결은 철저한 반공주의였다. 닉슨은 공산주의에 대한 미국인들의 공포와 증오를 넘어선 분노를 귀신같이 꿰뚫어 보고 있었다. 닉슨의 가장 강력한 선거 전략도 상대 후보를 '빨갱이'로 몰아붙이는 것이었다. 닉슨의 광신적 반공주의는 1950년 실시된 상원의원 선거에서도 만병 통치약이었다. 『위대한 대통령은 무엇이 다른가』의 저자 프레드 그린슈타인은 이렇게 말한다.

> 1950년 닉슨은 유명해진 것을 기화로 당에서 캘리포니아 상원 선거의 지명을 받는다. 그의 적수는 진보적 민주당원이었던 하원 의원 더글러스(Helen G. Douglas)였다. 닉슨은 당시 더글러스를 "속옷까지 불그스름하다(pink down to her underwear)"고 주장하며 경쟁자의 애국심에 대해 공격을 퍼부었다. 그리고 그는 승리했다. 당시 닉슨은 "교활한 딕(Tricky Dick)" 그리고 "하얀 셔츠를 입은 조 매카시"란 별명을 들으며 진보파의 저주의 대상이 되었다. 하지만 동시에 열성적인 보수파의 지지를 얻었다.[3]

'빨갱이 사냥꾼' 이라는 명성

이런 와중에 수많은 인물들이 닉슨의 '빨갱이 사냥'의 희생양이 되어야 했다. 루스벨트 행정부에서 국무부의 고위간부를 지냈던 앨저 히스가 대표적인 인물이었다. 공소시효가 지나 간첩죄로 기소할 수 없었던 앨저 히스는 사냥개처럼 끈질기게 물고 늘어지는 닉슨의 공격 앞에서 실형을 선도 받았다.

사실, 냉전 초기 미국 사회가 제정신이었다고 말하기는 힘들다. 1949년 소련의 원자폭탄 개발 성공과 곧이어 중국에서의 공산 혁명은 미국 사회를 정상적인 궤도에서 이탈하게 만든 뇌관이었다. 공산 세력의 급성장에 깜짝 놀란 미국이 공포와 두려움에 직면했음은 주지의 사실이다. 미국의 공산주의에 대한 혐오감과 두려움은 거의 노이로제에 가까웠고 이들은 혹시라도 존재할지 모르는 자국 내의 공산주의 세력과 내통하는 '내부의 적'을 찾기 위해 혈안이 되었다.

'맥카'란 국내보안법의 제정과 로젠버그 부부 사건, 그리고 공수표를 남발하며 미국 사회를 매카시즘이라는 광풍으로 몰고 간 요셉 매카시의 탄생은 당시 미국의 현실을 드라마틱하게 보여주는 실례들이다. 이런 상황에서 매카시 못지 않은 빨갱이 사냥꾼으로 워싱턴에서 악명을 날렸던 철저한 반공주의자 닉슨이 성공의 탄탄대로를 걸었다는 것은 여러 모로 보아 충분히 예상 가능한 일이다. 물론 닉슨은 매카시처럼 공수표를 남발하는 어리석은 실수를 범하지는 않았다.

빨갱이 사냥꾼과 공화당의 저격수로 활동하며 이름을 얻기 시작했지만, 워싱턴 정가에서 볼 때 닉슨은 여전히 남부 출신의 촌뜨기에 불과한 인물이었다. 그런 닉슨이 1952년 대통령 선거에서 공화당 대통령 후보

---

3) 프레드 그린슈타인, 김기휘 역, 『위대한 대통령은 무엇이 다른가』(위즈덤하우스, 2000), 116쪽.

드와이트 아이젠하워의 러닝 메이트로 선출되리라고 예측했던 사람들은 없었다. 그러나 그런 예측을 비웃기라도 하듯 닉슨은 하원과 상원을 거쳐 불과 6년만에 공화당 부통령 후보로 지명되었다. 그의 나이 39세의 일이었다.

아이젠하워 정부에서 닉슨의 활동은 도드라졌다. 닉슨은 아이젠하워를 대신해 무려 54개국을 친선방문하며 국제 문제에 대한 안목을 키워가며 미래를 준비했고 아이젠하워가 심장마비로 국정 수행에 차질을 빚자 그 공백도 훌륭하게 소화해 냈다. 1960년 닉슨이 공화당 대통령 후보로 지명된 것은 당연했다.

아이젠하워의 후광과 함께 부통령이라는 프리미엄을 등에 업고 치룬 대통령 선거에서 그는 뜻밖에도 존 F. 케네디에게 근소한 차이로 석패하고 말았다. 승승장구하던 닉슨은 대선에서의 충격적인 패배를 당하고 쓸쓸히 고향으로 내려갔고 2년 후 캘리포니아 주지사 선거에 출마해 명예 회복을 노렸지만, 또다시 낙선의 쓴잔을 들이켜야 했다.

두 번 연속된 선거 패배로 인해 많은 사람들은 닉슨의 정치 생명이 끝났다고 생각했다. 하지만 그것은 섣부른 예측이었다. 1968년 닉슨은 다시 공화당 대통령 후보로 지명되었고 재수 끝에 백악관에 입성하는 데 성공했다. 이후 1972년 대통령 선거에서 재선되었지만, 재임 기간 중 불거진 워터게이트 사건이라는 지뢰를 만나면서 파란만장했던 그의 정치 인생도 막을 내리게 되었다.

닉슨은 지킬 박사?

고전으로 널리 알려진 로버트 스티븐슨의 『지킬 박사와 하이드』의 주인공 지킬 박사는 성격파탄자를 상징하는 전형적인 인물이다. 사회봉사를 하는 지킬 박사가 자신이 창조해 낸 살인자 하이드와의 이중인격 사

'닉슨은 음해 전문가'
케네디에 열등감도

**역대 민주당 대통령의 이름 더럽힐 근거 찾기 위해 루스벨트 문서도 뒤져
뉴욕 타임스 탄압, 기밀문서 절취 지시 등 담긴 테이프 20년만에 공개**

Evan Thomas 워싱턴 지국장,
Lucy Shackelford 기자

미국의 제37대 대통령 리처드 닉슨에게는 장녀 트리샤의 결혼식(1971년 6월 12일)이 자신의 이미지 제고에 더없이 좋은 기회였다. 닉슨은 케네디家에 대한 열등감에 사로잡혀 있었다. 특히 존 F. 케네디가 늘 카메라 앞에서 자녀들과 노는 자애로운 아버지로만 비췄던 것이 못마땅했다. 닉슨은 자신도 언론을 이용해 가정적인 사람으로 보일 수 있다고 생각했다. H.R.(봅) 홀드먼 백악관 비서실장 말에 따르면 닉슨은 로즈 가든에서 성대하게 치러지는 장녀의 결혼식이 '최대 기사거리'가 될 것으로 생각했다.

결혼식 다음날 뉴욕 타임스紙를 집어든 닉슨은 그 결혼식이 톱기사로 실리지 않은 것을 보고 깜짝 놀랐다. 대신 월남戰에 관한 미국 정부의 기밀문서인 '펜타곤 페이퍼'가 지면을 장식했다. 닉슨은 발끈했다. 진보파가 늘 자신을 잡아먹지 못해 안달이라고 생각했던 것이다. 그러나 보좌관들과의 협의과정에서 그는 펜타곤 페이퍼를 역이용할 수도 있다는 것을 깨달았다.

그들이 나눈 대화는 백악관의 녹음장치에 모두 기록됐다. 74년 닉슨의 하야를 몰고 온 워터게이트 사건 테이프와는 달리 71년 여름에 녹음된 그 테이프들은 20여 년간 공개되지 않았다. 뉴스위크와 워싱턴 포스트는 93년부터 공문서 보관소가 하나 둘씩 공개하기 시작한 닉슨 백악관 초기의 테이프를 녹취했다. 상당 부분 처음 공개되는 내용을 담고 있는 그 테이프에는 닉슨이 자기파멸의 씨앗을 심은 과정이 잘 나타나 있다.

닉슨이 보좌관들과 함께 71년 6~7월 내내 협의한 펜타곤 페이퍼 역이용 계획은 닉슨의 간교함을 여실히 보여주고 있다. 정부는 공개적으로 격앙된 것처럼 대처하고, 법무부는 뉴욕 타임스와 워싱턴 포스트가 기밀문서를 공개해 안보를 위태롭게 했다고 고소하는 한편 닉슨의 수하들은 문서를 유출한 전직 국방부 관리 대니얼 엘즈버그의 비리를 캔다는 것이었다. 닉슨의 간악함이 엿보이는 최대의 음모는 엘즈버그를 모델로 삼아 펜타곤 페이퍼보다 규모가 훨씬 큰 사건을 터뜨리려는 시도였다.

뉴욕 타임스가 입수한 7천 쪽 분량의 펜타곤 페이퍼는 미국을 월남戰에 끌어들인 책임이 대부분 민주당(케네디와 린든 존슨)에 있다는 내용을 담고 있었다. 닉슨은 월남戰에 대한 책임만을 민주당에 돌리는 것으

(『뉴스위크 한국판』, 1997년 11월 5일)

빨갱이 사냥꾼과 공화당의 저격수로 활동했던 닉슨은 워터게이트 사건이라는 지뢰를 만나면서 파란만장했던 정치 인생의 막을 내리게 된다.

이에서 고민하다 끝내는 자신을 파멸로 이끌고 간다는 내용을 담고 있는 이 소설은 흥미롭게도 많은 평자(評者)들이 닉슨을 투영시키는 텍스트로 사용한다. 지킬 박사가 자신이 창조한 또 다른 인격체와의 갈등을 극복하지 못하고 파멸했듯이, 닉슨 또한 여러 인격체가 상존하는 불완전한 정신 상태로 인해 끝내 파국으로 치달았다는 것이다.

　대다수의 사가(史家)와 평자(評者)들이 닉슨의 몰락을 불러온 워터게이트 사건의 본질적인 원인을 닉슨의 인격파탄에서 찾고 있는 것으로 미루어 보아 닉슨이 불완전한 정신 상태의 소유자였음을 부인하기는 어렵다. 그렇다면 문제는 인격파탄자 닉슨을 분만한 것이 무엇인가인데, 이제부터 파멸의 늪에 빠져 허우적거릴 수밖에 없었던 인간 닉슨에게로 들어가는 문을 열어보자.

　다중인격자 닉슨을 분만한 것은 닉슨 가의 기기묘묘한 분위기와 고단한 삶이었다. 닉슨의 아버지 프랭크와 어머니 해나의 결혼은 애초부터 잘못된 만남(?)이었다. 고등교육을 받고 풍족한 생활을 누렸던 해나는 집안의 반대에도 불구하고, 아일랜드인의 후손으로 교육 수준은 볼품 없었고 성정도 괴팍했던 프랭크와 사랑에 빠져 면사포를 썼다. 애당초 사위에 대해 탐탁하지 않게 생각했던 닉슨의 외가 식구들이 프랭크를 무시하고 멸시했음은 물론이다. 프랭크 또한 자존심이 강한 사람으로 늘 닉슨의 외가를 꺼림직하게 생각했으니 이들간의 불화가 심각했음을 짐작하는 것은 그리 어렵지 않다. 짐작하건대, 프랭크가 닉슨의 외가와 멀리 떨어진 황량한 사막으로 이주한 데에는 그런 갈등도 적지 않게 작용했을 것이다.

　프랭크와 해나는 경제적, 사회적 신분 차이에서 비롯되는 이력(履歷)은 물론이고 기질적으로도 상이했다. 프랭크는 다혈질에다 큰소리로 떠들기를 좋아했으며 상대방에게 자신의 의견을 강요하는 독선적인 사람으로 자연 동네 사람들의 그에 대한 평판도 좋지 않았다. 게다가 아내 해나에게 걸핏하면 큰소리를 쳤고, 자식들에게도 체벌 행위가 잦았다.

　이런 프랭크와 달리 해나는 내성적이고 혼자 있는 것을 좋아해 사람들과 쉽게 섞이지 못했을 뿐만 아니라 매우 순종적인 여성이자 마음의 평화를 중시한 독실한 퀘이커교도였다. 독선적인 스타일의 프랭크와 한 평생을 살기 위해선 무한한 인내심을 필요로 했기 때문에 해나는 불같은 성격인 남편의 뜻을 받아주느라 인고의 나날을 보내야 했다. 종종 해나는 남편 프랭크와의 불화로 인해 우울증 증세를 보이기도 했는데 해나가 프랭크로부터 받았던 스트레스의 정도를 짐작할 만하다.

그런 가운데 닉슨은 형제들이 아버지의 기질을 많이 닮은 데 반해 어머니 해나의 성정(性情)이 내뿜는 구심력으로 빨려들어가 그 안에서 성장했다. 닉슨은 어린 시절부터 혼자 있기를 좋아했고 학창 시절에도 자신의 속내를 쉬 털어놓지 않았으며 사람들과 어울리는 것을 극도로 회피했다. 대학 시절에는 사람 많은 곳에서 장차 아내가 될 팻과 데이트하는 것을 극도로 회피하는 대인기피증세를 보이기도 했다. 닉슨에게서 발견되는 소심하고 내성적인 성격은 하나같이 해나의 기질이었다. 이런 닉슨이지만, 그렇다고 해서 닉슨이 아버지의 기질이 작용하는 원심력으로부터 완전히 자유로웠던 것도 아니었다.

아버지와의 화해

하긴 자식이 어느 한 부모의 기질만 그대로 물려받는다는 것이 어디 가당키나 한 일인가. 성자(聖者)가 되었건, 미치광이가 되었건, 그 누구라도 부모 모두의 기질과 삶의 이력이 빚어내는 자력 안에서 성장하고 정신의 키를 키우기 마련이다. 성장 과정에서 물론 길항(拮抗) 작용을 통해 어느 한 부모의 기질이 더 강하게 발현되기 마련이지만, 그렇다고 해서 어느 한 부모의 기질을 몽땅 쓰레기통에 처박아 버릴 수도 없는 일이다.

그렇다면 문제는 부모의 상이한 기질을 자식이 어떻게 숙성시켜 내면화하느냐가 문제일 터인데, 닉슨의 경우엔 이 과정에 심각한 하자(瑕疵)가 있었던 것으로 보인다. 그리고 그런 하자를 낳은 직접적인 원인은 닉슨이 20세가 되기도 전에 맛보아야 했던 형 해럴드와 동생 아서의 죽음이었다. 해럴드와 아서 모두 폐결핵으로 사망했는데 이것이 지빈(至貧)했던 유년 시절의 기억과 함께 닉슨의 내면 세계를 황폐화시켰다. 성장기에 겪은 가정의 결손이 물론 특이한 성격을 분만하는 필요충분조건은 아니지만 그것은 또한 비중 있는 자리를 차지하기 마련이다.

어쨌든 형제들의 연속된 죽음은, 이후 닉슨의 삶을 결정짓는 분수령이었다. 닉슨은 형과 동생의 죽음 이후 감당하기엔 너무 벅찬 짐을 스스로 자신의 어깨 위에 올려 놓았다. 해나는 두 아들의 죽음 이후 닉슨이 죽은 형과 동생의 몫까지 살아 부모의 상실감을 보충해주려고 했던 것 같다고 술회했다.[4] 이 중 동생 아서의 급작스런 죽음은 특히 닉슨에게 평생 잊지 못할 심리적 충격을 안겨 주었다. 아서의 죽음은 각다분한 현실 속에서 고독과 싸우는 닉슨을 채찍질하는 심리적 기제였다. 훗날 닉슨은 "피곤하고 걱정에 빠져 있을 때" 그리고 "살기 싫어질 때" 동생 아서를 생각하면 다시 생기가 돋았다고 에세이에 기록하고 있을 만큼 아서에 대한 애정은 각별했다.[5]

혈기왕성한 젊은이 닉슨이 대학 시절 곁눈질하지 않고 오직 공부에만 매달릴 수 있었던 배경에는 이처럼 아픈 기억과 성공에 대한 야망이 뒤범벅된 토양이 자리잡고 있었던 것이다. 그리고 두 형제의 죽음이 성공에 대한 닉슨의 야망을 키우는 인큐베이터 역할을 수행하면서 닉슨은 삶의 전범(典範)으로 삼았던 어머니의 기질로부터 멀어지게 된다. 대신 그 자리에는 닉슨 스스로 심한 거부감을 보이던 아버지의 기질과 삶을 헤쳐 나가는 방법이 들어섰다. 그리고 이런 가치관의 변환은 닉슨이 정계에 입문하고 나서 본격적으로 발현된다. 닉슨의 전기를 집필한 바 있는 언론인 톰 위커의 해설을 들어보자.

---

4) 보니 앤젤로, 이미선 역, 『대통령을 키운 어머니들』(나무와 숲, 2001), 372쪽.
5) 프레드 그린슈타인, 김기휘 역, 〈닉슨의 모순〉, 『위대한 대통령은 무엇이 다른가』(위즈덤하우스, 2000), 114쪽에서 재인용.

……1946년 이후 정치인이 되고부터, 닉슨은 어머니의 그런 가르침에서 멀어지기 시작했다. 닉슨은 이제 더 이상 어머니가 그에게 심어 주려 했던 그 퀘이커의 이상을 실천하지 않았다. 대신에 그는 이제 더 전투적이고, 더 치열하고, 더 적대적인 아버지의 방식을 따르기 시작했다. 그렇다고 닉슨이 의도적으로 그렇게 하려 했다는 말은 아니다. 나는 (파란 눈이나 왼손잡이 같은) 어느 한쪽 부모의 특성이 다른 쪽 부모의 특성을 능가했는지도 확신하지 못한다.

다만 나는 권력의 길을 선택하고 그것을 추구한 닉슨이라는 정치인이 이따금씩 자신이 어머니의 족적보다 아버지의 족적을 더 가깝게 좇고 있다고 생각했음에 틀림없다고 얘기할 뿐이다. 그리고 자기 어머니를 성인에 가까운 사람으로 존경했던 닉슨에게 있어 그 같은 생각은 절대로 편안한 감정이 아니었을 것이다.[6]

게다가 닉슨은 평생 피해 의식에 시달린 사람이었다. 대학 졸업 후 청운의 꿈을 안고 뉴욕에 일자리를 구하려 했던 닉슨이 입사를 희망했던 뉴욕의 법률 사무소와 FBI로부터 계속된 퇴짜를 받고 순전히 호구지책 때문에 고향 휘티어의 법률 사무소에 취직할 수 밖에 없었던 현실은 닉슨의 피해 의식을 부채질했다. 그의 이런 피해 의식은 특히 선거 시기에 자주 표출 되었는데, 항상 자신이 민주당 의원들이 꾸민 '더러운 흉계' 들의 표적이라고 생각할 정도로 심각했다.[7]

---

6) 톰 위커, 〈성공한 정치인, 그러나 열린 지도력 발휘 못한 리더: 리처드 M. 닉슨〉, 로버트 A. 윌슨, 형선호 역, 『국민을 살리는 대통령 죽이는 대통령』(중앙M&B, 1997), 200-201쪽.
7) Evan ThomasLucy Shackelfold, 〈정적에 헌금내는 유대인 뒷조사까지〉, 『뉴스위크 한국판』, 1997년 11월 5일, 50면.

대통령의 숨겨진 '정신건강'

Politics

미국의 대통령 중에는 자신의 기분이 무척 변화가 심하다는 것을 의식한 사람이 있었다. 탄핵을 받을 경우 해병대의 출동 명령을 내릴지도 모른다는 생각에 국방장관에게 이를 막으라며 따로 비밀 명령을 내려둬야 했을 정도였다. 그는 또한 심리 치료사에게 치료를 받았던 유일한 미국 대통령이기도 했다.

美대통령중 유일하게 심리치료

그 대통령은 바로 리처드 닉슨이었다. 그리고 위의 두 가지 사례는 앤터니 서머스의 책 '오만한 권력:리처드 닉슨의 비밀 세계'에 기록돼 있다.

닉슨의 옹호자들은 이 책에 실린 다른 이야기들, 즉 아내 구타나 약물 복용 등에 관한 이야기에 대해서는 마구 화를 내며 부인하고 있지만, 국방장관의 비밀 명령과 정신과 치료 부분에 대해서는 그리 심하게 반박하지 않고 있다.

대신 그들은 중요한 문제를 제기하고 있다. 대통령과 정치인들의 건강문제가 이미 대중적인 논의의 주제가 됐는데도 놀라울 정도로 많은 정치인물이 자신의 정신적 문제를 여전히 숨기고 있다는 점이다.

60년대부터 워싱턴에서 활동하고 있는 정신과 의사 프레드 솔로몬 박사는 "정치인들이 자신의 심리치료에 대해서는 예전보다 편안해 하는 것 같지는 않지만 가족들에게 문제가 있을 경우 심리치료를 받게 해야 한다는 생각은 많이 한다"고 말했다.

보험회사가 정신병을 신체적인 질병과 똑같이 취급하도록 하는 법을 제정하기 위해 노력했던 민주당 상원의원 폴 웰스톤도 비슷한 맥락의 말을 했다. 그는 몇 년 전에 어떤 법안에 대해 상의하기 위해 30명 이상의 상원의원들이 아내나 남편을 동반하고 앨 고어 부통령의 집에 모였을 때를 떠올리며 "그들은 정신적인 문제로 고생하는 가족이나 친구에 대해서는 매우 솔직하게 얘기하면서도 정작 자기 자신의 문제에 대해서는 이야기하지 않았다"고 말했다.

정치인 "정신문제 드러날까 불안"

워싱턴의 정신과 의사들은 정치인이 자신의 정신적인 문제가 드러나는 것을 왜 두려워하는지 이해할 수 있다고 말한다. 도로시 스타 박사는 "한때 정신적인 문제를 겪었던 사람들에 대해 대중들이 여전히 많은 불안감을 갖고 있다고 생각한다"고 말했다.

그러나 자신의 정신적 문제를 공개적으로 시인했던 정치인들의 경험을 보면 정치인들의 이런 불안감에 대해 의문을 갖게 된다. 72년에 조지 맥거번 후보의 대통령 선거운동 당시 우울증 치료를 위해 전기충격 치료를 받았다는 사실을 밝히지 않아 부통령 후보를 사퇴했던 토머스 이글턴 상원의원은 74년과 80년에 미주리주에서 상원의원으로 당선됐다.

우울증 회복후 州지사 두번 당선

89년에 상원을 떠났던 로턴 칠스도 우울증에서 회복한 후 플로리다의 주지사로 두 번이나 당선됐다. 또 현재 하원에서 활동하고 있는 린 기버스, 니디아 벨라스케즈, 패트릭 케네디 등도 우울증을 앓았던 적이 있음을 밝히고도 정치인으로서 살아남았다.

민주당의 여론 조사 담당인 피터 하트는 문제의 정치인이 어떤 자리를 목표로 하고 있는가에 따라 결과가 달라질 수도 있다고 말했다.

의회에 진출하기 위해 나선 후보들의 경우 연예인이나 스포츠 스타들과 마찬가지로 "나는 이렇게 어려운 문제에 맞섰다"고 밝혀도 안전하겠지만, 대통령 후보들은 더 어려운 처지에 놓일 확률이 높다는 것이다.

이에 대해서는 오랫동안 공화당의 자문역할을 해온 존 디어도프도 동의하고 있다. 대중들은 "대통령이 안정적인 정신을 요구하는 매우 힘든 직업"이라는 사실을 잘 알고 있기 때문이라는 것이다.
(http://www.nytimes.com/library/review/090300nixon-review.html)

(『동아일보』, 2000년 9월 6일)

닉슨에게는 평화와 마음의 안정을 최고의 가치로 여기는 어머니의 기질과 성공과 야망을 위해 투쟁하는 승부욕이 강한 아버지의 기질이 공존했다.

어머니의 그늘

훗날, 정치인 닉슨에게서 발견되는 강력한 투사의 기질은 닉슨이 젊은 시절 자신을 괴롭혔을 열패감과 피해 의식을 헤쳐나가기 위한 방법의 발로였는지도 모른다. 하긴 하층 계급에다 남부 출신의 촌뜨기 정치인이 성공하겠다는 강한 의지력과 끈기가 없이 워싱턴 정가에서 살아 남는다는 것은 어렵고 고된 일임에 틀림없다. 워싱턴 정계가 어떤 곳인가. 그곳은 정도의 차이는 있을 망정, 여타 다른 나라의 정치판이 그러하듯 음모와 술수로부터 자유로울 수 없는 투쟁의 공간이다. 톰 위커의 다음과 같은 말에서 닉슨에게서 도드라지게 발견되는 의지력과 승부욕을 어렴풋이나마 추측할 수 있다.

닉슨은 "열심히 노력하고 무언가를 성취하면 상황을 바꿀 수 있다"고 믿었고, 실제로 그렇게 했다. 물론 그것은 일종의 전쟁이었다. 하지만 닉슨은 전 생애를 통해 자신의 일생을 일종의 전쟁으로 본 것 같았다. 사실 그는 투쟁을 환영하는 것 같기도 했다. 어쩌면 아버지의 공격적인 성격을 물려받은 것인지도 모른다. 사실 닉슨은 자신의 공격적인 정치 행위에 따라붙는 그 수식어—용감한 전사—를 무척 좋아했다. 이와 같은 '전쟁' 비유는 닉슨의 저술 속에 계속해서 나타난다. 그리고 닉슨은 사람들에게 자신이 도전받거나 공격당할 때 가장 최선을 다한다고 얘기했다. 우연히도 그의 첫 번째 회고록은 그 제목이 '여섯 가지 위기'였다. 그리고 그 내용은 자신의 정치 생활이 일종의 전쟁과 비슷했다는 것이었다.[8]

그런데, 문제는 닉슨에게 드리워진 해나의 그림자가 워낙 컸다는 데 있었다. 정치인의 길을 걷기 시작한 후에도 닉슨은 겉으로는 아버지에 대해 강한 거부감을 표시한 데 반해, 해나에 대해서는 '훌륭한 성자'라고 하는 등 과장되게 찬양하는 모습을 보였다.

이런 닉슨이기에 그가 권좌를 유지하기 위해 음모와 술수를 능란하게 구사하는 비열한 모사꾼으로 전락했다는 것은 좀처럼 이해하기 어려운 것 또한 사실이다. 게다가 닉슨이 정적들의 약점을 잡기 위해 연방기구를 정치보복의 수단으로 이용하는 등 사악한 음모를 꾸미면서까지도 별다른 죄의식을 느끼지 않았다는 사실에 직면하면 그의 정신 세계를 이해한다는 것은 거의 불가능에 가까운 것이 아닌가 하는 생각이 들 정도다.

물론 닉슨이 위선과 기만을 범했을 가능성을 무시할 수 없다. 하지만 그런 위선에 대한 혐의만으로 닉슨을 설명할 수 있을까? 이런 의문에 대

---

8) 톰 위커, 〈성공한 정치인, 그러나 열린 지도력 발휘 못한 리더: 리처드 M. 닉슨〉, 로버트 A. 윌슨, 형선호 역, 『국민을 살리는 대통령 죽이는 대통령』(중앙M&B, 1997), 192쪽.

한 해답은 아마도 톰 위커의 견해에서 찾을 수 있을 듯하다.

> ……사실 닉슨이 여러 차례 강조한 바 '평화의 구조'를 구축하자는 얘기는 자기 자신을 합리화시키기 위한 시도였는지도 모른다. 그러니까 그것은 자기 어머니에게 바쳐진 일종의 헌사 같은 것으로써, 닉슨이 어머니의 이상을 버리고 정치인으로 힘에 의지해 그 같은 구조를 구축하려 한데 대한 자괴심의 표출이었는지도 모른다.
>
> 그리고 (자신을 포함해서) 닉슨이 자신의 가치를 입증해보이기 위해 그렇게도 애를 썼던 그 많은 사람들 가운데 어머니인 한나 닉슨이 가장 높은 자리를 차지하고 있었는지도 모른다. 이렇게 말하는 것이 맞는지는 모르겠지만, 닉슨을 움직였던 힘들 가운데 가장 강력했던 것이 정신적으로 어머니의 곁으로 가고 싶은 욕망이었는지도 모른다. 정치인으로 살면서 퀘이커답지 못하게 투쟁하고 배신했던 닉슨은 어머니에게 이렇게 말하고 싶었는지도 모른다.
>
> "어머니, 나는 이제 평화를 만들었어요. 나는 이제 가치 있는 사람이 되었어요."[9]

억측일 수 있지만 위커의 분석에 기대어 말하자면, 닉슨을 파탄으로 이끈 것은 아버지 '프랭크'가 아니라 어머니 '해나'라고 할 수 있지 않을까. 닉슨 자신이 이상향으로 삼았던 어머니의 가치, 즉 사랑과 평화, 그리고 마음의 안정은 '정치인'에겐 없어서는 안 될 중요한 덕목이긴 하지만, 적어도 '정치판'에선 미덕이 될 수 없다. 정치판에 해나처럼 평화와

---

9) 톰 위커, 〈성공한 정치인, 그러나 열린 지도력 발휘 못한 리더: 리처드 M. 닉슨〉, 로버트 A. 윌슨, 형선호 역, 『국민을 살리는 대통령 죽이는 대통령』(중앙M&B, 1997), 201쪽.

마음의 안정을 최고의 가치로 여기는 사람들이 들어설 자리는 극히 협소하다. 아니 오히려 정계는 성공과 야망을 위해 투쟁하고 승부욕이 강한 프랭크와 같은 기질의 소유자가 적응하기 알맞은 곳이다.

그럼에도 닉슨은 어머니의 가치와 이별하지 못한 채 이를 신주단지 모시듯 집착했으니, 그것이 결국은 이상향을 향해 수단과 방법을 가리지 않은 무리수를 불러오고 만 것이다. 이런 면에서 '정치인' 닉슨의 가장 큰 불행은 어머니 해나를 죽이지 못했다는 데 있지 않나 싶다.

닉슨의 비밀주의

어쨌든, 닉슨이 정치에 입문하고 난 후 아버지의 가치와 어머니의 가치 사이에서 가리산지리산 한 것만은 분명해 보인다. 그리고 바로 그렇기 때문에 재임 기간 중 닉슨이 정신과 상담을 지속적으로 받았으며 신경 안정제를 복용했다는 사실도 그리 놀랄 만한 일은 아니다.[10] 정신과 상담과 신경 안정제 복용은 아버지와 어머니 사이에서 갈팡질팡 했던 닉슨이 불안감과 고독 속에서 의지할 수 있는 최후의 수단이었는지도 모르기 때문이다.

사실, 어느 각도에서 보더라도 닉슨은 정치판의 생리와 맞지 않는 인물이었다. 대단히 소심하고 내성적인 성격이었기에 닉슨은 정치인에게는 필수 덕목이라 할 수 있는 사교성도 전혀 없었다. 그 덕에 닉슨의 참모들은 항상 닉슨의 이미지를 포장하기 위해 갖은 애를 써야 했다. 예컨대, 사교 모임에 잘 어울리지 못하는 것을 보완하기 위해 닉슨의 참모들은 최소한의 순발력만 있으면 사교 행위를 하는 데 어색함이 없도록 각본을 짜서 닉슨이 사람들을 만나도록 하는 고육지계(苦肉之計)를 생각하

---

10) 〈"닉슨 재임중 신경안정제 과용"〉, 『세계일보』, 2000년 8월 29일, 19면.

기도 했다.[11] 하지만 참모들의 그런 눈물나는 노력에도 불구하고 닉슨의 모습은 부자연스러웠던 모양이다. 언론인 톰 위커는 이렇게 말한다.

"닉슨의 보좌관을 지냈던 사람이라면 누구나 반가운 악수와 몸을 만지는 것이 닉슨에게는 자연스러운 일도 편안한 일도 아니었다고 얘기할 것이다. 좀더 자세히 관찰해 보면 닉슨은 거의 언제나 불안한 표정을 짓고 있었다. 닉슨이 말할 때의 동작을 살펴보면, 손가락으로 요점을 헤아리고 양팔은 승리의 표시로 위로 뻗치거나(투우사가 황소 앞에서 망토를 흔들 듯이) 몸 주위를 쓸어내리고 있다. 이런 그의 동작은 거의 언제나 자신이 하고 있는 말과 왠지 맞지 않는 것 같아서, 마치 영화 속의 대사나 음악이 실제 장면보다 약간 앞서 있거나 뒤처져 있는 듯한 느낌이었다."[12]

이런 닉슨이기에 그가 '이미지 정치'의 전도사인 TV와 궁합이 맞지 않았다는 사실도 새삼스러운 일이 아니다. 1960년 치른 대통령 선거 과정에서 사상 초유로 실시된 닉슨과 존 F. 케네디의 TV 토론회를 시청한 유권자들의 대다수는 케네디의 손을 들어주었다. 토론 도중 이마와 윗입술 위로 땀을 뻘뻘 흘리며 자주 땀을 닦는 닉슨의 모습을 목격한 유권자들은 닉슨이 수세에 몰리고 있다는 인상을 받았던 것이다.[13] 그리고 그런 이미지는 대선 결과로 나타나 닉슨에게 패배의 멍에를 씌웠다.

항상 피해 의식에 젖어 살았기 때문인지 닉슨은 어느 누구도 믿지 않았다. 닉슨은 최측근들에게조차 베일에 둘러싸인 인물이었다. 데탕트 분위기를 몰고 온 그의 중국 방문과 소련과의 협상도 철저하게 비밀에 붙인 채 행해졌다. 베트남전 당시 미군의 양민 학살을 폭로하는 기사를 써

---

11) 프레드 그린슈타인, 김기휘 역, 〈닉슨의 모순〉, 『위대한 대통령은 무엇이 다른가』(위즈덤하우스, 2000), 120쪽.
12) 톰 위커, 〈성공한 정치인, 그러나 열린 지도력 발휘 못한 리더: 리처드 M. 닉슨〉, 로버트 A. 윌슨, 형선호 역, 『국민을 살리는 대통령 죽이는 대통령』(중앙M&B, 1997), 182-183쪽.
13) 〈미국 선거 과정에 있어서의 TV의 역할〉, 『MBC 세계방송정보』, 1988년 11월 8일, 63-67면.

퓰리처상을 수상한 세이모어 허쉬 기자는 재선을 앞둔 닉슨의 모습을 다음과 같이 묘사했는데, 이건 고독과 비밀에 둘러싸인 생활을 지속했던 닉슨의 평소 모습에서 크게 벗어난 것은 아니었다.

"그의 마음은 공허함으로 가득 차 있어 사람들을 아연실색케 했다. 고독이라든가 무관심을 넘어서 성격 그 자체마저도 없는 것 같았다. 그에게는 진정한 친구도 취미도 없었다. 밤마다 집무실에서 혼자 지냈고, 혼자서 저녁을 먹었으며, 측근에게 전화를 걸어 아내가 지금 무엇을 하고 있는지 물어볼 뿐이었다. 항간에서 유일한 친구라고 말하는 사람과도 아무런 이야기도 하지 않은 채 몇 시간이고 술만 마실 뿐이었다. 그의 마음을 점하고 있는 것은 오로지 돈과 재선뿐인 것처럼 보였다. 그는 자신을 적에게 포위되어 있는 고독한 전사라고 생각했다."[14]

닉슨 VS 후버

그런데 닉슨의 몰락 원인을 닉슨 개인의 성격파탄에서만 찾을 수 있을까? 요컨대, 워터게이트 사건의 본질을 닉슨 개인의 성격 문제로 환원시킬 수 있느냐, 이 말이다. 이에 대한 해답은 '그렇지 않다'이다. 이런 주장을 하는 대표적인 인물이 바로 언어학자이자 미국식 민주주의와 인권의 가면을 거침없이 까발리는 지식인 노암 촘스키이다.

촘스키는 워터게이트 사건이 미국의 민주주의와 아무런 관련이 없다는 다소 과격한, 그렇지만 구체적인 이야기를 한다. 촘스키에 의하면 워터게이트 사건과 닉슨의 대통령직 사임은 미국 지배 계급 내부에서 발생한 파워 게임이 잉태한 지배 세력들 간의 권력투쟁이었을 뿐이다. 결국

---

14) 요미우리 신문사 엮음, 이종주 역, 〈워터게이트 사건 Ⅱ: '흔적을 없애!' …테이프는 통한의 한 마디를 기록했다〉, 『20세기의 드라마 Ⅱ: 20세기의 꿈과 현실』(새로운 사람들, 1996), 45-46쪽에서 재인용.

닉슨의 몰락은 닉슨이 거대 언론과 대자본가를 비롯한 미국 지배 계급의 핵심 세력과 손잡지 않고 이들을 적으로 돌리는 무리수를 둠으로써 비롯되었다는 것이다.[15]

닉슨과 FBI의 '살아 있는 전설' 존 에드거 후버 국장 사이에 발생했던 파워 게임은 촘스키의 주장을 입증하는 유력한 일례이다. 닉슨은 미국 대통령이 여덟 번이나 바뀌는 가운데서도 '정보 제국'을 건설하며 미국의 실세로 군림했던 FBI 국장 존 에드거 후버와 백악관에 입성한 후부터 사사건건 갈등과 반목 관계를 형성했다. 공산주의에 대한 적개심과 혐오감이라는 공통 분모를 향유했지만, 재임 기간 내내 닉슨은 후버로 인해 적잖은 골머리를 썩혀야 했다. 그러니 기회 있을 때마다 닉슨이 후버에 대한 비밀 사찰은 물론이고, 후버를 해임하기 위한 모종의 음모를 꾸몄으리라 예측하는 것은 어렵지 않은 일이다. 하지만 후버에 대한 닉슨의 사찰은 '판도라의 상자'를 열어 제낀 것에 다름 아니었다. 후버에 대한 사찰이 강화되면 될수록 곤혹스러운 입장에 처한 것은 후버가 아니라 바로 닉슨 자신이었기 때문이다.[16]

후버의 죽음도 닉슨에겐 호재로 작용하기보다는 악재였다. 공교롭게도 워터게이트 사건의 최대 전환점은 바로 후버의 죽음이었다. 후버가 사망했다는 급보를 전해 듣자마자 닉슨은 기다렸다는 듯이 후버가 건설한 '정보 제국'을 장악하기 위한 발빠른 행동에 들어갔다. 후버의 죽음 다음날 즉시 닉슨의 측근들이 FBI에 급파돼 그 동안 후버가 수집해 놓은 닉슨을 포함한 정부 주요 요인들의 위법 행위는 물론이고 꼬투리로 활용할 수 있는 사생활과 관련된 정보를 압수하려고 시도했다. 게다가 닉슨은 자신의 측근을 새로운 FBI 국장 대리로 임명하는 기민함을 보였다.

---

15) 고종석, 〈오늘 속으로: 닉슨 사임〉, 『한국일보』, 2001년 8월 9일.
16) 신영은, 〈존 에드거 후버: FBI의 작은 대통령〉, 강준만 외 지음, 『권력과 리더십 3』(인물과사상사, 1999), 279쪽.

하지만, 이건 결과적으로 자충수가 되고 말았다. 가족 못지 않은 동질 감과 '정보 제국'으로서 누렸던 막강한 권세(權勢)와 자긍심으로 충만해 있던 FBI와 정면 대결을 펼쳤으니 FBI 직원들이 자신들의 제국이 해체 될지도 모른다는 두려움에 사생 결단의 각오를 했음은 미루어 짐작할 수 있다. 그리고 그런 상황에서 워터게이트 사건이 터진 것이다. FBI가 조 직의 사활을 걸고 수사에 착수했고 워터게이트 사건은 새로운 국면으로 접어들고 있었다.

문제는 촘스키의 주장처럼, FBI는 물론이고 미중앙정보부(CIA)와 국 방성의 국방정보국(DIA) 등 모든 정보기관이 닉슨의 행동에 두려움을 느 끼고 닉슨에게서 등을 돌려 버렸다는 데에 있었다. 사실, 닉슨이 이들 국 가정보기구를 자신의 사조직으로 만들려 했다는 혐의를 벗을 수는 없다. 닉슨이 자신의 정적들의 약점을 잡기 위해 연방기구들을 떡 주무르듯이 주물러 댔다는 사실은 그런 가능성의 문을 열어 주고 있다고 보아도 무 방할 것이다.

짐작건대, 오늘날 닉슨의 이름이 '제왕적 대통령'이라는 불명예스러 운 타이틀과 겹쳐지는 것도 그런 권력의 사조직화에 대한 욕망을 다스리 지 못하고 '욕망의 늪'에 빠져 허우적거렸기 때문은 아닌지 모르겠다.

미국 민주주의의 위대함을 증명하는 닉슨?

음모와 간교한 술수를 동원해 사악함과 협잡꾼의 대명사로 거론되는 닉슨이 살얼음판 승부를 달리며 재검표 여부로 떠들썩거렸던 2000년 미 국 대통령 선거 와중에서 '미국 민주주의의 위대함'을 증명하는 인물로 거론되었다는 사실은 우습다 못해 황당하기까지 하다. 이와 같은 난센스 가 발생하게 된 배경을 간략하게 이야기하자면 이렇다.

1960년 실시된 대통령 선거에서 닉슨은 민주당 대통령 주자였던 존

40년 前 '깨끗한 패배' 미국의 새 話頭 닉슨

1960년 케네디에 11만표차 져

국론분열 우려 재검표 요구 포기

재검표 사태를 맞은 미국에선 요즘 죽은 리처드 닉슨(사진) 전 대통령에 대한 관심이 다시 커지고 있다.

공화당 후보였던 닉슨은 1960년 대선에서 민주당의 존 F 케네디에게 불과 11만 1천표 차로 패배했다. 하지만 그는 부정선거 시비가 일던 일리노이·텍사스주의 재검표를 요구하지 않고 패배를 인정했다.

전국 득표에선 0.2%포인트 뒤진 상황이었지만 시비가 일던 일리노이·텍사스주의 재검표로 결과가 뒤집힐 경우 더 많은 선거인단을 얻어 대통령에 당선될 수 있었다.

당시 여론도 유리했다. 이런 분위기 때문에 닉슨도 처음에는 내부적으로 재검표를 고려했지만 결국 재검표 요구를 하지 않고 개표결과에 승복하기로 했다.

닉슨은 재검표를 제안한 보좌관들을 "나라가 분열된다"며 설득했다. 또 선거부정을 시리즈로 보도한 뉴욕 헤럴드의 기자에겐 "아무도 미국의 대통령직을 훔쳐가지 않았다"고 말하는 등 적극적으로 사태수습에 나선 것으로 알려졌다.

그는 78년 발간한 회고록에서 "재개표를 했다면 1년~1년 6개월이 걸렸을 것이며 그동안 대통령은 정통성에, 국가는 자존심에 큰 상처를 입었을 것"이라고 밝혔다. 또 "재개표를 했다가 케네디의 승리가 확인됐으면 나는 평생 '치사한 패배자'

소리를 들었을 것"이라고 덧붙였다.

이 때문에 닉슨의 지지자는 물론 반대자까지 두고두고 "대통령직과 국가의 명예를 맞바꾼 명예로운 선택"이라며 그의 개표결과 승복에 칭찬을 아끼지 않았다.

이번 미 대선이 그때와 비슷한 재검표 시비로 1주일이 되도록 당선자를 결정하지 못하자 닉슨의 결정은 더욱 주목을 받고 있다. 때론 깨끗한 패배가 승리보다 아름답다는 상징으로 그가 부활하고 있는 것이다.

닉슨은 이후 정계에서 은퇴했다가 68년 대선에 나와 승리했고 베트남전 종전, 중국과 관계정상화 등 업적을 남기면서 재선까지 했다. 하지만 재선 직후 워터게이트 선거부정 사건이 터져 탄핵 위기에 몰리자 부통령인 제럴드 포드에게 자리를 물려주고 사퇴했다. **채인택 기자**
<ciimccp@joongang.co.kr>

(『중앙일보』, 2000년 11월 14일)

'미국 민주주의의 위대함'을 증명하기 위해 자신들이 '비열한 모사꾼'으로 낙인 찍은 닉슨을 무덤 속에서 불러낸 언론의 해프닝은 그저 우습기만 하다.

F. 케네디에게 불과 11만 1천 표차로 석패했다. 그러자 부정선거 시비가 일기 시작했다. 그런데 호의적인 여론을 등에 업고서도 닉슨은 부정선거 시비가 일던 일리노이와 텍사스 주의 재검표를 요구하지 않은 채, 개표 결과에 승복하며 패배를 깨끗하게 시인했다. 선거 참모들이 아무리 들쑤셔도 오히려 닉슨은 "나라가 분열된다"면서 "아무도 미국 대통령직을 훔쳐가지 않았다"고 말하며 사태 수습에 적극적으로 나섰던 것이다.[17]

미합중국 역사상 초유의 사태에 직면했다고 인식한 미국 언론이 어떻게든 빨리 사태 수습을 해야 한다는 당위 아래 벌인 일이긴 하지만, 그래

---

17) 채인택, 〈40년전 '깨끗한 패배' 미국의 새 화두 닉슨〉, 『중앙일보』, 2000년 11월 14일, 11면.

도 해도 너무 했다. 미국 언론의 그런 자의적인 해석과는 달리, 닉슨이
재검표를 포기한 것은 미국 민주주의의 위대함을 증명하기 위한 깊은 배
려에서 비롯된 것은 아니었다. 단지 재검표를 통해 부정선거가 들어났더
라도 결국 케네디가 당선되었을 때 받을 심리적 충격과 정치적 경력을
두려워했기 때문이었다. 닉슨은 국민들에게 치사한 패배자로 기억되는
것을 받아들일 수 없었던 것이다.[18]

그럼에도 '미국 민주주의의 위대함'을 증명하기 위해 자신들이 '비열
한 모사꾼'으로 낙인 찍은 닉슨을 무덤 속에서 불러내는 무리수를 범했
으니, 어찌 우습지 않겠는가. 어찌되었건 미국 언론이 주도해 일어난 이
해프닝으로 닉슨은 부분적으로나마 명예 회복을 하게 되었으니, 닉슨의
유족들은 톡톡히 재미를 본 셈이 되었다.

---

18) 권기태, 〈"60년 대선 혼전 깨끗이 승복한 닉슨은 애국자"-뉴욕타임스 평가〉, 『동아일
보』, 2000년 11월 14일, A11면.

우리가 수천 수만 명의 칠레인들의 양심 속에 뿌린 씨앗들은 결코 완전히 뿌

리 뽑힐 수 없을 것입니다.……어떤 범죄행위나 강권도 사회적인 변화와 진

보를 가로막을 정도로 강하지는 못할 것입니다. 역사는 우리의 편입니다. 역

사란 민중이 만들어 가는 것이기 때문입니다.……

살바도르 아옌데

쓰러진 혁명가의 꿈

살바도르 아옌데 *(Salvador Allende)*
쓰러진 혁명가의 꿈

이 휘 현

차마 잊을 수 없는 이름, 살바도르 아옌데

단정하게 뒤로 빗어 올린 머릿결과 도수가 높은 검은색의 뿔테 안경, 그리고 왜소해 보이는 몸집. 살바도르 아옌데는 왠지 혁명가라는 말과는 전혀 어울리지 않을 듯한 모습을 지니고 있다. 그렇다. 적어도 그의 외모는 우리가 흔히 정형화시켜 놓은 몇몇 혁명가의 모습들과는 왠지 아귀가 잘 맞지 않는다. 하지만 많은 칠레인들은 살바도르 아옌데라는 이름 위에 '혁명가' 라는 단어를 겹쳐놓는다. 그리고 거기엔 다 그럴 만한 이유가 존재한다.

철권통치자로 혹은 군부독재자로 우리의 귀에까지 익숙해져 버린 아우구스토 피노체트가 그의 군사력을 동원하여 칠레 민주주의의 역사에 짙은 먹구름을 드리우고 있던 1973년의 11월. 그때, 아옌데는 자신의 존재와 신념을 맞바꾸었다. 피노체트의 '투항하면 목숨만은 살려주겠다' 라는 회유 혹은 협박이 최후의 통첩이라는 형식으로 아옌데의 귓가를 통과할 즈음이었다. 아마도 그 순간 아옌데의 머릿속에는 자신이 걸어왔던 혁명가로서의 삶이 파노라마처럼 스쳐가고 있었을 것이다. 그리고 어쩌면 그는 '최후'라는 어감이 전하는 근원적인 공포에 잠시 주춤했을지도 모른다. 하지만 그는 결코 하얀 백기를 들지 않았다. 대신 반자동소총을 들었다. 그 반자동소총은 쿠바 혁명의 지도자이자 자신의 절친한 동지이 기도 했던 카스트로가 선물로 준 것이었다.

아옌데에게 죽음의 그림자가 다가오고 있던 그 순간, 아옌데는 유일 하게 정부 수중에 남아 있던 라디오 방송을 통해, 떨리는 목소리로 이 지상에서의 마지막 메시지를 전했다. 그 메시지의 수신자는 칠레의 민주주 의였고, 또한 칠레의 민주주의를 오래도록 염원해 왔던 칠레인들이었다. 그리고 그 메시지는 훗날 칠레의 민중가수 빅토르 하라의 아내 조안 하라의 기억 속에서, 이러한 분절된 언어들로 되살아났다.

"이것이 내가 국민 여러분께 연설할 수 있는 마지막 기회일 것입니다. ……나는 사임하지 않겠습니다.……나는 국민의 충성에 대해서 내 목숨으로 보답하려고 합니다.……나는 여러분께 단언합니다. 우리가 수천 수만 명의 칠레인들의 양심 속에 뿌린 씨앗들은 결코 완전히 뿌리 뽑힐 수 없을 것입니다.……어떤 범죄행위나 강권도 사회적인 변화와 진보를 가로막을 정도로 강하지는 못할 것입니다. 역사는 우리의 편입니다. 역사란 민중이 만들어 가는 것이기 때문입니다.……"[1]

그 최후의 증언 위로 곧 거대한 폭음들이 울려 퍼졌다. 그때 전투기들의 날카로운 금속성과 전차들의 굉음 사이에서 산티아고는 숨을 죽이고 있어야 했다. 그렇게 아옌데의 삶은 종장을 맞이했고, 그와 동시에 칠레

---

1) 조안 하라, 차미례 옮김, 『끝나지 않은 노래』(한길사, 1988), 316쪽.

에는 차디찬 정치적 겨울이 찾아왔다. 그 후로 아주 오랫동안 칠레의 인민들이 꿈꾸었던 민주주의에의 염원은 깊은 겨울잠 속에 빠져들어야 했다. 그리고 아옌데의 이름도 역사의 후미진 구석으로 퇴장하였다.

하지만 영원한 겨울이란 없다. 지난한 겨울의 차가운 얼음장을 뚫고, 봄바람은 안데스 산맥을 넘어 칠레라는 나라에도 찾아왔다. 그 봄소식과 함께 피노체트라는 동장군(冬將軍)은 멀리 망명의 길에 올라야 했고, 대신 훈훈한 봄기운에 실리어 아옌데라는 이름은 성큼 그가 생을 마감했던 그곳으로 다시 돌아올 수 있었다. 어쩌면 칠레인들의 가슴 속에서, 아옌데라는 이름은 차마 잊을 수 없는 이름이었는지도 모른다. 그래서 아옌데는 칠레인들이 간직했던 그리움의 염원 속으로 다시 미소 지으며 돌아온 것이다. 그리고 혁명가로서 아옌데의 한 살이(生)도 기억이라는 방식을 통해 사람들의 가슴 속에 새롭게 각인되기 시작했다. 또한 많은 이들에게 그의 이름은 결코 평탄하지 않았던 혁명가로서의 삶과 함께 곱씹어지고 또 곱씹어지며, 칠레인들에게는 감격과 자랑의 고유명사가 되었다. 칠레만큼이나 정치적 추위에 몹시도 시달렸던 우리들에게 어쩌면 아옌데라는 이름과 그 이름이 역사 속에 새겨놓은 혁명가로서의 삶은 많은 고민과 화두를 던져 줄지도 모르겠다. 우리의 과거와 현재 그리고 미래를 굽어보기 위한 텍스트로써 말이다.

사회주의를 선택한 부유한 집안의 자손

살바도르 아옌데는 유복한 환경에서 자란, 태생적인 부르주아지였다. 이는 그가 마음만 먹으면 자본주의라는 체제 속에서 별다른 걱정 없이 안온한 삶을 영위할 수 있었다는 것을 말한다. 다시 말하자면 배부른 삶에 대한 생득적인 보장을 받고 있었다. 그러므로 결국, 그가 걷게 되는 사회주의자로서의 길이란 어찌 보면 적극적인 선택의 결과였던 셈이다.

1908년 7월 26일, 발파라이소에서 아옌데는 세상과 만났다. 아옌데는 그의 부모가 가지고 있던 진보적인 성향을 물려받은 듯, 이미 어린 시절부터 자신의 개인적 욕망보다는 바깥사회의 소외 받은 자들이 겪고 있던 궁핍과 사회적 모순들에 일찌감치 눈을 떠가고 있었다. 그렇게 사회를 바라보는 그의 시선이 '낮은 데로 임하면서' 결국 그의 삶도 바뀐다. 1926년에 아옌데는 칠레대학 의과에 적을 두게 되었다. 그리고 그 시절의 아옌데는 이미 학생운동의 리더로서 명성을 날리고 있었다. 그 명성은 아옌데가 젊은 나이에 두 번의 철창행을 감당해야 하는 근거가 되어 주었다. 물론 대학에서도 잘렸다.[2]

하지만 그의 두 차례에 걸친 감옥 생활과 퇴학이라는 경험이 그의 칠레 인민들을 향한 뜨거운 사랑이나 그가 지니고 있던 정치적 신념을 꺾어버리지는 못했다. 그는 그에게 닥쳐온 고난을 통해 더욱 자신을 단련시켰다. 그리고 칠레 정치의 중심부로 자신의 발걸음을 성큼성큼 내딛고 있었다. 하지만, 가끔은 그에게 감당할 수 없는 시련이 닥쳐오기도 했다. 특히 1932년에 있었던 사회주의 쿠데타는 아옌데의 삶에서 시련의 '땡볕기' 로 기록되어 있다.

여기서 말하는 1932년의 사회주의 쿠데타란, 당시 독재자였던 이반녜스를 몰아내고 그로베(Marmaduque Grove)라는 인물이 쿠데타를 통해 사회주의 정부를 수립했던 사건을 말한다. 사회주의와 쿠데타라는 말이 우리에게는 썩 어울리지 않지만, 어쨌든 1932년 칠레에서는 분명 사회주의 쿠데타가 일어났다. 하지만 그로베가 쿠데타를 통해 꿈꾸었던 사회주의 정부는 불과 12일 만에 끝장이 나고 말았다. 그로베의 사회주의 쿠데타는 말 그대로 '12일 천하' 로 역사의 한 귀퉁이를 메꾸며 막을 내렸던 것이다. 스물넷의 아옌데에게 이 '12일 천하' 는 큰 시련을 안겨 주었

---

2) 『Current Biography』(1983). 그 후 복학이 허용되어, 아옌데는 1932년에 칠레 의과대학의 학위를 받을 수 있었다.

다. 아옌데와 그로베가 처남 매부 사이였기 때문이다. 결국 이 역사적 해 프닝으로 군법회의에 회부된 아옌데에게 궁극적으로 돌아온 몫은 감옥 행이었다. 그리고, 이 시련의 와중에 아옌데는 아버지의 죽음이라는 감 당키 힘든 사실까지 받아들여야만 했다. 군법회의 중에 어렵사리 허락이 라는 과정을 거쳐 죽음이 임박한 아버지의 머리맡에 다가갈 수 있었다. 아옌데는, 아버지의 장례식이 거행되던 날, 자신의 삶을 온전히 혁명의 험난한 길에 바칠 것임을 스스로에게 맹세했다고 한다.[3]

그리고 그렇게 결연한 맹세가 있은 지 수십 년의 시간이 흘렀을 때, 아옌데는 스스로에게 했던 혁명의 맹세를 이행하기 위한 거대한 첫발을 내딛을 수 있었다. 그렇게 맹세는 훗날 실현이라는 과정과 만날 수 있었 으나, 그 희망은 역사가 증언하는 바처럼 결국 희망의 자리에만 머물러 버린 채 현실의 자리를 꿰차지 못했다. 그리고 그 절망의 과정에는 여러 복합적인 요인이 작용했다. 이 시점에서 우리는 그 절망의 과정을 이해 하려 들기 전에, 그 복합적인 요인을 이해하기 위한 사전지식으로써 간 략하게나마 칠레의 의회정치가 보유하고 있던 특수성을 들여다보아야 할 것이다.

칠레의 의회정치, 그리고 급진당과 기독교민주당

칠레라는 나라는 다른 중남미 국가들이 아주 오랫동안 독재정치의 사 슬에서 허덕였던 것과는 달리, 일찍부터 상당히 앞선 의회민주주의의 전 통을 보유하고 있었다. 다시 말하자면, 어느 특정한 이데올로기가 강요 되지 않은 채, 비교적 균형 잡힌 형태로 좌에서 우로 펼쳐지는 정치적 스 펙트럼이 칠레의 정치 제도를 점하고 있었다는 것이다. 그리고 이러한

---

3) 서병훈, 『다시 시작하는 혁명』(나남, 1991), 143쪽.

탄탄한 정치적 안정의 기저에는 서로 상이한 이데올로기의 충돌을 사전에 완화시켜 주는 제도적 정책망과 선거를 통한 중재가 자리잡고 있었다.

이러한 이유로 해서 칠레의 의회정치는 어느 특정 정당의 우세와 여타 군소 정당의 열세라는 특정 이념으로의 기울기가 잘 이루어지지 않았다. 대신 몇몇 서로 이념을 달리하는 정당들이 엇비슷한 지지도를 확보하면서 어지럽게 파워 게임을 진행하는 모습을 보여주었다. 가령, 1965년 국회의원 선거에서 기독교민주당(이하 기민당)이 획득한 42.3%의 지지와 1967년 시의원 선거에서 역시 기민당이 획득한 35.6%의 지지를 제외한다면, 피노체트 등장 이전의 칠레정치사에서 30%이상의 지지를 어느 한 정당이 획득해내는 일은 그 어느 국회의원 선거나 시의원 선거에서도 볼 수 없는 풍경이었다. 결국 엇비슷한 지지도를 가지고 있던 여러 정당들이 난립한 것은 결과적으로 '힘의 균형' 이라는 또 다른 정치적 안정의 토대가 되었다.[4]

그리고 원리원칙주의보다는 현실주의적 시각에 입각한 각 이데올로기 진영의 홍정과 타협, 이에 덧붙여 실용주의 노선을 걸었던 급진당이라는 이름을 가진 정당의 중도연합파로서의 역할 또한 크게 작용하고 있었다는 점도 언급해야 할 것이다.[5]

중도연합파로서, 이데올로기 충돌의 완충지 역할을 하던 급진당은 20세기의 중반을 넘어서면서 역사의 뒤편으로 후퇴하게 되었다. 그리고 그 빈 공백은 기민당이 메꾸었다. 하지만 기민당은 급진당이 담당해왔던, 이념 정당 간의 격화를 막는 완충지로서의 역할을 담당하기는커녕, 오히려 반대로 칠레 정치 세력들 간의 이데올로기 투쟁의 격화를 불러일으킨 의회정치 분란의 진원지가 되었다. 그렇다면 왜, 급진당의 자리를 대체

---

4) 아르투로 발레주엘라, 〈칠레 정당정치의 붕괴〉, 김병국 · 서병훈 · 유석춘 · 임현진 공편, 『라틴아메리카의 도전과 좌절』, 407쪽.
5) 아르투로 발레주엘라, 위의 글 405-406쪽.

한 기민당은 칠레의 의회정치가 애초에 기대했던 역할을 제대로 수행하지 못했던 것일까? 간단하게나마 해답을 찾아보자면 이렇다.

기민당은 기존의 좌도 우도 아닌 새로운 정치적 스펙트럼으로서의 '제3의 길'을 모색하였다. 이러한 모색은 좌우익 간 정치적 대립의 완충지대 역할을 스스로 폐기처분한 것이었기 때문에, 자국 내의 좌우익 간 정쟁을 심화시켰던 것이다. 이렇듯 오래된 카오스 속에서 형성된 질서는 칠레 의회정치의 기반을 흔들어버린 기민당의 역할이, 훗날 아옌데 정권의 붕괴에까지 영향을 미친다는 사실에서 극적으로 드러난다.

불완전한 승리

여러 정당들의 권력을 향한 각축장 속에서 기민당이 권력을 잡은 시기는 1964년 대통령 선거를 통해서였다. 그러나 기민당의 프레이 행정부는 6년의 임기가 다해 가던 1970년 당시 각종 실정(失政)으로 인해 레임덕(Lame Duck) 현상에 허덕이고 있었다. 그러므로 국민들로부터 프레이 행정부가 신임을 잃어가고 있었다는 것은 너무도 당연한 사실이었다. 그때, 칠레의 권력장에는 다섯 개의 서로 다른 이데올로기를 표방하는 주요 정당이 있었고, 그 외의 몇몇 군소정당들이 있었다. 당시 우파와 좌파 진영은 일종의 연합 형태를 띠고 있었는데, 이도 다 현실적인 필요에 의한 것이었다.

이 중 우파연합이라 할 수 있는 국민당은 대중적인 지지도가 떨어지는 것을 우려한 보수당과 자유당이 연합한 형태였다. 이에 반해 좌파연합이라 할 수 있는 인민행동전선은 바로 그 이전까지 치열한 경쟁을 벌이던 사회당과 공산당이 느슨한 연대의 방식으로 뭉친 연합체였다. 그리고 이 인민행동전선은 얼마 후 '인민연합'이라는 이름으로 거듭나 살바도르 아옌데를 칠레의 대통령 자리에 앉히는, 세계 역사상 최초로 선거를 통한 사회정부 수립의 위업을 달성하게 될 주인공이 되었다. 인민연합은 칠레공산당·사회당·급진당·사회민주당·민족통일행동운동·민족독립운동으로 이루어진 범좌파 연합체로 산티아고에서 '인민연합의 협정'에 조인하고 곧 닥쳐올 1970년 7월의 대통령 선거에 사회당의 대표였던 아옌데를 인민연합의 후보로 내세우자는 데에 합의했다. 이때가 바로 1969년 12월 26일의 일이었다.[6]

이렇게 좌파연합에서 추대한 아옌데가 1970년 가을, 선거를 통해 칠레의 대통령 자리에 오르게 되었다. 그러나 이는 압도적인 승리와는 거리가 멀었다. 더욱이 우파의 분열이라는 외부 변수가 없었다면, 아옌데가 대통령의 자리에 앉기란 사실상 불가능했을 것이다. 당시의 선거 결과를 보자면 이렇다. 기민당의 토믹 후보가 27.8%, 국민당의 알레산드리가 34.9%, 그리고 사회당의 아옌데가 36.2%. 이는 바로 전 정권이었던 기민당의 프레이 정권이 보여주었던 이런저런 실정들을 고려한다면, 아옌데 측에서는 결코 많은 표를 획득했다고 볼 수 없는 수치였다.

더군다나 칠레는 대선에서 과반수 이상의 지지를 획득한 후보가 나오지 않을 경우 대통령의 선출을 의회로 넘기도록 헌법에 명시하고 있었다. 이렇게 될 경우 아옌데의 당선은 어려울 수밖에 없었다. 왜냐하면, 아옌데를 받쳐주고 있던 좌파연합이 의회에서 보유하고 있던 의석수는 과반수 의석에 18석이나 모자라는 83석만을 확보하고 있었기 때문이다. 더군다나 당시 중도파인 기민당이 74석을 가지고 있었기 때문에 일종의 캐스팅보트 역할을 할 수도 있었지만, 기민당은 좌우익뿐 아니라 외부 세력인 미국으로부터도 엄청난 압력에 시달리고 있어 섣불리 운신의 폭을 넓힐 수가 없는 다소 애매한 입장에 처해 있었다. 이러한 혼돈의 상황은 결국 '헌법의 개정'이라는 극약 처방을 통해 타개될 수 있었다. 아옌

---

6) 巢山靖司, 서경원 옮김, 〈칠레〉, 『라틴아메리카 변혁사』(백산서당, 1985), 197쪽.

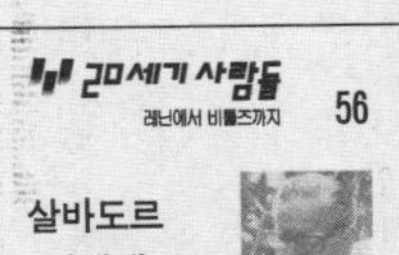

선거통한 사회주의 혁명 실험

미 지원받은 군부 쿠데타로 피살…칠레민중 "영원한 대통령" 추앙

70년 대통령에 취임한 뒤 차량행진을 벌이는 아옌데(삽입된 사진) 쿠데타군의 공습과 포격으로 폐허가 된 대통령궁(라 모네다)의 모습은 아옌데 대통령이 직접 총을 들고 마지막까지 맞서싸우던 당시의 처절했던 상황을 떠올리게 한다.

(『한겨레신문』, 1994년 8월 25일)

칠레에 사회주의의 깃발을 꽂은 아옌데는 과감한 사회경제정책을 시행하고, 일원제 인민의회를 기반으로 한 의회정치를 확립하려는 정치제도의 변혁을 꿈꾸었다.

데는 공민권과 선거체제 그리고 언론자유를 존중한다는 전제를 달고, 헌법의 개정을 통하여 칠레에 사회주의 정부를 세울 수 있었던 것이다.[7] 결국 아옌데의 승리는 '불완전한 승리'에 불과했다.

거대한, 그리고 과감한 실험

칠레에 사회주의의 깃발을 꽂은 아옌데는, 소수의 지지에 의한 정권

---

7) 아르투로 발렌주엘라, 〈칠레 정당정치의 붕괴〉, 김병국·서병훈·유석춘·임현진 공편, 『라틴아메리카의 도전과 좌절』(나남, 1991), 424쪽.

획득이라는 '불완전한 승리'의 태생적 한계를 극복하기 위해 여러 가지 과감한 사회정책을 시행해 나가게 되었다. 가장 눈에 띄는 것으로는 국유화 조치를 들 수 있다. 아옌데 정부는 주요 제조부문을 국가의 소유로 만들었고, 또한 대중들의 지지를 얻기 위한 각종 사회보장책을 강구했다. 이러한 과감한 사회주의 개혁정책은 대중들에게도 어느 정도 호감을 사게 된 듯했다. 1971년 4월에 실시된 지방선거 결과 인민연합은 50.8%의 높은 지지를 받을 수 있었기 때문이다. 이는 전해의 대통령 선거에서 보였던 지지도에 비하자면 비약적인 발전이라고 할 수 있다.[8]

물론 아옌데 정부의 거대한 실험은 비단 이런 과감한 사회경제정책을 통해서만 이루어진 것은 아니었다. 그들은 궁극적으로 정치제도의 변혁을 꿈꾸었는데 이는 물론 기존의 민주주의제도와 다원주의라는 칠레의 민주주의 전통을 존중하는 상태에서 시도한, 정치적인 체질의 개선을 의미했다. 다시 말하자면 아옌데 정부는 기존의 상하 양원제로 운영되던 의회질서를 일원제로 통합하고 또한 기존의 대통령제를 폐지한 채, 철저하게 의회 중심의 정치질서로 운영해 나가는 일종의 일원제적 인민의회를 꿈꾸었던 것이다. 이 일원제 인민의회를 기반으로 한 의회정치가 확립되어야만 다양한 민의를 정치에 반영할 수 있으리라는 것이 아옌데 정부의 기본적인 정치 철학이었다.[9]

하지만 그들의 장밋빛 꿈은 우리가 이미 지나간 역사에의 반추를 통해 파악하고 있듯 그저 화려하게 명멸해간 장밋빛의 '꿈'으로만 남게 되었다. 칠레의 거대한 사회주의 실험은 1972년의 중반을 넘어서면서 서서히 실패라는 잿빛 구름에 둘러싸이기 시작했으니 말이다. 그렇다면, 아옌데의 거대한 실험은 왜 실패했을까?

---

8) 巢山靖司, 서경원 옮김, 〈칠레〉, 『라틴아메리카 변혁사』(백산서당, 1985), 210쪽.
9) 後藤政子, 진경희 옮김, 『라틴아메리카 현대사』(한울, 1983), 219쪽.

파국으로 몰고 간 기민당과의 갈등

아옌데가 대통령 자리를 획득했을 때에 인민연합은 기민당과의 공조가 절실했고, 이에 기민당도 호응했다. 이에 따라 인민연합의 하원 장악과 기민당의 상원 장악이라는 권력 안배가 이루어졌다. 그러나 이들의 공조는 1971년 6월에 있었던 보궐선거를 통해 어긋났다. 기민당이 이 보궐선거에서 우파인 국민당과의 연합공천을 시도했기 때문이다. 이후 기민당은 아옌데 사회당 정부에게는 아주 심각한 훼방꾼의 역할만을 하고 다녔다.[10]

특히 기민당과 사회당의 갈등은, 1972년 2월 20일에 있었던 '국가의 경제 개입을 규제하기 위한 헌법 개정안'이 의회를 통과한 사실로부터 첨예하게 드러났다. 물론 이 사안은 국가가 경제 개입을 하느냐 하지 못하느냐라는 문제 이전에, 이 사안을 둘러싸고 벌어진 '헌법 개정의 절차'가 문제시 되었다. 즉 헌법 개정의 과정에 대통령이 개입하여 거부권을 행사할 수 있느냐, 아니면 헌법 개정에 대한 거부는 국민투표만이 그 권리를 가지고 있느냐, 라는 문제였는데 당연히 전자는 아옌데를 위시한 사회당의 입장을 나타내는 것이었고, 후자는 의회에서 다수로서의 야당의 한 축을 점하게 된 기민당의 입장을 나타내는 것이었다.

이러한 대립의 양상을 보여준 사회당과 기민당은 일종의 타협책을 모색하고자 했다. 이 타협책에는 좌익 급진당이 그 역할을 자임하고 나섰고 그 역할은 일단 성공을 거두었다. 두 당을 1972년 3월에 협상 테이블에 앉혔으니 말이다. 그러나 타협의 노력은 곧 물거품이 되었다. 사회당과 기민당의 의견 조율과는 상관없이 경제장관은 애초의 계획대로 칠레 주요 산업부문의 국영화를 계속 밀고 나갔기 때문이다. 당시 경제장관은

---

10) 아르투로 발렌주엘라, 〈칠레 정당정치의 붕괴〉, 김병국·서병훈·유석춘·임현진 공편, 『라틴아메리카의 도전과 좌절』(나남, 1991), 426쪽.

좌익 성향의 인사였는데, 그가 자신의 원리원칙에 충실하려던 모습은 곧 사회당과 기민당의 타협점을 모색하려 했던 급진당의 노력을 수포로 돌려버렸던 것이다. 자신들의 노력이 허사가 된 데에 실망한 급진당은 야권으로 합류해 버렸다. 이로 인해 아옌데 정부는 인민연합이라는 거국적 동맹의 꿈이 산산이 부서지는 결과를 감내해야만 했다.[11]

그리고 이러한 거국적 동맹의 해체는 단순히 정치권 내에서의 파장으로 끝나는 것이 아니었다. 산티아고 거리는 '정부 지지'와 '정부 반대'의 상반되는 구호가 넘실대는 시위들로 연일 술렁거렸고, 군사 쿠데타가 일어나리란 흉흉한 말까지 어느새부턴가 나돌고 있었다. 또한 칠레의 주요 산업기반인 구리 생산업체들이 파업 사태에 직면해 있었다. 세상 돌아가는 모양새가 수상쩍음을 감지한 아옌데는 결국 일종의 타협책을 다시 시도하게 되는데, 이는 기민당과 사회당의 타협 가능성을 수포로 돌아가게 만들었던 좌익 성향의 경제장관을 해임하고, 타협에 보다 적극적이었던 공산당의 미야스를 경제장관에 중용시키는 것이었다. 이 처방은 다소 성공적이어서 아옌데는 기민당과의 타협을 위한 일종의 합의를 이끌어 낼 수 있었다.[12]

그러나 이렇듯 한 발 양보한 아옌데의 타협안도 기민당 내의 우익 세력에 의하여 결렬의 파국을 맞이할 수밖에 없었다. 이미 대세가 자신들

---

11) 아르투로 발렌주엘라, 〈칠레 정당정치의 붕괴〉, 김병국·서병훈·유석춘·임현진 공편, 『라틴아메리카의 도전과 좌절』(나남, 1991), 427쪽.
12) 아르투로 발렌주엘라, 위의 글, 426-427쪽. 그 합의 내용을 살펴보면 이렇다. 1. 80여 개에 이르는 전략 산업체는 일정한 보상과 함께 국가 또는 혼합형 '국가-민간' 소유로 이전한다. 2. 앞으로는 어떠한 산업체라도 국회의 특별법 없이는 국가 또는 혼합부문으로 흡수될 수 없다. 3. 민간기업에 대한 국가개입은 일시적인 것이라도 제한되어야 한다. 4. 국가자본과 민간자본이 공동으로 참여하는 은행을 비롯한 혼합기업의 경영 및 관리에 노동자가 참여할 수 있도록 하는 특별규정을 마련한다. 5. 노동자가 직접 소유하고 관리하는 기업체들을 조직한다. 6. 민간부문에서 일어나는 경영자측의 불공정행위를 규제하기 위한 사법 기구를 별도로 설립한다. 7. 민간 언론매체에도 상당한 수준의 재정지원을 한다.

에게 기울었음을 감지한 기민당 내의 우익 세력은 자신들이 굳이 아옌데 사회당 정부와 협상 테이블에 앉을 필요가 없다는 정치적 계산을 끝낸 상태였기 때문이다. 기민당이나 사회당은 그 이듬해에 있을 국회 선거를 자신들의 정치적 헤게모니 장악을 위한 분수령으로 상정하고, 각자가 대중동원을 통해 의회선거에서의 승리를 준비하기 시작했다. 이러한 대중동원은 칠레를 더욱 혼돈의 소용돌이 속으로 몰아 넣었다. 그리고 의회주의에 기반한 사회주의 국가의 건설이라는 아옌데의 거대한 꿈은 점차 그리 밝지 않은 종착역을 향해 나아가고 있었다.

혁명의 좌절

　이러한 칠레 정당정치의 혼돈 속에서 서서히 자신들의 입지를 굳혀 가고 있는 세력이 있었다. 그 세력이란 감사원과 사법부, 그리고 군부를 말한다. 우리가 훗날의 역사를 통해 알게 되듯, 그 중 종국에 막강한 권좌에 오르게 되는 세력은 바로 군부였다. 그렇다고 군부가 이러한 혼란한 상황을 틈타 아주 쉽사리 칠레 정치의 소용돌이 속으로 뛰어든 것은 아니었다. 칠레의 정치사에서 '군부의 개입'이라는 선례는 없었기 때문이다. 그러나 이러한 선례는 곧 깨어졌다.

　1972년 10월, 칠레 의회의 좌우익 진영 간에 정면 충돌이 일어났다. 이 정면 충돌은 결국 아옌데 정부로 하여금 육군참모총장이었던 프라츠를 내무장관으로 임명시키면서 군부를 정치권에 깊숙이 개입시키게 하는 결과를 초래했다. 물론 아옌데 정부가 내무장관직에 군인인 프라츠를 끌어들이면서 주문한 것은 '엄정한 중립'이었지만 말이다. 곧 동력자원부와 공공사업부 장관직도 군부의 몫으로 돌아갔다. 이때에도 군부측에 당부한 아옌데 정부의 주문은 '엄정한 중립'이었다. 그러나 군부가 철저하게 중립을 지키리라던 아옌데 정부의 순진한 기대와는 달리, 군부 내

권력투쟁의 양상은 오히려 군부의 내각 진출을 통해 표면화되고 말았다. 그리고 그 권력투쟁은 주로 세대 간의 갈등이나 군부 내의 이념적 차이를 가진 자들의 갈등 등으로 비화되었다. 그런 와중에 1973년 3월의 의회 선거가 다가왔다. 그리고 이 의회 선거의 결과는 아옌데 정권의 기반이 가진 취약성을 다시 한 번 드러내는 하나의 본보기가 되었다. 인민연합은 과반수의 지지도 획득하지 못한 43.9%였던 데 비해 야권은 54.2%의 지지를 얻었던 것이다.[13]

그뿐 아니다. 이 해 6월 29일에는 군부에 의한 쿠데타가 발생하기도 했다. 물론 이 쿠데타는 육군참모총장의 적극적인 개입으로 조기 진압되었다. 이렇듯 어수선한 칠레 정치의 혼돈 앞에서 아옌데는 제헌의회 선거 실시 여부에 관한 국민투표를 시행하기로 결단했다. 이는 정치의 난맥상이 극에 달한 상황에서 아직 대통령의 임기를 절반 밖에 마치지 않은 아옌데가 불가피하게 받아들일 수밖에 없었던 매우 '정치적인' 선택이었다.

아옌데는 9월 7일에 국민투표의 일정을 군부 내에서 대표적인 의회민주주의자였던 프라츠의 측근들에게 알렸다. 이 측근들 중에는 피노체트도 포함되어 있었다. 그렇게 국민투표에 관한 대통령의 성명서가 완성되어 가던 어느 날, 칠레의 수도 산티아고에는 음산한 기운이 덮쳐 왔다. 여기서 그 '어느 날'이란 바로 1973년 9월 11일이라는 '운명의 날'을 말한다. 어쩌면, 1973년 9월 11일은 칠레의 역사에서 가장 암울했던 날로 기억될 것이다. 이날 아옌데가 꿈꾸었던 모든 희망의 언어들은 절망의 언어가 되어버렸고, 아옌데는 혁명가로서의 꿈을 이루지 못하고 쓰러져 버렸기 때문이다.

---

13) 물론 이 부분에 대해서는 논의의 여지가 있다. 가령 『라틴아메리카 변혁사』를 집필한 巢山靖司 경우, 1973년 4월의 지방선거에서 인민연합이 획득한 43.39%의 지지를 '어느 정도의 승리'로 분석하고 있기 때문이다.

인 내용들이 담겨 있다.

아옌데 정권을 무너뜨리기 위해 칠레군부의 쿠데타를 계획한 또다른 핵심 추동자는 헨리 키신저 당시 백악관 안보보좌관이었다. 기밀문건들에는 키신저가 칠레 쿠데타를 꾸미기 위해 미 정보기관 책임자들에게 수시로 지시를 내리고 의견을 주고받는 장면이 곳곳에서 발견된다. 70년 10월16일 키신저의 지시를 담은 비밀전문이 칠레 CIA지부장에게 전달됐다. 이 전문은 "아옌데가 쿠데타에 의해 전복돼야 한다는 것은 확고하고 지속적인 우리의 정책"이라고 못박고 있다. 또 '미국의 손'을 감출 수 있도록 공작을 수행하고, 쿠데타 공작내용을 모르는 코리 칠레 주재 미국 대사의 명령은 무시하라고 구체적 공작지침을 내리고 있다.

키신저 "아옌데 정권 전복은 우리의 정책"

70년 키신저가 직접 쓴 국가안보회의 결정 문건은 닉슨 대통령의 특별지시사항을 담고 있다. 닉슨은 이 문건에서 국무부·국방부·CIA·비상대책반 등의 책임자들에게 "아옌데 정권의 반미정책 수행 능력을 제한하고 권력의 공고화를 막기 위해 미국의 칠레에 대한 각종

칠레 쿠데타를 주도한 닉슨 전 미국 대통령과 헨리 키신저 전 국무장관. 닉슨 행정부는 쿠데타 성공 뒤 19일 안에 320명을 학살한 피노체트에 경제원조까지 제공했다.

원조와 투자를 줄이라"고 지시하고 있다. 나아가 아옌데 정권의 외교·군사적 고립을 촉진하기 위해 남미 전역의 군부와 '친밀한 관계'를 맺으라고 지시했다.

칠레의 경제를 파탄에 빠뜨림으로써 쿠데타의 정당성을 확보하려는 미국의 노력은 다각도로 진행됐다. 70년 12월4일자 국무부 보고서는 그런 내용을 적나라하게 담고 있다. 보고서엔 당시 키신저 지시로 짜여진 여러 기관이 참여하는 특별대책반이 구성됐다고 쓰여 있다. 이 대책반에선 아옌데 정권을 외교적으로 고립시키고, 세계은행·국제개발은행·수출입은행 등을 통한 모든 대출 및 여신 제공을 막아 경제적 압박을 가하는 방안을 수립한 것으로 나타났다.

불타는 산티아고의 대통령 궁(맨 위). 쿠데타 성공 후 환호하는 군중에 답하는 피노체트(위). 미국은 칠레경제를 파탄으로 이끌어 중산층을 피노체트편으로 끌어들였다.

같은해 10월16일 CIA 칠레지국이 워싱턴본부에 보낸 비밀전문에는, 정치적 중립을 지키려는 레느 슈나이더 칠레 장군을 납치·살해하는 데 사용하기 위해 45구경 기관권총 세자루와 500발의 실탄을 48시간 내에 보내줄 것을 요청하는 대목도 나온다. 슈나이더 장군은 며칠 뒤 칠레의 한 극우집단에 납치됐고, 숨진 채 발견됐다.

이런 미국의 3년간에 걸친 집요한 비밀공작 끝에 마침내 군부쿠데타의 총성이 73년 9월13일 울린다. 그리고 아옌데 정권은 피노체트 군

(『한겨레21』, 1998년 11월 26일)

칠레의 거대한 사회주의 실험을 끊임없이 훼방놓았던 반(反)혁명 세력인 미국. 그들은 중남미 정책과 중남미 민중들이 오랫동안 갈망해 왔던 민주주의에의 꿈을 방해해왔다.

이날 이후 공포(恐怖)정치라는 시대의 먹구름이 칠레를 둘러싸고 있던 안데스 산맥에 아주 오랫동안 걸쳐 있게 되었다. 쿠데타가 일어나고 3개월 동안 즉결 처형당한 사람의 숫자는 1천8백여 명에 달했고, 그 후로도 1천만 명의 인구를 가지고 있던 칠레라는 국가에서 살해되거나 실종된 사람의 숫자는 4천여 명에 달했으며 해외로 망명한 사람의 숫자만 해도

무려 1백만 명에 달했다. 이렇듯 공포정치의 야만은 많은 칠레인들에게 지울 수 없는 상처를 남겨놓았다.[14]

반(反)혁명 세력으로서의 미국

피노체트에 의해 좌절할 수밖에 없었던 혁명. 아옌데의 꿈. 이로 인해 아주 오랜 기간 동안 피노체트의 망령으로부터 자유로울 수 없었던 칠레의 민중들. 이 암울한 풍경의 주요 배경은 이미 앞에서 주마간산 식으로나마 설명하였다. 하지만, 그 배경으로 또한 간과하지 말아야 할 것이 있다. 그것은 바로 칠레의 거대한 사회주의 실험을 끊임없이 훼방놓았던 반(反)혁명 세력으로서의 미국이라는 나라를 말한다. 멕시코 출신의 지식인 카를로스 푸엔테스는 자신의 저서 『라틴아메리카의 역사』를 통해 미국의 중남미정책을 이렇게 표현하고 있는데 귀기울여 들을 만하다.

"미국에 대해서 라틴아메리카가 일관되게 가지고 있는 견해는 국내적으로는 민주주의 국가이지만 대외적으로는 제국인 마치 지킬 박사와 하이드 씨와 같은 것이다."[15]

그의 말에서도 언급되듯, 미국이라는 나라의 중남미정책과 중남미 민중들이 오랫동안 갈망해 왔던 민주주의에의 꿈은 일종의 악연 관계를 맺고 있었다. 중남미의 현대사는 이를 잘 증명하고 있다.[16]

그리고 칠레라는 나라 또한 여기서 예외일 수는 없었다. 20세기 중반을 넘어서면서 냉전이라는 세계질서를 통해 소위 자본주의 진영의 맏형을 자처했던 미국은, 칠레의 보수주의 정당을 노골적으로 지원하였기 때

---

14) 송기도, 〈아리엘 도르프만의 『우리집에 불났어』〉, 『미메시스』 창간호, 1999, 105쪽.
15) 카를로스 푸엔테스, 서성철 옮김, 〈라틴아메리카〉, 『라틴아메리카의 역사』(까치, 1997), 399쪽.
16) 이에 관해서는 그리스 출신의 세계적인 정치감독 코스타 가브라스의 영화 『계엄령』을 통해서도 잘 드러나고 있다.

문이다. 1964년 기민당의 프레이가 64%라는 압도적인 지지로 정권을 획득할 수 있었던 데에는 미국이라는 배경이 든든한 뒷받침이 되어주었다는 사실은 명백하다. 미국은 1959년 쿠바에서 카스트로에 의한 공산혁명이 일어난 것을 목격한 이후, 이른바 '도미노 이론' 혹은 '썩은 사과 이론'을 들이대며 중남미에서의 공산혁명의 확산을 막고자 하였는데, 당연하게도 칠레에는 살바도르 아옌데라는 '불온 분자'가 있었고, 그의 집권을 막기 위해서는 우파인 프레이의 집권을 도울 필요가 있었던 것이다. 당시 아옌데는 대농장의 재분배, 구리 광산의 국유화 등으로 표출되는 강력한 좌파정책을 표방하고 있었던 데 반하여, 프레이는 우파답게 비교적 온건한 노선을 표방하고 있었으니 미국이 누구의 손을 들어 주었을지는 쉽게 짐작하고도 남음이 있다.[17]

그리고, 아옌데가 펼쳤던 일련의 경제 개혁정책이 실패의 쓴맛을 보게 된 이면에도 소위 '미국의 장난'이라는 것이 개입되었다는 점 또한 직시할 필요가 있다. 농업 기반이 취약했던 칠레의 경우, 농산물을 중심으로 한 생활필수품은 어쩔 수 없이 수입이라고 하는 절차를 밟을 수밖에 없었다. 특히 아옌데가 집권하면서 시작한, '가진 자'가 아닌 '가지지 못한 자'들을 위한 경제정책이 대중들의 구매력을 상승시켰다는 것은 이미 앞에서 언급한 바가 있는데, 이렇게 상승한 구매력을 충족시키기 위해서 아옌데 정부는 해외로부터의 생활필수품 수입을 증대시키지 않을 수 없었다.

그리고 이렇듯 늘어나는 수입은 그들의 주요 산업인 구리 광산 산업의 수출 활성화를 통해 메울 수밖에 없었다. 그런데 1970년 당시 1파운드 당 64.2센트이던 구리 가격이 일 년 후인 1971년에는 1파운드 당 48.5센트로 떨어진 것이다. 이를 백분율로 따지면 일 년 사이에 구리 가

---

17) 강석영, 〈제3장 칠레〉, 『라틴아메리카사-하』(대한교과서, 1996), 201쪽.

격이 15.7% 급락했음을 말한다. 그렇다면, 불과 일 년 사이에 구리 가격이 이렇듯 크게 하락한 것은 무엇 때문일까. 여기서 우리는 '미국의 장난'을 목격하게 되는 것이다.[18]

미국은 이 시기에 자신들이 비축해 두었던 구리를 대량으로 방출했다. 그렇게 함으로써 구리의 국제가격을 떨어뜨린 것이다. 이는 구리 산업에 대한 의존도가 높았던 칠레의 경제에 치명적이었다. 곧 구리의 수출을 통한 이득은 줄어든 반면, 대중들의 구매력 상승에 의한 농산물과 소비재의 수입 증가는 결과적으로 기계와 기타 설비의 수입을 감소시키게 하였다. 그리고 이러한 기계와 기타 설비의 수입 감소는 칠레의 경제에 짙은 먹구름을 안겨주었다.[19]

하지만, 미국이 칠레 민주주의의 걸림돌로 작용한 것은 비단 위의 사례에서만 나타나는 것은 아니다. 2000년 9월에 CIA 홈페이지를 통해 공개된 보고서는 '미국의 개입'을 적나라하게 보여주고 있기 때문이다. 당시 공개된 보고서에 의하면, 미중앙정보국은 1970년 아옌데의 집권을 봉쇄하기 위하여 군부 지도자였던 레인 슈나이더의 납치를 지원했고, 피노체트 군사정권 시절의 비밀경찰 책임자였던 마누엘 콘트레라스 세풀베다 장군을 1974년부터 비밀정보원으로 고용했었다는 것이 사실로 드러나고 있다.[20]

또한 2001년 9월, 미국의 CBS방송 『60minutes』를 통해 전 세계에

---

18) 巢山靖司, 서경원 옮김, 〈칠레〉, 『라틴아메리카 변혁사』(백산서당, 1985), 211쪽.
19) 巢山靖司, 서경원 옮김, 위의 글, 211쪽. 아옌데의 거대한 실험이 산산조각이 난 데에는 칠레의 매스미디어도 한몫 했다는 점 또한 명심하자. 소위 칠레의 매스미디어는 반(反)인민연합 전선의 전위에 놓여 있었기 때문이다. 텔레비전과 라디오, 그리고 신문의 72%가 그랬다. 문제는 칠레라는 나라가 여전히 가지고 있던 전(前) 자본주의적 요소와 전(前) 근대적인 요소가 이들 반(反)인민연합을 표방하고 있던 매스미디어들의 농간에 놀아날 확률이 높다는 것에 있었다.
20) 이윤정, 〈미 '피노체트 지원설' 확인〉, 『한국일보』, 2000년 9월 21일, 12면. 세풀베다 장군은 칠레의 사회주의 지도자 올란도 레텔리에를 1976년 워싱턴 차량폭탄테러로 죽일 것을 명령한 자로 알려져 있다고 한다.

(『동아일보』, 2000년 1월 18일)

1990년대 피노체트 정권이 사라지고, 아옌데가 생을 마감한 지 27년만에 사회주의자 라고스가 대통령에 당선되었다. 그리고 모네다 궁 앞에는 살바도르 아옌데 대통령의 동상이 세워졌다.

알려진 소식에 의하면, 1970년에 아옌데가 집권할 당시 미국의 사주에 의한 쿠데타 음모가 꾸며지고 있었다고 한다. 당시 미국 국무장관이었던 '헨리 키신저'와 미중앙정보국은 사전 합의하에 칠레의 군부를 부추겨 쿠데타를 모의했지만 실패로 끝났다는 것이다. 또한 군부의 정치에의 참여를 반대하던 레네 슈나이더 장군의 살해 사건에도 미국 정부가 관여되었음을 이 소식은 전하고 있다.[21]

이를 통해 우리는 새삼 한국현대사에서도 악령처럼 어두운 얼굴을 들

---

21) 〈'70년 칠레 대선 쿠데타 음모 관여' 보도〉, 『새전북신문』, 2001년 9월 11일, 6면.

이대고 있는 미국의 '민주주의 존중'과 '독재권력 비호'라는 야누스적
면모를, 칠레라는 멀고도 가까운 국가에서도 목격할 수 있게 되는 것
이다.

민주주의의 훈풍을 타고 돌아온 아옌데

'닭 모가지를 비틀어도 새벽은 온다'라는 다소 희망적인 메시지가 우
리 일상에 상투적으로 쓰이고 있듯, 1990년대를 넘어서면서 피노체트의
어두운 그림자는 정치의 무대에서 사라졌다. 그리고 민선정부가 들어섰
다. 그러나 칠레의 정치권력은 민선정부가 들어선 이후에도 피노체트의
그림자로부터 자유롭지 못했다.

하지만 새로운 세기를 맞이한 현재, 칠레뿐만 아니라 전 세계적으로
피노체트의 처벌에 관한 이런저런 이야기가 나오고 있을 만큼 칠레의 민
주화는 가파른 진전의 과정을 보여주고 있다. 그리고 이러한 사실을 반
영하듯, 지난해 칠레의 대통령 선거에서는 좌파 후보였던 라고스가 당선
되었다. 아옌데가 모네다 궁(宮)에서 생을 마감한 지 27년이나 지나 이루
어진 일이었다. 그뿐 아니다. 아옌데가 최후를 맞이했던 모네다 궁 앞에
는 지난 2000년, 잊혀진 이름이었던 살바도르 아옌데 대통령의 동상이
세워졌다. 그리하여 저 망각의 골짜기 속에서 살바도르 아옌데는 다시
민주주의의 훈풍을 타고 들어와 칠레의 인민들에게 '영원한 혁명가'로
되새겨지고 있는 것이다.

찾아보기

『시사인물사전』은 발행권수가 누적될 때마다 제1권부터 다룬 모든 인물에 대한 색인을 달도록 하겠습니다. 한국인은 가나다순으로 배열했으며 일본인과 중국인은 한국어 발음에 따라 역시 가나다순으로 정리했습니다. 그 밖의 영문명 외국인들은 알파벳순에 따라 〈영문명 표기 1〉로 달았습니다. 특히 외국인들의 영문명 철자를 모르더라도 한국어 발음만 알면 쉽게 찾을 수 있도록 〈영문명 표기 2〉에 그들의 이름을 가나다순으로 재배열하였습니다.

〈총 365명〉

영문명 표기 1

영문명 표기 2

브래드 피트(Brad Pitt)	제 5권
브리지트 바르도(Brigitte Bardot)	제 1권
블라디미르 나보코브(Vladimir Nabokov)	제 4권
블라디미르 푸틴(Vladimir Putin)	제 5권
비달 사순(Vidal Sassoon)	제 3권
빌 브래들리(Bill Bradley)	제 1권
빌 코스비(Bill Cosby)	제 7권
살바도르 아옌데(Salvador Allende)	제16권
샐먼 루시디(Salman Rushdie)	제 3권
샤론 스톤(Sharon Stone)	제 4권
샬린 바셰프스키(Charlene Barshefsky)	제 7권
셀린 디온(Celine Dion)	제 5권
셰어(Cher)	제 5권
솔 벨로우(Saul Bellow)	제 5권
스콧 니어링(Scott Nearing)	제12권
스콧 맥닐리(Scott McNealy)	제13권
스탠리 큐브릭(Stanley Kubrick)	제 2권
스티브 잡스(Steve Jobs)	제 4권
스티브 케이스(Steve Case)	제 7권
스티브 포브스(Steve Forbes)	제 1권
스티븐 스필버그(Steven Spielberg)	제 9권
스티븐 코비(Stephen R. Covey)	제 5권
스티븐 킹(Stephen King)	제 6권
시몬 드 보부아르(Simone de Beauvoir)	제 6권
심슨(Orental James Simpson)	제16권
아돌프 히틀러(Adolf Hitler)	제11권
아리엘 도르프만(Ariel Dorfman)	제 5권
아서 밀러(Arthur Miller)	제 2권
아우구스토 피노체트(Augusto Pinochet Ugarte)	제 2권
아웅산 수지(Aung San Suu Kyi)	제 2권
안드레이 타르코프스키(Andrey Tarkovsky)	제 9권
앙드레 말로 (André Malraux)	제10권
앤드류 그로브(Andrew Grove)	제13권
앤디 워홀(Andy Warhol)	제 9권
앤서니 기든스(Anthony Giddens)	제 4권
앨 고어(Albert, Jr. Gore)	제 1권
앨런 그린스펀(Alan Greenspan)	제 3권
앨빈 토플러(Alvin Toffler)	제 2권

앨프리드 히치콕(Alfred Hitchcock)	제 6권
어니스트 헤밍웨이(Ernest Hemingway)	제 1권
어빙 고프만(Erving Goffman)	제 7권
에드워드 사이드(Edward W. Said)	제 5권
에리히 프롬(Erich Fromm)	제11권
에릭 홉스봄(Eric J. Hobsbawm)	제 7권
에밀 졸라(Emile Zola)	제 8권
엔리케 이글레시아스(Enrique Iglesias)	제 5권
엘리아 카잔(Elia Kazan)	제16권
엘리자베스 돌(Elizabeth Hanford Dole)	제 1권
엘비스 프레슬리(Elvis Aron Presley)	제 4권
오드리 헵번(Audrey Hepburn)	제 7권
오사마 빈 라덴(Osama Bin Laden)	제 5권
오프라 윈프리(Oprah Gail Winfrey)	제 2권
올로세군 오바산조(Olusegun Obasanjo)	제 3권
외르크 하이더(Jörg Haider)	제 5권
요지프 브로즈 티토(Josip Broz Tito)	제 7권
요한 바오로 2세(Pope John Paul II)	제 2권
우디 앨런(Woody Allen)	제 3권
움베르토 에코(Umberto Eco)	제 1권
워런 비티(Warren Beatty)	제 1권
워렌 버핏(Warren Buffett)	제 2권
이디 아민(Idi Amin)	제 7권
이매뉴얼 월러스틴(Immanuel Wallerstein)	제 6권
입 생 로랑(Yves Saint Laurent)	제 9권
자크 라캉(Jacques Lacan)	제 7권
장 마리 르 펜(Jean-Marie Le Pen)	제 3권
장 보드리야르(Jean Baudrillard)	제 2권
재클린 오나시스(Jacqueline Onasis)	제16권
제니퍼 로페즈(Jennifer Lopez)	제 4권
제레미 리프킨(Jeremy Rifkin)	제12권
제리 양(Jerry Yang)	제 7권
제인 폰다(Jane Fonda)	제 3권
제임스 레스턴(James Reston)	제 7권
제프 베조스(Jeff Bezos)	제13권
조디 포스터(Jodie Foster)	제 4권
조르주 상드(George Sand)	제14권
조앤 K. 롤링(J. K. Rowling)	제15권

지금 『인물과 사상』은 '지식폭력'과 싸우고 있습니다.

월간 『인물과 사상』은

■ 학연, 지역감정, 패거리로 똘똘 뭉친 한국 사회의 매듭을 풀겠습니다.

■ 성역과 금기가 없는 실명 비판을 하겠습니다.

■ 언론권력의 횡포에 맞서는 새로운 대안이 되겠습니다.

정기구독 신청

정기구독 신청은 전화(02-471-4439)나 팩스(02-474-1413)를 이용해 주십시오. 인물과사상사 인터넷 홈페이지(http://inmul.co.kr)를 이용하셔도 됩니다. 월간 『인물과 사상』에 의견을 주시고 싶은 분들은 우편(134-600 서울시 강동구 강동우체국 사서함 164호), E-mail(inmul21@korea.com)등을 이용해 주십시오. 연간 구독료는 4만 원입니다.

'투명하고 열린 잡지'

　한국 사회에서 언론의 자유는 '언론사주들의 이윤을 추구할 자유'로 전락한 지 오래입니다. 그 중에서도 여론 시장의 74%를 장악하고 있는 몇몇 신문사들에 의해 여론 시장이 휘둘리고 있으며, 여론 시장과 뗄래야 뗄 수 없는 관계에 있는 많은 지식인들마저 이들 신문에 장악돼 있는 게 현실입니다.

　월간 『인물과 사상』은 현재 많은 보통 사람들마저 오해하고 있는 '언론의 자유'와 '지식인'에 대한 기존의 정의에 이의를 제기합니다. 대학교수, 언론인, 문인들은 무슨 말과 글을 내뱉든 무조건 지식인이고 그런 직업을 갖지 못한 보통 사람들은 무슨 말을 하든 지식인이 아니라는 말입니까? **저희는 '언론사주들의 이윤을 추구할 자유'로 전락해버린 '국민의 언론의 자유'를 진정한 의미의 '사상의 자유시장'과 그 어떤 통제도 받지 않는 진정한 '공론장'으로 복원해 내겠습니다.**

　저희는 특정의 정치적 입장만을 주장하는 사람들만 독자로 모실 생각은 추호도 없습니다. **월간 『인물과 사상』은 저희와 정치적 성향이 다른 분들도 독자가 되어 지면을 통해 불꽃 튀기는 논쟁을 해 주기를 바랍니다.** 정치를 더럽다고 시궁창에 내던져 놓고서는, 또 그 시궁창의 어느 한 쪽을 지지하는 놈은 미친 놈이라고 욕만 하고서는 그 어떤 바람직한 사회 변화도 기대하기 어렵다고 믿기 때문입니다.

　우리 모두 같이 시궁창에 뛰어들어 깨끗하게 청소 한번 해보자고, 논쟁을 살리고 정치를 살려보자고 저희는 제안합니다. 이 잡지는 그 누구에게나 반론권이 활짝 열려 있습니다. '투명하고 열린 잡지', 그것이 바로 월간 『인물과 사상』의 기본 정신입니다.